Gisela Heidenreich (Hg.)

Born of War – Vom Krieg geboren

Gisela Heidenreich (Hg.)

BORN OF WAR – VOM KRIEG GEBOREN

Europas verleugnete Kinder

Ch. Links Verlag, Berlin

Auch als ebook erhältlich

Die Deutsche Nationalbibliothek verzeichnet
diese Publikation in der Deutschen Nationalbibliografie;
detaillierte bibliografische Daten sind im Internet über
www.dnb.de abrufbar.

1. Auflage, November 2017

Schönhauser Allee 36, 10435 Berlin, Tel.: (030) 44 02 32-0
www.christoph-links-verlag.de; mail@christoph-links-verlag.de
Umschlaggestaltung: Nadja Caspar, Ch. Links Verlag, unter Verwendung eines Motives von bpk/Fotoarchiv RuhrMuseum/Erich Rühl (Spielende Kinder in der Hüttensiedlung Oberhausen, 1950er Jahre)
Übersetzungen: Jeanne Jacobs (Übersetzung des Beitrags von Arne Øland aus dem Dänischen); Marlene Märkert (alle Beiträge im Kapitel »Frankreich« aus dem Französischen)
Satz: Eugen Bohnstedt, Ch. Links Verlag
Druck und Bindung: Druckerei F. Pustet, Regensburg

ISBN 978-3-86153-977-3

beharrlichkeit:
schweigen
ablehnung und beharrlichkeit
schweigen und ablehnung und beharrlichkeit und
hoffnung

Julia de Boor

Inhalt

Vorwort: Europas verleugnete Kinder

Gisela Heidenreich

Stellvertretend für Hunderttausende bricht in diesem Buch eine Gruppe von europäischen »Kriegskindern« mit spezifischem Schicksal ihr jahrzehntelanges Schweigen. So verschieden Nationalität, geografische Bedingungen und Sprachen sind, »Kinder des Krieges« in Europa von Nord bis Süd haben vieles gemeinsam: Teilen sie auch schreckliche Erlebnisse, Not und Entbehrung mit allen Kriegskindern ihrer Generation,[1] so sind ihre Biografien zusätzlich geprägt durch nagende Zweifel an ihrer Herkunft und den schmerzhaften Mangel an Identität. So paradox es klingt: Diese Kinder verdanken ihr Leben dem Krieg, weil sie im Krieg durch Beziehungen mit »dem Feind« entstanden – aus Liebe oder Ideologie – manchmal auch durch Gewalt.

Deutschlands Eroberungs- und Vernichtungskrieg führte auch dazu, dass in allen von Deutschen besetzten Ländern Europas zwischen 1939 und 1945 deutsche Soldaten Kinder zeugten, von Norwegen über Dänemark, in den Niederlanden, Belgien und Frankreich, auf den Kanalinseln, in Italien und Griechenland, sicher auch in den Balkanstaaten, der damaligen Tschechoslowakei, Polen bis hin zu Teilen der Sowjetunion. Sie wuchsen als »Kinder des Feindes« und somit »Kinder der Schande« im Land ihrer Mütter auf, die nicht selten härter bestraft wurden als Kollaborateure, weil sie sich mit »dem Feind« eingelassen hatten. Sie waren die Sündenböcke, die kahl geschoren mit Schimpf und Schande durch die Straßen gejagt oder sogar interniert wurden.

Ihre Kinder erfuhren meist wenig Liebe, oft genug den Hass und die Schmach, »Deutschenbälger« und »Nazibastarde« zu sein. Der Versuch vieler Mütter, die wahre Herkunft solcher Kinder zu verleugnen und sie als »Kuckuckskinder« in einer Ehe mit einem anderen Mann zu verbergen, war selten ein »Heilmittel«, ebenso wenig wie die Freigabe zur Adoption: Die Lebens- und Leidensgeschichten Betroffener bezeugen dies.

»Wehrmachtskinder« ist eine geläufige Bezeichnung, seit Ebba D. Drolshagen – eine der ersten Autorinnen, die sich mit den Geliebten der Wehrmachtssoldaten im besetzten Europa[2] und der Existenz solcher Kinder auseinandergesetzt hat – diesen Begriff geprägt hat.[3] Er klammert allerdings »SS-Väter« aus. In der Forschung[4] gehören diese Kinder, wie die Besatzungskinder, zu den »Children Born of War«. *Vom* Krieg geboren sind die Kinder *des* Krieges, während oder als Folgen des Zweiten Weltkrieges.

Auch wenn streng genommen nur die norwegischen »Lebensborn«-Kinder zu dieser Gruppe gehören, kommen in diesem Buch einige zu Wort, die von deutschen Müttern in Heimen des »Lebensborn e. V.« geboren wurden. Denn auch die Väter der deutschen »Lebensborn«-Kinder wurden meist verleugnet, und die psychosozialen Schicksale ihrer Kinder sind denen anderer Kinder des Krieges sehr ähnlich. Und ihr Beispiel verdeutlicht den Rassenwahn der Nationalsozialisten als Motor für die mörderische Eroberung Europas. »Lebensborn«-Kinder sollten mit ihrer Geburt durch den Krieg entstandene Verluste ausgleichen.

Der Verein der ehemaligen »Lebensborn«-Kinder Lebensspuren e. V.[5] gehörte zudem zu den ersten, die sich auf Anregung des Wegbereiters Ludwig Norz, Mitarbeiter der Deutschen Dienststelle WASt[6] (Wehrmachtauskunftstelle) 2005 in Berlin, zunächst mit dem französisch-deutschen Verein Cœurs sans Frontières / Herzen ohne Grenzen[7] trafen. Verbände und Organisationen aus Belgien, Dänemark, Frankreich, Finnland, Holland und Norwegen haben sich dann 2007 in der WASt zu einem »Europäischen Netzwerk« zusammengeschlossen.[8] Unter dem Namen BOW i. n., BORN OF WAR international network[9] wurde die Vereinigung Mitglied des Vereins Fantom e. V., einem Netzwerk für Kunst und Geschichte, das der Künstler Ludwig Norz gegründet hatte. 2013 kam eine weitere Gruppe dazu, die »Russenkinder in Deutschland«[10], die auf der Suche nach ihren russischen Vätern sind.

Die meist kurz WASt genannte Deutsche Dienststelle spielte und spielt bei der Suche nach unbekannten Vätern eine entscheidende Rolle, wie in den folgenden Beiträgen mehrfach berichtet wird. Die Anfragen dort werden auch in der Gegenwart nicht geringer, mittlerweile ist die Enkelgeneration auf der Suche nach der wahren Herkunft ihrer Großväter.

Ziel des europäischen Netzwerkes BOW i. n. ist die gemeinsame psycho-historische Aufarbeitung der Spätfolgen des Zweiten Weltkrieges mit Blick auf individuelle Traumata. Der Kontext mit gegenwärtigen Konflikten und Kriegen wird betont. So haben die nationalen Vertreter von BOW i. n. 2012 eine gemeinsame, in die jeweilige Sprache übersetzte Anfrage an ihre Regierungen bezüglich der derzeitigen Auslandseinsätze gestellt:

»Als Kriegskinder vom Zweiten Weltkrieg haben wir selbst erfahren, wie unsere Mütter behandelt wurden, und selten wurden wir willkommen geheißen. Aber wofür kann man ein Kind anklagen? Wie viele andere Länder hat auch [das jeweilige Land] eine UN-Konvention über die Rechte von Kindern unterzeichnet. [Das Land] trägt somit eine große Verantwortung für Kinder [seiner] Soldaten und anderen entsandten Personals. Ein Frieden bewahrender Einsatz sollte kein neuer Krieg gegen Kinder sein.

Mit dieser Sorge im Hintergrund bitten wir um Antwort auf folgende Fragen:

- Welche Richtlinien hat das Verteidigungskommando ausgearbeitet im Hinblick auf die sexuellen Verhältnisse unserer Soldaten?
- Welche Maßnahmen werden zum Schutz der schwangeren Frau vorgenommen?
- Wie verhält es sich mit der Anerkennung des Kindes, das zur Welt gekommen ist, und mit dessen Unterhalt?
- Hat das Kind das Recht und die Möglichkeit, seinen Vater wiederzufinden?
- Kann das Kind seine Akte einsehen und hilft man ihm bei der Suche? (Vergl. Artikel 8 der Kinderkonvention).«

Alle Regierungen haben noch im selben Jahr geantwortet, wenn auch sehr unterschiedlich.[11] So gab z. B. das Dänische Verteidigungsministerium eine sehr konkrete Antwort auf die erste Frage:

»Die letzten Verhaltenskodexe enthielten als roten Faden, dass jegliches Verhalten, das die im Einsatzgebiet lebenden Frauen kompromittieren könnte, vermieden werden sollte – so z. B. sich direkt an eine Frau zu wenden, sie zu berühren oder anzustarren. Außerdem geht eindeutig daraus hervor, dass romantische Affären mit der örtlichen Bevölkerung nicht geduldet werden. Sexueller Verkehr ist mit anderen Worten inakzeptabel.«

Das Königliche Verteidigungsministerium Norwegens bescheinigte u. a., dass »norwegische Soldaten, die in internationalen Operationen eingesetzt sind, als öffentliche Bedienstete anzusehen« sind. »Sowohl das Regelwerk für öffentliche Bedienstete, als auch das Strafgesetzbuch verbieten den Kauf von sexuellen Diensten.«

Auf die Frage nach dem Schutz schwangerer Frauen mochte niemand eingehen, das Bundesministerium für Familie, Senioren, Frauen und Jugend beantwortete »auch im Namen der Bundeskanzlerin Dr. Angela Merkel« immerhin die Fragen nach den Rechten und der Staatsangehörigkeit des Kindes u. a. so: »Wenn das Kind durch die Geburt auch die Staatsangehörigkeit der Mutter erworben hat, was in der Regel der Fall sein dürfte, und eine wirksame Anerkennung oder Feststellung der Vaterschaft eines deutschen Staatsangehörigen vorliegt, besitzt das Kind somit im Regelfall die Staatsangehörigkeit der Eltern, also die deutsche Staatsangehörigkeit des Vaters und die ausländische Staatsangehörigkeit der Mutter.«

Genau dieser »Regelfall« ist noch lange nicht die Regel bei allen Kindern des Krieges, und deshalb ist ein anderer Schwerpunkt unserer Zusammenarbeit die gegenseitige Unterstützung bei der Bemühung um die zusätzliche deutsche Staatsbürgerschaft. Alle unsere Aktivitäten zielen auf die Vertiefung europäischer Kooperation und Freundschaft.

Auf Anregung von BOW i. n. erzählen in diesem Buch Kinder des Zweiten Weltkrieges aus Dänemark, Deutschland, Griechenland,

Finnland, Frankreich, Holland und Norwegen ihre Lebensgeschichte. Das geschieht keineswegs, um Leid gegen Leid »aufzurechnen«, sondern um exemplarisch zu zeigen, wie existenziell notwendig, schmerzhaft und schwierig die Suche nach den eigenen Wurzeln ist, und wie schwer es ist, traumatische Erfahrungen zu verarbeiten.

Deutlich wird in den eindrücklichen Lebensbeschreibungen, wie viele Erfahrungen diese Kriegskinder trotz aller Unterschiede der Lebensumstände und der politischen und gesellschaftlichen Rahmenbedingungen über alle Ländergrenzen hinweg verbinden:

Den meisten wurde ihre Herkunft lange verheimlicht, sie stießen immer wieder auf eine Wand des Schweigens und der Ablehnung. Daraus resultierende diffuse Gefühle der Unsicherheit, der Schuld und der Scham kennen alle. Viele haben lange geschwiegen, konnten sich selbst und anderen ihr psychisches Leid und ihre Verletzlichkeit nicht erklären und erkannten erst allmählich den Zusammenhang mit der frühen kindlichen Ver-Störung. Viele fühlen sich »fremd in der eigenen Haut«, kennen die Selbstzweifel und das mangelnde Selbst-Bewusstsein, die oft genug verstärkt werden durch das Wissen, »Täterkind« oder »Feindeskind« zu sein und/oder Produkt des krankhaften Rassenwahns der Nationalsozialisten.

Die wenigsten dieser Zeitzeugen sind in der Geborgenheit einer Familie aufgewachsen, sie alle haben auch lange nach dem Krieg Feindseligkeiten und Ablehnung erfahren. Die meisten waren oder sind noch immer seit Jahrzehnten auf der Suche nach ihren Vätern und ihrer wahren Identität. Zur Identität gehören auch die Historie und die Familiengeschichte auf *beiden* Seiten. Das ist schwieriger, wenn die Eltern verschiedenen Nationalitäten angehörten, und besonders dann, wenn der Vater ein Feind war, vom sozialen Umfeld gehasst wird. War mein Vater ein Mörder? Habe ich seine schlechten Gene geerbt? So quälen sich viele, wenn sie – meist spät genug – erfahren, dass ihr Vater Deutscher war. Die Holländerin Monika, die lange mit dem »deutschen Vater in mir« gerungen hat, kommt in ihrer Erzählung zu dem Schluss: »Ich wollte doch den deutschen Vater anerkennen und nicht abweisen! Dann musste ich auch seine Geschichte und die Geschichte seines Landes annehmen.«

Was alle verbindet, könnte eine gemeinsame Überschrift zu allen Erzählungen ausdrücken: »Das Schweigen und die Lügen der Mutter«. Mehr noch als die plötzliche Erkenntnis, dass der Vater Deutscher war, habe ihn die Tatsache erschreckt, dass seine Mutter ihn all die Jahre angelogen hatte, schreibt der Däne Arne, und der Finne Pertti fragt sich: »Warum wollte meine Mutter keinerlei Informationen über den Vater ihres Sohnes preisgeben, nicht einmal, als sie eine alte Frau war?«

Es sind Geschichten von Müttern, die ein Leben lang lügen oder schweigen und ihr Geheimnis mit ins Grab nehmen – oder manchmal mit über 90 Jahren kurz vor ihrem Tod sagen können: »O ja, ich habe ihn geliebt.« Wie die französische Mutter von Huguette.

Es sind Geschichten von Vätern, die ihr Kind zurücklassen mussten oder von seiner Existenz nichts wussten und bis zum Ende ihres Lebens nichts davon erfahren haben – oder wollten. Oder als alte Männer endlich ein fremdes »Kind« in die Arme nehmen konnten.

Es sind Geschichten von Stiefvätern, die dem Kind eines Feindes ihren Namen gegeben haben, selten ihre Liebe, es oft genug misshandelten. »Die Erinnerungen an die Prügel sind noch da«, schreibt der Norweger Einar.

Und es sind Geschichten von Hürden und Willkür der Bürokratie, über Zufälle bei den Recherchen, Glück und Trauer, Freude bei Begegnungen mit der gefundenen Familie oder über den Schmerz, erneut abgewiesen zu werden.

Es war nicht leicht, »Kinder des Krieges« zu finden, die bereit waren, ihr Schicksal zu erzählen – einige tun es in diesem Band zum ersten Mal. Manche haben ihre Zustimmung wieder zurückgenommen, weil sie der Schmerz aus der Kindheit einholte, als sie anfingen zu schreiben, und sie sich nicht damit konfrontieren wollten. Manche haben ihr Einverständnis zur Publikation in letzter Minute wieder zurückgezogen – sie wollten ihr Leben nicht gedruckt ausgebreitet sehen, nicht einmal anonym.

Alle, die schließlich mitgewirkt haben, zeigen auf unterschiedliche Weise, wie existenziell notwendig, wenn auch schmerzhaft und schwierig die Suche nach den eigenen Wurzeln ist – aber auch, dass ein belastetes Leben zu meistern sein kann. Ihre Geschichten machen auch Mut. Und für ihren Mut, ihre Geschichte zu erzählen, gebührt ihnen großer Dank und große Anerkennung.

Diese Berichte bezeugen, wie Kinder unter den Folgen von Kriegen leiden, und hoffen in Gegenwart und Zukunft gehört zu werden, auch wenn sich derzeit bei weltweiten Kriegen und Konflikten die Schicksale auf dramatische Weise wiederholen.

Es gab viele Hürden zu überwinden, das Netzwerk BOW i.n. hat sich trotzdem zur gemeinsamen Herausgabe authentischer europäischer Lebensgeschichten entschlossen, weil es Zeit ist, dass solche Zeitzeugen der Kriegs- und Nachkriegsjahre ihre Erlebnisse *selbst* erzählen. Erst am persönlichen Schicksal wird Geschichte richtig begreifbar.

Den Berichten aus einem Land wird jeweils ein Rahmentext vorangestellt, so dass die individuellen Erfahrungen in die jeweilige historische Situation eingebettet werden, also der »psycho-historische« Kontext verständlich wird. Das gilt vor allem auch für Jugendliche, die sich in der Schule mit den historischen Fakten zu Nationalsozialismus und Weltkrieg oft bis zum Überdruss auseinandersetzen müssen. In vielen Lesungen an Schulen habe ich erfahren, wie emotionale Betroffenheit durch persönliche Berichte von Zeitzeugen bei Schülern und Lehrern eine andere Sicht auf Krieg und Terror bewirkt – und zugleich die Wachsamkeit für die Gegenwart schärft.

Als die »Kinder des Krieges« heranwuchsen, waren die meisten europäischen Staaten untereinander zerstritten und Feinde Deutschlands. Die Autoren und Autorinnen haben die Annäherung erlebt, sie waren glücklich über ein vereintes Europa, in dem sie sich zuhause fühlen konnten. »Waren wir nicht die ersten echten Europäer?«, fragt die deutsche Dänin Henny, und der deutsche Grieche Gerrit konstatiert: »Ich habe mich damals schon als Europäer gefühlt, also als Person zwischen Deutschland und Griechenland.«

Henny und Gerrit und alle anderen in diesem Buch waren und sind auch »Brückenpfeiler« für ein geeintes Europa. Auch dafür gilt ihnen ein besonderer Dank.

Gerade in dieser Zeit, in der nationale Interessen wieder dominieren und rechtsextreme Randgruppen ihre Wertvorstellungen in die Mitte der Gesellschaft rücken wollen, da der europäische Gedanke auch an der würdelosen Auseinandersetzung über eine menschenwürdige Aufnahme von Flüchtlingen zu zerbrechen droht, erscheint es notwendiger denn je, durch die Erinnerung an *individuelle* Lebensgeschichten unser *gemeinsames* Schicksal in einer *europäischen* Dimension zu betrachten.

Anmerkungen

1 Vgl. Sabine Bode: Die vergessene Generation. Die Kriegskinder brechen ihr Schweigen, Stuttgart 2004.

2 Ebba D. Drolshagen: Nicht ungeschoren davonkommen. Das Schicksal der Frauen in den besetzten Ländern, die Wehrmachtssoldaten liebten, Hamburg 1998.

3 Ebba D. Drolshagen: Wehrmachtskinder. Auf der Suche nach dem nie gekannten Vater, München 2005.

4 Vgl. INIRC-International Network for Interdisciplinary Research Children Born of War, www.childrenbornofwar.org; vgl. Elke Kleinau, Ingvill C. Mochmann (Hg.): Kinder des Zweiten Weltkrieges. Stigmatisierung, Ausgrenzung, Bewältigungsstrategien, Frankfurt a. M. 2016.

5 www.lebensspuren-deutschland.eu

6 www.dd-wast.de

7 www.coeurssansfrontieres.com

8 Vgl. Wolfgang Remmers, Ludwig Norz (Hg.): Né maudit – Verwünscht geboren. Kriegskinder, EXPERIENZAWASt Bd. 2, Berlin 2008.

9 www.bowin.eu

10 www.russenkinder-distelblueten.de

11 Alle vorliegenden Antwortschreiben können auf der website www.bowin.eu nachgelesen werden.

Finnland

Erst »Waffenbrüder«, dann Feinde – Deutsche Soldaten in Finnland während des Zweiten Weltkrieges

Irja Wendisch

Als ich Ende der 1990er Jahre von der *Frankfurter Allgemeinen Zeitung* den Auftrag erhielt, einen Artikel über die deutsche Wehrmacht am Polarkreis zu schreiben, wusste ich nur wenig über die deutsch-finnische »Waffenbruderschaft«, die schon seit 1917 im Ersten Weltkrieg bestanden hatte[1] und 1941 während des Zweiten Weltkrieges[2] erneuert wurde.

Ich bin 1955 geboren und erinnere mich noch an Schützengräben und Betonbunker, die ich als Kind in den Wäldern meines Heimatdorfes Oikarainen entdeckt hatte. Aus meiner Kindheit waren mir auch die verrosteten Helme der deutschen Wehrmacht vertraut, die meine Brüder aus den nahegelegenen Wäldern mit nach Hause schleppten.

Natürlich wusste ich, dass die Deutschen beim Rückzug ihrer Truppen mein Heimatdorf Oikarainen, so wie alle anderen Ortschaften oberhalb des finnischen Polarkreises, systematisch niedergebrannt hatten. Aber erst bei der Recherche zu meinem Artikel dachte ich zum ersten Mal ernsthaft darüber nach, wie das Zusammenleben der deutschen Soldaten mit der finnischen Bevölkerung wohl gewesen sein könnte.

Zwischen 1941 und 1944 waren circa 200 000 deutsche Soldaten in Lappland stationiert, mehr als die Region Einwohner hat. Die meisten von ihnen waren immer wieder über längere Zeit hinweg in der Nähe finnischer Ortschaften untergebracht, weit weg von der Front an der finnisch-russischen Grenze. Zigtausend deutsche Soldaten lebten zur Miete bei finnischen Familien. Umgekehrt fanden viele finnische Frauen gut bezahlte Arbeit bei den Deutschen.

Was machten also die Menschen, als sie Seite an Seite lebten? Wie war der Umgang miteinander? Das wollte ich wissen, als ich mit der Recherche für den Zeitungsartikel begann. In der vorhandenen Literatur fand ich jedoch keine ausreichenden Antworten auf meine Fragen. Deshalb beschloss ich, noch lebende deutsche Soldaten zu suchen, die in Finnland stationiert gewesen waren. Von ihnen wollte ich erfahren, wie das Leben hinter der Front ausgesehen hatte.

Im Laufe der letzten 15 Jahre habe ich zahlreiche Gespräche mit ehemaligen deutschen Soldaten geführt und dabei auch viel über meine eigene Heimat erfahren. Dabei lernte ich Menschen kennen, die gern auf die Zeit und die Menschen von damals zurückblickten. Ich fand niemanden, der den Krieg verherrlichen mochte, aber auch niemanden, der sich mit Hass an die finnische Bevölkerung erinnerte. Die meisten deutschen Soldaten waren junge Männer, die ohne zu ahnen, dass der Krieg ihnen die besten Jahre des Lebens rauben würde, in den Krieg zogen. Hitlers Eroberungskrieg sei, so glaubten viele dieser jungen Männer, bald wieder vorüber und am Ende sollte ein neues, großes Deutschland entstehen. Doch am Ende fanden 5,3 Millionen deutsche Soldaten den Tod, davon die Hälfte an der Ostfront.

Je mehr ehemalige Soldaten ich gesprochen hatte, desto mehr bekam ich das Gefühl, dass diejenigen Soldaten, die in Finnland waren, den Krieg eher als ein großes Abenteuer erlebten, das nur wenig mit der Weltpolitik zu tun hatte. Diejenigen deutschen Soldaten, die in die nordischen Länder geschickt wurden, hatten, ohne es zu diesem Zeitpunkt zu wissen, Glück. Denn im Vergleich zu den Ereignissen an der Ostfront gab es in Skandinavien relativ wenige Kampfhandlungen. Kaum jemand konnte oder wollte mit mir über Kampfhandlungen sprechen. Da die meisten Soldaten sich während des sogenannten Stellungskrieges in Finnland befanden, hatten viele von ihnen kaum kriegerische Auseinandersetzungen erlebt. Ich traf viele ehemalige Soldaten, die ihre Waffen über Jahre nicht ein einziges Mal benutzen mussten. So erzählte mir ein Gesprächspartner, dass bei ihnen höchstens dann ein Schuss fiel, »wenn ein Oberfeldwebel morgens auf seinen Wecker geschossen hat, weil er glaubte, der hätte zu früh geklingelt«.

Obwohl die Soldaten mit dem Bauen von Brücken und Baracken und dem Ausheben von Schützengräben beschäftigt wurden, war die Langeweile ihr größtes Problem. Kein Wunder also, dass diese jungen Männer die Gesellschaft der finnischen Zivilbevölkerung suchten. Es war nicht schwierig, junge finnische Frauen kennenzulernen, denn viele von ihnen arbeiteten für deutsche Einrichtungen, in Kantinen, Wäschereien oder Krankenhäusern. Es wurden Freundschaften geschlossen und Liebesbeziehungen entstanden. Es wurden Kinder in flüchtigen Begegnungen gezeugt, andere wiederum entstanden in festen Partnerschaften. In manchen Familien wurden die deutschen »Verlobten« wie Familienmitglieder behandelt. Manch ein Vater wartete genauso aufgeregt auf das Kind wie die Mutter des zukünftigen Kindes. Drohte die Trennung, so hinterließen diese Männer ein Schreiben mit der Anerkennung der Vaterschaft. Andere Soldaten wiederum waren sicherlich froh, wenn sie rechtzeitig versetzt wurden, um sich der Verantwortung für ein Kind entziehen zu können, wieder andere haben nie erfahren, dass sie ein Kind gezeugt haben, bis sich das in manchen Fällen Jahrzehnte später meldete.

Die Einheimischen erzählten mir gern Geschichten über die Hilfsbereitschaft der deutschen Soldaten, die Bekanntschaften mit den Familien schlossen und Kindern Schokolade, Honigbrot und Äpfel zum Essen gaben. Auch boten die Deutschen den Einheimischen die Möglichkeit an, ihre kulturellen Veranstaltungen, wie Kino oder Theater, zu besuchen.

Kein Wunder also, dass unter diesen Menschen der Glaube

herrschte, diese netten Soldaten seien nicht an der späteren Zerstörung Lapplands beteiligt gewesen. »Die meisten Soldaten, die länger im Dorf lebten, wurden am Ende durch neue Kräfte ersetzt«, erzählten sie mir.

Die deutsch-finnische Waffenbruderschaft endete im September 1944, als die Finnen mit der Sowjetunion einen Separatfrieden schlossen und sich verpflichteten, die deutschen Truppen innerhalb von 14 Tagen aus dem Land zu vertreiben. Der zunächst friedliche Abzug eskalierte im Lapplandkrieg.[3] Die Wehrmacht hinterließ auf ihrem Rückzug nach Nordnorwegen verbrannte Erde.[4] Die Zivilbevölkerung wurde nach Schweden und Südfinnland evakuiert. Kein Wunder also, dass man in der Nachkriegszeit nicht mehr über engeren Kontakt zwischen den Soldaten und der Zivilbevölkerung sprechen wollte. Es herrschte Schweigen, erst zu Beginn dieses Jahrtausends wurde es allmählich gebrochen.

Von diesem Schweigen umhüllt war auch die Kindheit von schätzungsweise 1000 finnischen Wehrmachtskindern. Wie fast alle Wehrmachtskinder in Europa erfuhren sie nur zufällig, manchmal nach jahrzehntelanger Kleinstarbeit, die Wahrheit über die eigene Herkunft und mehr über ihre wahre Identität. Die Mütter schwiegen, weil sie sich dafür schämten, dass sie sich mit einem Deutschen eingelassen hatten. Auch wenn diese Männer anfangs willkommen gewesen waren, als sie den Finnen beim Kampf gegen die Sowjetunion zur Seite standen und halfen, ihre Unabhängigkeit zu bewahren, wollte man diese Freundschaft nach dem Krieg schnell vergessen.

Der Waffenstillstandsvertrag mit der Sowjetunion sah vor, dass eine Alliierte Kontrollkommission, die im September 1944 ihre Tätigkeit aufnahm und aus 200 sowjetischen und 15 britischen Offizieren bestand, die Vereinbarung überwachte. In der finnischen Geschichtsforschung wird die Zeit der Kontrollkommission, die bis zum Herbst 1947 dauerte, als »Jahre der Gefahr« bezeichnet. Auch das zwischen Finnland und der Sowjetunion im Jahr 1948 abgeschlossene Abkommen über einen Freundschafts- und Kooperationsvertrag (YYA) nährte in der Bevölkerung die Angst, die Kommunisten könnten eine Revolution organisieren und die Macht im Land übernehmen.

In diesen Nachkriegsjahren entstanden die Gerüchte über jene Frauen, die beim Rückzug der deutschen Truppen im Herbst 1944 zunächst mit nach Norwegen und, viele von ihnen, später nach Deutschland gegangen waren, Gerüchte, die sich jahrzehntelang hartnäckig hielten: Die Deutschen hätten viele von diesen Frauen später einfach über Bord geworfen, sobald deren Dienste als Geliebte, Küchenhilfe oder Krankenschwester nicht mehr gebraucht wurden. Eine Behauptung, die genauso wenig bewiesen ist wie die Geschichten über Frauen, die angeblich kahl geschoren wurden, als sie nach dem Krieg aus Deutschland nach Finnland zurückkehrten.

Der Weg der Frauen, die mit oder ohne Kind in den Nachkriegsjahren das vom Krieg zerstörte Deutschland in Richtung Finnland verlassen wollten, führte über die Internierungslager von Hanko an der südlichsten Spitze Finnlands. Dort wurden sie verhört, viele von ihnen wegen illegalen Grenzübertritts zu Bewährungsstrafen verurteilt, die meisten jedoch nach einigen Wochen Gesundheitsquarantäne auf freien Fuß gesetzt. Nicht nur diese Frauen, sondern alle Finninnen und Finnen, die das Land in den Kriegsjahren verlassen hatten und nach dem Krieg in die Heimat einreisen wollten, nahmen diesen Weg. Allgemein bekannt ist das Internierungslager von Hanko bis heute jedoch nur im Zusammenhang mit jenen Frauen, die gern »deutsche Flittchen« genannt werden.

Die Historikerin Anu Heiskanen, die das Schicksal dieser Frauen untersucht hat, schätzt die Anzahl der Frauen, die mit den deutschen Truppen nach Deutschland gegangen sind, auf ungefähr 1000. »In Gerüchten und in Geschichten wurden diese Frauen als bemitleidenswerte, brünstige Masse dargestellt, deren misslungener Versuch, hinter dem deutschen ›Fritz‹ herzulaufen, mit einem demütigenden Fußmarsch von Kemi nach Oulu sein Ende fand«, schildert Anu Heiskanen die Situation im Nachkriegsfinnland.[5]

Dass es zu diesen Gerüchten kommen konnte, ist nach Heiskanens Meinung zum Teil auf einige finnische Wissenschaftler der

Nachkriegsjahre zurückzuführen: »So schilderten manche Historiker die Lage der aus Deutschland über die Internierungslager von Hanko nach Finnland zurückgekehrten Frauen als besonders erniedrigend, obwohl alle aus dem Ausland nach Finnland einreisenden Personen mit finnischer Staatsangehörigkeit dieselbe Prozedur durchlaufen mussten.«[6]

Nach dem Krieg: »Versteckte Kinder«

Kein Wunder also, dass die meisten Mütter, auch wenn sich die politische Situation schon bald nach dem Rückzug der Kontrollkommission normalisierte, die wahre Identität ihrer Kinder am liebsten für sich behalten hätten. Besonders im Norden Finnlands gelang die Geheimhaltung jedoch schwer.

Fast in jedem Ort hatten die Deutschen nicht nur verbrannte Erde hinterlassen, sondern auch Frauen, die entweder schwanger waren oder bereits ein oder mehrere Kinder von einem deutschen Soldaten bekommen hatten. Diese Kinder wurden von anderen Kindern gehänselt, sie fühlten sich fremd in ihrer eigenen Haut. Die Suche nach der wahren Identität dauert bei den meisten von ihnen bis heute an.

In den letzten 15 Jahren habe ich einigen von diesen »versteckten Kindern« bei der Suche nach ihren deutschen Wurzeln helfen dürfen.[7] Ich suchte und fand den biologischen Vater oder Halbgeschwister und konnte sie mit den finnischen Töchtern und Söhnen bzw. der neuen Verwandtschaft aus Finnland zusammenführen. Auch wenn die Suche nicht immer glücklich verlief – mal war keine Verwandtschaft mehr vorhanden oder aber sie zeigte kein Interesse an einer Begegnung –, so hatte die Klärung des Schicksals des biologischen Vaters eine enorme Bedeutung für die Einzelnen. Eine oft lebenslange Suche nach dem wahren Ich fand somit ein Ende.

Tuula suchte ihren Vater in Berlin, Pertti irgendwo in Deutschland und Johannes wusste nicht, ob er in Deutschland oder Österreich suchen sollte. Irgendwann in den 1980er Jahren hatten alle drei den ersten Versuch gestartet, nach ihrem deutschen Vater zu suchen. Es handelte sich um Männer, die in den Kriegsjahren in Finnland stationiert waren. Die Mütter von Pertti, Tuula und Johannes waren Finninnen, die während des Krieges einen deutschen Soldaten geliebt hatten. Wie Tausende von finnischen Frauen hatten sie für die in Finnland stationierten Deutschen als Dolmetscherinnen, Küchenhilfen, Näherinnen oder Krankenschwestern gearbeitet.

Ob über die Heilsarmee, das Rote Kreuz oder die Deutsche Dienststelle, ganz gleich wie sie auch suchten, Tuula, Pertti und Johannes mussten die Suche aufgeben, ohne Erfolg.

Anmerkungen

1 Deutschland unterstützte den Finnischen Unabhängigkeitskrieg, bildete finnische Freiwillige als »Königlich-Preußisches Jägerbataillon Nr. 27« aus und verhalf 1917 dem bis dahin russischen Großfürstentum Finnland zur Loslösung von Russland.

2 Nach Stalins »Winterkrieg« 1939/40 gegen die Finnen verhalfen ihnen deutsche Divisionen ab 1941 zur Rückeroberung der 1940 von Russland annektierten Gebiete.

3 Finnlands Oberbefehlshaber Feldmarschall Mannerheim, seit August zugleich Staatspräsident, stellte den aussichtslosen Kampf gegen die Russen an der Seite der deutschen Lappland-Armee Anfang September ein und eröffnete ihn auf Stalins Befehl Ende September gegen die vormaligen »Waffenbrüder«.

4 Der über den »finnischen Verrat« empörte Hitler hatte den Befehl dazu erteilt: Straßen- und Eisenbahnbrücken wurden zerstört, ganze Dörfer niedergebrannt und die Hauptstadt Lapplands, Rovaniemi, zerstört.

5 Vgl. Anu Heiskanen: Kansakunnan huonot naiset – Myyttinen kuva ja todellisuus Saksan sotavoimien edustajien kanssa seurustelleista naisista, in: Alenius Kari, Fält Olavi, Vahtola Jouko (Hg.): Vieraat sotilaat, Studia Historica Septentrionalia 45, Rovaniemi 2004, S. 182

6 Ebd.

7 Vgl. Irja Wendisch: Salatut lapset – Saksalaissotilaiden lapset suomessa, Helsinki 2006.

»In meinem ganzen Leben konnte ich zu niemandem Vater sagen.« Die Geschichte von Pertti

Irja Wendisch

Am 14. September 2005 um 8:30 Uhr befindet sich Pertti in einem rechtsmedizinischen Institut in Kaiserslautern, um gemeinsam mit Rosemarie eine Blutprobe abzugeben. Ist Rosemarie Perttis Halbschwester? Ist Rosemaries Vater Rudolf auch Perttis Vater? In zwei Wochen werden die Ergebnisse der DNA-Analyse vorliegen, dann vielleicht wird Pertti endlich eine Antwort auf eine Frage bekommen, die er sich fast sein Leben lang gestellt hat.

Ich traf Pertti zum ersten Mal im September 2002. Ich hatte ihn, ohne ihn persönlich zu kennen, wie andere Zeitzeugen aus dem Dorf zu einer kleinen Feier in meinem Heimatort Oikarainen im finnischen Lappland im Rahmen der Veröffentlichung meines Buches »Dr. Conzelmanns Kriegsjahre in Lappland« über die deutsche Wehrmacht in Lappland eingeladen. Dr. Conzelmann war in den Jahren 1942 bis 1944 als Truppenarzt eines Sturmbootkommandos dort stationiert gewesen und hatte eine Privatunterkunft gemietet. Nach fast 60 Jahren kehrte er in dieses 400-Seelen-Dorf zum ersten Mal zurück. Von Pertti wusste ich zu diesem Zeitpunkt nur, dass er ein Wehrmachtskind ist und dass seine Mutter Saara aus Oikarainen stammte. Es könnte also durchaus möglich sein, dass Saara ihren Geliebten in Oikarainen kennengelernt hatte. Pertti kam zu der Feier in der Hoffnung, etwas über seinen Vater Rudolf E. zu erfahren. Immer wieder im Laufe seines Lebens hatte Pertti sich gefragt, ob der Geliebte seiner Mutter womöglich im Krieg gefallen war, da er sich nach Kriegsende nie wieder bei seiner Mutter gemeldet hatte. Dr. Conzelmann konnte sich aber an den Namen nicht erinnern.

Schon bald nach meiner ersten Begegnung mit Pertti nahm ich Kontakt mit der WASt, der Deutschen Dienststelle in Berlin, auf, um mehr über den Verbleib von Rudolf E. zu erfahren. Es war Perttis Glück, dass Saara, die ihm nur sehr wenig über den biologischen Vater erzählt hatte, immerhin den kompletten Namen preisgegeben hatte. Auch konnte sich Pertti an eine Adresse in Deutschland erinnern, die seine Mutter ihm gegenüber erwähnt hatte.

Es dauerte nicht lange, bis ich von der Deutschen Dienststelle einen Brief erhielt. Der am 25. September 1914 in Gladbeck geborene Rudolf E. war während des Zweiten Weltkrieges genau unter der Adresse gemeldet gewesen, die Pertti von seiner Mutter erhalten hatte. Ferner ging aus den Unterlagen der Deutschen Dienststelle hervor, dass Rudolf E. »mit Datum vom 1. 11. 1943 in den Erkennungsmarkenverzeichnissen der Armee-Pionierschule Oikarainen« geführt wurde. Diesem Truppenteil soll er bis Kriegsende angehört haben. »Betreffender geriet übrigens vorübergehend in britische Gefangenschaft, aus der er am 2. 9. 1945 wieder in die Heimat entlassen wurde«, teilte mir die Deutsche Dienststelle weiter mit. Ferner konnte ich aus der Mitteilung der Deutschen Dienststelle entnehmen, dass Rudolf E. im Sommer des Jahres 1946 nach Kaiserslautern umgezogen war, wo er am 28. Oktober 1992 starb.

Im Alter von 58 Jahren erhielt Pertti erste Informationen über einen Mann, der womöglich sein biologischer Vater war. Sein Glaube, dass der Vater nach dem Krieg keinen Kontakt zu seiner finnischen Geliebten aufnehmen konnte, weil er im Krieg gefallen war, war mit diesen Informationen hinfällig geworden. Aber Pertti fühlte sich erleichtert und neue Hoffnung keimte in ihm auf: Hatte Rudolf womöglich eine Familie in Kaiserslautern gegründet? Hatte er eventuell eine Frau und Kinder gehabt? Vielleicht würde Pertti Schwestern oder Brüder finden? Vielleicht würde er endlich Menschen treffen können, die den unbekannten Vater gekannt haben und ihm erzählen könnten, was für ein Mensch der Vater gewesen war?

Im Januar 2003 wandte ich mich an die Stadt Kaiserslautern mit der Bitte um Meldeauskunft zur Familienzusammenführung im Fall von Rudolf E. Ich hatte einen Brief an die fiktiven Angehörigen vorbereitet und bat um Weiterleitung, falls es Verwandtschaft geben sollte. Bereits nach zwei Wochen schrieb mir eine Angestellte der Stadt sichtlich erfreut, dass sie zwei Töchter von Rudolf E. ausfindig machen konnte. Mit einer von ihnen, Brigitte, hatte sie bereits telefoniert. Brigitte hatte ihre Zustimmung zur Weitergabe ihrer Daten gegeben, und so konnte ich sie telefonisch erreichen.

Es fiel mir nicht leicht, in dieser sensiblen Angelegenheit nach dem Hörer zu greifen, aber ich tat es trotzdem. Am anderen Ende der Leitung hörte ich die Stimme einer etwas unsicher wirkenden Frau. Zum Glück war sie über die Angelegenheit informiert worden und deshalb nicht allzu sehr überrascht. Auf meine Fragen hin berichtete mir Brigitte, dass ihr Vater sogar ziemlich viel über die Kriegszeit erzählt hatte, aber von einer Liebschaft, ja sogar von einem Kind sei niemals die Rede gewesen. Brigitte war sich sicher: Hätte ihr Vater von einem Kind in Finnland gewusst, hätte er ganz sicher die Verantwortung dafür übernommen.

Diese Informationen übergab ich Pertti und bat ihn, einen Brief an Brigitte zu schreiben. Ich übersetzte ihn ins Deutsche und leitete ihn samt einem Foto an Brigitte weiter. Danach tauschten sich die beiden gelegentlich per E-Mail aus, bis Pertti im Juni 2003 gemeinsam mit Frau und Tochter nach Kaiserslautern fuhr, um Brigitte zu besuchen.

Ich traf Pertti kurz danach in Oikarainen und hatte das Gefühl, noch nie einen glücklicheren Mann getroffen zu haben. »Ich war schrecklich aufgeregt vor der Begegnung«, erzählte er mir. »Aber der Empfang war sehr herzlich und die Aufregung war schnell vorbei. Brigitte hat mich und mein Jugendfoto betrachtet und sofort Ähnlichkeiten mit ihrem Vater feststellen können. Brigitte erzählte mir auch von einer Kiste voller Fotos aus der Kriegszeit, die sie in ihrer Kindheit gelegentlich im Arbeitszimmer ihres Vaters heimlich in Augenschein genommen hatte. Ob unter den Fotos auch ein Bild von Saara war, wusste sie aber nicht mehr zu berichten. Brigitte lebt mit ihrer Familie in einem Teil ihres Elternhauses, im anderen Teil des Hauses wohnt ihre Schwester Rosemarie, mit der sie aber wenig Kontakt hat. Brigitte erzählte mir, dass Rudolf die einzige Tochter des Betreibers eines gut gehenden Malergeschäftes geheiratet und später selbst das Geschäft übernommen hatte. Als ich mich nach einigen Stunden von Brigitte und ihrem Mann verabschiedet hatte, klingelte ich noch kurz an der Tür am anderen Ende des Hauses, aber dort war anscheinend niemand zu Hause.«

Nach dem ersten Besuch in Kaiserslautern bat mich Pertti, Kontakt mit Rosemarie aufzunehmen, ich kam jedoch diesem Wunsch aus unerklärlichen Gründen nicht gleich nach.

In den zwei darauffolgenden Jahren wechselten Pertti und Brigitte gelegentlich kurze E-Mails, ohne ein Wort über die Schwester zu verlieren. Fragen zu Rosemarie wollte Pertti nicht stellen, weil ihm klar war, dass das Verhältnis zwischen den beiden Schwestern nicht gut war. Im Juni 2005 bat Pertti mich dann, einen Brief, den er an Rosemarie geschrieben hatte, zu übersetzen und teilte mir gleichzeitig mit:

»Ich beabsichtige nun, im September nach Deutschland zu kommen in der Hoffnung, auch Rosemarie treffen zu können. Ich habe mir in den vergangenen zwei Jahren viel Zeit genommen, um meine Gedanken zu sortieren. Jetzt ist es mein dringender Wunsch, absolute Gewissheit über meine Herkunft bzw. die Vaterschaft zu bekommen. Ich habe mich über die Möglichkeit eines DNA-Tests informiert und man hat mir erklärt, dass man in einem solchen Fall wohl keine 100-prozentige Sicherheit erreichen könne, aber eine einigermaßen klare Aussage wäre wohl möglich, wenn eine oder womöglich beide Schwestern sich zu solch einem Test bereit erklären würden. Ich nahm meinen ganzen Mut zusammen und schrieb diesbezüglich an Brigitte einen Brief. Ich musste ziemlich lange auf eine Antwort warten, dann aber schrieb sie mir, dass einer solchen Untersuchung im Prinzip nichts entgegenstünde.«

Erst zwei Wochen vor der Abreise Perttis nach Deutschland übersetzte ich endlich den an Rosemarie gerichteten Brief. Gespannt warteten wir auf die Antwort, die nicht lange auf sich warten ließ. Aus dem Brief konnte man entnehmen, dass Brigitte ihrer Schwester nichts von Perttis Besuch zwei Jahre zuvor erzählt hatte. »Wie Ihnen

Familie N. bestimmt erzählt hat, haben wir seit vielen Jahren keinen persönlichen Kontakt mehr, und was meinen Vater betrifft, haben wir immer über sehr viel geredet, aber von der eventuellen Existenz eines Sohnes hat er nie etwas erzählt, also gehe ich davon aus, dass er davon nichts wusste. Da ich für meine Eltern immer jeglichen Schriftverkehr erledigt habe, ist mir auch von einer Unterhaltsleistung an Ihre Mutter nichts bekannt. Ich kann nicht sagen, dass mich Ihre Nachricht sehr ›geschockt‹ hat, aber überrascht schon. [...] Ich bedauere sehr, dass mein Vater seine Wahrheit dazu nicht mehr sagen kann und alles, was Sie mir jetzt erzählt haben, sich nur auf die Aussagen Ihrer Mutter beschränkt.

Auch kann ich nicht verstehen, dass Sie vor zwei Jahren bei Familie N. waren und nach Ihrer Rückkehr nach Finnland mir nicht von Ihrem Besuch berichtet haben, und Sie sich so lange Zeit ließen, den Wunsch zu äußern, mich kennenzulernen. Mein Lebensweg war nicht immer sehr leicht und einfach, deshalb möchte ich Sie nun auch direkt fragen, was die Absicht Ihres Besuches ist. Möchten Sie einfach nur mehr über Ihren eventuellen Vater und seine Kinder erfahren oder verfolgen Sie andere Absichten?«

Nur zwei Tage vor seiner Abreise nach Deutschland erhielt ich dieses Schreiben von Pertti mit der Bitte um Übersetzung. Beim Übersetzen kam ich ins Schwitzen bei dem Gedanken, dass Rosemarie vermuten könnte, Pertti würde den Kontakt suchen in der Hoffnung auf eine eventuelle Erbschaft. Um diesem Missverständnis vorzubeugen, beschloss ich, Rosemarie gleich anzurufen. Am anderen Ende der Leitung begrüßte mich eine Frau mit energiegeladener, munter klingender Stimme. Ich stellte mich vor und machte gleich deutlich, dass eigentlich ich schuld daran war, dass der Kontakt erst jetzt zustande kam. Ich versicherte ihr auch, ohne dass sie danach gefragt hätte, dass es sich hier nicht um Erbschaftsangelegenheiten handelte und sie diesbezüglich keine Angst zu haben brauche, denn nach der deutschen Gesetzgebung gebe es diese Möglichkeit gar nicht. Es ginge Pertti nur um die Suche nach den eigenen Wurzeln.

Rosemarie reagierte mit Erleichterung. Sie lud mich und Pertti

Rudolf E., Perttis Vater, circa 1940

mit großer Neugier auf unseren Besuch in ihr Haus ein. Bei der Ankunft spürten wir sofort, dass wir willkommen waren. Rosemarie wohnte in ihrem Haus gemeinsam mit ihrer Tochter und deren Ehemann. Wir alle fünf setzten uns zum Kaffeetisch und verstanden uns prächtig. Stundenlang saßen wir zusammen und redeten ununterbrochen. Pertti versuchte sich immer wieder auf Deutsch zu verständigen, wenn das nicht klappte, kam ich ihm zu Hilfe. Rosemarie erzählte umfangreich von ihrer Kindheit und dem Leben ihrer Eltern und erfuhr nach und nach gleichzeitig Perttis Geschichte.

Pertti

»Vermutlich haben Saara und Rudolf sich im Frühjahr 1944 in Oikarainen kennengelernt, denn zu diesem Zeitpunkt war Rudolf dort stationiert, um in der Pionierschule den deutschen Soldaten Skilanglauf beizubringen. War Rudolf eventuell einer der Soldaten, die täglich bei Saaras Bauernfamilie Milch gekauft hatten? Oder begegneten sie sich bei den Tanzabenden, die zwar verboten waren, aber trotzdem immer wieder heimlich hinter verschlossenen Fenstern und Türen irgendwo spontan veranstaltet wurden?

Niemand von der heutigen Dorfbevölkerung kann es mehr erzählen, aber meine Mutter muss von diesem jungen blonden Deutschen sehr beeindruckt gewesen sein. Sie verliebte sich mit der Leidenschaft einer 19-Jährigen und verlor offensichtlich keinen einzigen Gedanken an die Folgen dieser Verliebtheit. Bis zum Morgengrauen blieb sie gelegentlich in der Kaserne der Pionierschule bei Rudolf, was strengstens verboten war. Dann lief sie in Windeseile, um nicht entdeckt zu werden, quer über den zugefrorenen Fluss nach Hause. In den taghellen Nächten im Mittsommer des Jahres 1944 muss sie dann schwanger geworden sein. Ob sie Rudolf zum Abschied im September über ihren Zustand informierte, ist unbekannt.

Als der Aufruf zur Evakuierung die Bevölkerung in Oikarainen in der zweiten Septemberwoche 1944 erreichte, begannen die am Südufer des Flusses lebenden Menschen ihr Hab und Gut auf das Nordufer zu transportieren, wo sich das Barackendorf der deutschen Soldaten befand. Das Vieh wurde schwimmend zum anderen Ufer getrieben, die Gegenstände in Ruderbooten über den 200 Meter breiten Strom gebracht, denn die von deutschen Soldaten erst im Juli des Jahres als Ersatz für die Fähre gebaute Brücke durften die Einheimischen zu diesem Zeitpunkt nicht mehr benutzen, sie wurde kurz danach gesprengt.

An der Sammelstelle angekommen, wurden alte Menschen und die meisten Frauen auf LKWs zum Weitertransport geladen, für den Transport des Viehs waren die jungen Frauen des Dorfes wie Saara zuständig, sie trieben es zu Fuß vor sich her. Saara lief in der Gruppe zunächst die 20 Kilometer nach Rovaniemi, dann täglich weitere 20 Kilometer, bis das über 100 Kilometer entfernte Haparanda an der schwedischen Grenze erreicht war. Der Schrecken war groß, als die Mädchen von den Grenzsoldaten aufgefordert wurden, sich nackt auszuziehen, um sich in der Sauna einer Läuse-Kontrolle zu unterziehen. Die Nacht darauf verbrachten sie in Zelten, am nächsten Morgen ging die Reise über Pieteå nach Burträsk weiter, wo

Saara gemeinsam mit anderen Flüchtlingen aus ihrem Heimatdorf in verschiedenen Räumlichkeiten der Kirchengemeinde des Ortes untergebracht wurde.

Zu diesem Zeitpunkt war Saara bereits im vierten Monat mit mir schwanger, ohne dass die mitreisenden Mädchen über ihren Zustand Bescheid wussten. Groß und schlank wie sie war, konnte sie ihre Schwangerschaft bis zum Ende verheimlichen. Erst nachdem sie mich zur Welt gebracht hatte, erfuhren die anderen Mädchen davon. Im Burträsk versorgte Saara bis zum Ende ihrer Schwangerschaft die Kühe ihrer Familie. Als die Wehen am frühen Abend einsetzten, fuhr sie allein mit dem Tretschlitten ins Krankenhaus. Ich wurde Mitte März 1945 geboren und ein Pfarrer aus Rovaniemi taufte mich auf den Namen Bertil Rudolf. Als eine der Letzten kehrte meine Mutter mit mir im Frühjahr 1946 zurück nach Oikarainen. Da konnte ich schon laufen.

Die ersten Monate nach ihrer Rückkehr verbrachte meine Mutter bei ihrer Familie, zog aber bald nach Rovaniemi, wo sie neben einem Sportplatz wohnte, der bis heute den Namen des deutschen Generals Erwin Rommel trägt. Dort hatte der schwedische Staat Baracken für die Bewohner der völlig zerstörten Stadt herrichten lassen. Hier kam Saara mit mir unter.

Diese Geschichten habe ich nach und nach erfahren, meine eigenen frühesten Erinnerungen an meine Kindheit führen mich zurück ins Jahr 1947.

Meine Mutter Saara hatte ihren zukünftigen Mann ziemlich bald nach ihrer Rückkehr aus Schweden kennengelernt und bereits im November 1947 geheiratet. Ich kann mich sehr gut an die Hochzeit und den darauffolgenden Umzug in eine kleine Zweizimmerwohnung erinnern.

Ich war keine drei Jahre alt, als das erste gemeinsame Kind von Saara und dem Stiefvater geboren wurde. Die kleine Schwester lebte jedoch nicht lange, sie starb an plötzlichem Kindstod. Die Trauer der Mutter und die Beerdigung der Schwester sind mir noch in lebhafter Erinnerung.

Die ersten Jahre mit dem Stiefvater verliefen harmonisch. Ein eigenes Haus wurde gebaut und im Jahr 1949 fertiggestellt. An den Wochenenden radelte die kleine Familie die 20 Kilometer lange Strecke nach Oikarainen zur Familie meiner Mutter. Es war ein schönes Gefühl, während der Fahrt beim Stiefvater auf dem Gepäckträger oder quer auf der Stange seines Herrenrades zu sitzen.

Bei der Oma Lyyli fühlte ich mich immer wohl und willkommen. Wie die Oma im Schaukelstuhl sitzt und schaukelt, wie ich auf ihren Schoß klettere und dort geknuddelt werde, das Gefühl der Geborgenheit dabei habe ich mein ganzes Leben lang nicht vergessen. Als ich etwas älter war, verbrachte ich immer längere Zeiten bei der geliebten Oma. Gemeinsam mit dem jüngsten Sohn der Oma, einem Halbbruder von Saara, oder mit einem Nachbarsjungen namens Erkki, der auch ein Wehrmachtskind war, wie ich später erfuhr, ging ich angeln. Diese Zeit ist mir als die glücklichste meiner Kindheit in Erinnerung geblieben, vielleicht auch deshalb, weil ich zu diesem Zeitpunkt noch nicht wusste, was es bedeutet, ein Wehrmachtskind zu sein.

Dann kam das Jahr 1951 und ich erlebte den ersten Schock meines Lebens. In der Stadt vor dem Haus meiner Mutter und des Stiefvaters spielte ich gerade auf der Straße mit anderen Kindern aus der Nachbarschaft, als diese mir zuriefen: ›Du bist das Kind eines Deutschen!‹ Ich ging nach Hause zu meiner Mutter und erzählte ihr, was passiert war, aber meine Mutter reagierte eigentlich gar nicht. Sie sagte mir nur, ich solle mir keine Gedanken darüber machen, was die anderen erzählten. Die ganze Angelegenheit wurde also einfach totgeschwiegen. Noch heute kann ich nicht sagen, ob ich zu jenem Zeitpunkt gedacht habe, mein Stiefvater wäre mein biologischer Vater, aber eines weiß ich ganz genau: Ich habe kein einziges Mal ›Vater‹ zu ihm gesagt, ich sprach ihn immer mit seinem Vornamen oder mit einer Abkürzung des Namens an. Für mich war er Allu, aber warum es so war, weiß ich bis heute nicht. In meinem ganzen Leben konnte ich zu niemandem ›Vater‹ sagen. Für einen Jungen ist das ein Verlust, ein sehr großer Verlust.

Die Nachbarn hatten die Wahrheit über meine Herkunft aus einer kleinen Zeitungsannonce erfahren. Rechtzeitig vor dem Schulbeginn hatte meine Mutter nämlich bei der Behörde eine Namensänderung beantragt, wohl wissend, dass der Sohn aufgrund seines ungewöhnlichen Namens in der Schule unnötige Aufmerksamkeit auf sich ziehen würde. So wurde Bertil Rudolf zu Pertti Antero. Als Nachnamen erhielt ich den Namen meines Stiefvaters. Da es sich bei der Umbenennung um eine Namensänderung und nicht um eine Adoption handelte, musste der Akt öffentlich bekannt gegeben werden. Mit mir hatte man jedoch nicht darüber gesprochen. Alle wussten es, nur ich nicht.

Das musste ich schon bald nach Schulbeginn bitter erfahren. Einen ›deutschen Bastard‹ haben sie mich genannt. Ich wunderte mich, woher die Kinder so etwas hatten. Es fühlte sich schlecht an, sehr schlecht. Bei der Oma in Oikarainen war alles ganz anders. Die Menschen im Dorf haben immer über mich als Saaras Sohn gesprochen. Für sie war ich niemals Allus Sohn, sondern wurde immer über meine Mutter definiert. Über meinen Vater wurde nie ein Wort gewechselt.

Ich erinnere mich noch gut daran, wie ich eines Tages, als ich auf dem Schoß meiner Oma saß, kurzerhand nachfragte, was dieses Gerede über den deutschen Vater bedeuten würde. Aber die Oma sagte nur lakonisch, es sei die Angelegenheit meiner Mutter, mit mir darüber zu sprechen, sie möchte dies nicht tun. Heute glaube ich, dass sie sich nicht in die Angelegenheiten ihrer Tochter einmischen wollte. Ich habe auch keine Ahnung, ob Saara jemals mit ihrer Mutter darüber gesprochen hat.

Je mehr eigene Kinder der Stiefvater bekam, desto schlechter wurde das Verhältnis zwischen uns beiden, obwohl es in den ersten Jahren des Zusammenlebens gut gewesen war, wenn auch distanziert. Bald spürte ich fast tägliche Diskriminierung. Wenn nichts zu bemängeln war, wurde ich von ihm einfach ignoriert. Von meiner Mutter bekam ich Geld für neue Kleider, Schulbedarf und Hobbys. Trotz großer Familie war Saara immer berufstätig. Zuerst besaß sie einen Tante-Emma-Laden, später arbeitete sie als Angestellte in einem Büro. Zu Hause kümmerte sich eine Haushaltshilfe um alles.

Je älter ich wurde, umso mehr verschlechterte sich das Verhältnis zum Stiefvater. Allein meine Anwesenheit brachte ihn auf die Palme. Ich hatte niemals Recht und alles war meine Schuld. Immer fing der Streit als Wortgefecht an, meistens blieb es auch dabei, aber gelegentlich kämpften wir richtig miteinander. Auch in der Ehe mit Saara stand es, trotz sechs gemeinsamer Kinder, nicht zum Besten. Mit dem Lebensstil ihres Ehemannes war sie noch nie einverstanden gewesen. Er leitete das Ersatzlager eines Autohauses und verbrachte viel Zeit mit seinen Kunden in Restaurants. Eines Tages erzählte ich meiner Mutter, dass ich den Stiefvater mit zwei fremden Frauen und einem Mann in der Stadt gesehen hatte. Daraufhin verprügelte er mich heftig und ich musste sagen, ihn niemals mit einer anderen Frau gesehen zu haben! Ansonsten hätte ich wohl nicht überlebt. Ich war 15, als die Situation zu Hause derart eskalierte, dass ich zu meiner Oma ziehen musste. Ein halbes Jahr lang fuhr ich den 20 Kilometer langen Weg mit dem Bus zur Schule, bis meine Mutter beschloss, mir eine eigene Wohnung in der Stadt zu mieten.

Als mein jüngster Bruder mit dem Abitur fertig war, reichte meine Mutter mit 55 Jahren die Scheidung ein.

Über Rudolf habe ich insgesamt genau vier Mal mit ihr gesprochen. Zum ersten Mal damals als kleiner Junge im Zusammenhang mit seiner Namensänderung, das zweite Mal als 15-Jähriger. Auch dabei verlor Saara nur wenige Worte.

Zum dritten Mal versuchte ich es im Jahr 1971, als sie mich zur Abschlussfeier meines Fachhochschulstudiums besuchte. Als wir gemeinsam mit dem Auto nach Hause zurückfuhren, fing ich wieder an zu fragen. Ich spürte, dass meine Mutter immer noch nicht gern darüber sprach, aber zum ersten Mal in meinem Leben hörte ich den Namen meines Vaters. Auch die Adresse in Deutschland erwähnte sie. Sie sagte, dass Rudolf ein gutaussehender, höflicher Mann gewesen war, der gut tanzen konnte. Gesellig und gebildet sei

Pertti als Soldat der finnischen Armee, circa 1965

er gewesen. Der Sommer mit dem Mann, den sie geliebt hatte, sei einfach wunderbar gewesen. Das vierte und letzte Mal redeten wir miteinander über Rudolf Mitte der 1990er Jahre. Ich erzählte meiner Mutter, dass ich um Auskunft über Rudolf bei der Deutschen Dienststelle in Berlin gebeten hatte. Sie reagierte etwas unwirsch und bat mich, endlich die alten Angelegenheiten ruhen zu lassen. Die Antwort aus Berlin war negativ. Solange ich das Geburtsdatum oder weitere Merkmale nicht nennen könne, könnte man mir leider nicht weiterhelfen. Als meine Halbschwester wenig später von einer Reise nach Deutschland und Österreich zurückkam, wollte sie mit Mutters Hilfe die Suche wieder aktivieren. Saara wies ihre Tochter zurück mit der Begründung, die Sache ginge sie gar nichts an.

Heute möchte ich gern verstehen, warum meine Mutter und alle anderen Frauen, die mit ihr das gleiche Schicksal teilten, eine Schutzmauer um sich aufgebaut haben. Aus welchem Grund wollte meine Mutter keinerlei Informationen über den Vaters ihres Sohnes preisgeben, nicht einmal, als sie schon eine alte Frau war? Ich glaube, dass die Schwangerschaft für Saara ein sehr traumatisches Erlebnis gewesen sein muss. Hat die Verbitterung auch damit zu tun, dass sie, schon schwanger, den zwei Wochen dauernden Fußmarsch nach Schweden machen musste? Oder waren die Umstände in Schweden so schrecklich für sie, dass ihr Leben dadurch vollständig ruiniert wurde? Hat sie während der Flucht vielleicht einen Teil ihrer selbst verloren?

Ohne Antworten auf diese Fragen habe ich leben müssen. Immer wieder habe ich meinen ganzen Mut zusammengenommen, um sie zum Erzählen zu zwingen. Jedes Mal hat mich der Mut wieder verlassen, mein Respekt der eigenen Mutter gegenüber war einfach zu groß. Ich schätzte meine Mutter sehr. Sie wurde von allen respektiert, sie war eine gewissenhafte Angestellte, die sehr gut mit Menschen klarkam. Auch wenn das Verhältnis zwischen ihr und uns Kindern nicht so herzlich war, wie meine Geschwister und ich es gewünscht hätten, wir wussten immer, dass Mutter uns liebt. Nur das Leben hat sie verhärten lassen. So blieb das Verhältnis bis zu ihrem Tod als 75-Jährige im Jahr 2000.«

Pertti und Rosemarie

Am Kaffeetisch in Kaiserslautern reicht Pertti Rosemarie ein Foto von Saara, auf dem sie als junge Frau zu sehen ist. Vielleicht kann sich Rosemarie daran erinnern, ein Bild von ihr in Rudolfs Pappkarton gesehen zu haben? Perttis Hoffnung ist groß, dass er während dieser Reise handfeste Beweise für die Vaterschaft sammeln kann, Gewissheit darüber, dass Saara und Rudolf ein Liebespaar waren.

Als Rosemarie das Foto von Saara in ihren Händen hält, sieht sie sichtbar erstaunt aus. Die Frau selbst erkennt sie nicht wieder, aber ihr Gesicht kommt ihr sehr vertraut vor. Rosemarie steht auf, kramt in ihrem Fotoarchiv herum und zieht dann ein Bild ihrer Mutter Sophie als junge Frau hervor. Die Ähnlichkeit zwischen den beiden Frauen ist verblüffend. Als Sophie und Rudolf sich kennenlernten, war Sophie gerade Witwe geworden. Sophies große Liebe, ein Nachbarsjunge, war kurz nach der Hochzeit im Krieg gefallen. Rudolf war vom Reservelazarett Landstuhl, wo er wegen seiner Knöchelverletzung behandelt worden war, mit dem Zug unterwegs nach Hause.

Diese Geschichte hatte Rosemarie von der Mutter des Öfteren erzählt bekommen. Sophie war noch in Trauer gewesen und Rudolf musste sehr hartnäckig sein, um sie von seiner Liebe zu überzeugen.

Rudolf und Sophie haben im Jahr 1946 geheiratet, aber in welchem Jahr haben sie sich kennengelernt? Rosemarie erzählt, dass Sophie im Jahr 1940 ihren ersten Mann geheiratet hatte und ein Jahr darauf Witwe wurde. Also müssen ihre Eltern sich wohl bereits im Jahr 1942 zum ersten Mal begegnet sein? War Rudolf bereits mit Sophie zusammen, als er Saara begegnete? Wir beschließen, Informationen über Rudolfs Kriegsjahre bei der Deutschen Dienststelle zu holen. Vielleicht ist dort dokumentiert, zu welchem Zeitpunkt Rudolf wegen der Knöchelverletzung behandelt wurde?

Was für ein Mensch war Rudolf? Pertti möchte von Rosemarie gern eine ausführliche Beschreibung. Rosemarie erzählt und ich übersetze: Seine Jugend verbrachte Rudolf mit seiner Mutter und zwei älteren Schwestern in Holland. Von dort zogen sie vermutlich bei Kriegsbeginn nach Wuppertal. Das Verhältnis zur Mutter war nicht besonders gut. Sie war eine strenge Frau, die gern auch mal zuschlug. Einmal so fest, dass bei Rudolf das Trommelfeld platzte.

Rosemarie kann sich gut an die Geschichten ihres Vaters über die Kriegsjahre erinnern. Wie er manchmal Strecken von 120 Kilometern auf den Langlaufskiern zurücklegen musste. Gern erinnerte er sich an die gute finnische Milch, die die Soldaten vom Bauernhof holten.

Rosemarie lacht laut los, als Pertti erzählt, dass Rudolf nach Saaras Auskunft ein guter Tänzer gewesen sei. Eher unbeholfen und nicht sehr gesellig sei er gewesen, und tanzen konnte er gar nicht, meint Rosemarie. Die Familie und Arbeit seien Mittelpunkt seines Lebens gewesen. Sein Schwiegervater sei bis zu dessen Tod sein bester und einziger Freund gewesen. Neben der Beschäftigung in der Firma seines Schwiegervaters arbeitete Rudolf auch als Berufsschullehrer und war Vorsitzender der Handwerkskammer. In dieser Funktion gehörte er auch der Kommission an, die die Prüfungsarbeiten für Malermeister entwarf. Für seine ehrenamtlichen Verdienste erhielt er sogar das Bundesverdienstkreuz.

Sophie wiederum sei eine sehr gesellige Frau gewesen, die sich unter Menschen sehr wohl gefühlt habe. Sie sei eine selbständige Frau und eine gewissenhafte Mutter gewesen, von Beruf Hutmacherin, die in den ersten Nachkriegsjahren auch ihren Mann ernährt hatte. Rudolf hatte Maurer gelernt, während seiner Umschulung zum Malermeister verdiente Sophie das Geld. Nach der Geburt von Rosemarie im Jahr 1948 sei Sophie zu Hause geblieben. Brigitte wurde im Jahr 1950 geboren.

Erst vor einigen Tagen hat Rosemarie erfahren, dass sie möglicherweise einen Bruder hat. Sie kann nicht glauben, dass der Vater absichtlich die Existenz seines Sohnes verheimlicht hätte, weil er es immer bedauert hätte, keinen Sohn zu haben.

Je länger sie Pertti zuhört, desto glaubhafter erscheinen ihr seine Erzählungen. Als Pertti dann vorsichtig seine Pläne zu dem Gentest offenbart, wirkt Rosemarie nicht überrascht. Sie hatte schon damit gerechnet, sagt sie und kann Perttis Wunsch sehr gut nachvollziehen.

Sie greift zum Telefon, um von einer Freundin zu erfahren, wo man in Kaiserslautern einen Gentest durchführen kann. Dann verabschieden wir uns. Pertti fährt mit seinem Mietwagen los, »um sein ›Vaterland‹ etwas näher kennenzulernen«, verspricht aber, in einigen Tagen zurückzukommen, falls Rosemarie bis dahin einen Termin für einen Bluttest bekommen hat.

Der Termin steht fest, aber der Arzt hat schon vorab Pertti darüber informiert, dass ein nur mit einer Schwester durchgeführter Test möglicherweise nicht aussagekräftig genug wäre. Ein eindeutigeres Ergebnis würde man bekommen, wenn beide Schwestern eine Probe abgeben würden. Aus Kostengründen verzichtet Pertti jedoch zunächst auf das Testen von Brigitte.

Der Test wird am 14. September durchgeführt und das Ergebnis erhält Pertti am 7. November 2005. »Es ist eindeutig«, teilt mir Pertti mit. »Mit 96-prozentiger Sicherheit ist Rudolf mein Vater. Es ist wunderbar, dass diese Angelegenheit wie geplant verlaufen ist«, schreibt mir Pertti. »Sieht ganz so aus, dass mein bisheriges Leben ein glückliches Ende gefunden hat. Ich bin sehr positiv gestimmt. Nun hoffe ich von Rosemarie ein Foto von Rudolf zu bekommen. Ich will das Foto allen Zeitzeugen im Dorf zeigen und sie fragen, ob sie Rudolf gekannt haben. Ich würde so gern herausfinden, wie ernsthaft die Beziehung zwischen den beiden war, möchte Beweise dafür sammeln, dass es sich bei der Beziehung nicht nur um eine flüchtige Begegnung gehandelt hat.«

In Rovaniemi macht Pertti gemeinsam mit seiner Frau eine Flasche Wein und eine Dose Pfälzer Leberwurst auf, die Rosemarie ihm geschenkt hat.

Rosemarie hatte mir Perttis Ergebnis auch in einer E-Mail mitgeteilt: »Jetzt habe ich einen BRUDER! Da ich halbe Sachen noch nie gemocht habe, mag ich das Wort Halbbruder nicht, mir gefällt Bruder besser! Ich kann mir sehr gut vorstellen, wie glücklich Pertti wohl jetzt ist. Mit 60 Jahren endlich Gewissheit zu erhalten. Ich freue mich für ihn!«

Bald erhält Rosemarie auch Post von der Deutschen Dienststelle. Uns interessiert natürlich brennend, in welchem Jahr sich Rudolf und Sophie getroffen haben. Hatte Rudolf während des Krieges gleichzeitig ein Verhältnis mit zwei Frauen?

Die Deutsche Dienststelle teilt mit, dass Rudolf am 2. August 1942 bei Njato-Wara in Russland durch eine Fliegerbombe verletzt worden war und von Oktober bis Dezember 1942 in jenem Lazarett untergebracht war, von wo aus er auf der Rückfahrt Sophie kennenlernte. Jetzt hatten wir also die Gewissheit: Rudolf hatte Sophie bereits im Jahr 1942 kennengelernt, wie Rosemarie sich richtig erinnerte. Vielleicht hatte Rudolf zunächst keinen Erfolg bei Sophie und begann daraufhin in Finnland ein Verhältnis mit der zehn Jahre jüngeren Saara, die eine große Ähnlichkeit mit Sophie hatte? Vielleicht verliebte er sich in das schüchterne, junge Mädchen, das er dann wegen der Kriegsereignisse aufgeben musste – und wollte, weil er

Sophie wiedertraf? Irgendwann hatte Saara Pertti flüchtig erzählt, dass sie der Mutter von Rudolf von Schweden aus geschrieben und sie über die Geburt informiert habe, ohne jemals eine Antwort bekommen zu haben. Wusste Rudolf also nach dem Krieg von der Existenz seines Sohnes? Oder hat seine Mutter ihrem Sohn gegenüber, der am 2. September 1945 aus der Kriegsgefangenschaft zurückgekehrt war, seinen Sohn verschwiegen?

Pertti glaubt fest daran, dass Rudolf Bescheid wusste, aber seine neue Familienidylle durch einen plötzlich vorhandenen Sohn nicht gefährden wollte. Rosemarie will nicht an diese Theorie glauben, denn sie ist davon überzeugt, dass Rudolf keinen Grund gehabt hätte, die Existenz eines Sohnes zu leugnen. Sophie war eine tolerante Frau, die sicherlich zugestimmt hätte, dass ihr Mann die Verantwortung für einen Sohn übernimmt, den er sich sein Leben lang gewünscht hat.

Rudolf starb an einer schweren Krankheit im Jahr 1992. Rosemarie pflegte ihre schwer gehbehinderte Mutter zu Hause bis zu ihrem Tod neun Jahre später.

Nachtrag

Nachdem Pertti sich seiner deutschen Wurzeln sicher war, überlegte er lange, den Nachnamen seines Vaters zu übernehmen, bis er zu dem Ergebnis kam, dass ihm als äußeres Zeichen seiner Herkunft die deutsche Staatsbürgerschaft viel wichtiger sei. Viele Jahre arbeitete er hartnäckig daran, bis ihm endlich im Juli 2015 in der Deutschen Botschaft in Helsinki die Urkunde zur deutschen Staatsbürgerschaft überreicht wurde.

»Welchen Sinn hat das Leben für ein Kind, das nicht wie ein Menschenkind behandelt wird?« Die Geschichte von Johannes

Irja Wendisch

Im Winter 1948 kam Johannes mit seiner Mutter Rosa aus Hamburg in deren Geburtsort an, dem kleinen Dorf Oikarainen am Polarkreis. Es war kalt und dunkel. Nur kurz ließ sich die Sonne am Horizont blicken, um bald wieder dahin zu verschwinden. Hinter ihm lag eine lange Reise mit dem Schiff quer durch die Ostsee, mit dem Zug Hunderte von Kilometern bis zum Polarkreis, dann mit dem Bus den Fluss entlang bis in die Dorfmitte. Dahin, wo die Fähre im Sommer die Menschen über den Fluss brachte, wo aber jetzt eine Eisstraße den Betrieb der Fähre ersetzte. Nun ging es mit dem Pferdeschlitten weiter, quer über den großen See zu dem Haus, wo sie von Rosas Schwester und deren Mann bereits erwartet wurden. Hier blieben sie bis auf weiteres wohnen.

»Ich sprach als dreijähriger Junge kein Wort Finnisch und wurde deshalb von den Nachbarskindern mit Argwohn betrachtet«, erzählt mir Johannes Jahrzehnte später. »Ich kann mich gut daran erinnern, wie ich im tiefen Schnee steckenblieb und auf Deutsch nach meinem Rucksack rief. Sehr langsam lernte ich die Sprache meiner Mutter und die in Hamburg gelernte ›Vatersprache‹ verschwand allmählich ganz aus meinem Gedächtnis.

Meine Erinnerungen an diese Zeit sind sehr bruchstückhaft. Ich weiß auch kaum etwas darüber, wie es dazu kam, dass ich in Hamburg geboren wurde. Im Laufe der Jahre habe ich mir dazu eine Geschichte zusammengereimt: Ich denke, dass meine Mutter Rosa Lappland im Herbst 1944 wahrscheinlich gemeinsam mit ihrem deutschen Verlobten hinter sich gelassen hat. Die deutschen Truppen hatten ja nach dem Sonderfriedensvertrag der Finnen mit der Sowjetunion Lappland in Richtung Nordnorwegen verlassen müssen. Rosa muss damals schon schwanger gewesen sein, denn ich bin im Mai 1945 geboren. So steht es jedenfalls in meiner Geburtsurkunde. In einem anderen Dokument steht, dass ich am 4. Dezember 1946 von einem evangelisch-lutherischen Pfarrer getauft worden sei, also im Alter von anderthalb Jahren. Aber es sind viele Fragen offen. Wo wohnte Rosa mit mir? Wohnten wir mit dem Vater zusammen oder anderswo? Wer war dieser Mann und warum beschloss meine Mutter im Jahr 1948, nach Finnland zurückzukehren? Hatte sie der Mann enttäuscht, dessentwegen sie ihre Heimat verlassen hatte? Vor der Abreise hatte sie sich mit ihrem Verlobten in dem ›Neuen Photographie Geschäft‹ in Rovaniemi ablichten lassen, wahrscheinlich aus Anlass der Verlobung. Hatte der Mann ihr Vertrauen missbraucht? Hatte dieser auf dem Foto so freundlich lächelnde Mann mit Brille ein Versprechen nicht gehalten?

All diese Fragen könnten mir immer noch beantwortet werden, denn meine Mutter lebt noch. Aber sie will nicht sprechen. Sie schweigt beharrlich, so wie sie immer schon geschwiegen hat. Sie erklärt oder begründet ihr Schweigen nicht, verliert kein Wort über die Vergangenheit, so als ob man ihr verboten hätte, etwas darüber zu erzählen. Hat ihr Schicksal sie so verbittert, so gefühllos und stumm gemacht, dass sie beschlossen hat, über das Erlebte für immer zu schweigen?

Nicht, dass Rosa nicht gern reden würde! Manchmal habe ich das Gefühl, dass kein anderes Thema sie mehr interessiert als das Gerede über Menschen, die ›etwas Besseres‹ sind. Gern erzählt sie Geschichten über Familien, bei denen sie früher als Dienstmädchen gearbeitet hat. Sie verehrt diese Menschen so leidenschaftlich, dass man den Eindruck gewinnen kann, sie würde selbst dazugehören, als wäre sie ein Teil dieser Oberschicht. Alle ihre nächsten Angehörigen aber hat sie auf Distanz gehalten. Als seien die eigenen Kinder, normalerweise das Liebste und Wichtigste im Leben, kein Teil von ihr.

Meine Mutter war ein Dienstmädchen, das bereits vor meiner Geburt drei eigene Kinder gleich nach der Geburt weggegeben hatte.

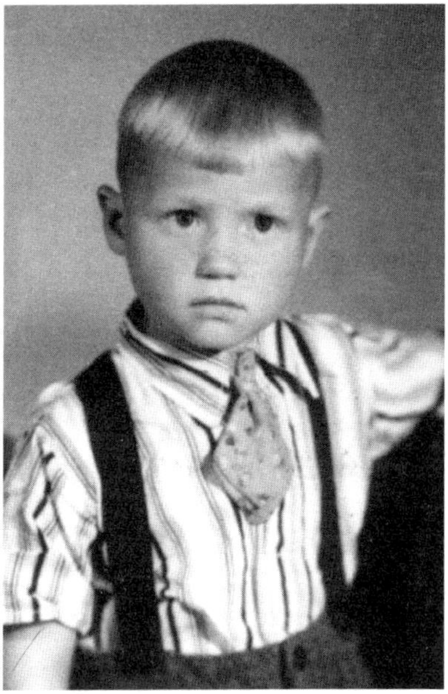

Johannes, circa 1948

Sie kümmerte sich weder um mich noch um meine Geschwister. Nicht mit einem Wort hatte sie die Existenz der drei weiteren Kinder erwähnt. Als ich 33 Jahre alt war, nahm mein fünf Jahre älterer Bruder Kontakt mit mir auf. So erfuhr ich von den unehelichen Kindern Rosas aus zwei Beziehungen. Um welche Männer es sich dabei handelte, behielt Rosa jedoch für sich.

Nach der Rückkehr aus Hamburg 1948 blieb Rosa nicht lange bei ihrer Schwester. Sie ging nach Helsinki und ließ mich bei der Schwester und ihrem Mann, die keine eigenen Kinder hatten. Bis heute habe ich nicht erfahren, warum sie mich zurückgelassen hat. Konnte sie mich nicht mitnehmen, war es zu schwierig, als alleinerziehende Frau eine Arbeit zu finden oder neben der Arbeit auf ein Kind aufzupassen? Oder hat sie mich freiwillig bei ihrer Schwester gelassen?

Im Jahr 1949 wurde ich offiziell von meiner Tante und deren Ehemann adoptiert. Als Vierjähriger bekam ich einen neuen Nachnamen. Ich hatte jetzt zwei Mütter. Rosa schickte ab und zu Pakete und besuchte mich jedes Jahr im Sommer. Aber die Stiefmutter war die

›richtige Mutter‹. Die langen nordfinnischen Winter verbrachten wir zu zweit, während der Stiefvater wochen- und monatelang als Waldarbeiter unterwegs war. Manchmal war ich sogar sehr stolz darauf, dass ich zwei Mütter hatte, und gab sogar gelegentlich in der Schule damit an.

Dass ich auch zwei Väter hatte, wollte ich jedoch lieber für mich behalten. Nicht, dass ich nicht über meine deutschen Wurzeln Bescheid gewusst hätte. Dafür haben die Nachbarskinder in der dörflichen Idylle gesorgt. Eigentlich war ich sogar ein wenig stolz auf meine deutsche Herkunft, vielleicht hat es mir deshalb nicht besonders viel ausgemacht, wenn die Kinder mich manchmal als ›deutschen Bastard‹ beschimpften, wenn sie gerade mal sauer auf mich waren. Ich dachte dann, dass es nicht böse gemeint sei, denn sonst spielten die Kinder doch ganz normal mit mir. Und Meinungsverschiedenheiten wurden im Ringkampf geregelt.

In der Schule lief es am Anfang nicht besonders gut, die finnische Sprache machte mir zunächst Probleme. Es dauerte einige Jahre, bis ich lernte, sie zu sprechen. Der alltägliche Schulweg war sehr mühsam, da noch keine Straße bis zum Haus meiner Stiefeltern gebaut worden war. Der fünf Kilometer lange Weg führte im Herbst und im Frühling zunächst mit dem Boot über den großen See, dann ging es zu Fuß in der hügeligen Landschaft weiter. Im Winter lief ich die ganze Strecke auf Skiern, ganz egal wie kalt es war. Aber nie war ich allein unterwegs, zahlreiche gleichaltrige Kinder aus der Nachbarschaft hatten die gleiche Strecke zu bewältigen. Nur gelegentlich wurde ›der deutsche Welpe‹ von den anderen Kindern gehänselt und ausgegrenzt. Dann durfte ich plötzlich und aus ungeklärter Ursache auf dem Heimweg die gemeinsame Loipe nicht benutzen und habe halt eine eigene Spur neben der gemeinsamen Loipe gelegt.

Eigentlich war also alles in Ordnung, wenn da nicht die schrecklichen Tobsuchtsanfälle meiner Stiefmutter gewesen wären. Von der frühesten Kindheit an wurde ich von ihr misshandelt, körperliche Züchtigung gehörte zu ihren wichtigsten Erziehungsmethoden. Ich wurde aus kleinstem Anlass mit voller Kraft mit dem Lederriemen geschlagen, auch wenn ich nur einige Minuten zu lang mit den Nachbarskindern gespielt hatte. In solchen Stunden, wenn also die Stiefmutter ihren Tobsuchtsanfall hatte, bekam ich zu hören, was für ein Kind ich war – ein ›deutscher Bastard‹. In solchen Momenten fragte ich mich immer, welchen Sinn das Leben für ein Kind hat, das nicht wie ein Menschenkind behandelt wird. Warum lässt die eigene Mutter es zu, dass das Kind von der Stiefmutter misshandelt wird?«

Die Erinnerungen an die Stiefmutter sind schmerzhaft. So sehr tun sie weh, dass Johannes es kaum schafft, die Beschimpfungen in Worte zu fassen. Das Wort Bastard (»äpärä«) bringt er fast nicht über die Lippen. Immer wieder versucht er den eigentlichen Grund für die Tobsuchtsanfälle der Stiefmutter zu ergründen. Sie kamen immer unerwartet, aus heiterem Himmel. Warum hat diese Mutter ihr einziges Kind, das nichts Schlimmes angestellt hat, geschlagen? Trotzdem sagt Johannes immer »meine Mutter«, wenn er über seiner Stiefmutter spricht:

»Sie war ein Mensch voller Widersprüche, die wahrscheinlich verbittert darüber war, dass sie keine eigenen Kinder bekommen konnte. Vielleicht kam sie nicht damit klar, dass ihre Schwester mehrere Kinder bekam, sich aber dann nicht um sie gekümmert hat. Auch war das Leben ansonsten für sie nicht einfach, die harte Arbeit hat ihr zugesetzt. Im Alter von 17 Jahren hatte sie geheiratet. Seitdem molk sie die drei Kühe, schleppte Wasser und Holz zum Heizen in das Haus. Während ihr Mann die ganze Woche als Waldarbeiter unterwegs war, kümmerte sie sich allein um den kleinen Bauernhof.

Auch ihr Ehemann hatte große Sehnsucht nach einem Kind gehabt. Der Vater war ein religiöser Mann. Wenn sie Kinder hätten bekommen können, wäre das Haus voll von Kindern gewesen, da bin ich mir sicher.

Das Verhältnis zum Vater war sehr gut, von ihm fühlte ich mich respektiert. Nie hob er seine Hand, teilte nur mit fester Stimme seine Meinung mit, wenn er mit meinem Verhalten nicht einverstanden war. Ich habe noch heute Respekt vor ihm.

Es gab auch glückliche Momente in meiner Kindheit. Die schönsten Erinnerungen sind gar keine besonderen Erlebnisse. Am glücklichsten fühlte ich mich, wenn die Familie ein ganz normales Familienleben führte, ohne die Tobsuchtsanfälle der Stiefmutter. In solchen Momenten dachte ich, dass man hier gut leben kann.

Mutterliebe? So etwas habe ich nie kennengelernt, aber ich muss schon sagen, wenn es so etwas überhaupt gibt, dann empfinde ich sie eher meiner Stiefmutter gegenüber. Mutterliebe entsteht nicht durch Versenden von Geburtstags- und Weihnachtsgeschenken.

Auch wenn ich von ihr keine Liebe erfuhr, habe ich mich um meine Stiefmutter bis zu ihrem Tod gekümmert, mit all dem Respekt, den man eigenen Eltern entgegenbringen soll. Mit gleichem Pflichtbewusstsein kümmere ich mich um Rosa, obwohl bis heute, trotz zahlreicher Versuche, keine Aussprache zwischen uns stattgefunden hat. Ich besuche Rosa regelmäßig, sie kommt allein in ihrer kleinen Wohnung zurecht. Aber ich übernehme die anfallenden Reparaturen in der Wohnung und regle bei Bedarf anfallende Angelegenheiten.

So etwas wie Liebe der Mutter gegenüber kenne ich aber nicht. Ich glaube, dass auch das Gefühlsleben der beiden Mütter bereits in deren Kindheit zerstört wurde. Ihre Eltern waren früh gestorben, die Mutter im Jahr 1921, der Vater drei Jahre später. Danach mussten die vier Kinder von den Almosen der Verwandten sowie von der spärlichen staatlichen Unterstützung leben. Schon im Alter von zwölf Jahren mussten die beiden Schwestern als Dienstmädchen bei den wohlhabenden Familien des Dorfes ihren Lebensunterhalt verdienen. Die geistige und emotionale Schwäche meiner beiden Mütter führe ich auf die schrecklichen Erlebnisse aus dieser Zeit zurück.

Ich glaube im Übrigen auch, dass auch ich bereits im Alter von 13 Jahren einen erheblichen seelischen Schaden erlitten habe: Es war Ende Herbst und mein Vater war, wie immer zu dieser Jahreszeit, als Waldarbeiter unterwegs. Eines Tages musste ich früher aus der Schule nach Hause gehen, weil ich Fieber hatte. Ich schlief bereits in meinem Zimmer, als ein ›fremder‹ Mann zu uns ins Haus kam. Meine Mutter verschwand mit ihm in ihrem Schlafzimmer. Ich habe alles mitbekommen, meiner Mutter schien das egal zu sein. Ich war erschüttert und wütend, es entwickelte sich ein Riesenstreit zwischen uns. Dass ich aber nun über ihr Liebesverhältnis Bescheid wusste, schien sie nicht weiter zu stören. Sie schien sicher zu sein, dass ich schweigen würde – und sie behielt recht damit, denn ich fand nicht den Mut, die Angelegenheit zur Sprache zu bringen.

Die Erschütterung jedoch war riesengroß, denn ›der fremde Mann‹ war ein guter Freund des Vaters. Er hatte Vater geholfen, unser Haus zu bauen, und wir besuchten ihn und seine Familie.

Heute glaube ich, dass das Leben meiner Stiefmutter auch aufgrund dieses Verhältnisses aus der Balance geraten war, und dass die Tobsuchtsanfälle auch mit diesem Geheimnis zu tun hatten. Als junges Mädchen war sie nämlich bei genau diesem wesentlich älteren Mann als Dienstmädchen tätig gewesen. Ich bin mir sicher, dass das Verhältnis zu diesem Mann nicht ganz freiwillig war, ich konnte es meiner Mutter ansehen, dass es ihr nicht gut damit ging.

Das gelüftete Geheimnis, das ich für immer für mich behalten musste, hat meine Kindheit endgültig durcheinandergebracht. Bis dahin war ich ein aufgeschlossenes Kind gewesen und bin gern in der Schule aufgetreten, aber plötzlich ging nichts mehr. Ich zitterte vor Aufregung, wenn ich etwas vorsprechen sollte. Gleich nach dem ›Ereignis‹ wurde in der Schule ein Theaterstück für die Weihnachtsfeier vorbereitet. Der Lehrer hatte mich, wie schon öfter davor, für die Hauptrolle vorgeschlagen. Einen Weihnachtsmann sollte ich spielen, aber ich versuchte mit allen Mitteln den Lehrer davon zu überzeugen, dass ich nicht der Richtige für diese Rolle sei. Plötzlich war die Angst da. Ich wusste, dass ich nicht in der Lage sein würde, vor dem Publikum aufzutreten. Da der Lehrer mir nicht glauben wollte, musste ich am Tag der Weihnachtsfeier zu Hause bleiben.

Seitdem waren alle öffentlichen Auftritte für mich eine einzige Qual. Meine Stimme zitterte und nichts ging mehr, und ich kann sagen, dass es bis heute so geblieben ist.

Es wurde ein Wendepunkt in meinem Leben. Ich habe mich immer mehr zurückgezogen, isolierte mich in meiner eigenen Fantasiewelt. Ich begann zu lesen, las ein Buch nach dem anderen, alles was ich in die Hände bekommen konnte. In der Schulbücherei fand ich bald kein einziges Buch mehr, das ich nicht gelesen hätte. Diese Gewohnheit habe ich bis heute beibehalten. Viel musste gelesen werden, um das Ganze zu verdrängen.

Seitdem hat meine Stimme gezittert und ich konnte die Panik bei jedem kleinsten Auftritt nicht bändigen. Allmählich habe ich begriffen, dass ich meinen sehnlichsten Berufswunsch aufgeben musste, denn ein Berufssoldat muss in der Lage sein, vor Menschengruppen aufzutreten.

Seit meiner frühen Kindheit hatte ich davon geträumt, Soldat zu werden, so wie der biologische Vater, den ich nur von einem Foto kannte. Immer wieder habe ich heimlich das Familienalbum hervorgekramt. Dort befand sich unter vielen anderen Bildern das Foto von Rosa mit dem fremden Mann in Uniform. Auf dem Foto sah Rosa so glücklich aus, auch der Mann mit der Brille lächelte zufrieden. Dieses Foto habe ich mir immer wieder angeschaut, beugte mich über die Schultern der Erwachsenen, wenn die Eltern das Album Besuchern stolz präsentierten. Das war immer ein großes Ereignis, denn Mutter passte sehr gut darauf auf, dass weder ich noch ein anderer das Album allzu oft in die Hände bekam. Gefragt habe ich nie, trotzdem war ich immer felsenfest davon überzeugt, dass der freundliche Brillenträger auf dem Foto mein Vater sein muss.

Beiläufig erfuhr ich auch meinen richtigen Vornamen. Da war ich schon 14 Jahre und erhielt in der Schule mein Abschlusszeugnis. Als der Lehrer zum Überreichen des Zeugnisses einen Franz Johannes zu sich rief, wusste ich zunächst nicht, dass tatsächlich ich damit gemeint war. Der Lehrer musste einen Fehler gemacht haben! Erst viele Jahre später erzählten die Adoptiveltern, dass sie den Namen gern bei der Adoption geändert hätten, denn Franz klang zu Deutsch, während Johannes auch ein finnischer Name ist. Rosa hatte zwar der Adoption zugestimmt, die Namensänderung jedoch untersagt.

Als ich den Wehrdienst geleistet hatte, nahm ich einen Kredit auf

Franz G., Johannes' Vater, circa 1940

und fuhr nach Helsinki, um Arbeit zu suchen. Zunächst wohnte ich bei Rosa und ihrem neuen Ehemann und hoffte insgeheim, dass ich diese Zeit nutzen könnte, um von Rosa etwas aus meiner Vergangenheit zu erfahren, aber Rosa erzählte nichts, egal, wie ich mich auch darum bemühte.

Immer wieder träumte ich davon, dass Rosa das Verlobungsfoto in ihre Hand nehmen und mir erklären würde: ›Das hier ist dein Vater.‹ Was würde ich alles dafür geben, diese paar Worte einmal in meinem Leben aus Rosas Mund zu hören. Wenn sie wenigstens den Namen des Vaters verraten würde! Was würde ich alles dafür geben, wenn Rosa für eine kurze Zeit ihre Verbitterung überwinden könnte und mir beschreiben würde, was für ein Mann mein Vater gewesen ist. Dann hätte ich endlich Ruhe und könnte mein Rentnerdasein genießen.

Bis heute ist mein Wunsch jedoch nicht in Erfüllung gegangen. Bis heute habe ich weder den Namen meines Vaters in Erfahrung bringen können, noch sind mir andere Umstände über meine ersten Lebensjahre bekannt. Meine Adoptiveltern wiesen nur darauf hin, dass dies zu erzählen Rosas Aufgabe sei. Aber Rosa erzählt nicht. Sie schweigt beharrlich, gibt einfach keine Antwort, auch auf direkte Fragen nicht. Nur ein Mal, es muss ein Versehen gewesen sein, hörte ich von ihr eine winzige Bemerkung über ihre Vergangenheit. Im Jahr 2003, als Rosa im Fernsehen Bilder von der überfluteten Elbe sah: ›Ich bin schon mal in der Elbe geschwommen‹, sagte sie lakonisch. Mehr war nicht aus ihr rauszuholen. Auch dann nicht, als ich ihr ein Buch über die Kriegszeit in ihrem Dorf zu lesen gab, in der Hoffnung, dass Rosa sich erinnern würde. Das Buch las sie, aber die Fragen nach dem Vater blieben weiterhin unbeantwortet. ›Du hast ja das Foto und er heißt genauso wie du‹, sagte sie nur, als ich wieder Antworten verlangte.

Jetzt wusste ich also wenigstens sicher, dass der Vater Franz heißt. Aber was ist mit dem Nachnamen? Ist das zu viel verlangt von der eigenen Mutter, den richtigen Namen des Vaters zu erfahren? Ich konnte es nicht fassen, dass die Mutter dazu nie bereit war. Was würde ich dafür geben, wenn Rosa jetzt in ihren letzten Lebensjahren die paar Silben, des Vaters Namen aussprechen würde? Wenn sie ihrem Sohn bei der Suche nach dem Vater helfen würde, damit ich einmal in meinem Leben Blumen auf das Grab des Vaters niederlegen könnte! Wenn ich den Namen hätte, könnte ich nach Hamburg fahren und nach dem Grab suchen!«

Auf der Suche nach Franz

Hat Rosa mit dem Kindsvater jemals unter einem Dach gewohnt? Aus dem Melderegister vom Bezirksamt Harburg in Hamburg geht hervor, dass Rosa bei vier verschiedenen Adressen untergekommen ist. Mehr ist über Rosas Aufenthalt in Hamburg nicht zu erfahren.

Ich will versuchen, Johannes' Vater über eine intensive Archivrecherche zu suchen. Alle Personen, die in den ersten Nachkriegsjahren aus dem Ausland nach Finnland wollten, kamen ausschließlich über das Lager in Hanko, der südlichsten Stadt Finnlands, ins Land.

Hier wurden grundsätzlich alle finnischen Staatsbürger, die in den Kriegsjahren im Ausland waren, verhört, bevor sie weiterreisen durften.

Wenn Rosa also bei ihrer Rückkehr in Hanko verhört wurde, könnten diese Dokumente eventuell noch vorhanden sein. Obwohl ein Teil dieser historisch wertvollen Dokumente im Laufe der Jahre zerstört worden ist, habe ich Glück. Eine Kopie des Verhörprotokolls von Rosa, datiert auf Februar 1948, ist vorhanden. Ich lese Rosas Schilderungen und erfahre, dass sie gemeinsam mit elf weiteren Frauen und sieben Kindern von Lübeck über Dänemark mit dem Schiff nach Finnland gereist ist.

Sie sei, so berichtet sie den Behörden, aus Finnland im Herbst 1944 mit den deutschen Truppen aus Lappland in Richtung Norwegen geflohen. Bis zum Jahr 1938 habe sie als Küchengehilfin im Hotel Pohjanhovi in Rovaniemi gearbeitet, bis sie eine Stelle in der Offizierskantine der deutschen Wehrmacht in derselben Stadt am Polarkreis gefunden habe. »Doppelt so viel« Gehalt hatten die Deutschen bezahlt, gibt sie zu Protokoll und erzählt weiter, dass sie dort bis Oktober 1944 gearbeitet habe. Zu diesem Zeitpunkt verlassen die letzten deutschen Soldaten die Stadt. Rosa überlegt, dass sie zu ihrer Schwester gehen könnte, aber die ist bereits wie alle anderen Bewohner Lapplands evakuiert worden.

Nach dem Sonderfrieden der Finnen mit der Sowjetunion hatte sich Finnland verpflichtet, die über 200 000 deutschen Soldaten aus dem Land zu vertreiben. Die finnischen Soldaten erreichen das lichterloh brennende Rovaniemi genau an dem Tag, als Rosa sich den deutschen Truppen anschließt und gemeinsam mit ihnen in Richtung Nordnorwegen flieht. Die allerletzten deutschen Soldaten verlassen Rovaniemi am 16. Oktober 1944. Da liegt die Stadt bereits in Schutt und Asche.

Im Verhör gibt Rosa weiter zu Protokoll, dass sie sich im Jahr 1943 mit dem Hauptfeldwebel Franz Kerdan in Rovaniemi verlobt habe. Franz habe sie gebeten, mit nach Deutschland zu kommen, um dort zu heiraten. *Franz Kerdan.* Könnte dieser Mann wirklich Johannes'

Vater sein? Würde Johannes endlich, nach über 60 Jahren erfahren, wie sein Vater wirklich heißt?

Ich rufe Johannes an und erzähle ihm, dass ich einen Antrag bei der Deutschen Dienststelle in Berlin stellen werde. Zum ersten Mal ein Hoffnungsschimmer für Johannes! Jetzt kennen wir den Namen des Mannes, den wir unter den 18 Millionen deutschen Soldaten in der Datenbank der Deutschen Dienststelle suchen lassen können. Ich schicke eine E-Mail an die Deutsche Dienststelle und weiß, dass ich etwas Geduld haben muss, bis ich ein Antwortschreiben erhalte.

Ich lese weiter in den Verhörprotokollen und erfahre, dass Franz Kerdan bei der deutschen Luftwaffe gewesen sein soll. Ferner berichtet Rosa, dass sie von Franz Kerdan schwanger gewesen war, als sie von Rovaniemi aus die Westgrenze Finnlands entlang bis Banak in Norwegen mit den Deutschen fuhr. Von dort gelangte sie gemeinsam mit einer anderen Finnin nach Oslo, wo sie mit 300 Finninnen mit einem Schiff nach Flensburg transportiert wurde.

In Flensburg wurden die 300 Frauen in ganz Deutschland verteilt und zum Arbeitsdienst verpflichtet. So kam Rosa nach Wörden bei Osnabrück, wo sie als Köchin in einem Soldatenheim ihren Arbeitsdienst absolvierte. Dort wurde Rosa Anfang März 1945 »krank« und wurde nach Hamburg versetzt. Am 14. Mai 1945 kommt Johannes zur Welt.

Johannes meint sich zu erinnern, dass Rosa irgendwann einfach so nebenbei erwähnt hat, dass Johannes bereits im Krankenhaus getauft worden ist. Aus dem Krankenhaus ist Rosa in ein Mutter-Kind-Heim gezogen. Könnte also eine der Adressen, die ich aus dem Hamburger Melderegister bekommen habe, dieses Mutter-Kind-Heim sein?

Ich lese weiter und erfahre, dass Rosa eine Wohnung bei einer deutschen Familie bekommen habe, dass sie aber, nachdem sie Mitte August 1945 eine Stelle in »einer tschechischen Offizierskantine in Hamburg« bekommen hatte, das Kind »in einem Heim abgegeben« habe. In dieser Kantine arbeitet Rosa bis Mai 1947, wechselt dann als Küchengehilfin in die Kantine des britischen Militärstützpunktes und bleibt dort, bis sie im Februar 1948 erfährt, dass sie nach Finnland zurückreisen darf.

So hat also Rosas Leben in Deutschland ausgesehen. Als sie in den Kriegswirren in Deutschland angekommen war, musste sie trotz Schwangerschaft Arbeitsdienst auf dem Militärflughafen leisten. Die letzten Kriegsmonate musste sie schwer arbeiten und niemand hat offensichtlich Rücksicht auf die fortschreitende Schwangerschaft genommen.

Nach der Geburt des Kindes hat Rosa die ersten drei Monate mit dem Kind verbringen können, hat aber anschließend das Kind offensichtlich für über zwei Jahre in ein Kinderheim abgegeben. Erst im Februar 1948 hat sie Johannes wieder zu sich genommen, um gemeinsam mit ihm nach Finnland zu reisen.

Hat sie ihren Sohn in diesen Jahren besucht? Hat sie ihn vermisst? Wie hat sie sich gefühlt, als sie den deutschsprechenden Sohn mitnahm, um mit ihm nach Finnland zu fahren?

Johannes glaubt fest daran, dass Rosa dabei nichts gedacht oder gefühlt hat. Bis heute ist er der Meinung, dass Rosa ein gefühlloser und berechnender Mensch sei. Bei dem Verhör gab sie ja auch nur das Allernotwendigste preis. »Vergaß« einfach die in Finnland geborenen Kinder, von deren Existenz Johannes erst im erwachsenen Alter erfuhr. Über alle seine Gedanken möchte Johannes jetzt mit Rosa sprechen, auch über das Verhörprotokoll, aber Rosa wehrt weiter vehement alle Versuche ab. Als Johannes in der Hoffnung auf ein Gespräch ihr die Kopie des Verhörprotokolls überreicht, gibt sie es ungelesen an Johannes zurück. Ohne Kommentar.

Obwohl das Verhörprotokoll viele Fragen beantwortet, bleibt auch vieles offen. Immer noch quält Johannes besonders die Frage nach dem Verhältnis zwischen den Eltern. Der Glaube daran, dass Rosa nach Finnland zurückgekehrt sei, weil die Liebe gescheitert ist, schwindet. Vielmehr scheint sich zu bewahrheiten, dass Rosa ihren Verlobten nie wieder getroffen hat. Ist vielleicht diese enttäuschte Liebe der Grund für Rosas Verbitterung?

Ich warte wochenlang auf die Antwort von der Deutschen Dienststelle. Nach einigen Wochen vergeblicher Warterei rufe ich dort an. Die Enttäuschung ist groß, denn in der dortigen Datenbank mit 18 Millionen gespeicherten Soldatennamen ist kein einziger *Kerdan* zu finden. Ich suche in deutschen Telefonbüchern nach ähnlich klingenden Namen. Ich vermute, dass die finnischen Beamten bei Rosas Verhör aus einem deutschen G ein ähnlich klingendes K gemacht haben. Ich schreibe einen Brief an alle Gerdans, Guerdans und zur Sicherheit auch an alle Cerdans, die ich in den Telefonbüchern finden kann. Den Briefen füge ich eine Kopie des Verlobungsfotos von Franz und Rosa bei und frage den Empfänger, ob er eventuell diesen Mann kennen würde. Ich warte wieder einige Wochen, erhalte aber keine einzige Antwort.

In einer Universitätsbibliothek recherchiere ich nach allen möglichen Wehrmachtstruppen. Franz diente bei der Luftwaffe in Rovaniemi, sollte ich also die Feldpostnummer dieser Truppenteile ausfindig machen können, könnte ich dort nach allen Franzen suchen, die in Rovaniemi gedient haben. Dazu hat mich Josef Focks[1] ermuntert, ein pensionierter Offizier der Bundeswehr, der ehrenamtlich bereits über 1000 dänischen und norwegischen Wehrmachtskindern geholfen hat, die Identität des deutschen Vaters zu klären.

Leider läuft auch diese Spur ins Leere: Wie der Angestellte der Deutschen Dienststelle mir erklärt, hatte Hermann Göring als Oberbefehlshaber der deutschen Luftwaffe es nicht für nötig gehalten, über die Luftwaffe aktuelle Namenslisten zu führen. Über die Wehrmacht und die Marine gäbe es zwar solche Listen, aber über die Luftwaffe leider nicht, wie der freundliche Herr mir am Telefon erklärt. In der Luftwaffe wurde über einzelne Soldaten nur in Sonderfällen Bericht erstattet. Wäre Johannes' Vater im Krieg zum Beispiel verwundet worden, könnte sein Name in der Liste zu finden sein. Da wir aber nicht mal mit Sicherheit sagen können, wie sein richtiger Name lautet, ist die Suche schwierig.

»Leider kann ich nichts versprechen, aber ich werde mein Bestes tun«, versichert mir der Angestellte der Deutschen Dienststelle am

Telefon. Wird sich der Wunsch von Johannes erfüllen? Wird er eines Tages Blumen auf dem Grab seines Vaters niederlegen können?

Im Frühjahr 2007, fünf Jahre nach Beginn meiner Recherche zum Fall Franz Kerdan, treffe ich Ludwig Norz von der Deutschen Dienststelle und erzähle ihm von der quälenden Suche nach Franz. Er will sich der Sache nochmals annehmen, denn mittlerweile hat die Deutsche Dienststelle neues Archivmaterial erhalten. Es dauert nicht lange, bis ich von Ludwig Norz eine E-Mail erhalte. Es gab bei einer Luftbaukompanie einen Franz G. aus Darmstadt.

Mit diesen Informationen wende ich mich an das dortige Stadtarchiv mit der Bitte um weitere Informationen. Im Juli 2007 erhalte ich die Bestätigung, dass die genannte Person als Sohn eines Kaufmanns geboren wurde, im Jahr 1933 geheiratet hatte und dass aus dieser Ehe drei Töchter hervorgingen. Ferner erfahre ich, dass Franz G. im Jahr 1968 gestorben ist.

Wieder schreibe ich einen Brief an unbekannte Angehörige, füge das Foto von Johannes' Vater hinzu und bitte das Stadtarchiv um Übermittlung des Briefes an eine der Schwestern.

Diese bestätigt mir über das Stadtarchiv, dass der Mann auf dem Foto ihr Vater Franz G. sei, sie aber keinen Kontakt mit Johannes aufnehmen möchte, da sie schwer krank sei. »Die Erinnerung an ihren Vater war keine gute, sie und ihre Schwestern hatten wohl eine schwere Zeit mit ihm«, schreibt mir der Mitarbeiter des Archivs und fügt hinzu, dass er der Tochter versprochen habe, ihren Namen nicht weiterzugeben.

Auf meine Bitte hin teilt mir die Tochter doch noch den Friedhof mit, auf dem ihr Vater begraben ist. So konnte Johannes doch noch seine Blumen auf dem Grab seines Vaters niederlegen.

Ganz kurz bevor das Grab eingeebnet wurde.

Anmerkung

1 Josef Focks: Wehrmachtskinder des Zweiten Weltkrieges in Dänemark und Norwegen. Wer sind die Väter?, in: Wolfgang Remmers, Ludwig Norz (Hg.): Né maudit – Verwünscht geboren. Kriegskinder, EXPERIENZAWASt Bd. 2, Berlin 2008, S. 139–156.

»Ich bin eigentlich nur noch auf der Suche nach mir selbst.« Die Geschichte von Tuula

Irja Wendisch

Kaisa und Tuula

»An die Tischdecke mit den langen Fransen kann ich mich noch heute sehr gut erinnern«, erzählt Tuula. »Unter dem Wohnzimmertisch bei Mirja, meiner Kusine, die auch meine beste Freundin war, konnte man so gut spielen, ohne dass wir gesehen wurden, weil die Fransen so schön herunterhingen. Ich war fast fünf Jahre alt und wir spielten gerade wieder darunter, als ich die Stimme einer Nachbarin im Zimmer wahrnahm. Ich hörte, wie diese Nachbarin sich bei Mirjas Mutter nach mir erkundigte. ›Wer ist dieses Mädchen?‹, wollte sie wissen. Die Antwort von Mirjas Mutter veränderte mein Leben. ›Tuula ist auch Selmas Enkelin, die Tochter ihrer älteren Tochter Kaisa‹, hatte sie geantwortet. ›Und ihr Vater ist ein deutscher Soldat.‹

Von diesem Moment an wusste ich, dass ich das Kind eines Deutschen bin, aber es vergingen noch viele Jahre, bis ich die Bedeutung dieser Worte begriff. Ganze zehn Jahre behielt ich dieses zufällig gelüftete Geheimnis für mich, ohne ein Wort mit jemandem darüber zu sprechen. Ab dem Zeitpunkt ging jedoch kein einziger Tag vorüber, an dem ich mir nicht die Frage gestellt hätte, wer dieser deutsche Mann sei, der mein Vater sein sollte.

Gegen Ende des Jahres 1945 war meine Mutter Kaisa aus Norwegen über das Internierungslager von Hanko nach Hause in das mittelfinnische Lapua zurückgekehrt. Dass sie schwanger war, konnte man zu diesem Zeitpunkt noch nicht erkennen. Sie war sehr lange weg gewesen von ihren Eltern Selma und Viljami. Im Jahr 1942 hatte sie eine Zeitungsannonce gelesen, in der die Deutschen Arbeitskräfte für einen Stützpunkt in Petsamo in der finnischen Eismeer-Gegend suchten. Die Deutschen boten ein gutes Gehalt, das

Kaisa so verlockend fand, dass sie ihren Koffer packte, obwohl Viljami seine älteste Tochter gern zu Hause behalten hätte.

Nach der Schule hatte Kaisa zunächst als »Mädchen für alles« in einer wohlhabenden Familie gearbeitet, dann ein Jahr in einer Bäckerei und schließlich ab dem Jahr 1940 in einer Munitionsfabrik ganz in der Nähe ihres Elternhauses. Von dort ging es dann nach Petsamo, wo sie am Flugstützpunkt von Parkkina als Küchengehilfin mit einem Stundenlohn von 9 Mark 50 bis September 1944 ihr Geld verdiente.

Als sie von dem zu erwartenden Rückzug der deutschen Truppen erfahren hatte, wollte sie eigentlich sofort nach Hause fahren, aber deutsche Soldaten hatten ihr erzählt, dass die Rückkehr für Frauen, die für die Deutschen gearbeitet hatten, nicht ohne gravierende Sanktionen verlaufen würde. Demgegenüber boten die Deutschen an, sich um die Frauen, die für sie gearbeitet hatten, zu kümmern. Also beschloss Kaisa, sich mit den Deutschen in Richtung Norwegen aufzumachen. Als Kaisa dann nach dem Ende des Krieges aus Norwegen zu ihren Eltern zurückkehrte, wurde sie von ihnen herzlich empfangen. Über ihre Erlebnisse der Kriegsjahre sprach meine Mutter mit niemandem, und niemand fragte sie danach. Vielleicht waren die Eltern nur froh, dass sie ihre Tochter nach so vielen Jahren wieder gesund zurückbekommen hatten.

Ich wurde im April 1946 im Krankenhaus von Lapua geboren und sowohl von meiner Mutter als auch den Großeltern liebevoll versorgt. Als meine Mutter mich aber Sabine nennen wollte, waren die Großeltern strikt dagegen. Deshalb wurde ich auf den zu damaligen Zeiten typischen Mädchennamen Tuula getauft.

Ich blieb bei meinen Großeltern und meiner Tante, als Kaisa ein Jahr nach meiner Geburt in die nächste Stadt zog, um dort zu arbeiten. So wuchs ich als einziges Kind in der fürsorglichen Obhut dreier Erwachsener auf. Es wurden kaum Zärtlichkeiten ausgetauscht, aber die Liebe spürte ich auch so. In meiner kleinen Familie fühlte ich mich rundum versorgt und sicher. Beispielsweise tranken die Erwachsenen die Milch vom Vortag, für mich wurde jeden Tag frische Mich vom Bauern geholt.

In dem kleinen Häuschen mit zwei Zimmern und Küche lebten wir in bescheidenen, fast ärmlichen Verhältnissen. Das Haus lag hinter dem Bahnhof von Lapua, direkt an den Schienen, aber auf der anderen Seite als der Bahnhof selbst. So führte mein Schulweg immer über die Gleise, meistens an zahlreichen Güterwaggons vorbei. Und wenn ich mit dem Fahrrad in das Dorf wollte, musste ich es über die Gleise tragen.

Die Haupteinnahmen bezog meine Familie aus der Kriegsrente meines Großvaters, der während des finnischen Unabhängigkeitskrieges als Jäger auf der Seite der ›Weißen‹, gedient hatte, sowie aus dem Gehalt meiner Tante, die in der Munitionsfabrik arbeitete. Ab und zu ging meine Großmutter Selma bei anderen Familien putzen oder sie nähte Kleider, nicht nur für die eigene Familie. Trotzdem waren die Einnahmen derart bescheiden, dass selbst die im Textilwarengeschäft gekauften Weihnachtsgeschenke in Raten bezahlt werden mussten.

Die größte Katastrophe meiner Kindheit war, wenn ich von der Schule nach Hause gekommen bin und niemand zu Hause war! Das habe ich zweimal erleben müssen. Das fand ich furchtbar und ich dachte, dass man so etwas niemals einem Kind antun darf.

Meine Mutter heiratete, als ich vier Jahre alt war. Die Hochzeitsfeier fand in dem Arbeitervereinsheim des Dorfes im Jahr 1950 statt, aber so genau kann ich mich nicht an die Feier erinnern. Nur eine kleine Episode ist mir noch gegenwärtig: Ich sitze auf der Theke der Garderobe und jemand zieht mir das Festtagskleid an, das ein Seemannskleid gewesen sein soll.

Auch einen neuen Nachnamen bekam ich durch die Heirat meiner Mutter, denn der Stiefvater adoptierte mich. Ansonsten hatte ich nichts Gemeinsames mit meinem Stiefvater. Das Verhältnis zu ihm blieb bis zu seinem Tod distanziert. Vielleicht habe ich deshalb nicht ein einziges Mal in Erwägung gezogen, zu meiner Mutter und deren Familie in die Stadt zu ziehen.

Obwohl ich niemals nach dem ersten Jahr meines Lebens mit meiner Mutter zusammenlebte und wir uns wegen der großen Ent-

Tuula, circa 1960

fernung nur einige Male im Jahr trafen, war sie die wichtigste Person in meinem Leben. Weil wir noch kein Telefon hatten, schrieben wir uns Briefe. Und jeden Sommer verbrachte ich einige Wochen bei ihr in der Stadt und sie kam mit ihrer Familie über das Wochenende zu mir nach Hause. Das waren die festlichsten Wochen in meinem Leben.

Als Teenager habe ich beschlossen, das Schweigen zu brechen. Jedes Mal, wenn ich in die Stadt zu meiner Mutter fuhr, nahm ich mir fest vor, ihr endlich meine brennenden Fragen zu stellen, und überlegte im Voraus genau, wie ich der Mutter mein großes Geheimnis beichten würde. Versuchte, die richtigen Worte dafür zu finden, wie ich ihr erkläre, dass ich Bescheid weiß und dass ich mehr über den deutschen Vater erfahren möchte. Der Mut hat mich jedoch jedes Mal verlassen und immer wieder kehrte ich zurück nach Hause, ohne Fragen gestellt zu haben.

Erst mit 15 Jahren hatte ich genug Mut gesammelt, um mit meiner Mutter über das Geheimnis, das ich zehn Jahre für mich behalten hatte, zu sprechen. Ich sagte dann einfach der Mutter, dass ich sehr wohl Bescheid weiß, dass mein Vater ein Deutscher ist.

›Aber wer ist mein Vater? Warum hast du niemals mit mir darüber gesprochen? Warum musste ich das alles von einer Nachbarin erfahren?‹

Meine Mutter fühlte sich angegriffen und wurde böse:

›Da gibt es nichts zu erzählen‹, wandte sie ein, verriet aber doch den Namen, den ich jetzt zum ersten Mal hörte.

›Er heißt Gerhard und kommt aus Berlin‹, platzte es aus ihr heraus.

Ich wollte noch mehr hören. Kaisa aber mied meinen Blick, sagte dann zögerlich, dass er rote Haare gehabt habe, aber: ›Ansonsten gibt es nicht viel zu erzählen.‹

Dann deutete sie noch an, dass sie vorgehabt hatte, mich über den Vater zu informieren, wenn ich alt genug sei, es zu verstehen. Vielleicht nach der Konfirmation. All die Jahre habe sie in dem obersten Fach eines Schrankes in ihrer Wohnung ein Fotoalbum sowie Briefe aufbewahrt. Diese wollte sie mir geben, wenn ich alt genug sei, aber jetzt seien die Sachen verschwunden. Sie wisse nicht, wohin die Sachen gekommen wären, höchstwahrscheinlich habe ihr Ehemann sie weggeworfen, vermutete sie.

Jetzt kannte ich also den Namen meines Vaters, aber über die Reaktion der Mutter war ich sehr traurig. Vielleicht ist die Mutter gar nicht sauer, sondern eher nervös, dachte ich und wollte sie deshalb in Ruhe lassen.

Viele Jahre wagte ich es nicht mehr, weitere Fragen zu stellen, und ich sprach weiterhin mit niemandem über mein Geheimnis.

Doch von diesem Tag an hörte ich nicht mehr auf, davon zu träumen, wie ich meinen Vater suchen würde. Jahrzehntelang malte ich mir aus, wie ich ihn finde, wie ich mich gut mit ihm verstehe und ihm die Fragen stellen kann, auf die ich von der Mutter keine Antworten bekommen habe.

Ich besuchte einen Deutschkurs an der Volkshochschule, um besser auf den Tag vorbereitet zu sein, an dem ich nach Berlin fahren würde, um den Vater zu suchen. Leider gab es nicht genug Teilnehmer für den Deutschunterricht und der Kurs fiel bald wieder aus. Es war sehr schade, denn die Lehrerin hatte sofort festgestellt, dass ich eine sehr gute Aussprache hatte. Sie dachte, ich hätte schon früher deutsch gesprochen.

Jahrzehnte vergingen, ohne dass ich mehr Informationen über das frühere Leben meiner Mutter oder das Schicksal meines Vaters erhielt. Nur ab und zu schnappte ich hier und da Fetzen von Hinweisen über ihn auf. Mit meiner Mutter sprach ich darüber nur noch ein weiteres Mal, fünf Jahre nach dem ersten Versuch. Aber oft träumte ich davon, wie ich gemeinsam mit meiner Mutter eine Urlaubsreise mache, irgendwohin ganz weit weg, wo sich die Mutter mir gegenüber öffnen und in allen Einzelheiten über ihre Jugend und ihre Liebe berichten würde.

Dieser Traum ging niemals in Erfüllung, denn sie starb im Alter von 55 Jahren an Krebs, bevor ich den Mut gefasst hatte, sie erneut zu befragen.

Ich arbeitete nach der Schule zunächst als Verkäuferin in der Stoffabteilung eines Warenhauses, wenig später wechselte ich als Schreibkraft in das Büro desselben Hauses. Im Jahr 1967 heiratete ich mit 21 Jahren.

Bis heute kann ich nicht genau sagen, was von dem, was ich aus dem früheren Leben meiner Mutter weiß, von ihr selbst stammt und was ich bruchstückhaft selbst zusammengetragen habe. Auch meine Oma oder meine Tante wussten nicht viel mehr. Wenn ich sie in den Jahren nach dem Tod meiner Mutter fragte, sagten sie nur, Kaisa habe nichts erzählt. Tante Irma erinnerte sich nur, dass Kaisa aus Norwegen einen Brief an die Familie geschickt hatte mit der Bitte, ihr ein Ehefähigkeitszeugnis zu schicken, weil sie heiraten möchte.

Im Jahr 1982, zwei Jahre nach dem Tod meiner Mutter – meine eigene Tochter war bereits zwölf Jahre alt –, beschloss ich, endlich die Suche nach dem Vater zu beginnen. Ich erinnerte mich, dass meine Mutter mich in Helsinki besucht hatte, wo ich Ende der 1960er, Anfang der 1970er Jahre mit meiner Familie wohnte. Von dort aus suchten wir einmal gemeinsam eine in der Gegend wohnende Freundin der Mutter auf, die sie seit der Kriegszeit kannte. Nun kontaktierte ich diese Frau und bat sie um Informationen über Kaisas Jahre in Norwegen. Von ihr bekam ich die Adressen von zwei Frauen, die womöglich mit Kaisa in Norwegen gewesen waren. Von diesen beiden Frauen erfuhr ich, dass meine Mutter in Norwegen gearbeitet hat; von dort wurde sie zuerst in ein Internierungslager und später nach Finnland geschickt. Sie bestätigten auch die Aussage, dass Gerhard mein Vater ist. Sie gaben mir ein Foto, auf dem auch Gerhard abgebildet ist, sowie einen in einer schönen Handschrift geschriebenen Brief, der von ihm stammen soll.

Im Alter von 36 Jahren sah ich zum ersten Mal in meinem Leben ein Foto von meinem Vater. Ich fand, dass er hässliche Ohren hatte, aber ansonsten sehr gut aussah.

Auf einmal fiel mir ein, dass meine Mutter mir einmal erzählt hatte, dass alle, die auf dem militärischen Stützpunkt der Deutschen gearbeitet hatten, immer hinausgerannt wären und in den Himmel geschaut hätten, als ›die Jungs‹ von ihren Flugeinsätzen zurückkehrten. Dass die Piloten mit den Bewegungen der Flügel Zeichen darüber setzen konnten, wie viele Flugzeuge sie bei den Einsätzen abgeschossen hätten. Darüber hatte meine Mutter plötzlich so begeistert und frei gesprochen, dass ich sehr glücklich war.

Weil der Vater auf dem Foto die Uniform der Luftwaffe trägt, glaubte ich, er wäre Pilot gewesen. Diese Vorstellung fand ich märchenhaft schön. Ich fing an zu glauben, dass auch meine Mutter im Besitz von Briefen gewesen ist, die in dieser schönen Handschrift geschrieben wurden. Diese Briefe hätte ich bestimmt bekommen, wenn der Ehemann meiner Mutter die versteckten Erinnerungsstücke nicht hätte verschwinden lassen. Dann hätte ich bereits im Alter von 15 Jahren mehr über meinen Vater erfahren können.

Nach dem Treffen mit den Freundinnen von Kaisa begann ich über die Heilsarmee nach Gerhard zu suchen.«

Gerhard und Tuula – erster Versuch

Im Norden von Berlin, in einem kleinen Einfamilienhaus direkt an einem Naturschutzgebiet liegend, klingelt das Telefon. Der Sohn von Erna, der Geschäfts- und Lebenspartnerin von Gerhard, hebt den Hörer ab und gibt ihn gleich grinsend an Gerhard weiter. »Chef, jetzt bist du erwischt worden«, sagt er wie beiläufig zu seinem Stiefvater, der von Ernas beiden Kindern stets nur scherzhaft »Chef« genannt wird. Gemeinsame Kinder hat das Paar keine. Am anderen Ende der Leitung berichtet eine Mitarbeiterin der Heilsarmee über eine Kontaktaufnahme aus Finnland. Gerhard wird um Erlaubnis zur Weitergabe seiner Kontaktdaten an eine Frau gebeten, die seine Tochter sein könnte. Gerhard lehnt ab und begründet dies mit seiner Lebenssituation. Möglicherweise hat er Angst vor Ernas Reaktion. Erna will wissen, was am Telefon gesprochen wurde, Gerhard stammelt irgendetwas von Adressen von Kriegskameraden, die jemand von ihm haben wollte.

Damit war für Gerhard die Angelegenheit erledigt, weil er, wie er später sagen wird, den Familienfrieden nicht gefährden wollte. Doch gelegentlich, bei gemeinsamen Feiern mit Freunden, platzt es aus ihm heraus, dass er womöglich ein Kind habe. Das macht Ernas Tochter Dagmar wütend, sie findet, dass es eine viel zu ernste Angelegenheit sei, irgendwo vielleicht ein Kind zu haben, um damit anzugeben. Sie sagt sogar, dass es unverantwortlich sei, keine Verantwortung zu übernehmen, sollte ein Kind tatsächlich existieren. Gerhard will Dagmars Reaktionen nicht kommentieren und auch nichts weiter verraten. Er setzt aber seine Angeberei gelegentlich wieder fort.

Dagmar weiß, wie es ist, keinen Vater zu haben. Der Ehemann von Erna, Vater der beiden Kinder, war vor Dagmars Geburt im Krieg gefallen.

Tuula ist erschüttert, als sie von der Heilsarmee die Nachricht erhält, dass Gerhard mit ihr keinen Kontakt haben will. Was ist das für ein Mann?, fragt sich Tuula. Sie denkt, dass es keinen Sinn macht, einen derart kaltherzigen Menschen kennenzulernen. Armselig,

Gerhard, Tuulas Vater, circa 1944

vielleicht ein Alkoholiker oder sonst irgendwie ein Unmensch, denkt sie und beschließt, die ganze Angelegenheit ruhen zu lassen und nie wieder von dem Vater zu träumen.

Wie schon so oft in ihrem Leben fühlt sie ein weiteres Mal die Ablehnung. Das gleiche Gefühl kennt sie aus ihrer Kindheit, wenn sie darüber nachgedacht hatte, warum sie bei der Mutter nicht wohnen kann. Sie hatte sich von der Mutter verstoßen gefühlt, obwohl sie selbst entschieden hatte, bei den Großeltern zu bleiben.

»Am liebsten hätte ich Gerhard für immer vergessen, es ist mir aber nicht gelungen«, erzählte Tuula weiter. »Sein Foto habe ich in der Schublade der Wohnzimmervitrine aufgehoben. Ich holte es gelegentlich heraus und betrachtete es. Und ich fragte mich, welche Gene ich wohl von ihm geerbt habe. Ich beschloss dann aber immer wieder aufs Neue, niemals mehr nach dem Vater zu suchen. Wenn wir Besuch hatten, ging ich gelegentlich zu der Vitrine, kramte das Foto heraus, warf es auf den Tisch und sagte: ›Das ist mein Vater. Er ist ein deutscher Soldat.‹ Und ich war angetan, wenn die Freunde eine Ähnlichkeit mit dem Vater feststellten, obwohl ich ganz genau wusste, dass ich meiner Mutter ähnle. Das Foto war wie ein Schatz für mich, obwohl der Mann darauf alles andere als das war.

Im Sommer 2003 machte ich eine Reise nach Deutschland und verbrachte eine Nacht in Berlin, in der Stadt meines Vaters. Ich ging davon aus, dass er bereits tot sei, und dass es sich jetzt vielleicht lohnen könnte, nach möglichen Verwandten zu suchen. Vielleicht konnten sie mir erzählen, was für ein Mensch der Vater gewesen war. Endlich wollte ich das Gefühl der Wurzellosigkeit loswerden und die Suche nach meiner Identität nach 60 Jahren beenden.

Mit Unterstützung der Reiseführerin nahm ich Kontakt mit der Deutschen Dienststelle WASt in Berlin auf. Es vergingen mehrere Monate, bis ich endlich im Februar 2005 einen Brief mit der Adresse von Gerhard bekam. Er war also weiterhin am Leben. Ich wollte aber nicht ihn treffen, sondern stattdessen lieber erfahren, ob er Kinder hatte. Über die Finnische Botschaft in Berlin erhielt ich per E-Mail Formulare, die mir bei der Suche nach den Adressen von Angehörigen nützlich sein könnten. Die übers Internet zugeschickten Formulare konnte ich mit meinem Computer nicht öffnen und ließ die Angelegenheit zum wiederholten Mal ruhen.«

Irja

Im Juni 2005 klingelt mein Handy. Es ist Tuula, die von der WASt einen Brief mit meiner Telefonnummer erhalten hat. Ich hatte mich an die Dienststelle gewandt mit der Bitte, Kontakt zu finnischen Wehrmachtskindern herzustellen. Tuula kann ihr Glück kaum fassen, dass sich bei ihr plötzlich eine Finnin aus Berlin meldet.

Ich höre zum ersten Mal Tuulas Geschichte und verspreche ihr zu helfen. Ich bekomme Gerhards Namen und Adresse. Im Telefonbuch finde ich seine Telefonnummer und beschließe ihn sofort anzurufen, obwohl Tuula mir schon die schwierige Vorgeschichte berichtet hat.

Ich lasse das Telefon lange klingeln, bis sich endlich eine Frauenstimme am anderen Ende der Leitung meldet. Ich frage, ob ich mit Gerhard sprechen könnte, und erhalte die Antwort, dass er nicht zu Hause sei. Vorsichtig tastend erläutere ich meine Angelegenheit. Ich verhaspele mich, denn es fällt mir nicht leicht, über eine so sensible Angelegenheit mit einer Frau zu sprechen, die mir auf mein Bitten hin erklärt, dass sie »eine sogenannte Stieftochter« von Gerhard sei. Es ist Dagmar, die nie ihren eigenen, im Krieg gefallenen Vater kennengelernt hat. Vielleicht gerade deshalb ist sie bereit, mir zuzuhören. Sie sagt, sie sei ein wenig verwirrt zu hören, dass Gerhard eine Tochter habe. Aber überrascht sei sie eigentlich nicht. Sie erinnert sich, wie ihr Bruder den Anruf der Heilsarmee entgegengenommen hatte. Und jetzt nimmt sie, die rein zufällig gerade bei Gerhard zu Hause ist, einen ähnlichen Anruf entgegen. Gerhard musste vor zwei Tagen ins Krankenhaus. Ich komme mit Dagmar überein, dass ich Gerhard einen Brief schreiben werde, den sie an ihn weiterleitet, sobald es ihm wieder besser geht. Ich verfasse dann zusammen mit Tuula einen Text für Dagmar, in dem sie beschreibt, warum sie Gerhard treffen möchte:

»Ich bin eigentlich nicht mehr auf der Suche nach meinem Vater, sondern nach mir selbst. Wir alle sind, ob wir wollen oder nicht, eine Mischung von unseren biologischen Eltern. Deshalb möchte ich, wenn möglich, von einem nahen Angehörigen hören, was für einen Charakter mein Vater hat, was für ein Leben er gelebt hat. Falls mein Vater nach all den Jahren seine Meinung geändert hat und mich vielleicht doch treffen möchte, hätte ich absolut nichts dagegen.«

Ich füge hinzu, dass ich ihn inständig bitte, dem Treffen zuzustimmen, verspreche aber gleichzeitig, seine Meinung zu respektieren, egal zu welchem Ergebnis er kommen wird. Wir fügen einige Fotos von Tuula und ihrer Familie mit Mann, Tochter, Schwiegersohn und einem Enkelsohn hinzu.

Zwei Wochen später ruft mich Dagmar an und erzählt, dass Gerhard aus dem Krankenhaus entlassen wurde und wohlauf sei. Auf Gerhards Antwort müssen wir dennoch wochenlang warten. Zwischenzeitlich hat mich Dagmar darüber informiert, dass Gerhard die Existenz eines Kindes nicht leugnet, aber immer noch nicht mit einem Treffen einverstanden ist. Mit Dagmar bespreche ich, dass ich ein weiteres Mal an Gerhard schreibe, und ihn bitte, mich zu treffen. Ich bin sehr interessiert, ihn kennenzulernen, denn noch nie habe ich einen Vater eines Wehrmachtskindes getroffen.

Über Dagmar erfahre ich, dass Gerhard sich dazu bereit erklärt hat. Ich rufe ihn an und bin von der energisch klingenden Stimme des 88-Jährigen positiv überrascht. Er lädt mich zu sich nach Hause ein.

Seit dem Tod von Erna sechs Jahre zuvor hat Gerhard gelernt, allein zurechtzukommen. Erna und Gerhard haben sich im Sommer des Jahres 1946 kennengelernt, an dem Tag, an dem Gerhard nach Berlin-Moabit zurückgekehrt war. Als er die Haustür des Mietshauses aufgemacht hatte, hatte er die Stimmen zweier Frauen im Treppenhaus gehört, die seiner Mutter und die von Erna. Seine Mutter war am Ende des Krieges dort eingezogen, nachdem ihr ehemaliges Wohnhaus zerstört worden war. Erna wohnte mit ihren zwei Kindern in derselben Etage wie seine Mutter, gleich gegenüber.

Zu Beginn der Partnerschaft hatten sie sich mit der Witwenrente von Erna über Wasser halten können, bis die gemeinsam gegründete Firma zur Herstellung von Damenoberbekleidung genügend abwarf, um zwei Familien zu ernähren. Gerhard wohnte weiterhin bei seiner Mutter, zusammen mit dem älteren Bruder, Erna mit ihren beiden Kindern in ihrer eigenen Wohnung. Erst viele Jahre später baute sich das Paar gemeinsam ein Haus und zog zusammen. Insgesamt blieben die beiden 53 Jahre bis zu Ernas Tod ein Paar, ohne zu heiraten.

Als ich bei Gerhard ankomme, steht die Tür offen. Ich trete ein und begegne einem gesprächigen, humorvollen älteren Herrn. Wir kochen Kaffee und essen Kuchen, den Gerhard für uns gekauft hat. Währenddessen erzählt er mir ausführlich seine ganze Lebensgeschichte.

Gerhard

Der im Jahr 1917 geborene Gerhard hatte seinen Wehrdienst unmittelbar vor dem Kriegseinbruch absolviert. Er wäre gern Pilot geworden und hatte sich deshalb zur Luftwaffe gemeldet. Die Rekrutenzeit dauerte drei Monate, während der er und seine Kameraden »so geschliffen wurden, dass einige sich das Leben genommen haben«. Danach kam die Spezialisierung. Da aber die Pilotenausbildung vier Jahre in Anspruch genommen hätte, verzichtete er darauf, so lange hatte er nicht vor, beim Militär zu bleiben. Das wichtigste Ziel des aus einer Arbeiterfamilie stammenden Schneiders war es, so schnell wie möglich Geld zu verdienen, um seine geschiedene Mutter zu unterstützen, die ihre drei Söhne mit einer Wäscherei durchgebracht hatte.

Gerhard machte während seines Wehrdienstes einen Führerschein, der ihn zum Fahren aller Fahrzeugklassen berechtigte. Als in der Kompanie Freiwillige für den Transport von Eisenbahnwaggons auf der Straße gesucht wurden, meldete er sich. Mit diesem vierachsigen Fahrzeug auf 16 Rädern wurden Eisenbahnwaggons zwischen dem letzten Bahnhof und dem Fliegerhorst hin und her transportiert.

Der Zweite Weltkrieg begann, als Gerhard gerade mit der Ausbildung zum »Oberschirrmeister«, dem Kfz-Meister seiner Kompanie, fertig geworden war. Gleich zu Beginn wurde er in das nordnorwegische Kirkenes abkommandiert, ohne dass er oder irgendjemand in der Dienststelle eine Ahnung gehabt hätte, wo Kirkenes liegt. Als Anführer einer 18-Mann-Gruppe wurde er deshalb irrtümlich zuerst mit dem Schiff über Stettin nach Oslo geschickt und von dort weiter nach Vaasa an der finnischen Westküste. Danach ging die Reise mit dem Zug nach Rovaniemi am finnischen Polarkreis und weiter die Eismeerstraße entlang nach Ivalo und in Richtung Nordnorwegen.

In Ivalo musste die Truppe ihre Reise wegen eines Motorschadens für einige Tage unterbrechen. Für diese Zeit war die Truppe in einem Wehrmachtsheim untergebracht, das mit Wanzen verseucht war.

Daran kann Gerhard sich sehr gut erinnern, denn er hatte noch nie zuvor in seinem Leben Wanzen gesehen.

Als er eines Abends mit seinen Kameraden in dem Hotelrestaurant des Ortes zusammensaß, setzte sich ein sehr gut deutsch sprechender finnischer Soldat zu ihnen, der gerne einen Tee ausgeben wollte. Gleichzeitig schickte er seinen Chauffeur fort, der bald mit einer Flasche reinem Alkohol zurückkam. In jede Tasse Tee goss er etwas Alkohol hinein und steckte das Ganze zur großen Bewunderung der Deutschen an. Das gefiel Gerhard sehr, denn die Teetassen sahen wie 20 leuchtende Kerzen aus, bis jeder seine mit gegenseitigen guten Wünschen leer getrunken hatte.

Da es Dezember war, fragte einer seiner Soldaten den Finnen, ob man in Finnland Weihnachten wie in Russland feiern würde. Der Finne fühlte sich durch die harmlose Frage beleidigt und zog sofort aus dem Ärmel seiner Uniform ein Messer heraus. Daraufhin musste Gerhard dazwischengehen und versuchen, den Finnen zu beruhigen. Es gelang, ihn zu überzeugen, dass die Frage aus reiner Neugier gestellt worden war und niemand ihn beleidigen oder ärgern wollte. Nachdem Gerhard sich noch für seinen Kameraden entschuldigt hatte, konnte der Streit beigelegt werden. Später hat Gerhard erfahren, dass der finnische Soldat der Sohn des ehemaligen finnischen Präsidenten Svinhufvud war.

Gerhards Aufenthalt in Kirkenes dauerte nur ein halbes Jahr. Es war das Jahr 1942 und Gerhards Langeweile war groß, denn es gab nichts zu tun. Im Sommer wurde er dann nach Oslo abkommandiert, später war er auf dem bei Oslo liegenden Fliegerhorst Gardermoen für den Fuhrpark mit 197 Fahrzeugen verantwortlich. Er fing an zu glauben, dass er von einem Schutzengel beschützt wird. In der ganzen Welt herrschte ein mörderischer Krieg, aber Gerhards Dienst erschien ihm eher wie ein Urlaub. Seine Militärzeit dauerte insgesamt achteinhalb Jahre, ohne dass er eine Waffe in der Hand gehalten, geschweige denn einen Menschen getötet hätte.

Gerhard war von Natur aus gesellig und hatte dementsprechend keine Probleme, neue Menschen kennenzulernen. Immer wusste er am richtigen Faden zu ziehen, um sich einen Vorteil zu verschaffen. Auch mit seinen Vorgesetzten kam er gut aus. Außerhalb des Fliegerhorstes organisierte er sich ein eigenes Wohnhaus, obwohl er das eigentlich nicht gebraucht hätte, weil er lieber in der Kaserne zusammen mit seinen Kameraden bleiben wollte.

Die Damen von der Fernsprechstelle erklärten sich bereit, wann immer er dort anrief, Gerhard mit dem Reichsluftfahrtministerium in Berlin zu verbinden, obwohl das strengstens verboten war. Mit seiner Überredungskunst gelang es ihm dann dort, die Telefonistin zu bewegen, ihn mit seiner Mutter zu verbinden.

Während ich Gerhard zuhöre, stelle ich fest, dass er sich mit unglaublicher Genauigkeit an die kleinsten Einzelheiten erinnern kann. Ich taste mich vorsichtig an das eigentliche Thema heran und frage nach der Geliebten aus Norwegen. Er erzählt, dass er, von der Mutter streng katholisch erzogen, eigentlich der Meinung gewesen war, dass Sex in die Ehe gehöre, das hatte ihm auch sein Pfarrer mit auf den Weg gegeben. Aber dieses Prinzip habe er in den Kriegsjahren nicht ganz so streng verfolgt. Und dann fängt er urplötzlich an, auf Finnisch zu zählen und sagt, dass seine finnische Freundin ihm das beigebracht habe, auch ein paar andere finnische Worte, ansonsten sei die Unterhaltung mit ihr auf Deutsch verlaufen.

Seine finnische Freundin habe er kennengelernt, als sie an der Theke der Kantine des Soldatenheims in Gardermoen das Essen an die Schlange stehenden Soldaten verteilte. Er verliebte sich sofort in sie, lud sie ein. Jetzt konnte er das ihm zur Verfügung stehende Haus gut gebrauchen, denn dort konnten sie sich treffen. Diese Freundin habe ein Kind von ihm gewollt und ihn öfters darauf angesprochen, aber er sei dagegen gewesen.

Obwohl mir längst klar ist, dass es sich bei dieser »finnischen Freundin« um Kaisa handelt, frage ich nach. Gern möchte ich den Namen der Freundin von ihm erfahren, aber Gerhard meint, sich nicht daran erinnern zu können. Warum er, der ja offensichtlich noch ein sehr gutes Erinnerungsvermögen hat, sich nicht an den Namen der Freundin erinnern könne? Er lacht laut los, er hätte seine Freundinnen lieber mit Kosenamen als mit den richtigen Namen gerufen, weil er es verhindern wollte, die Namen der Freundinnen zu verwechseln. Dies sei ihm nämlich in seiner Jugend einmal passiert, da habe er aus Versehen die Briefe an zwei Mädchen an die falschen Adressen geschickt.

Als ich den Namen »Kaisa« nenne, fällt er ihm doch wieder ein. Er kann sich jedoch nicht erinnern, wie lange die Beziehung gedauert habe, Kaisa sei versetzt worden und dann wohl in ein Lager gekommen – er habe nie wieder etwas von ihr gehört. Da kann ich ihm dank meiner Recherchen Näheres berichten: Kaisa war im Oktober 1944 mit den Deutschen aus Nordfinnland mit dem Flugzeug nach Nordnorwegen gekommen und wurde dann mit einigen anderen finnischen Frauen nach Oslo gebracht, wo sie verpflichtet wurde, in der Küche des Soldatenheims von Gardermoen zu arbeiten. Dort hat sie Gerhard zum ersten Mal im Frühjahr 1945 getroffen. Ende Juni 1945 kam sie in einem Lager unter, wurde Anfang August in ein Lager in Örje verlegt und von dort Anfang Oktober über Stockholm nach Finnland geschickt. Erst im dortigen Lager von Hanko hat Kaisa gemerkt, dass sie schwanger ist. Tuula wurde im April 1946 geboren. Von Gerhard hat Kaisa nie mehr etwas gehört.

Wir sitzen mehrere Stunden zusammen, bis Gerhard schließlich erzählt, dass er in den letzten Wochen sehr viel über »diese Angelegenheit mit Tuula« nachgedacht habe. Er entschuldigt sich dafür, dass er sich in seinen alten Tagen nicht mehr fit genug fühlt, um eine Beziehung zu Tuula aufzubauen. Aber gleichzeitig vertraut er mir an, darüber nachgedacht zu haben, Tuula möglicherweise nach Berlin einzuladen. Er selbst fühlt sich nicht in der Lage, nach Finnland zu reisen. Ich sage ihm, dass Tuula auf alle Fälle bald nach Berlin kommen werde. Ich merke, wie erleichtert Gerhard ist, als er sagt: »Sie sind beide sehr herzlich bei mir eingeladen.«

Gerhard und Tuula – die Begegnung

Auf Vorschlag von Gerhard treffen wir uns in seinem chinesischen Lieblingsrestaurant. Dagmar und Gerhard warten schon auf uns, als ich mit Tuula und ihrem Mann Reijo ankomme. Tuula ist müde. Seit Wochen fühlt sie die Anspannung und kann kaum schlafen.

Gerhard hat unsere Namen auf einen Zettel geschrieben und sagt *»tervetuloa«*, willkommen. Ich und Reijo werden per Handschlag begrüßt, erst dann ist Tuula dran. Gerhard gibt ihr nicht die Hand, Tuula wird auch nicht umarmt von ihm. Er nimmt Tuulas Hand mit seinen beiden Händen und begrüßt sie mit einem Handkuss. Später wird mir Tuula erzählen, dass der Handkuss sich sehr gut angefühlt hat. Nur ein Handschlag wäre auch aus ihrer Sicht zu wenig gewesen, eine Umarmung zu viel. Ihre Verbitterung war in dem Moment wie weggeblasen, die Stimmung warmherzig und intensiv. Wir essen gemeinsam und sprechen frei. Gerhard erzählt über seine Kriegserlebnisse, über die Nachkriegsjahre und über seine Reisen, die ihn bis nach Amerika führten. Tuula will wissen, welche Haarfarbe Gerhard in jüngeren Jahren gehabt hat, rot – wie Tuulas Mutter es ihr gesagt hatte. Später sagen Dagmar und Reijo übereinstimmend, sie hätten eine gewisse Ähnlichkeit zwischen den beiden festgestellt. Gleiche Gestik, gleicher Gesichtsausdruck. Tuula hat für Gerhard ein kleines Fotoalbum über ihre Familie vorbereitet, auch Gerhard gibt Tuula Fotos, die er persönlich eingescannt und ausgedruckt hat.

Einen Tag später sitze ich mit Tuula zusammen und wir lassen die Ereignisse Revue passieren. Tuula weint und lacht gleichzeitig, erzählt, wie erleichtert sie sich fühlt. Es spielt keine Rolle mehr, ob die Geschichte eine Fortsetzung findet, am allerwichtigsten für sie sei, dass sie ihren Vater noch persönlich hat erleben dürfen. Ihr Vater sei doch kein Versager, sondern ein Mensch, der allerlei in seinem Leben erlebt hat. Alle ihre bösen Gedanken der letzten 23 Jahre will Tuula zurücknehmen. »Es ist großartig zu sehen, dass mein Vater ein intelligenter, sozialer und erfolgreicher Mann ist, der sich benehmen kann. Jetzt weiß ich, aus welchen Bausteinen ich bestehe. Es ist wunderbar, solch einen Vater zu haben, wirklich wunderbar.« Nur eine »Enttäuschung« muss Tuula nach dem Treffen noch verkraften. Der Vater war kein Kriegsheld, von dem Tuula seit ihrer Kindheit geträumt hatt, und kein Pilot, obwohl er die Uniform der Luftwaffe trug.

Auch Gerhard ist mit dem Treffen zufrieden. Das Geheimnis, das auch er jahrzehntelang für sich behalten hat, ist endlich gelüftet worden. Jetzt werden E-Mails zwischen Berlin und Finnland getauscht und Gerhard freut sich schon auf das nächste Treffen.

Nachtrag

Vor Gerhards Tod im April 2008 kommen Vater und Tochter noch ein weiteres Mal zusammen. Vom Tod ihres Vaters erfährt Tuula erst nach der Beisetzung, weil Gerhard sich das nach Dagmars Worten so gewünscht hat. Da fühlt sich Tuula ein weiteres Mal verraten, schließt aber ihren Frieden mit ihm, nachdem sie Blumen auf seinem Grab niedergelegt hat. Tuula lebt 2017 noch und erfreut sich bester Gesundheit. Dagmar, die ihr auf seltsame Weise eine Art »Schwester« geworden war, ist 2014 bereits verstorben.

Dänemark

Dänemark unter deutscher Besatzung und der Umgang mit den Wehrmachtskindern

Henny Vestergaard Granum

Die politische Situation in Dänemark in den Jahren 1940 – 1945 und die deutsche Besatzung Dänemarks unterschieden sich von denen in anderen europäischen Ländern: Am 9. April 1940 wurde das neutrale Dänemark nach nur wenigen Kampfstunden in Südjütland von der Wehrmacht ohne vorhergehende Kriegserklärung besetzt. Die deutschen Behörden, der dänische König Christian X. sowie die dänische Regierung einigten sich auf die »Verhandlungspolitik«, das bedeutete, dass der König und seine Familie in Dänemark bleiben konnten. Regierung, Heer, Polizei und Gerichtshof lagen weiter in dänischen Händen. Dänemark sollte als Durchgangsland nach Norwegen und als Lieferant von Arbeitskräften und Lebensmitteln für Deutschland dienen und blieb formell unabhängig.

Entsprechend freundlich war anfangs der Umgang. Dänische Amtspersonen wurden aufgefordert, Essenseinladungen und Einladungen zu anderen Veranstaltungen von deutschen Amtspersonen anzunehmen und ebenfalls Gegeneinladungen an Deutsche auszusprechen. Wehrmachtssoldaten wurden angewiesen, sich höflich und korrekt gegenüber der Bevölkerung zu benehmen. Sie seien nach Dänemark gekommen, um Dänemark vor den Engländern zu beschützen. Als »Sahnefront« wurde das Land auch bezeichnet. So konnte das Alltagsleben fast normal fortgesetzt werden, obwohl die Besatzungsmacht unbeliebt war.

1943 nahm die politische Unruhe im Land immer mehr zu. Die Deutschen führten wegen zunehmender Sabotageakte der Widerstandsbewegung BOPA[1] an deutschen Zügen, Schiffen und sonstigen deutschen Einrichtungen die Todesstrafe ein und erklärten den Ausnahmezustand. Dänemark wurde zum feindlichen Territorium erklärt und die ORPO, die »Ordnungspolizei«[2] Himmlers, installiert, was in den folgenden Monaten das Verhältnis zwischen den Dänen und der Besatzungsmacht erheblich verschlechterte. Die Regierung trat zurück und im September 1944 lösten die Deutschen auch die dänische Polizei auf.

Die Mädchen, die mit Deutschen gingen

Da die dänische Regierung die Bevölkerung in den ersten Jahren zum freundlichen Umgang mit der Besatzungsmacht aufforderte, konnten viele junge Frauen nichts Falsches im Umgang mit den deutschen Soldaten sehen, auch wenn die dänische Bevölkerung die Mädchen schief ansah und sie als »Deutschenflittchen« oder mit noch schlimmeren Wörtern beschimpfte.

Man nimmt an, dass 50000 dänische Frauen zwischen 1940 und 1945 einen deutschen Geliebten hatten. Sie kamen aus der gesamten Bevölkerung, die meisten waren jedoch junge unverheiratete Frauen. Die Frauen waren keine Nazisympathisantinnen oder in der Dänischen Nationalsozialistischen Partei (DNSAP), meistens waren sie nur jung und verliebt.

Da die deutschen Soldaten in Dänemark nicht im Krieg waren, sondern die Küsten vor der Invasion der Alliierten schützen sollten, hatten sie häufig Zeit, die Umgebung ihres Standortes kennenzulernen. Die meisten von ihnen waren in Kasernen in den Städten einquartiert. Hier gab es viele Möglichkeiten, junge Frauen als Angestellte in Geschäften und Kantinen oder in Tanzlokalen zu treffen.

Insbesondere an der langen Westküste Dänemarks, wo die deutschen Soldaten wegen möglicher Angriffe vor Ort sein mussten, wurden sie wegen fehlender Einquartierungsmöglichkeiten in Privatwohnungen untergebracht, Offiziere in mittelgroßen Städten auch in Hotels. Außerdem kamen Wehrmachtssoldaten zur Erholung nach Dänemark, wo sie oft in Dorfschulen oder Bürgerhäusern einquartiert wurden. Es gab also viele Möglichkeiten, dass sich Soldaten und junge Mädchen begegnen konnten.

Ehe, Schwangerschaft und Vaterschaft

Schon Anfang 1941 wurden die ersten Kinder geboren, deren Mütter dänische Staatsangehörige waren und deren Väter der deutschen Wehrmacht oder der Waffen-SS angehörten. In das rassistische Konzept der Nationalsozialisten passte es zwar, wenn »arische« skandinavische Frauen zur »Aufnordung« der Deutschen Kinder deutscher Soldaten zur Welt brachten. Doch eine Eheschließung war unerwünscht. Es gab zahlreiche Hinderungsgründe gegen eine Ehe. Man nimmt an, dass nur für circa 120 Ehen zwischen einer Dänin und einem deutschen Soldaten in Dänemark eine Zulassung erteilt wurde. Im dänischen Reichsarchiv sind circa 5500 Wehrmachtskinder registriert, Forscher gehen aber davon aus, dass eher 10 000 bis 12 000 geboren wurden.

Was sollte eine junge Frau in dieser schwierigen Lage als unverheiratete Mutter tun? Auf sie wurde herabgeschaut, sie wurde oft genug von der eigenen Familie und von der Gesellschaft wegen der in den 1940er Jahren vorherrschenden Sexualmoral verstoßen oder verachtet.

Wenn in Dänemark ein Kind außerhalb der Ehe geboren wurde, musste gemäß der dänischen Rechtsprechung von 1937 eine Vaterschaftsklage erhoben werden. Aber die dänischen Behörden konnten den deutschen Soldaten nicht vernehmen, da er »exterritorial« war. Die dänischen und deutschen Behörden einigten sich auf eine Zusammenarbeit bei den zu erwartenden bzw. schon geborenen Kindern und errichteten eine gemeinsame »Vergleichskommission«.

Das schwangere, junge Mädchen musste sich an die dänischen Behörden wenden, um eine Vaterschaftsklage gegen den deutschen

Soldaten zu erheben. Von dort wurde die Klage an die »Vergleichskommission« gegeben, die den deutschen Soldaten gründlich vernahm. Der Soldat konnte die Vaterschaft anerkennen oder leugnen. Leugnete er die Vaterschaft, wurden Blutproben von Mutter, Vater und Kind genommen. Fiel die Probe positiv aus, wurde der Vater von einem Stabsrichter in Kopenhagen zur Vaterschaft verurteilt. Bei Anerkennung oder Verurteilung musste der Soldat Alimente bezahlen, was über die Dänische Nationalbank abgewickelt wurde. Diese Zusammenarbeit funktionierte bis zum 5. Mai 1945 relativ unproblematisch.

Die Situation der unverheirateten Frauen und Wehrmachtskinder nach Dänemarks Befreiung

Nach fünf Jahren Besatzung hassten die Dänen alles, was deutsch war. Am 5. Mai 1945, dem Tag der dänischen Befreiung, begann eine Hexenjagd auf jene Frauen, die einen deutschen Geliebten hatten oder gehabt hatten. Nach dänischer Gesetzgebung war der Umgang mit einem Deutschen nicht verboten gewesen. Aber viele meinten, die Frauen hätten ihre Sexualität verkauft, hätten unpatriotisch gehandelt und ihre »horizontale Kollaboration« wäre Verrat gewesen. Viele Frauen wurden vom »Straßenparlament« kahl geschoren und halb nackt durch die Straßen gejagt.

Vielleicht spielte auch Eifersucht eine Rolle, weil Mädchen und Frauen einen deutschen Soldaten anstatt eines dänischen Mannes gewählt hatten.

Die jungen Frauen, deren Vaterschaftsklage von der »Vergleichskommission« abgeschlossen worden war und die Alimente von der Dänischen Nationalbank bekommen hatten, erhielten nun die Mitteilung, dass ab sofort kein Geld mehr an sie ausbezahlt werden konnte, da die Vaterschaftsklage von einer fremden Macht (Deutschland) ausgeführt worden war. Die Frauen sollten sich an das dänische Gerichtswesen wenden. Die Vaterschaftsklage musste wieder neu erhoben werden.

Die dänische Regierung beschloss, dass solche dänisch-deutschen Vaterschaftsklagen nicht mehr nach den Regeln des dänischen Kinderschutzgesetzes von 1937 geführt werden sollten. Dieses Gesetz schreibt vor, dass alles getan werden muss, um den Vater des Kindes zu finden, damit das Kind erbberechtigt wird, den Namen des Vaters tragen und mit ihm Umgang haben kann, und damit die Mutter Alimente beziehen kann. Stattdessen gab das Innenministerium am 20. Juli 1945 ein Rundschreiben heraus, das festlegte, dass, wenn die junge Mutter die aktuelle Adresse des Kindsvaters nicht kannte, er lediglich über eine Anzeige im dänischen Staatsanzeiger gesucht werden sollte.

Ein Teil der Frauen versuchte, ohne Alimente auszukommen, um nicht noch einmal die demütigenden Verhöre durchmachen zu müssen. Sie unterließen es, sich an das jeweilige Stadtgericht zu wenden, um die Angelegenheit wieder aufnehmen zu lassen. Keiner der Soldatenväter wäre imstande gewesen, eine Annonce auf Dänisch in dem Staatsanzeiger zu lesen, und hätte deshalb auch nicht zum richtigen Zeitpunkt am Gericht der jeweiligen Stadt eintreffen können. Zudem urteilte das Staatsgericht nicht über die Vaterschaft, sondern nur über die Beitragspflicht. So erhielten circa 4500 dänisch-deutsche Wehrmachtskinder keinen rechtmäßig anerkannten Vater, und die Mütter wurden als »promiskuitiv« betrachtet. Unsere Mütter bezahlten lebenslang einen hohen Preis für die Liebe zu einem deutschen Soldaten.

Um die Spuren des abwesenden deutschen Vaters weitgehend zu verwischen, versuchten später viele Frauen, im kirchlichen Taufbuch die deutschen Vornamen oder Zweitnamen löschen zu lassen, die sie ihren Kindern gegeben hatten. Auch Briefe und Fotos des Vaters verschwanden. Entweder die Frauen entfernten sie selbst oder deren Väter oder Ehemänner taten es. Das Thema Wehrmachtskinder war in den auf das Kriegsende folgenden 50 Jahren in Dänemark tabu.

Die Erniedrigung, das Abschneiden der Haare, die fristlose Entlassung aus dem Job, der Schmerz, den deutschen Geliebten und Kindsvater verloren zu haben – das alles war ohnehin extrem belastend gewesen für die jungen Frauen. Die Veröffentlichung mit Name und Adresse im Staatsanzeiger brandmarkte die Frauen für den Rest ihres Lebens. Darüber hinaus machten finanzielle Probleme und der große Mangel an Kindergärten und Betreuungsmöglichkeiten für die Kleinstkinder den Frauen das Leben zusätzlich schwer.

Das bedeutete, dass sehr viele Kinder zu den Großeltern gebracht wurden. Ein Teil der Kinder wurde zur Adoption freigegeben; oder sie kamen in Pflegefamilien oder Kinderheime. Ein Teil der Frauen heiratete eiligst einen dänischen Mann, manche Frauen wurden alleinerziehende Mütter. Egal welche Lösung die Frau wählte, für das Kind bedeutete das in den meisten Fällen eine chaotische Kindheit.

Manchen Frauen gelang es, die Wahrheit über den deutschen Vater so lange vor dem Kind zu verbergen, bis das Kind bereits im fortgeschrittenen Erwachsenenalter war. Aber in nicht wenigen Orten war das Kind Schimpfworten wie »Deutscher Balg« oder »Hurenbalg« ausgesetzt. Wenn das Kind dann nach Hause kam und fragte, was das Wort bedeutete, erhielt es nur zur Antwort, dass es darüber nicht nachdenken solle. Doch sehr viele Wehrmachtskinder hatten während ihrer ganzen Kindheit das Gefühl, dass es Heimlichkeiten gab, dass sie angelogen wurden, oder dass man ihnen nur die halbe Wahrheit sagte. Das gab ihnen das Gefühl, »anders« zu sein, und führte oft zu Identitätsproblemen. Untersuchungen haben jedoch ergeben, dass die meisten Wehrmachtskinder in Dänemark trotz allem ihr Erwachsenenleben gut gemeistert haben.

Erst bei Konfirmation oder Hochzeit wurde manchmal aus dem Taufschein klar, dass der Vater zu Hause ein »Stiefvater«, der leibliche Vater aber ein deutscher Soldat war. Für die Archive war für alles Material, betreffend die Jahre 1940–45, eine Sperrfrist von 80 bis 100 Jahren festgesetzt. Die Mütter wollten meist nicht mit ihren Kindern über diese Zeit oder den leiblichen Vater sprechen. Manche Mütter logen, indem sie sagten, er sei beispielsweise an der Ostfront gefallen.

Die vielen Wehrmachtskinder waren mit ihrem Verdacht, einen deutschen Vater zu haben, bzw. der Suche nach ihm alleingelassen.

Die Gründung eines Vereins: Anstoß zu Hilfe und Aufarbeitung in Dänemark

1996 – circa 50 Jahre nach Kriegsende – trafen sich auf Anregung Arne Ølands vier Wehrmachtskinder und gründeten den Verein Danske KrigsBørns Forening (DKBF). Dieser Verein erreichte nach harter Arbeit und mit Hilfe eines pensionierten Richters, dass das dänische Reichsarchiv 1999 den Wehrmachtskindern die Zulassung zur Einsicht in die Akten der sie betreffenden Vaterschaftsklage erteilte. Dort wurde oft der Name des Vaters und vielleicht eine Adresse genannt.

Trotzdem bleibt es oft eine große Detektivarbeit, die deutsche Familie ausfindig zu machen. Die Deutsche Dienststelle (WASt) in Berlin und der Kirchliche Suchdienst sind seit ungefähr 2000 eine große Hilfe bei der Suche. Manche Wehrmachtskinder verfügen über zu wenig Informationen, um ihre Familien in Deutschland, Polen, Tschechien, Russland, Kroatien usw. zu suchen. Viele Wehrmachtskinder, die die Familien ihrer Väter finden konnten, wurden zu ihrer größten Freude mit offenen Armen empfangen. Andere wurden zu ihrem großen Schmerz abgewiesen.

Zur 20. Landesversammlung des Vereins DKBF 2016 wurde die Journalistin Lotte Prinz eingeladen. Sie hatte zu dem Verein Kontakt aufgenommen, weil sie unsere Kriegskindergeschichten sehr interessant fand, und sie hatte die Idee, dass wir unsere bislang geheimen Geschichten in die Öffentlichkeit bringen sollten.

Es wurde unter meiner Leitung eine Projektgruppe von fünf Personen gegründet, die mit der Journalistin weitere Schritte diskutierten. Es gab verschiedene Vorschläge: Fotoausstellungen in Museen; Vorträge in Bibliotheken und eine »Kriegskinderkarawane«, die Schulklassen und andere Ausbildungsstätten besuchen sollte. Mit zunächst 20 ehrenamtlichen Mitgliedern begann die Karawane trotz finanzieller Probleme ihre Arbeit. Zusammen mit der Moderatorin Lotte Prinz »ziehen« jeweils zwei bis drei unserer »Kriegskinder« von Schule zu Schule, um von der Liebe im Krieg und den Folgen zu erzählen. Der Zweck der Karawane besteht darin, die Geheimnisse der Vergangenheit aufzudecken, das Schweigen zu brechen und die Bedingungen sichtbar zu machen, unter denen unsere Mütter und wir selbst gelebt haben.

Wir sprechen von den »fünf verfluchten Jahren« – wie die Besatzungszeit in Dänemark oft genannt wird – und über Frauen, für die jene Zeit auch eine schöne war mit warmen Gefühlen für Soldaten der Besatzungsmacht. Wir erzählen von ihren Schicksalen und wie Mütter, Väter, Familie, Gesellschaft und die Kinder selbst mit der Situation umgingen. Wir berichten, wie es ist, im Schatten von Krieg und chaotischer Liebe aufzuwachsen und mit den Nachwirkungen der Nachkriegszeit und Kriegszeit in Europa zu leben.

In einer neuen Dokuserie im dänischen Rundfunk *DRK*: »Meine Mutter war ein Deutschenflittchen«, die am 28. September 2016 begann, wurden einige der Liebesgeschichten dieser Frauen erzählt – auch von den Kindern, die aus diesen Beziehungen entstanden.

Auf dem »Folkemødet«[3] veranstaltete die »Kriegskinderkarawane« im Juni 2017 zwei Podiumsdiskussionen zu den Themen »Tabuisierung und Schweigsamkeit« und »Die eigenen Wurzeln kennen?«

Wir konnten mit unseren Themen endlich das Interesse einer breiten Öffentlichkeit wecken und erhielten die seit langem gewünschte große Resonanz.

Anmerkungen

1 Seit 1943 »Borgerlige Partisaner« allgemeine dänische Widerstandsbewegung; ursprünglich nach dem Verbot der KPD durch die Deutschen 1942: KOPA – »Kommunistiske Partisaner«.

2 Als »OrPo« oder »ORPO« wurden die uniformierten Polizeikräfte bezeichnet, die Himmler als Chef der Deutschen Polizei unterstanden.

3 Für vier Tage gehen die Politiker aller Parteien im dänischen Parlament auf Bornholm in ein »demokratisches Trainingslager«. Nach schwedischem Vorbild soll ein Volkstreffen (»Folkemødet«) den Politikern die Gelegenheit zum Nachdenken und zum breiten Dialog mit anderen Gruppen der Gesellschaft geben.

»Andere Kinder waren fremd, als wären sie Einwanderer aus einem anderen Land, in dem es Väter gab.«

Arne Øland

Ich erinnere mich an ein Ereignis, als ich vier oder fünf Jahre alt war: Unsere Mutter machte meinen drei Jahre älteren Bruder und mich für einen Ausflug ins Schwimmbad fertig. Wir standen im Flur unserer kleinen Wohnung am Rand des Stadtteils Østerbro in Kopenhagen und zogen unsere Mäntel an. Während meine Mutter meinen Mantel zuknöpfte, sagte sie eindringlich zu uns: »In Zukunft sagt ihr ›Vater‹ zu ihm!«

Wir versprachen es. Kurze Zeit später saß mein Bruder auf dem Soziussitz und ich im Beiwagen des Motorrades unseres »Vaters«.

Von diesem Moment an bekam ich ein merkwürdiges Gefühl in der Zunge, wenn ich das Wort »Vater« sagen musste, ein stechendes und abstoßendes Gefühl, genauso wie wenn er versuchte, mich zu umarmen, und ich für einen Moment die Bartstoppeln und die unangenehme Nähe seines Gesichts ertragen musste. Eine Umarmung von meiner Mutter oder Großmutter war ganz anders, warm und weich, und ich verzieh Großmutter gerne ihren starken Körpergeruch, der sich mit dem Duft von Kaffee, Kohl oder gebratenen Zwiebeln mischte. Es war, als lähmte das Wort »Vater« meine Zunge, und ich glaube, meinem Bruder ging es genauso, denn wenn er das Wort »Vater« aussprach, klang es wie ein heiseres Flüstern. Besonders schlimm wurde es, wenn »Vater« später, nach der Scheidung von meiner Mutter, zu Besuch kam. Ich versuchte dann, Situationen aus dem Weg zu gehen, in denen ich dieses falsche Wort hätte sagen müssen.

Immer wieder versuchte ich meine Mutter dazu zu bringen, mir irgendetwas über meinen »richtigen« Vater zu verraten. Als ich etwa neun Jahre alt war, erfuhr ich von ihr, dass sie während der Besat-

Arne Øland (links) mit seiner Mutter und seinem Bruder, circa 1948

zung einen »schönen jungen Mann« – das waren ihre Worte – getroffen hätte, wegen der deutschen Besatzung wäre man aber vorsichtig damit gewesen, persönliche Informationen weiterzugeben. Daher kannte sie nur seinen Vornamen, Karl, und er nur ihren, Lilli. Mit der deutschen Kapitulation verschwand er.

Die Frage nach meinem Vater beschäftigte mich mehr als ich zugeben wollte, denn ich kam auf die eine oder andere Art immer wieder darauf zurück. Zum Beispiel fragte ich meine Mutter, was denn der Grund dafür wäre, dass ich erst am 24. November 1946 getauft worden war, mehr als ein Jahr nach meiner Geburt.

»Du warst doch so krank!«, sagte meine Mutter. »Mein Rhesusfaktor ist negativ, bei der ersten Geburt war das kein Problem«, erklärte sie, »während einer folgenden Schwangerschaft aber bildet die Frau dann normalerweise Antikörper gegen ihr eigenes, Rhesusfaktor-positives Kind, und oft endet das mit einer Fehlgeburt oder aber das Kind wird taub, blind oder mit verminderter Intelligenz geboren. Merkwürdigerweise passierte das bei dir nicht«, sagte sie beruhigend, »aber du kamst mit nur 40 Prozent des Blutes eines normalen Neugeborenen zur Welt. Du bekamst deshalb unmittelbar nach der Geburt eine Bluttransfusion direkt von einem Spender. Auf der Entbindungsstation versammelten sich die Ärzte um dich, es kamen sogar Ärzte aus Norwegen, um das gesunde, Rhesusfaktor-positive Kind zu begutachten, das von einer Rhesusfaktor-negativen Zweitgebärenden auf die Welt gebracht wurde.«

Ich sah mich selbst im Brutkasten liegen, umringt von verwunderten Ärzten, und die Szene erinnerte mich an das Bild von den Heiligen Drei Königen, wie sie um die Jungfrau Maria und Jesus an der Krippe stehen, umso mehr noch, weil ja auch Josef nicht der richtige Vater war. Auf diese Weise gelang es meiner Mutter, meiner zweifelhaften Herkunft etwas Abenteuerliches zu geben.

Offensichtlich hatte ich aber die Bodenhaftung nicht verloren, denn ich fragte weiter: »Krank? In der Schule habe ich aber gehört, dass man sich beeilt Kinder zu taufen, die in Gefahr sind zu sterben.« Das ließ meine Mutter verstummen, sie wechselte ohne weitere Erklärungen das Thema.

Es waren viele kleine Ereignisse, die mich auch im Alltag an meine mysteriöse Herkunft erinnerten. Wenn ich Spielkameraden besuchte, die zusammen mit ihren Geschwistern sowohl bei ihrer Mutter als auch bei ihrem Vater wohnten, fühlte ich mich immer etwas fremd und ich hatte auch das Gefühl, dass *sie* fremd waren, ganz so als wären sie Einwanderer aus einem anderen Land, in dem es Väter gab. Leichter war es, mit denen zu spielen, die mit ihrer Mutter allein waren.

Nachdem ich gelernt hatte, »Vater« zu einem fremden Mann zu sagen, wurde mir bewusst, dass mit meinem Nachnamen etwas nicht stimmte. Der Name meines Stiefvaters war Nielsen, der Mädchenname meiner Mutter Hansen, was ich als kleines Kind aber nicht wusste, weil ich bislang nur meinen Vornamen zusammen mit dem Namen Nielsen gehört hatte. An meinem ersten Schultag wurden wir von unserem liebenswerten und äußerst schlagkräftigen Lehrer, Herrn Bjørnkær, in alphabetischer Reihenfolge aufgerufen und unsere Namen auf einer Liste abgehakt. Irgendwann sagte er: »Arne Hansen!« Niemand reagierte. Der Lehrer wiederholte es. Als sich noch immer niemand zu erkennen gab, fragte er: »Ist hier niemand, der Arne heißt?«

Plötzlich im Zentrum der Aufmerksamkeit, sagte ich etwas verschüchtert: »Ich heiße Arne.«

»Wann bist du geboren?« Ich nannte das Datum.

Er fragte: »Wie heißt du noch?«

Nachdem ich seine Frage mit »Arne Nielsen« beantwortet hatte, machte Herr Bjørnkær eine Notiz ins Klassenbuch.

Im Laufe des ersten Schuljahres lernte ich lesen und irgendwann schaffte ich es, einen Blick in das Klassenbuch zu werfen. Dort stand: »Arne Hansen (genannt Nielsen)«. Später schlich ich mich auch in das Klassenzimmer meines Bruders und las in seinem Klassenbuch: »Flemming Vangborg (genannt Nielsen)«.

Die offizielle Namensänderung in »Nielsen« geschah erst 1958, kurz vor der Konfirmation meines Bruders. Während der feierlichen kirchlichen Zeremonie sollte schließlich nicht herauskommen, dass mein Bruder, unsere kleine Schwester und ich unterschiedliche Nachnamen hatten. Damit es ja kein Gerede gäbe ...

In dem Baracken-Viertel, in dem wir wohnten, geriet ich immer wieder mit einem Jungen namens Walter aneinander, er war ein paar Jahre älter als ich und ich hielt ihn damals für einen regelrechten Strolch. Nach einem Zwischenfall, bei dem Walters Mutter einen größeren Streit mit ihrer Nachbarin gehabt hatte, erzählte meine Mutter, dass diese Frau während der Besatzung eine »Feldmatratze« gewesen und Walter selbst ein »Deutschenbalg« wäre.

In der Schule hatte ich schon etwas vom heroischen Widerstandskampf gegen die fiesen Nazis gehört und mein Freund und ich spielten gerne Freiheitskämpfer, aber diese Worte kannte ich nicht.

Nachdem sie mir die Begriffe erläutert hatte, erklärte meine Mutter mir lachend, dass die »Feldmatratzen« nach der Kapitulation zu »Kanaldecken« umgenäht worden waren: Das bedeutete, dass aus den »Deutschenhuren« »Engländerhuren« wurden. Wenn ich das auch nicht so genau einordnen konnte, so verstand ich sofort, dass Walters Mutter zu einer niedrigeren Sorte von Frauen gehörte, denen meine Mutter weit überlegen war. Ergo war auch ich Walter überlegen.

Erst viel später wurde mir klar, dass die Witze, über die wir lachen und die wir gern weitererzählen, doch allzu oft von uns selbst handeln.

Meine Mutter, meine Schwester und ich fuhren einmal nach einem Besuch bei meiner Großmutter mit dem Fahrrad nach Hause. Ich fuhr neben meiner Mutter auf dem Ørstedsvej, einer Straße nicht sehr weit entfernt von der Messehalle Forum. Über uns braute sich ein Gewitter zusammen und es war bestimmt nicht der beste Zeitpunkt, um bohrende Fragen zu stellen. Dennoch nahm ich meinen ganzen Mut zusammen und fragte betont beiläufig: »Wer ist eigentlich mein richtiger Vater?«

Vielleicht versetzte mich die Nähe zum »Forum« wirklich für ein paar Sekunden ins Forum Romanum, sodass ich mich wie ein Gladiator im Kampf fühlte. Jedenfalls brach nicht nur über uns ein Unwetter los: Selten habe ich meine Mutter so wütend gesehen, so schnell, so furchterregend. Das sei absolut nichts, in das ich mich einzumischen hätte, zischte sie:

»Und damit basta!«

Dass meine Mutter etwas mit dem Krieg und der Besetzung zu schaffen gehabt haben könnte, lag vollkommen außerhalb meiner Vorstellungskraft. Genauso wie andere Kinder, die sich nicht mit ihrem Adoptiv- oder Stiefvater identifizieren können, litt auch ich unter einer Form der »Foster-Child Fantasy«, den Fantasien von Waisenkindern. Ich stellte mir zum Beispiel vor, mein Vater wäre Mitglied des dänischen Widerstands gewesen und bei irgendeiner heroischen Aktion kurz vor Kriegsende ums Leben gekommen. Viele mir sympathische Männer, die etwa im gleichen Alter wie meine Mutter waren, wurden auf diese Art zur Projektionsfläche für meine Vaterfantasien. Dazu gehörten einige meiner Lehrer, ein Betreuer bei den Pfadfindern und ein paar meiner Jugendtrainer im Schwimmen, Kunstspringen und Boxen. Ich stellte mir vor, einer von ihnen würde den Platz meines Stiefvaters einnehmen, und versuchte mir auszumalen, wie es wohl wäre, in der Obhut dieses Mannes Kind zu sein. Erst viele Jahre später fand ich heraus, dass viele meiner Vaterbilder auf die eine oder andere Art mindestens genauso viel mit dem Krieg zu tun gehabt hatten wie meine Mutter.

Dass meine Mutter mir nicht verraten wollte oder konnte, wer mein richtiger Vater war, schuf eine unsichtbare und doch spürbare Distanz zwischen uns. Und weil Kinder das Verhalten ihrer Eltern imitieren, hörte auch ich auf, sie in meine persönlichen Angelegenheiten einzuweihen. Ein Ausschluss oder besser, eine Entfremdung, die absolut nicht hätte sein müssen. Später hatte ich Anlass zu glauben, dass meine Mutter und ihre Mutter miteinander in derselben Misere steckten, und dass das Verhalten meiner Mutter so gesehen weniger Ausdruck einer persönlichen Wahl war, als eher eines zeittypischen sozialen Verhaltens, nach dem frühere Ehemänner oder Partner das gleiche Schicksal ereilte wie George Orwells »non-persons«.[1]

Eine richtig gute bürgerliche Kernfamilie mit Vater, Mutter, Sohn und Tochter traf ich zum ersten Mal als 13-Jähriger bei meinem Klassenkamerad und guten Freund Lars. Wir teilten die Leidenschaft für die Naturwissenschaften, insbesondere die Astronomie, und er zeigte mir sein Teleskop und die selbstgemachte Sternenkarte, die er mit Hilfe seines Vaters gezeichnet hatte. Die Familie fuhr häufig gemeinsam in die Ferien und ich hatte das Glück, einmal dazu eingeladen zu werden – vorher hatte ich nur ein einziges Mal als Sechsjähriger erlebt, dass ich zusammen mit meiner Mutter, meinem Bruder, meiner kleinen Schwester und unserem Stiefvater verreist bin.

Das liebevolle und überaus harmonische Verhältnis zwischen Lars' Eltern – Lichtjahre entfernt von dem, was ich kannte – zeigte sich zum Beispiel daran, dass ein Band mit Liebesgedichten von Jacques Prévert zwischen Äpfeln und Birnen in einer Obstschale auf dem Esstisch der Familie lag. Das gemeinsame Lesen französischer Liebesgedichte war für die Eltern ebenso natürlich, wie sich einen Apfel aus der Obstschale zu schnappen! Das hatte nichts mit meiner sozialen Wirklichkeit zu tun. Wenn ich mir seither eine ideale Familie vorstellte, tauchte immer das Bild von Lars und seinem Vater auf: Wie sie in einer dunklen, warmen Nacht auf einem Balkon in Østerbro stehen, in den Sternenhimmel blicken und den Gang der Planeten durch die Tierkreiszeichen erörtern. Sie stehen dort noch immer.

Um das Fehlen eines Vaters zu kompensieren, machte ich mir weis, ich könnte mich selbst erziehen und bilden. 1964 las ich die Autobiografie eines anderen Vaterlosen und das Folgende beeindruckte mich sehr: »Es gibt keine guten Väter, das ist die Regel; die Schuld daran soll man nicht den Menschen geben, sondern dem Band der Vaterschaft, das faul ist. Kinder *machen* – wunderbar; Kinder *haben* – welches Unheil! Hätte mein Vater weitergelebt, er hätte mich mit seiner ganzen Länge überragt und dabei erdrückt. Glücklicherweise starb er sehr früh. Inmitten so vieler Männer, die gleich dem Äneas ihren Anchises auf dem Rücken tragen, schreite ich von einem Ufer zum andern, allein und voller Missachtung für diese unsichtbaren Erzeuger, die ihren Söhnen das ganze Leben lang auf dem Rücken hocken: Hinter mir ein junger Toter, der nicht die Zeit hatte, mein Vater zu sein, und heute mein Sohn sein könnte. War es ein Glück oder ein Unglück? Ich weiß es nicht; aber ich stimme gern der Deutung eines bedeutenden Psychoanalytikers zu: ich habe kein Über-Ich.«[2]

Für meinen isländischen Freund Herbert, der auch ein »Deutschenbalg« ist, war das Aufwachsen ohne Vater etwas völlig anderes, als es für mich war. Auch wenn Herbert, der im Januar 1946 geboren wurde, seinen Vater nie kennenlernte, gab es doch immer Offenheit in Bezug auf seine Herkunft. Sein Vater war gemeinsam mit einem Dutzend Dänen bei einem missglückten Sabotageversuch der BOPA – der zivilen Widerstandsbewegung Borgerlige Partisaner – im April 1945 ums Leben gekommen. Herbert trägt den deutschen Namen seines Vaters sowohl als Vor- als auch als Nachnamen und dieser Vater steht auch auf seinem isländischen Taufschein neben dem der Mutter. Herbert hat Fotografien von seinem Vater und weiß, wo dieser auf dem Vestre-Friedhof in Kopenhagen begraben liegt. Herbert selbst ist als Kind in Lederhosen durch Reykjavík spaziert. Auch wenn der Vater bereits vor seiner Geburt gestorben ist, gibt es angesichts sichtbarer Zeichen seiner Existenz keine Fragen. Für Herbert ist der Vater fast genauso real wie die Mutter, er ist ein natürlicher Teil der Verwandtschaft.

Über meinen Vater wusste ich bis 1993 dagegen praktisch nichts. Als damals eine Cousine bei einem Familienfest 1993 ausrief, ich wäre ein »Deutschenbalg«, dass also mein Vater ein deutscher Soldat gewesen wäre, traute ich meinen eigenen Ohren nicht. Aber mehrere meiner Cousinen bestätigten das Gerücht.

Ich war überwältigt und schockiert. Weniger darüber, dass mein Vater ein deutscher Soldat gewesen sein sollte, sondern weil meine Mutter mich über so viele Jahre angelogen hatte. Diese Enthüllung änderte von einem Augenblick auf den anderen mein Leben und mein gesamtes Selbstverständnis. Ich konfrontierte meine Mutter damit und 1994 fasste sie sich endlich ein Herz und erzählte mir ihre Erinnerungen an das, was vor fast 50 Jahren geschehen war:

Mein Vater hieß Carl Smelak, er war Kriegsgefangener und hatte wie meine Mutter für die Deutschen bei der ORPO in der Küche der Jægersborg-Kaserne gearbeitet. Ende Januar 1945 wurde die Polizei-Abteilung innerhalb Kopenhagens in die Freimaurerloge verlegt. Mein Vater und meine Mutter waren ins Gespräch gekommen, weil sie genau gleich alt waren, beide geboren am 14. Juni 1923. Er stammte aus dem Norden Jugoslawiens und war ausgebildeter Konditor. In seiner Heimatstadt hatte er eine Konditorei besessen, die den Familiennamen trug. Außerdem fehlte ihm an einer Hand ein Finger. Er trug eine Goldkette mit einem goldenen Kreuz um den Hals. Nach der Kapitulation am 4. Mai 1945 wurde die Freimaurerloge von den BOPA-Partisanen eingekesselt, Carl verschwand gemeinsam mit den deutschen Soldaten und es kursierte das Gerücht, er wäre erschossen worden.

Meine Mutter wurde wie die anderen Küchenmädchen auch verhört und nach einigen Monaten Internierung entlassen. Im Herbst 1945 wurden jedoch alle Küchenmädchen von einer früheren Kollegin aus der Jægersborg-Kaserne beschuldigt, sie gegenüber der deutschen Polizei denunziert zu haben, woraufhin sie inhaftiert worden sei. Obwohl es gute Gründe gab, der Aussage dieser Kollegin zu misstrauen, machte das Gericht kurzen Prozess und verhängte gegen die angeblichen Denunziantinnen Strafen von einem halben Jahr bis zu drei Jahren Gefängnis. Meine Mutter wurde zu sechs Monaten Gefängnis und dem Verlust ihrer Bürgerrechte für fünf Jahre verurteilt.

Sie legte Berufung ein, woraufhin die Gefängnisstrafe auf acht Monate erhöht wurde. Meine Mutter entband mich am 22. November 1945. Wegen der Komplikationen, die bei der Geburt aufgetreten waren, musste ich aber bis Weihnachten im Krankenhaus bleiben. Am 11. Februar 1946 wurde meine Mutter von der dänischen Polizei abgeholt, ins Gefängnis gebracht und erst acht Monate später entlassen. Um mich kümmerte sich in diesen Monaten meine Großmutter. Aus der Krankenakte meiner Mutter bei der Mütterberatung geht hervor, dass ich sonst zur Adoption freigegeben worden wäre. Ich wurde erst am 24. November 1946 getauft, kurz nach der Entlassung meiner Mutter aus der Haft.

Mit diesen neuen Informationen wandte ich mich direkt an die dänischen Behörden, die aber jegliche Akteneinsicht ohne Umschweife ablehnten. Sie verwiesen auf die sogenannte 80-Jahre-Regel, nach der Vaterschaftsangelegenheiten erst nach 80 bis 100 Jahren zugänglich werden. Ich wandte mich deshalb an das Zivilrechtsdirektorat, die Abteilung im Justizministerium, welche die dänisch-deutschen Vaterschaftsangelegenheiten während und nach der Besatzung bearbeitet hatte. Ohne allzu sehr ins Detail gehen zu wollen, beschränke ich mich darauf, zu sagen, dass die betreffende Beamtin mir ins Gesicht log. Sie behauptete, eine solche Angelegenheit würde sich in meinem Fall nicht finden. Bei einer späteren Anfrage im folgenden Jahr entwickelte sich das Telefonat dramatischer, indem sie das Gespräch damit beendete, mir zu sagen, dass sie, falls in meinem Fall eine solche Vaterschaftsangelegenheit vorliegen würde, dafür sorgen würde, dass ich keinen Zugang zu der Akte bekäme.

Ich nahm auch Kontakt zu mehreren Historikern, Juristen und

Journalisten auf. Eine besonders große Hilfe war die Historikerin Anette Warring, die gerade im Jahr 1994 den Band »Tyskerpiger – under besættelse og retsopgør« (»Deutschenmädchen – unter Besatzung und Justiz«) herausgab, dessen Quellenverzeichnis die entscheidende Grundlage für meine Forschung in Archiven wurde. Gleichzeitig hatte ich das Glück, dass der Journalist Leif Larsen mich mit einem anderen Deutschenjungen verwechselte, Bjarne Schmidt, mit dem ich darüber in Kontakt kam und mit dem ich 1996 den dänischen Kriegskinderverein Danske Krigsbørns Forening (DKBF) gründete. Anette Warring hatte mir außerdem den Kontakt zum norwegischen Kriegskinderverband vermittelt, NKBF, den es bereits seit zehn Jahren gab, sowie zu der dänischen Schauspielerin und Autorin Lotte Tarp, die auch ein Kriegskind war.

Durch diese Begegnungen erfuhr ich immer mehr über die verheimlichten und tabuisierten deutschen Vaterschaften und die tausendfachen »Mesalliancen« in großen Teilen des von Deutschland besetzten Europa.

Um auf unseren kleinen Verein aufmerksam zu machen, schrieb ich einen Artikel im Feuilleton der Zeitung *Jyllandsposten*. Der Erfolg zeigte sich schnell. Noch am Tag des Erscheinens meldete sich der pensionierte Richter Jørgen W. Levinsen und erklärte mir kurz und knapp, dass die Behörden, wenn sie mir die Akteneinsicht verwehrten, gegen besseres Wissen gehandelt hätten, denn das dänische Rechtspflegegesetz definierte Mutter und Kind klar und deutlich als »Parteien« in einer Vaterschaftssache. Als Partei aber habe man ein Recht auf Akteneinsicht, als Kind zumindest ab der Volljährigkeit. Levinsen lieh mir seine Ausgabe »Das Familienrecht« von 1936, ich nahm mir dazu die »Kindergesetze von 1937« vor. Da die Archivbehörden und das Justizministerium mir die Akteneinsicht mit dem Hinweis auf andere gesetzliche Regelungen weiterhin verwehrten, bewegte ich mehrere Kriegskinder dazu, über die dänischen Amtsgerichte in Aktion zu treten. Zum Beispiel wandte sich eine Frau in Slagelse unter Verweis auf das Rechtspflegegesetz mit der Forderung nach Akteneinsicht in ihrer Vaterschaftssache an den lokalen

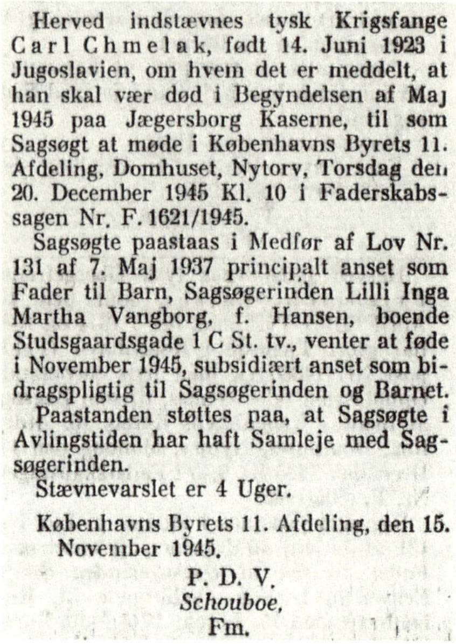

Herved indstævnes tysk Krigsfange Carl Chmelak, født 14. Juni 1923 i Jugoslavien, om hvem det er meddelt, at han skal vær død i Begyndelsen af Maj 1945 paa Jægersborg Kaserne, til som Sagsøgt at møde i Københavns Byrets 11. Afdeling, Domhuset, Nytorv, Torsdag den 20. December 1945 Kl. 10 i Faderskabssagen Nr. F. 1621/1945.

Sagsøgte paastaas i Medfør af Lov Nr. 131 af 7. Maj 1937 principalt anset som Fader til Barn, Sagsøgerinden Lilli Inga Martha Vangborg, f. Hansen, boende Studsgaardsgade 1 C St. tv., venter at føde i November 1945, subsidiært anset som bidragspligtig til Sagsøgerinden og Barnet.

Paastanden støttes paa, at Sagsøgte i Avlingstiden har haft Samleje med Sagsøgerinden.

Stævnevarslet er 4 Uger.

Københavns Byrets 11. Afdeling, den 15. November 1945.

P. D. V.
Schouboe,
Fm.

Anzeige im dänischen Staatsanzeiger Statstidende, *November 1945*

Übersetzung:

»Vorgeladen wird mit dieser Annonce der deutsche POW (Anm.: Prisoner of War) Carl Chmelak – geboren am 14. Juni 1923 in Jugoslawien – von dem mitgeteilt wird, dass er Anfang Mai 1945 in der Jægersborg Kaserne gestorben sei. Er muss als Beklagter in Københavns Byret 11. Afdeling, Domhuset, Nytorv, Donnerstag, 20. Dezember 1945 um 10 Uhr im Vaterschaftsfall Nr. F. 1621/1945 erscheinen.

Der Beklagte wird gemäß Gesetz Nr. 131 von 7. Mai 1937 grundsätzlich als Vater angesehen von einem Kind der Klägerin Lilli Inger Martha Vangborg – geborene Hansen, wohnhaft Studsgaardsgade 1 C st. tv. – das sie im November 1945 auf die Welt bringen will, und wird gegebenenfalls für die Klägerin und das Kind als beitragspflichtig angesehen.

Die Klage beruht darauf, dass der Beklagte während der Zeit der Konzeption Geschlechtsverkehr mit der Klägerin hatte.

Die Widerspruchsfrist ist 4 Wochen.

Bezirksgericht Kopenhagen, Abteilung 11, den 15. November 1945

P.D.V. (etwa: Oberregierungsrat)

Schouboe«

Amtsrichter. Kurz darauf konnte sie alle Akten im Richterzimmer einsehen und erhielt obendrein gratis eine vollständige Kopie.

Im Jahr 1999 änderten die Behörden ihre Praxis. Auf einmal konnten alle Kriegskinder in Dänemark, ja alle unehelichen Kinder, Akteneinsicht in Bezug auf ihre Vaterschaftssache bekommen. Es war ein Sieg: Die ehemals unmündigen, vaterlosen und unehelichen Kinder konnten sich nun erstmals selbst über die Rechtsgrundlage ihrer beschiedenen »Vaterlosigkeit« informieren, die, wie sich herausstellte, in vielen Fällen auf wackeligen Beinen stand. Nach den Kindergesetzen von 1937 war es die unumgängliche Pflicht der Behörden, bei jedem Kind, das unehelich geboren wurde, die Vaterschaft zu ermitteln – zumindest in den Fällen, in denen das möglich war. Das beinhaltete, dass die möglichen Väter verhört werden sollten, was zur Zeit der Besatzung wegen der »Exterritorialität« der deutschen Soldaten nicht möglich war.

Dennoch gelang es damals dem dänischen Justizministerium in Zusammenarbeit mit der Wehrmacht, Entscheidungen in mehr als 3000 dänisch-deutschen Vaterschaftssachen zu fällen, während bis zu 4000 weitere Fälle in den Jahren nach der Kapitulation von den deutschen Amtsgerichten bearbeitet wurden. Man unterließ es jedoch, Vorladungen direkt an die Väter zu schicken, sondern begnügte sich mit der öffentlichen Verkündung in tausendfachen Annoncen im Staatsanzeiger *Statstidende*, ganz so, als wüsste man nicht, wo die deutschen Väter wohnten. Anschließend wurden dann auf schwacher Grundlage Urteile gefällt, die in der Regel auf »Unterhaltspflicht« lauteten, eine nicht-juristische Vaterschaft mit der Pflicht, 18 Jahre lang für den Lebensunterhalt des Kindes aufzukommen. Es konnte auch mehrere Unterhaltspflichtige für ein und dasselbe Kind geben.

Ein Urteil über die Vaterschaft war – genauso wie ein Freispruch – deutlich seltener. In diesen Fällen wurden Rechnungen an die unterhaltspflichtigen Väter in Deutschland geschickt. Seltsam genug, fiel es den dänischen Behörden nun nicht mehr so schwer, die Adressen der verurteilten ehemaligen deutschen Soldaten herauszufinden.

Es versteht sich von selbst, dass die meisten dänischen Frauen, die sich auf einen deutschen Soldaten eingelassen hatten, keinen Staub aufwirbeln wollten. Bekam der Pöbel dennoch Wind davon, wurden die Frauen oft schikaniert oder ihnen wurden die Haare abrasiert. Ihnen blieb nur, in eine andere Stadt oder in ein anderes Land ziehen, was ein Teil der Frauen auch tat, und so lange ein Kopftuch zu tragen, bis das Haar wieder nachgewachsen war. Wenn die Frau schwanger war, heiratete sie in vielen Fällen einen dänischen Mann, und das Kind oder die Kinder, die sie in die Ehe mitbrachte, nahmen den Nachnamen des Mannes an – jedoch ohne dass von Adoption die Rede gewesen wäre. Viele der Kinder wuchsen daher in so etwas wie einer »Familie« auf. Viele von ihnen ohne überhaupt etwas von ihrer eigentlichen Herkunft zu ahnen, so wie ich.

Ein Blick in die Kirchenbücher der Hals-Kirche zeigt, dass der Priester neben die Namen der Kinder, deren Väter deutsche Soldaten waren, Hakenkreuze gezeichnet hatte. Da die Kirchenbücher für die Öffentlichkeit in den 1950er Jahren nicht zugänglich waren, erfuhren die Kriegskinder davon nichts. Jedoch gelangte dieses Wissen oft an die Öffentlichkeit, durch Klatsch, über den auch kirchliches Verwaltungspersonal nicht erhaben war.

1995 und in den folgenden Jahren richtete ich Anfragen an viele Institutionen in Europa, um die Identität meines Vaters zu ermitteln. Zuallererst schrieb ich an die Deutsche Dienststelle (WASt) in Berlin und an ITC – International Training Service – in Bad Arolsen. In ihren umfassenden Archiven konnten sie jedoch keine Person mit Namen Smelak oder Chmelak oder anderen deutschen Schreibweisen finden. Auch der Versuch einer freundlichen Bibliothekarin in Ljubljana, Nachforschungen in Slowenien zu starten, lief ins Leere.

Meine Aufgaben als Vorsitzender der DKBF und als Historiker brachten es mit sich, dass ich an einer Reihe von Konferenzen zum Thema Kriegskinder in ganz Europa teilnahm und von mir verfasste Artikel in Büchern und Zeitschriften auf Englisch und Deutsch veröffentlicht wurden. Im Sommer 2013 lud mich der norwegische »Lebensborn«-Verband Krigsbarnforbundet zu einem Seminar ein, wo ich mich lange mit Ute Baur-Timmerbrink unterhielt, die für GI-Trace arbeitete, ein in Großbritannien gegründeter Verein, der Kindern amerikanischer Soldaten hilft, ihre Väter in den USA zu finden.[3]

Ute riet mir, eine Anfrage an den Kirchlichen Suchdienst zu richten, der sei besonders erfolgreich, Familien in den früheren deutschen Gebieten zu finden, in Polen, im Sudetenland und ähnlichen Gegenden mit kleinen oder größeren deutschen Enklaven.

Es waren nun schon fast 20 Jahre Suche nach meinem Vater vergangen und langsam war ich am Ende meiner Kräfte. Vielleicht waren es Hermann Hesses Worte aus seinem berühmten Gedicht, das Ute mir kurz nach dem Treffen in Klekken schickte, die mich anspornten: Jedem Anfang wohnt ein Zauber inne ... Ich mailte also eine Anfrage an Rosemarie Schuran[4] beim Kirchlichen Suchdienst. Nach sehr kurzer Zeit bekam ich von dort die Antwort, dass es in einer kleinen Stadt, Donji Miholjac, im heutigen Kroatien in den 1930er und 1940er Jahren eine Konditorei mit dem Namen »Chmelak« gegeben hätte. Aus derselben Stadt stammte ein junger Mann, Karl Tschmelak, der in der Nachkriegszeit in Deutschland gewohnt hätte und der möglicherweise später nach Kanada ausgewandert wäre. Ich schickte direkt eine aktualisierte Anfrage an die Deutsche Dienststelle (WASt) und den ITC Bad Arolsen. Folgende Antwort bekam ich verblüffend schnell von der WASt:

»**Tschmelak,** Karl, geb. 14.06.1925 in Donji Miholjak / Kroatien
Ist hier einmalig als Angehöriger der Einheit 1. Batterie Polizei Regi ment 20 mit seinen Aufenthalten im Reserve Lazarett Sudauen und Reserve Lazarett Gottleuba vom 12.11.1943 – 29.02.1944 erfasst.
Eine Vermisst- oder Todesmeldung liegt nicht vor.
Über den Verbleib ist hier nichts bekannt.
Ich bedauere, Ihnen nicht weiter helfen zu können.«

Schon Ende der 1990er Jahre deuteten meine Untersuchungen in den dänischen Archiven darauf hin, dass meine Mutter von November 1944 an für die ORPO, die uniformierte deutsche Polizei in der

Jægersborg-Kaserne nördlich von Kopenhagen, gearbeitet hatte. Ende Januar oder Anfang Februar 1945 wurde die Abteilung in die Freimaurerloge des Kopenhagener Stadtteils Østerbro verlegt, wo ich gezeugt wurde.

Die neue eindeutige Information der WASt, dass mein Vater im Dienst von Himmlers Polizeitruppe stand, der ähnliche Verbrechen wie der SS unterstellt werden, ließ mich darüber spekulieren, woran er sich wohl mitschuldig gemacht hatte oder wovon er Zeuge gewesen war. Ich habe darauf keine Antwort gefunden. Sein Geburtsdatum, der 14. Juni, war tatsächlich das gleiche wie das meiner Mutter, dieser Karl war aber offenbar genau zwei Jahre jünger als sie, damals also gerade 19 Jahre alt.

Auf Facebook fand ich schnell eine ganze Reihe Personen mit dem Namen Čmelak. Sie wohnten in und um Karlsruhe und stammten alle aus Donji Miholjac. Ich nahm mit mehreren von ihnen Kontakt auf, und einer von ihnen, Stefan, machte sich viel Arbeit damit, mir zu helfen. Er schickte mir am nächsten Tag eine Mail: »Ich habe Karl Tschmelak und die Familie gefunden!!!!! Vor ein paar Minuten habe ich mit Alojz Tschmelak in Donji Miholjac telefoniert.«

Alojz ist der jüngere Halbbruder meines Vaters, als Nachzügler 1939 in der zweiten Ehe meines Großvaters geboren. Leider konnte ich nicht selbst mit Alojz sprechen, da er nur seine kroatische Muttersprache spricht, die ich wiederum nicht verstehe. Aber mit dem jüngeren von Alojz' zwei Söhnen, Antonio, begann ich nun auf Englisch zu mailen.

Das Erste, was ich fragte, war, ob es stimmte, dass meinem Vater an der einen Hand ein Finger fehlte. Das wurde bestätigt: Im Jahr 1943 wurde mein Vater kurz nach seinem 18. Geburtstag eingezogen. Er versuchte, dem Militärdienst durch Selbstverstümmelung zu entkommen und schoss sich einen seiner Finger weg – er wurde aber dennoch für den Küchendienst verpflichtet. Ich bewundere ihn für die Entschlossenheit, die in dieser Handlung liegt.

Antonio schickte mir ein schönes Foto von meinem Vater mit seiner Schwester Zdenka und dem Halbbruder Alojz. Ich musste

68 Jahre alt werden, um ein Foto von meinem biologischen Vater zu sehen. Ich erfuhr außerdem, dass mein Vater mit Irena verheiratet war und zwei Töchter hatte, Helena und Ivka, und dass sie 1956 nach Kanada ausgewandert waren und dass mein Vater 1998 in Winnipeg gestorben war.

Alojz versorgte mich auch mit der letzten Adresse meines Vaters. Doch trotz meiner vielen Informationen über Karl Cmelak, der in der Familie Drago genannt wurde, hinderte der kanadische »Act of Privacy« die Behörden daran, mir weitere persönliche Informationen über meine beiden Halbschwestern, Helena und Ivka, zu geben, da ich nicht beweisen konnte, dass ich »next of kind« war.

Mit der Hilfe alter kanadischer Zeitungen, die über *My Heritage* zugänglich waren, gelang es mir schließlich, Helena zu finden, die mittlerweile unter einem anderen Nachnamen in einem kleinen Ort in British Columbia wohnte. Leider hatten die beiden Schwestern seit dem Tod ihrer Mutter im Jahr 2002 keinen Kontakt mehr gehabt und auch Ivka hatte ihren Namen geändert.

Kurze Zeit nachdem ich Kontakt mit Helena aufgenommen hatte, schickte mir das ITV Bad Arolsen einen ganzen Stapel Farbkopien, ausgestellt unter anderem von U.N.R.R.A.[5] und I.R.O.[6] Sie dokumentierten den Aufenthalt meines Vaters in Norddeutschland in der Zeit von 1948 bis 1956: Er hatte zusammen mit seiner polnischen Frau, Irena Smolinska, die er 1948 in Glücksburg (Flensburg) geheiratet hatte, in Lübeck gewohnt. Aus den Papieren geht auch hervor, dass Irena Smolinska bereits 1939 nach Deutschland deportiert worden war und von 1941 bis zur Kapitulation als Zwangsarbeiterin im Horst-Wessel-Koog gearbeitet hatte. Am 1. Juni 1945 wurde ihre Tochter Helena in der Stadt Tönning geboren, Władisław Deniz, vermutlich ein polnischer Zwangsarbeiter, wird als biologischer Vater angeführt. Mein Vater wird ab dem 16. September 1949 als Helenas Adoptivvater genannt.

Im Mai 2014 besuchten mein jüngster Sohn und ich – gemeinsam mit meinen zwei Großvettern aus Karlsruhe als Übersetzer – meinen Onkel Alojz Čmelak in Donji Miholjac in Kroatien. Wir wurden sowohl von ihm, als auch von seiner Familie mit offenen Armen empfangen. Bevor Stefan Tschmelak sich bei ihnen meldete, hatten sie von meiner Existenz nichts gewusst. Ich hatte ein Set Wattestäbchen von einer DNA-Firma mitgebracht, die einen Monat später bestätigte, dass wir die »same male lineage« teilten, »Drago« Čmelaks Vaterschaft konnte also nachgewiesen werden. Mittlerweile habe ich beim Kopenhagener Amtsgericht beantragt, die alte Vaterschaftssache von 1945 wiederaufzunehmen, um einen neuen Taufschein zu bekommen. Wenn ich den in Händen habe, können die kanadischen Behörden sich vermutlich nicht mehr weigern, mir Informationen über meine Schwester Ivka zu geben.

Seine eigene Herkunft zu untersuchen und zu verstehen ist nicht so einfach, wie man meinen könnte. Natürlich gibt es die Möglichkeit, in einem falschen Bewusstsein seiner selbst zu leben und sich mit den Geschichten abzufinden, die man von seinen Eltern erfahren hat oder von den Bezugspersonen, die man Mutter und Vater nannte, oder vom Rest der Familie. Dabei handelt es sich aber oft um Geschichtsfälschung, für die das gesellschaftliche Umfeld in hohem Maße und auf ganz unterschiedliche Art und Weise mitverantwortlich ist.

Während der deutschen Besatzung und auch nach der Kapitulation wagten es nur die wenigsten der sogenannten Deutschenmädchen, dazu zu stehen, dass ihr Kind einen Soldaten der Besatzungsmacht zum Vater hatte. Die allermeisten Mütter versuchten die Identität ihres Freundes zu verschleiern. Die Scham und die Angst, befördert durch das gesellschaftliche Umfeld, waren so groß, dass viele Mütter es noch nicht einmal wagten, sich später ihrem eigenen Kind anzuvertrauen, wenn sie das Kind denn überhaupt behielten.

Tausende Kinder verschwanden – durch illegale Abtreibungen, Kindstötung, oder sie siechten völlig vernachlässigt in Kinderheimen dahin. Die Geschichte der anderen Kinder ist durch Adoptionen oder die zweifelhafte Praxis des Justizministeriums gelöscht, das teilweise Vaterschaftsverfahren verhinderte oder die Akteneinsicht für die Kinder bis Ende 1999 unmöglich machte.

Hunderte argentinische Bürger leben weiter in dem Glauben, ihre liebevollen Eltern wären wirklich ihre Eltern und nicht zynische Mörder, die ihre wahren Eltern töteten, sich ihrer Kinder bemächtigten oder es zumindest stillschweigend akzeptierten, dass so etwas geschah. Nur den tapferen Müttern und Großmüttern von der Plaza de Mayo in Buenos Aires, die seit 40 Jahren jeden Donnerstag mit den Fotos ihrer verschwundenen Kinder und Enkel singend um den Platz ziehen, ist es zu verdanken, dass diese grausame Seite der argentinischen Geschichte ans Tageslicht gekommen ist.

Ähnliche Geschichten lassen sich über die »Franco-Kinder« aus der Zeit des Faschismus in Spanien erzählen und natürlich auch aus dem nationalsozialistischen Deutschland, wohin Tausende von Kindern verschleppt wurden, deren Eltern im Krieg oder im Widerstand umgekommen waren – oder die wegen ihres »arischen Aussehens« ihren Eltern geraubt wurden.

Anmerkungen

1 In Orwells Roman »1984« werden in »Neusprech« Personen bezeichnet, an die jegliches Andenken gelöscht wurde. »Non-person« = »Unperson«: Person, deren Existenz systematisch ignoriert oder verheimlicht wird.

2 Jean-Paul Sartre: Die Wörter. Autobiographische Schriften, Reinbek bei Hamburg 1965.

3 Ute Baur-Timmerbrink ist die Repräsentantin für Deutschland und Österreich, 2015 erschien ihr Buch »Besatzungskinder« im Ch. Links Verlag.

4 Rosemarie Schuran: Der Kirchliche Suchdienst – Kompetenz für Familienfragen, Personensuche und Nachweise in Zusammenhang mit Flucht, Vertreibung und Aussiedlung, in: Ludwig Norz, Wolfgang Remmers (Hg.): Kriegskinder – enfants de guerre – children born of war, EXPERIENZAWASt Bd. 3, Berlin 2012, S. 110 – 117.

5 United Nations Relief and Rehabilitation Administration, Nothilfe- und Wiederaufbauverwaltung der UNO.

6 International Refugee Organization, Internationale Flüchtlingsorganisation, seit 1948 Nachfolge U.N.R.R.A.

»Spielen Blutsbande gar keine Rolle?«

Henny Vestergaard Granum

Der Begriff und die Person »Vater« sind für viele klar und eindeutig. Für mich haben sowohl der Begriff als auch die Person im Laufe der Jahre eine auffällige Veränderung erfahren.

Das Familienalbum und Mutters erste Version

Das Erste, an das ich mich in meinem Leben erinnere: Ich bin vier Jahre alt und gehe Hand in Hand mit meiner Mutter und mit meinem Bruder Knud einen kleinen Weg zwischen großen Bäumen entlang. Wir gehen einen Hügel hinunter und sind sofort am Strand. Wir waren damals in Hornbæk, wo meine Mutter in einem Sommerhotel arbeiten sollte. Nach 14 Tagen sollten Knud und ich den Rest der Ferien bei Oma und Opa in Jütland verbringen. Als die Schulferien vorbei waren, kamen wir wieder nach Hornbæk zurück. Mutter hatte dort eine kleine Wohnung für den Winter gefunden.

So vergingen vier Jahre. Den Sommerurlaub verbrachten Knud und ich bei Mutters Familie in Jütland, im Winter wohnten wir mit ihr in einer schlecht möblierten Wohnung in Hornbæk. Erst 1950 bekamen wir eine feste Wohnung mit eigenen Möbeln.

Als Sechs- oder Siebenjährige war eine meiner Lieblingsbeschäftigungen das sorgfältige Anschauen von Fotos im Familienalbum. Hier fanden sich Jugendbilder meiner Mutter Irma Bækgaard, Bilder von hochgeschätzten Onkeln und Tanten, Porträtfotos der geliebten Großeltern mütterlicherseits sowie Fotos der unbekannten Großeltern väterlicherseits.

Da war auch ein Porträtfoto unseres Vaters, auf dem er als netter, gut gekleideter Mann um die 30 mit schwarzem, gewelltem Haar abgebildet ist. Da waren Fotos von Vater in Arbeitskleidung auf einem Schiff, und es gab auch ein wunderbares Bild, das ich sehr gern hatte.

Henny bei ihrer Taufe mit ihrer Mutter und ihrem Bruder Knud, 1943

Es zeigte Vater und Mutter schick herausgeputzt auf der Straße in Kopenhagen um das Jahr 1939 herum. Dieses Foto schaute ich oft an, denn Vater fuhr als Schiffszimmermann zur See und war nie zuhause. Unsere Wohnung war voller exotischer Ziergegenstände, die er von seinen langen Reisen nach Osten mitgebracht hatte. Tatsächlich hatte ich ihn aber so lange nicht mehr gesehen, dass ich mich überhaupt nicht an ihn erinnern konnte.

Ein anderes meiner Lieblingsfotos war das Taufbild von 1943 – ich bin am 9. November 1942 geboren –, das meine Mutter mit mir im feinen Taufkleid zeigt. Mein großer Bruder Knud ist auch dabei. Eines Tages, ich war wohl so acht, neun Jahre alt, nahm ich meinen ganzen Mut zusammen und fragte, warum wir keinen Vater hatten, der bei uns wohnte? Ich hatte ja bemerkt, dass die Väter der anderen Kinder in unserer Straße jeden Nachmittag auf dem Fahrrad nach Hause kamen. Daraufhin erzählte meine Mutter Irma folgende Geschichte:

Sie hatte 1939 Vater (Robert Bækgaard) geheiratet und im selben Jahr wurde ihnen Knud geboren. Aber die Ehe war nicht gut. Vater war ein Haustyrann und obendrein noch geizig, so dass Mutter die Scheidung einreichte. Für die Verhandlungen hatte sie den teuersten

Scheidungsanwalt angeheuert, denn der Vater wollte auch das Sorgerecht für Knud haben. Glücklicherweise gewann Mutter den Sorgerechtsstreit.

Ich wunderte mich, dass Vater nur meinen großen Bruder Knud wollte, aber dann dachte ich, das ist sicher nur so, weil er zuerst geboren wurde und ein Junge ist. Ein Junge war ja mehr wert als ein Mädchen.

In dem kleinen Dorf Hornbæk auf Nordseeland war es in den 1940er und 1950er Jahren recht ungewöhnlich, dass eine geschiedene Frau mit ihren zwei Kindern allein wohnte. Deshalb habe ich meine Schulkameraden angelogen und zu ihnen gesagt, der Grund dafür, dass sie meinen Vater nie zu sehen bekämen, sei, dass er zur See fahre.

Mutter arbeitete hart als Köchin und »Kaltmamsell« – d.h. sie war auch für kalte Speisen und Buffets zuständig. Obwohl das Geld knapp war, wollte sie, dass wir Kinder immer hübsch angezogen waren und an allen Freizeitaktivitäten teilnehmen konnten wie andere Kinder, die beide Eltern hatten. Mutter liebte uns sehr. Sie erlaubte mir auch den Realschulabschluss zu machen, obwohl es Ende der 1950er Jahre dringend nötig wurde, dass ich für das tägliche Leben einen Beitrag leistete und etwas dazuverdiente.

Mutters neue Version – Die Wahrheit?

In meinen Teenagerjahren kehrten dieselben Fragen wieder und wieder: Wie sieht mein Vater in Wirklichkeit aus? Wie hat sich sein Leben nach der Scheidung entwickelt? Welche Charaktereigenschaften hat er, bin ich ihm ähnlich? Und warum will er mich eigentlich nicht kennenlernen?

Aber ich wagte nicht, meine Mutter mit diesen Fragen zu konfrontieren. Ihr früheres Leben in Kopenhagen war zu keinem Zeitpunkt Thema in meinen Kinder- und Jugendjahren gewesen. Und ich merkte deutlich: Es gab da Sachen, nach denen ich lieber nicht fragen sollte.

Hennys Vater Hinrich, circa 1940

Eines Tages, als meine Mutter in der Küche beschäftigt war, sagte ich – so beiläufig wie möglich –, dass ich nach Kopenhagen fahren und bei meinem Vater anklopfen würde, weil ich ihn gern kennenlernen wollte. Im Telefonbuch hatte ich gesehen, wo er wohnte. Mit circa 18 Jahren hörte ich daraufhin am Küchentisch plötzlich eine ganz andere Version darüber, wie ich zur Welt gekommen bin:

Während der deutschen Besetzung Dänemarks traf meine Mutter 1941 den deutschen Marinesoldaten Hinrich Diekmann aus Ostfriesland. Er war an Bord des Vorpostenbootes »Königsberg«, das in dänischen Fahrwassern unterwegs war und seine Basis in Kopenhagen hatte. Mutter und Hinrich wurden ein Liebespaar und im November 1942 wurde ich geboren.

Diese Geschichte von einem anderen Vater schockierte mich sehr. In der Schule hatten wir von Frauen gehört, die sich wie Prostituierte verhalten und gegen die Interessen ihrer Nation gehandelt hätten. Und alle fünf Jahre zum Jahrestag der Befreiung Dänemarks von der deutschen Besatzung erschienen in den Zeitungen schreckliche Bilder von halbnackten, geschorenen jungen Frauen, die in den

Befreiungstagen im Mai 1945 unter Spott und Hohn vieler Menschen durch die Straßen gejagt wurden.

Meine Mutter war also eine dieser verachteten, jungen Frauen gewesen? Das erfüllte mich mit großer Scham und diese schockierende Erkenntnis über meine Mutter sollte für immer ein Geheimnis bleiben, das ich mit niemandem teilen wollte. Davon war ich zu jenem Zeitpunkt überzeugt.

Über meinen wirklichen Vater konnte sie erzählen, dass er der Jüngste von zehn Geschwistern war. In seinem Elternhaus herrschten ärmliche Verhältnisse, und alle Kinder mussten nach der Konfirmation ihren Lebensunterhalt selbst verdienen.

Seine Eltern lebten nicht mehr, aber er wohnte noch immer im Haus seiner Eltern zusammen mit einigen Geschwistern und einer Nichte, die mit ihm zusammen aufgewachsen war.

Er arbeitete Anfang der 1940er Jahre als Fischer und fuhr mit einem großen Kutter unter anderem nach Schottland und in die Biskaya. Aber 1941 wurde die Mannschaft einberufen. Sie erhielten eine zweimonatige Ausbildung zu Marinesoldaten und kamen danach wieder zurück auf denselben Fischkutter, der nun zu einem Vorpostenboot umgerüstet worden war und für den Rest des Krieges in Dänemark blieb. Nach Kriegsende 1945 brachte das Vorpostenboot noch einige Monate für die Engländer Munition von Kopenhagen nach Kiel.

Nach der Kapitulation waren Kontakte zu den deutschen Personen, die sich noch immer im Land befanden, für Dänen verboten. Aber meine Mutter hatte vom Roten Kreuz einen Passierschein erhalten, der ihr erlaubte, meinen deutschen Vater während dieser Monate auf dem Schiff zu besuchen, da sie ein Kind zusammen hatten.

Mein Vater war die große Liebe ihres Lebens und die beiden wollten nach Kriegsende in Dänemark heiraten.

Ich wollte noch mehr wissen, jetzt, da endlich Mutters frühere Zeit in Kopenhagen zur Sprache gekommen war. Meine nächste Frage lautete: »Aber was war mit Robert Bækgaard?«

Ihr Ehemann Robert war mit einem Handelsschiff unterwegs, als die Deutschen am 9. April 1940 Dänemark besetzten. Die Mannschaft beschloss deshalb, dass sich das Schiff den Alliierten anschließen sollte. Das bedeutete, dass das Handelsschiff im Konvoi mit Versorgungsgütern in verschiedene Länder fuhr, in denen alliierte Soldaten stationiert waren. Die Folge war, dass Robert erst 1946 nach Dänemark zurückkehren konnte. Zu diesem Zeitpunkt wollte meine Mutter die Scheidung, damit sie meinen Vater heiraten konnte. Nach der Scheidung zog meine Mutter mit mir und Knud von Kopenhagen nach Hornbæk.

Es zeigte sich aber dann, dass deutsche Staatsbürger viele Jahre keine Einreisebewilligung nach Dänemark erhielten, und der unregelmäßige Postverkehr zwischen den beiden Ländern reichte nicht aus, um die Liebe am Leben zu erhalten. Das Verhältnis verebbte.

Ich war zu schockiert über das, was ich gehört hatte, als dass ich weitere Fragen hätte stellen können – ich hatte einen deutschen Vater! Und Mutter erzählte auch nichts mehr. Blitzartig war ich kein ganz normales dänisches Mädchen mehr, alles war anders – ich hatte eine ganz andere Identität.

Ich glaubte, das einzige Kind in Dänemark zu sein, das einen deutschen Marinesoldaten der Besatzungszeit als Vater hatte. Denn in der Großfamilie oder in der Gesellschaft war nie die Rede von Wehrmachtskindern.

Und es wurde mir schlagartig auch klar, dass es meiner Mutter gelungen war, 18 Jahre lang zu verheimlichen, dass mein Bruder Knud und ich nicht denselben Vater hatten. In den 1940er Jahren war es in Dänemark bei einer Scheidung normal, dass die geschiedenen Eltern einander hassten, und deren Kinder verloren meistens die Familie väterlicherseits. So war es auch bei meinem Bruder Knud. Er hatte nie Kontakt zu seinem Vater oder zu seiner Familie väterlicherseits. Nie bekam Knud eine Weihnachtskarte, ein Weihnachtsgeschenk oder einen Geburtstagsgruß von den Großeltern. Das hatte es unserer Mutter allerdings leichter gemacht, uns die verschiedenen Väter zu verschweigen.

Knud und ich saßen im selben Boot. Die Väter existierten in unserem Leben nicht.

In der Zeit nach dem Gespräch mit Mutter über meinen Vater gingen mir die Gedanken wieder und wieder durch den Kopf: Wie sieht mein deutscher Vater aus? Sehe ich ihm ähnlich? Ist er ein guter Mensch? Wie hat sich sein Leben nach dem Krieg gestaltet und warum wollte er das Heranwachsen seines Kindes nicht erleben?

Die erste Begegnung mit meinem Vater

Ich brauchte zwei Jahre, um zu verarbeiten, dass ich das Kind eines Deutschen war. Danach – das war 1962 – ging ich wieder zu meiner Mutter. Jetzt wollte ich an die Tür meines deutschen Vaters klopfen und sie sollte mir helfen, ihn zu finden.

Jetzt erzählte mir Mutter, dass sie mit zwei Schwestern meines Vaters und einer Nichte namens Adele (also meine Cousine) während des Krieges Briefe gewechselt hatte. Meine Mutter konnte mir Adeles alte Adresse in Neßmersiel/Ostfriesland geben.

Danach bestellte ich ein Zugticket. Ich hatte Adele absichtlich vorher nicht geschrieben, um nur ja keine negative Antwort zu bekommen. Ich fand Adeles Haus, und sie und ihr Mann empfingen mich mit offenen Armen. Sie zeigten mir Fotos von mir und Mutter und erzählten, dass alle in der Familie wussten, dass Hinrich und die dänische Irma sich verlobt hatten. Sie würden Kontakt zu meinem Vater aufnehmen, der auch immer noch in Neßmersiel wohnte. Sie erzählten mir ebenfalls – obwohl es ihnen ein wenig schwerfiel –, dass mein Vater 1947 ein Mädchen aus dem Ort geheiratet hatte, und dass danach von meiner Mutter und mir nie mehr die Rede war. Mein Vater hatte dann 1948 eine Tochter, Annita, bekommen. Ich hatte also eine Halbschwester in Deutschland, eine schöne Nachricht für mich!

Nach ein paar Tagen kam mein Vater zu Besuch, und ich war sehr nervös. Zur Tür herein trat ein nicht sehr großer, gut aussehender Mann mit dunklem, welligem Haar. Auch er wirkte sehr nervös. Ich bekam einen flüchtigen Händedruck und wir tauschten Höflichkeitsfloskeln aus. Nach 20 Minuten verabschiedete er sich mit der Bemerkung, dass er nun heimgehen werde, um mit seiner Frau zu sprechen, und dass ich zum Mittagessen kommen sollte. Ich war überglücklich. Ich würde meinen Vater und seine neue Familie besuchen.

Einige Tage wartete ich gespannt auf ihn – aber mein Vater kam nicht wieder.

Ehe ich zurück nach Dänemark fuhr, blieb ich auf der Straße vor dem Haus stehen, von dem ich wusste, dass er dort mit seiner Frau und Tochter wohnte – und wo ein Besuch aus der Vergangenheit nicht willkommen war.

Ich war am Boden zerstört und kaum zu trösten, obwohl Adele und ihr Mann alles versuchten. Bei der Abreise schenkten sie mir sechs silberne Teelöffel mit Ostfriesenmuster. Ich sollte nicht ohne Geschenke von meiner deutschen Familie nach Hause kommen. Nach meinem Besuch in Neßmersiel gab es dort einen großen Familienkrach. Mein Vater und seine Frau beschuldigten meine Cousine Adele und ihren Mann, die Ehe meines Vaters zerstören zu wollen.

Die Reise zurück nach Hornbæk war unheimlich lang und meine Gedanken drehten sich im Kreis. Es war mir vollkommen unbegreiflich, ich hielt mich für ein nettes, gebildetes Mädchen und hatte mir vorgestellt, dass er stolz auf mich wäre.

Als ich zuhause ankam, zeigte auch meine Mutter Unverständnis über meines Vaters kalte Abweisung.

Sie kannte ihn nur als ehrlichen und rechtschaffenen Mann. Und spielen Blutsbande gar keine Rolle? Können Blutsbande so missachtet werden?

Nach diesem deprimierenden und schmerzhaften Erlebnis mit meinem Vater beschloss ich, nie mehr über das fatale Treffen mit meinem neu gefundenen und sogleich wieder verlorenen Vater zu sprechen.

Meine Mutter wurde von den Dänen als »Deutschenflittchen« beschimpft und mein deutscher Vater wollte mich nicht in seinem Leben haben! Ich versuchte meine Gefühle zu unterdrücken und konzentrierte mich ganz auf meine Ausbildung. Für die nächsten

35 Jahre schwieg ich meinen Vater tot. Auch meine Kinder habe ich viele Jahre belogen.

Schon 1974 verlor ich leider meine Mutter, sie ist nur 61 Jahre alt geworden. Als wir ihre Wohnung räumten, fand ich zu meiner großen Überraschung ein Bündel von 25 bis 30 Briefen – von meinem Vater an meine Mutter und einige von Vaters Schwester an meine Mutter, sowie ein halbes Dutzend netter Fotos, die entweder Vater und Mutter zusammen oder Vater alleine auf dem Schiff zeigten. Wenn sie mir nur diese Dinge schon gezeigt hätte, als wir das erste Mal von meinem biologischen Vater sprachen! Dann hätte ich eine konkrete Vorstellung von meiner deutschen Familie gehabt, und sie wäre nicht für so viele Jahre irreal gewesen. Aber das hat meine Mutter vermutlich nicht geschafft.

Viele Jahre nach unserem einzigen Treffen hoffte ich immer wieder, dass mein Vater doch noch eines Tages Kontakt zu mir, seiner dänischen Tochter, aufnehmen würde. Doch dieser Wunsch ging nicht in Erfüllung.

Die zweite Begegnung mit meinem Vater 1997

1995 wurde der 50. Jahrestag der Kapitulation Deutschlands mit Pomp und Pracht in Dänemark gefeiert. Es wurden Gedenkschilder angebracht und Statuen aufgestellt und es gab kulturelle Beiträge zur Erinnerung an die Besatzungszeit. Eine große Anzahl von Büchern über den dänischen Widerstand wurde veröffentlicht.

Nur ein einziges Buch erschien über die »Deutschenmädchen«, von Professorin Anette Warring. Das Buch erregte heftigen Zorn. Die Tatsache, dass etwa 50000 dänische junge Frauen einen deutschen Geliebten hatten, sollte nach Meinung vieler ein unbekanntes Kapitel der Geschichte Dänemarks bleiben.

All das nährte in mir wiederum den Wunsch, meinen Vater fast 35 Jahre nach dem ersten missglückten Versuch noch einmal zu treffen. Durch den anhaltenden Kontakt zu meiner Cousine Adele wusste ich, dass mein Vater mit 81 Jahren noch lebte und nun Witwer geworden war. Es dauerte jedoch wiederum zwei Jahre, bis ich es wagte, eventuell wieder eine kalte Abweisung zu riskieren.

Durch das örtliche Meldeamt gelang es mir, meine deutsche Halbschwester zu finden. Obwohl meine Halbschwester Annita mit ihren 48 Jahren nie zuvor von meiner Existenz gehört hatte, wollte sie mich gern treffen. Ihr Entgegenkommen mir und meiner Familie gegenüber war einzigartig. Dass ihre Eltern meine Existenz ihr gegenüber geheim gehalten hatten, war ein harter Schlag für sie, besonders, da alle in der »Großfamilie« von dem Verhältnis meiner Mutter zu ihrem Vater und von seinem Kind in Dänemark wussten. An einem Nachmittag im April 1997 habe ich zum ersten Mal meine deutsche Halbschwester Annita getroffen.

Sie hat auch ein Treffen mit meinem Vater, meinem Mann Erik und mir in ihrem Haus vermittelt. Obwohl Annita ihrem Vater gegenüber erwähnt hatte, dass ich auf Besuch kommen würde, hatte sie das genaue Datum nicht genannt. Es war also für meinen Vater und uns eine ziemlich große Überraschung, als Erik und ich ins Wohnzimmer traten und dort mein Vater saß. Es wurde ein sehr bewegendes Treffen für uns alle. Wir haben Geschenke ausgetauscht, Fotos betrachtet und Soldatengeschichten aus Kopenhagen gehört. Annita fragte unseren Vater, warum er und ihre Mutter mich verheimlicht hatten? Die Antwort war kurz: »Wir haben es so abgemacht.«

Ich war jedenfalls sehr glücklich, meinen Vater wiedergetroffen zu haben, und der Nachmittag ging mit seiner Einladung zu einem Besuch bei ihm am nächsten Tag zu Ende. Erik und ich redeten bis in die Nacht über mein Verhältnis zu meiner deutschen Familie. Warum gab es so viele Lügen, Halbwahrheiten und Verheimlichungen sowohl in Dänemark als auch in Deutschland?

Nach der Rückkehr vom Besuch bei meinem Vater stellte es sich heraus, dass mein Bruder Knud immer gewusst hatte, dass mein Vater ein deutscher Marinesoldat war! Er hatte mich nicht informiert, weil er sich für unsere Mutter schämte. Sie war ein »Deutschenflittchen« und seinem Vater untreu gewesen! So etwas sollte man besser verheimlichen, meinte er. Für mich war es ein großer Schock, zu erfahren, dass auch mein Bruder jahrzehntelang geschwiegen hat und dass das Geheimnis auch in meiner dänischen Familie eine solche Macht ausgeübt hatte.

Meine Halbschwester Annita und ihr Ehemann luden uns ein paar Monate nach unserem Besuch in Neßmersiel zu ihrer Silberhochzeit ein. Am Silberhochzeitstag wurden wir vormittags beim Sekt den Besuchern als »Sommergäste« präsentiert. Nachmittags beim Kaffeetrinken mit neuen Besuchern waren wir »Verwandte« geworden. Mein Mann und ich waren leicht verwirrt.

Abends war die ganze Großfamilie zur Party eingeladen. Beim Essen saßen Erik und ich neben meinem Vater und dem Silberhochzeitspaar. Alle Gäste blickten neugierig herüber, aber wir wurden ihnen nicht vorgestellt und fühlten uns nicht recht wohl.

Als ich später mit meinem »neuen« Schwager tanzte, hat er allen auf der Tanzfläche erzählt: »Dies ist Hinrichs Tochter aus Dänemark.« Das führte zu einer gewissen Unruhe im Saal. Später kamen die Familienmitglieder auf mich zu und begrüßten mich herzlich. Was meiner Halbschwester Annita zu schwergefallen war, hat mein Schwager schließlich geschafft.

Das Gespräch mit meinem Vater und seine Version

Bei einem der vielen schönen Besuche bei meinem Vater während der kommenden Jahre fragte ich behutsam nach seinem und Mutters früherem Verhältnis, das vier Jahre gedauert hatte.

Sie waren jung und sehr verliebt gewesen und hatten die Absicht, nach dem Krieg zu heiraten. Das letzte Mal hatte er meine Mutter an Bord des Schiffes Mitte Juli 1945 gesehen.

Nach der Heimkehr im Juli 1945 hatte er sofort wieder als Fischer gearbeitet. Aber nach einer gewissen Zeit gab er es auf, weil eine seiner Schwestern und eine Schwägerin Kriegerwitwen und Adeles Mann Kriegsgefangener in Russland geworden waren. Nach der deutschen Niederlage waren die Zeiten für alle unglaublich schwer, und er hatte das Gefühl, an Land sein zu müssen, um den Frauen in seiner Familie beistehen zu können. Und die spärliche Postabfertigung zwischen Dänemark und Deutschland und die Probleme mit der Einreise nach Dänemark hatten zur Folge, dass er 1947 heiratete und eine Arbeit als Deicharbeiter annahm. Das war das Ende seiner Liebesgeschichte mit meiner Mutter.

Die vielen Briefe von meinem Vater und seiner Familie und die Fotos von der Kopenhagener Zeit hatte ich in einem Ringbuch gesammelt. Bei einem meiner Besuche habe ich meinem Vater das Ringbuch gezeigt. Er war sehr überrascht, dass meine Mutter die Briefe ihr ganzes Leben lang aufbewahrt hatte. Ich schlug vor, die Briefe, die halb deutsch und halb dänisch geschrieben waren, gemeinsam zu lesen. Alle fingen sie an mit »Min elskede Irma« – »Meine geliebte Irma« – und erzählten vom Alltag an Bord und wann sie sich wieder treffen könnten usw. Ein Brief vom 9. Juni 1944 ist recht traurig, denn nach der Invasion der Alliierten in der Normandie drei Tage zuvor wusste mein Vater nicht, ob er versetzt und schließlich überleben würde. Er wiederholte, wie sehr er meine Mutter liebte und dass er sie und seine Tochter Henny nie vergessen würde. Falls er den Krieg nicht überleben würde, sollte sich meine Mutter an seine Schwestern in Neßmersiel wenden. Es gab Tränen beim gemeinsamen Lesen.

»Warum hast du mich 1962 abgewiesen?«, fragte ich Opa. Ich sprach meinen Vater mit »Opa« an wie seine Enkelkinder, ich konnte einfach nicht »Vater« zu einem Mann sagen, der 55 Jahre lang von meiner Existenz wusste, ohne sich im mindesten um seine Vaterrolle zu kümmern. Das wollte oder konnte er mir nicht sagen. Jedoch hätte er seitdem oft darüber nachgedacht, ob das der richtige Entschluss gewesen sei, den er damals gefasst hatte. Mein Vater bat mich immerhin, ihm das Geschehene zu verzeihen – was ich auch tat.

Opas 85. Geburtstag 1999 wurde ein großer Tag, an dem auch mein Mann und ich und unsere drei Töchter teilnahmen. Es war schön, die Großfamilie wiederzutreffen, und unsere Töchter konnten sich mit ihren drei neuen Cousins unterhalten. Ein Foto von meiner Schwester und mir mit unseren Männern und Kindern gehört heute zu meinem liebsten Besitz.

Eines Tages in Juli 2000 schlief mein Vater während der Nacht ruhig ein und auch der dänische Zweig der Familie nahm an der Beerdigung teil. Der Pfarrer erwähnte in seiner Ansprache, dass Hinrich Diekmanns erste Tochter 1942 in Kopenhagen geboren wurde und seine zweite Tochter 1948 in Neßmersiel.

Jetzt war ich also auch in der lokalen Öffentlichkeit kein »Geheimnis« mehr.

Seit 1997 haben wir alle in Neßmersiel und in Aalborg große Freude an unserer gemeinsamen Familie und es sieht ganz danach aus, dass auch die nächste Generation die dänisch-deutsche Verbindung pflegen und aufrechterhalten wird. Annita und ich freuen uns riesig, dass wir einander gefunden haben. Es tut ihr nur sehr leid, dass ich so lange keinen Vater und meine Kinder keinen Großvater hatten. Annita ist auch ganz sicher, dass »Opa« das dänische »Geheimnis« mit ins Grab genommen hätte, wenn ich mich nicht wieder gemeldet hätte.

Niemals hätte ich mir vorstellen können, dass die Geschichte mit meinem Vater nach all den Widrigkeiten ein solches »Happy End« nehmen würde: Am 29. Juli 2017 ist die dänische Familie zu Besuch nach Neßmersiel gefahren und feierte zusammen mit der deutschen Familie eine große 20 Jahre–Jubiläums-Party! Leider konnte Vaters Cousine Adele, die nun 95 Jahre alt ist, nicht teilnehmen. Denn ihr habe ich es ja zu verdanken, dass ich meinen Vater und meine Halbschwester Annita getroffen habe und schließlich als Mitglied in der Familie Diekmann anerkannt wurde.

Nachtrag

Bald erwerbe ich die doppelte Staatsbürgerschaft, auf meinen Antrag für Einbürgerung in Deutschland habe ich am 9. Juni 2017 vom Bundesverwaltungsamt in Köln einen positiven Bescheid erhalten. Bald bekomme ich meinen deutschen Pass.

Deutschland

»Heilig soll uns sein jede Mutter guten Blutes« – Der »Lebensborn«

Gisela Heidenreich

Warum kommen in diesem Band europäischer Kriegskinder auch »Lebensborn«-Kinder zu Wort? Hatten diese nicht alle deutsche Väter und deutsche Mütter? Sind die in den Heimen des »Lebensborn e. V.« geborenen Kinder nicht willkommen gewesen als »Adel der Zukunft«, als Mitglied der »Herrenrasse«? Waren nicht ihre Eltern als willige Nationalsozialisten mitverantwortlich für das Leid, das der Zweite Weltkrieg und die Besatzungen über ganz Europa brachten? Sind sie nicht das Ergebnis von Heinrich Himmlers arischem »Zuchtprogramm«? Wurden nicht viele von ihnen schon *vor* Kriegsbeginn 1939 geboren? Warum ihnen hier eine Stimme geben?

Zur Beantwortung dieser Frage zunächst eine Erläuterung:

Es ist richtig, dass der von Himmler gegründete Verein »rassisch und erbbiologisch wertvollen« Nachwuchs förderte. *Gezüchtet* wurde aber kein Kind. Die Behauptung in diversen Publikationen seit den 1950er Jahren,[1] SS-Männer und vorzugsweise blonde, blauäugige Frauen des BDM (Bund Deutscher Mädel) seien zum Zwecke der Zeugung »zusammengeführt« worden, ist historisch nicht haltbar. Die Legenden, die sich um diese angebliche »Züchtung« ranken, halten sich jedoch hartnäckig bis zum heutigen Tag, obwohl sie wissenschaftlich längst widerlegt sind. Das Ergebnis seiner umfangreichen Recherchen legte Georg Lilienthal bereits 1985 mit der Publikation seiner Doktorarbeit vor.[2] Allerdings findet sich darin auch ein Zitat Himmlers, das den Spekulationen um die »Zuchtanstalt Lebensborn« Auftrieb gegeben haben mag: Himmler habe 1937 in einer Rede vor SS-Gruppenführern die SS von der NSDAP so unterschieden: Die Aufgabe der Partei liege im Bereich der politischen Führung, während die Aufgabe der SS »ins Menschenzüchterische« gehe.[3] Später habe er seinem Leibarzt Felix Kersten gegenüber sogar geäußert, dass Menschenzucht genauso möglich sei wie Tierzucht.[4] Wir wissen nicht, ob und wie Himmler im Falle eines deutschen Sieges seine Rassenwahnvorstellungen weiterverfolgt hätte, der »Lebensborn« hatte jedenfalls (noch?) nichts mit gezielter »Menschenzüchtung« zu tun.

Dennoch wurden auch in diesem Jahrhundert noch aberwitzige, sexuell spekulative Filme darüber gedreht, so z. B. der tschechische Spielfilm: »Spring of Life«, 2000 in Hollywood produziert und auch in Deutschland als Kinofilm unter dem Titel »Lebensborn – Gestohlene Liebe« gezeigt.

Vom Deutschen Fernsehen wurde dieser Film zweimal gesendet, 2003 vom *SWR*, 2006 vom *MDR*. Die Proteste des Vereins Lebensspuren e. V.[5], der sich auch die historische Aufarbeitung des »Lebensborn« zur Aufgabe macht, hatten wenig Erfolg.

Ausgerechnet die *3sat*-Redaktion wählte zum historischen Themenabend »Rassenwahn und Weltherrschaft« im Juli 2012 wieder denselben spekulativen Film, der die seit Jahrzehnten widerlegten Legenden untermauert. Schwer zu begreifen und fatal, weil die meisten Zuschauer auf das Image von *3sat* vertrauen und nicht erwarten, dass Programmplaner eines seriösen Senders derart fahrlässig agieren.

Eine lange nicht gelöschte Online-Kritik lobte »diesen überraschend kurzweiligen tschechischen Film«, der die »selten erzählte Geschichte der NS-Zeit [...] mit guten Darstellern und einem spannenden Drehbuch ohne Längen erzählt«. Und die Empfehlung gipfelte in: »Ich finde den Film sehenswert und halte ihn beispielsweise für sehr gut geeignet in Schulklassen gezeigt zu werden, da er sowohl Diskussionsgrundlage bietet, als auch kurzweilig genug ist, damit die Schüler nicht wieder genervt sind, noch so einen langweiligen Nazifilm zu sehen.«

Noch im Dezember 2015 erschien ein Artikel auf der Internetseite der *Welt*, in dem die Autorin Anita Kleikamp die Legende erneut als Tatsachenbericht verbrämte: »Zuchtanstalten und Bordelle« seien die Heime von »Himmlers Gebärverein« gewesen – so auch die Überschrift.

Kein Wunder also, dass der »Lebensborn« – wenn der Begriff nicht ohnehin unbekannt ist – in der Öffentlichkeit noch immer als eine bordellartige Institution der SS angesehen und damit der wahre Charakter der nationalsozialistischen Rassenideologie verharmlost wird. Den kranken Gehirnen der Chefideologen entsprungen, war sie die Grundlage und Kehrseite des Holocaust – vernichtetes »unwertes Leben« sollte durch neues, »wertvoll an Körper und Geist«, ersetzt werden.

Als meine »Lebensborn«-Biografie[6] gerade erschienen war, hatte mich Georg Lilienthal 2002 nach Hadamar eingeladen, zu einem ersten Treffen von etwa 30 ehemaligen »Lebensborn«-Kindern, die sich auf der Suche nach ihrer Identität an ihn gewandt hatten. Lilienthal war damals Leiter der heutigen Gedenkstätte Hadamar, einer ehemaligen psychiatrischen Landesheilanstalt, dann ab 1941 Euthanasie-Tötungsanstalt. Wir saßen im Kreis und alle erzählten meist unter Tränen zum ersten Mal ihre leidvollen Lebensgeschichten. Danach besichtigten wir das Gebäude, stiegen hinunter in den Keller: Da standen wir nun mehr als 60 Jahre später fassungslos in dem kleinen, fensterlosen, gekachelten ehemaligen »Duschraum« mit den noch immer installierten »Brauseköpfen«. Wir, die wir damals zum Leben »auserwählt« waren, während an dieser Stelle Menschen ermordet wurden, deren Leben als »unwert« galt. Mehr als zehntausend Menschen in weniger als einem Jahr. In den beiden Brennöfen im Nebenraum wurden sie verbrannt.

Die diffusen Schuld- und Schamgefühle, von denen »Lebensborn«-Kinder gequält werden, fanden hier eine Erklärung.

Mit der Gründung des »Lebensborn e.V.« wollte Himmler anfangs angeblich Tötungen vermeiden. Die Grundidee klingt zunächst plausibel:

In den 1930er Jahren war die Zahl der Abtreibungen erschreckend hoch, trotz immer mehr verschärfter Strafmaßnahmen. Himmler glaubte, die Wurzel des Übels in einer Gesellschaft zu sehen, die unverheiratete Mütter ächtete und unehelichen Kindern den sozialen Aufstieg erschwerte, ja oft unmöglich machte. Er kam zu der durchaus nachvollziehbaren Überzeugung, dass man ledige schwangere Frauen der Diskriminierung der Gesellschaft nicht aussetzen sollte und ihnen Gelegenheit geben müsse, ihre Kinder abgeschirmt von der Öffentlichkeit auszutragen und sie unter Geheimhaltung zur Welt zu bringen.

Dieser Grundgedanke reichte offensichtlich im Nürnberger Prozess aus, die wahren Ziele der SS-Organisation und ihre tatsächlichen Verbrechen an der Menschlichkeit zu verschleiern. Dabei war das Selektionsvorhaben bereits in der Satzung des 1935 gegründeten Vereins klar definiert:

»Der Lebensborn e. V. wird vom Reichsführer-SS persönlich geführt, ist integrativer Bestandteil des Rasse- und Siedlungshauptamtes der SS und hat folgende Aufgaben:

1. Rassisch und erbbiologisch wertvolle kinderreiche Familien zu unterstützen.
2. Rassisch und erbbiologisch wertvolle werdende Mütter unterzubringen und zu betreuen, bei denen nach sorgfältiger Überprüfung der eigenen Familie und der Familie des Erzeugers anzunehmen ist, daß gleich wertvolle Kinder zur Welt kommen.
3. Für diese Kinder zu sorgen.
4. Für die Mütter dieser Kinder zu sorgen.«[7]

Die angebliche »Sorge« hatte letztlich ein menschenverachtendes Ziel: die Schaffung einer »rassischen Elite« bei gleichzeitigem Ausmerzen »minderwertigen« oder »unwerten« Lebens. Ausschließlich Mütter, von denen »erwünschter Nachwuchs« zu erwarten war, profitierten von der »Wohlfahrtseinrichtung«,[8] nur solche Frauen wurden aufgenommen, die nach den Kriterien der Rassenideologie »erbbiologisch wertvoll« waren. Eine nicht verheiratete werdende Mutter musste dieselben SS-Eignungskriterien erfüllen, die für die SS-Sippengemeinschaft vorgeschrieben waren, nämlich sich einer gesundheitlichen und einer rassenanthropologischen Überprüfung[9] unterziehen. Handelte es sich bei der Schwangeren um eine SS-Ehefrau, die ebenfalls kostenfrei in den Heimen entbinden konnte, entfielen diese Aufnahmebedingungen, da sie und ihr Ehemann bereits im Zuge ihres Verlobungs- und Heiratsgesuches das notwendige Verfahren durchlaufen hatten. Ledige Mütter mussten jedoch zusätzlich eine eidesstattliche Versicherung über den Erzeuger des Kindes vorlegen, der für den Aufnahmeantrag die gleichen Unterlagen einzureichen hatte wie sie. In der Geburtsurkunde tauchte der Name des Vaters jedoch nicht auf; in den entsprechenden Formularen des »Lebensborn« wird nur die Mutter erwähnt, eine Rubrik »Vater« existiert nicht. Das machte den »Lebensborn«-Kindern die Suche nach dem verheimlichten Vater ebenso schwer wie den Wehrmachtskindern, deren deutsche Väter verschwiegen wurden.

»Ungeeignete« ledige Mütter wurden abgewiesen, mehr als die Hälfte der Frauen, die um Aufnahme baten, auch wenn ihre Lage verzweifelt war. Es interessierte die »Wohlfahrtseinrichtung« nicht, wenn die Frauen den Anforderungen nicht entsprachen. Ausschließlich für die »Kinder guten Blutes, wertvoll an Körper und Geist, der Adel der Zukunft« wurden optimale Bedingungen geschaffen.

Der Rassenwahn machte psychische Gesundheit zur Farce, es galt nur noch der »erscheinungsbildliche und erbbiologische Wert« eines Menschen, positive »Charaktereigenschaften« ergaben sich angeblich automatisch durch die Vereinigung von Menschen mit ausgesuchten körperlichen Merkmalen, negative sollten durch Selektion verhindert werden, wie die Verabschiedung der Nürnberger Rassengesetze (1935) zeigt: Sexualität zwischen Juden und Ariern galt als »Rassenschande« und wurde hart bestraft.

Die angeblich wertvollste Rasse, die »nordische«, war erstrebens-

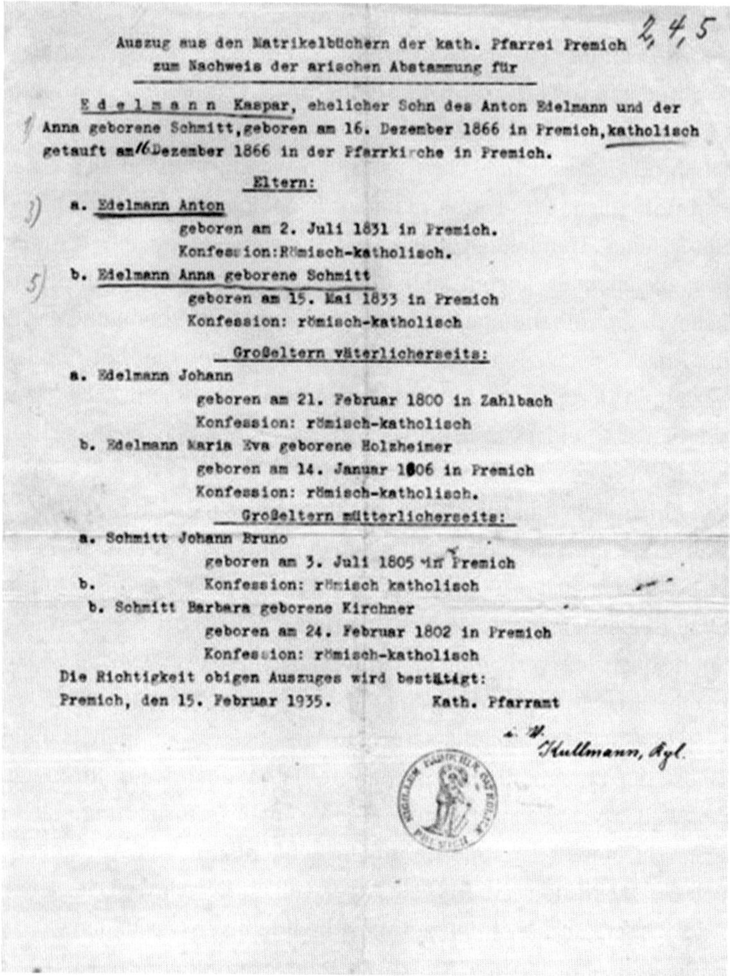

Auszug aus den Matrikelbüchern der kath. Pfarrei Premich
zum Nachweis der arischen Abstammung für

E d e l m a n n Kaspar, ehelicher Sohn des Anton Edelmann und der Anna geborene Schmitt, geboren am 16. Dezember 1866 in Premich, katholisch getauft am 16 Dezember 1866 in der Pfarrkirche in Premich.

Eltern:

a. Edelmann Anton
geboren am 2. Juli 1831 in Premich.
Konfession: Römisch-katholisch.

b. Edelmann Anna geborene Schmitt
geboren am 15. Mai 1833 in Premich
Konfession: römisch-katholisch

Großeltern väterlicherseits:

a. Edelmann Johann
geboren am 21. Februar 1800 in Zahlbach
Konfession: römisch-katholisch

b. Edelmann Maria Eva geborene Holzheimer
geboren am 14. Januar 1806 in Premich
Konfession: römisch-katholisch.

Großeltern mütterlicherseits:

a. Schmitt Johann Bruno
geboren am 3. Juli 1805 in Premich
b. Konfession: römisch katholisch

b. Schmitt Barbara geborene Kirchner
geboren am 24. Februar 1802 in Premich
Konfession: römisch-katholisch

Die Richtigkeit obigen Auszuges wird bestätigt:
Premich, den 15. Februar 1935. Kath. Pfarramt

i. V. Hullmann, Kpl.

Ariernachweis

wert, durch »Aufnordung«[10] des deutschen Blutes mittels der mit »nordischen« Frauen gezeugten Kinder sollte sie mehr und mehr dominieren. Der »Lebensborn« wurde deshalb vor allem in Norwegen aktiv – die meisten der norwegischen Kriegskinder sind in einem der dort installierten »Lebensborn«-Heime geboren. Näheres dazu im Kapitel »Norwegen«.

Die »westische« Rasse war geduldet, die »ostische« ganz abgelehnt, weil »insbesondere die ostische Rasse in ihren Charaktereigenschaften der nordischen geradezu widerspricht und weil durch die Mischung ›nordisch-ostisch‹ Menschen entstehen, die innerlich zerrissen und unausgeglichen sind«.[11]

Nur Kinder, die den Idealvorstellungen entsprachen, wurden in den materiell und personell bestens ausgestatteten »Lebensborn«-Heimen optimal »versorgt«; waren sie krank oder gar behindert, traf sie die volle grausame Härte des Regimes: Sie wurden umgebracht, wie anderes »minderwertiges« Leben auch.[12]

Es war auch Aufgabe des Vereins, langfristig »Blutverluste« zu kompensieren: Nach Kriegsbeginn sorgte sich Himmler: »Jeder Krieg ist ein Aderlaß des besten Blutes.« So beginnt sein »SS-Befehl für die gesamte SS und Polizei« vom 28. Oktober 1939.[13] Und er fährt fort: »Hierbei ist der leider notwendige Tod der besten Männer, so bedauernswert er ist, noch nicht das Schlimmste. Viel schlimmer ist das Fehlen der während des Krieges von den Lebenden und der nach dem Krieg nicht mehr gezeugten Kinder.« Und er folgert daraus: »Über die Grenzen vielleicht sonst notwendiger bürgerlicher Gesetze und Gewohnheiten hinaus wird es auch außerhalb der Ehe für deutsche Frauen und Mädel guten Blutes eine hohe Aufgabe sein können, nicht aus Leichtsinn, sondern in tiefstem sittlichen Ernst Mütter der Kinder ins Feld ziehender Soldaten zu werden.«

Der Befehl endet mit dem Appell:

»SS-Männer und Ihr Mütter dieser von Deutschland erhofften Kinder, zeigt, dass Ihr im Glauben an den Führer und im Willen zum ewigen Leben unseres Blutes und Volkes ebenso tapfer, wie Ihr zu kämpfen und zu sterben versteht, das Leben für Deutschland weiterzugeben willens seid!«

Weil eine Frau »in der Erfüllung ihrer ›heiligen Pflicht‹ Mutter werden sollte, und nicht aus persönlichen Gründen, war es auch unerheblich, ob sie verheiratet war. Nur eine Voraussetzung war unerlässlich für die Geburt: die rassische Eignung des Kindes. [...] Von jetzt an gewann für die Unehelichenpolitik die Aufgabe an Dominanz, zur außerehelichen Zeugung zu animieren«, so Georg Lilienthal.[14]

Dieser »Zeugungsbefehl« stieß aber auch auf Widerstand, sodass Himmler sich veranlasst sah, am 30. Januar 1940 »An alle Männer der SS und der Polizei« eine Erklärung folgen zu lassen: »Diese Veröffentlichung, die anständig gedacht, und anständig aufgenommene, in die Zukunft vorausblickend vorhandene Probleme ausspricht und offen dazu Stellung nimmt, hat bei manchen zu Nichtverstehen und Mißverstehen Anlaß gegeben.«[15]

Himmler meinte, dass es für SS-Männer »so klar und selbstverständlich wie für jeden anderen Deutschen« sei, nicht einer verheirateten Frau nahezutreten, und »daß die deutsche Frau wohl insgesamt selbst die beste Hüterin ihrer Ehre ist«.

Andere uneheliche Zeugung war erwünscht; so das Ende von Himmlers Aufruf: »An Euch, SS-Männer, aber liegt es, wie in allen Zeitabschnitten, in denen weltanschauliche Erkenntnisse vertreten werden müssen, das Verständnis der deutschen Männer und deutschen Frauen für diese heilige, über jede Leichtfertigkeit und jeden Spott erhabene Lebensfrage unsres Volkes zu gewinnen.«

Zusammen mit dem Hinweis auf den »sittlichen Ernst« im »Zeugungsbefehl« ist dieser Aufruf meines Erachtens der Beweis dafür, dass die »Lebensborn«-Heime keine »bordellartigen Zuchtanstalten« gewesen sein können. Allen Verbrechen und Gräueln zum Trotz konnte Himmler sich auf seine »Sippengemeinschaft« verlassen – in verquaster Doppelmoral konnte sie über Leichen gehen, hielt aber an »Anstand, Ehre und Treue« im Umgang mit Menschen »guten Blutes« fest.

In diesem Aufruf betont Himmler auch, dass »die SS aus ihrer Kameradschaft und ihrem Opferwillen heraus durch freiwillige Beiträge von Führern und Männern – die übrigens seit Jahren an den Verein ›Lebensborn‹ gezahlt werden, die Mittel dafür [die Versorgung von Frauen und Kindern, Anm. d. Verf.] aufbringt«.

»Freiwillig« waren die Beiträge wohl nicht: Bei der Gründung des

Vereins 1935 wurde in der Satzung bereits die Finanzierung des Unternehmens festgelegt:

»Es ist eine Ehrenpflicht für jeden hauptamtlichen SS-Führer Mitglied des ›Lebensborn‹ zu sein. Die Beiträge sind gestaffelt nach Alter, Einkommen und Kinderzahl der SS-Führer, wobei als Selbstverständlichkeit unterstellt wird, dass der SS-Führer mit 26 Jahren heiratet. Ist bis zum 28. Lebensjahr kein Kind da, so tritt die erste Beitragserhöhung ein. Mit 30 Jahren sollte das zweite Kind da sein, sonst wird der Beitrag wieder höher.«[16]

Die Beitragserhöhung entfiel auch bei Zeugung außerehelichen Nachwuchses …

Die meisten »Lebensborn«-Kinder in Deutschland wurden *um der Idee,* schlimmer, *der Ideologie* willen, nicht um *ihrer selbst* willen angenommen – eine lebenslange Hypothek.

Bin ich gezeugt worden, weil ich *als Kind* erwünscht war oder aus Gründen einer rassenpolitischen Wahnvorstellung?

Sollte ich nur leben, weil ich dieser entsprach?

Sollte meine Existenz dazu beitragen, die Machtansprüche der »Herrenmenschen« zu erweitern?

Solche Fragen quälen alle »Lebensborn«-Kinder, auch wenn sie bei ihren leiblichen Müttern aufwuchsen, und erst recht die zahllosen, die weder Vater noch Mutter kennen, selbst wenn sie das seltene Glück hatten, bei Adoptiveltern aufzuwachsen, die gut zu ihnen waren.

Der »Lebensborn« kümmerte sich nicht nur um die Geburten »rassisch wertvollen« Nachwuchses, sondern auch um »fremdvölkische Kinder«, deren »äußere Rassemerkmale« erwünscht waren. Sie wurden als angebliche »volksdeutsche Waisenkinder« aus östlichen Ländern verschleppt, gemäß der Devise, die Himmler bereits 1938 in einer Rede vor SS-Gruppenführern verkündet hat, »germanisches Blut in der ganzen Welt zu holen, zu rauben und zu stehlen«,[17] und die er in seiner berüchtigten »Posener Rede« vom 4. Oktober 1943 bestärkte: »Wie es den Russen geht, wie es den Tschechen geht, ist mir total gleichgültig. Das, was in den Völkern an gutem Blut unserer

»Lebensborn«-Abzeichen: »Heilig soll uns sein jede Mutter guten Blutes«. Im Kreis die Lebensrune, das SS-Zeichen und HH für Heinrich Himmler.

Art vorhanden ist, werden wir uns holen, indem wir ihnen, wenn notwendig, die Kinder rauben und sie bei uns großziehen.«[18]

Ab 1942 beteiligte sich der »Lebensborn« an der »Eindeutschung« solcher Kinder im Alter von wenigen Monaten bis 17 Jahren. Sie bekamen fiktive Geburtsurkunden mit deutschen Namen, sie wurden oft mit Gewalt gezwungen, ihre Muttersprache zu »vergessen«. Sie wurden in den Heimen ausschließlich in deutscher Sprache zu »deutscher Lebensweise« erzogen und an linientreue deutsche Pflege- oder Adoptivfamilien, meist kinderlose SS-Angehörige, vermittelt. Viele von ihnen wurden nach Kriegsende in vermeintlicher Fürsorge durch die UNRRA (United Nations Relief and Rehabilitation Administration) in ihre Herkunftsländer zurückgebracht – und damit ein zweites Mal entwurzelt, oft genug misshandelt.[19]

Die Mütter europäischer Wehrmachtskinder haben geschwiegen, ihre Kinder wuchsen auf in einem verstörenden Netz aus Verleugnen, Vertuschen und Lügen – viele erfuhren auch Gewalt.

Auch »Lebensborn«-Mütter haben geschwiegen, auch ihre Kinder wuchsen auf in einem verstörenden Netz aus Verleugnen, Vertuschen und Lügen – viele erfuhren auch Gewalt.

Allen Kindern wurde mit der Geburt ihre wahre Identität versagt, alle haben ein Leben lang danach gesucht – manche wissen noch immer nicht, wer sie sind.

Anmerkungen

1 Will Berthold: Lebensborn e. V. Tatsachenroman, München 1958; Neuauflage 1975; 1961 Drehbuch für den Film »Lebensborn«; Marc Hillel, Clarissa Henry: Im Namen der Rasse, Hamburg 1975.

2 Georg Lilienthal: »Lebensborn e. V.« Ein Instrument nationalsozialistischer Rassenpolitik, Stuttgart / New York 1985; Tb Frankfurt a. M. 1993.

3 Ebd., S. 19.

4 Felix Kersten: Totenkopf und Treue. Heinrich Himmler ohne Uniform, Hamburg 1952, S. 99.

5 2006 gegründete Vereinigung ehemaliger »Lebensborn«-Kinder: siehe www.lebensspuren-deutschland.eu

6 Gisela Heidenreich: Das endlose Jahr – Die langsame Entdeckung der eigenen Biographie – ein »Lebensborn«-Schicksal, Bern / München / Wien 2002; Tb Frankfurt a. M. 2005.

7 Satzung des »Lebensborn e. V.« vom 12. Dezember 1935. Bundesarchiv: NS 19/329.

8 Aus der Urteilsbegründung im Nürnberger Prozess 1948: »Aus dem Beweismaterial geht klar hervor, dass der Verein Lebensborn, der bereits lange vor dem Krieg bestand, eine Wohlfahrtseinrichtung und in erster Linie ein Entbindungsheim war.« Vgl. Volker Koop: Dem Führer ein Kind schenken. Die SS-Organisation Lebensborn e. V., Köln 2007.

9 Dazu musste sie eine ganze Reihe an Unterlagen vorweg an das Münchner Hauptbüro schicken: eine Ahnentafel, einen Erbgesundheitsbogen und einen ärztlichen Untersuchungsbogen, einen Fragebogen zur Person und einen handgeschriebenen Lebenslauf zusammen mit einer Fotografie. Die Unterlagen wurden von einem Mitarbeiter des Rasse- und Siedlungshauptamtes, einem sogenannten Eignungsprüfer oder RuS-Prüfer geprüft. Vgl. Isabel Heinemann: Rasse, Siedlung, deutsches Blut. Das Rasse- und Siedlungshauptamt der SS und die rassenpolitische Neuordnung Europas, Göttingen 2003, S. 107.

10 Dieser Begriff taucht bereits 1930 in den Schriften von Richard Walter Darré (später unter Himmler Gründer des Rasse- und Siedlungshauptamt RuSHA) auf: »Neuadel aus Blut und Boden« und »Das Zuchtziel des deutschen Volkes.« Vgl. Lilienthal, »Lebensborn e. V.«, S. 14.

11 Vgl. Heidenreich: Das endlose Jahr, S. 28.

12 Vgl. Lilienthal: »Lebensborn e. V.«, S. 100.

13 Ebd., S. 133.

14 Ebd., S. 135.

15 Bundesarchiv: Sammlung Schuhmacher 433.

16 Vgl. Heidenreich: Das endlose Jahr, S. 308.

17 Vgl. Lilienthal: »Lebensborn e. V.«, S. 30.

18 germanhistorydocs.ghi-dc.org/sub_document.cfm?document_id=1513&language=german

19 Die schmerzlichen Biografien »Geraubter Kinder« konnten in diesem Band nicht aufgenommen werden, obwohl es sich bei ihnen auch um »europäische Kriegskinder« handelt. Verein und Wanderausstellung dazu siehe unter: www.geraubte.de

»Du bist halt mein Privatkind.«

Heilwig Hadwiga Weger

Als ich am 18. Februar 1938 im »Lebensborn«-Heim Steinhöring auf die Welt kam, konnte meine Mutter noch nicht ahnen, welche Tragik für sie selbst, die übrige Familie und mich daraus entstehen würde.

Meine damals 33-jährige Mutter und mein leiblicher Vater begegneten sich im Jahr 1937. Meine Mutter war verwitwet. Ihr viel älterer Mann Rütger von Brüning, ein Enkel eines der Mitbegründer der IG Farben, war im Jahr davor an einer Lungenentzündung gestorben. Aus dieser Ehe hatte meine Mutter zwei kleine Kinder und von ihrem verstorbenen Mann einen riesigen Berg an Steuerschulden geerbt – und sie war sehr einsam.

Mein Vater wohnte damals mit seiner Familie in München. Er war Direktor der Metzeler-Werke und kam zum Angeln nach Brünings-Au bei Halfing im Chiemgau, dem Haus meiner Halbgeschwister, wo meine Mutter mit diesen und ihrer Mutter lebte. Mein Vater erzählte meiner Mutter von seiner kaputten Ehe und es kam zwischen den beiden zu einer Liebesbeziehung.

Als meine Mutter merkte, dass diese nicht ohne Folgen geblieben war, fuhr sie kurz entschlossen nach München und beichtete der Frau meines Vaters ihren Zustand. Sie stellte fest, dass er ihr nicht die Wahrheit über den Zustand seiner Ehe gesagt hatte. Sie versprach seiner Frau, das Verhältnis sofort zu beenden. Als ich viele Jahre später in der Familie meines Vaters herzlich aufgenommen wurde, merkte ich, dass die beiden Frauen einander sehr achteten. Das hat mich tief beeindruckt.

Meine Mutter wusste damals nicht ein noch aus und wandte sich hilfesuchend an ihre jüdische Freundin Grete Bloch, die sie aus Berlin kannte. Meine Mutter war eine erfolgreiche Grafikerin. Grete Bloch war Prokuristin bei ADREMA, einer Firma für die Produktion von Adressiermaschinen.

Grete Bloch, mit Felice Bauer, der Verlobten von Franz Kafka, eng befreundet, war Vermittlerin zwischen den beiden gewesen und einige Zeit selbst mit Kafka liiert. Es gibt einen umfangreichen Briefwechsel zwischen ihm und Grete Bloch. 1914 hatte sie ein Kind mit »unbekanntem« Vater zur Welt gebracht, das sie in Pflege gab, wo es nach sieben Jahren starb. Jedenfalls wusste meine Mutter, dass ihre Freundin mit einer unehelichen Schwangerschaft Vergleichbares durchgemacht hatte, und bat sie um Hilfe.

Grete Bloch war nach Palästina emigriert, wo sie sich aber nicht zurechtfand, zumal es auch zu einem Zerwürfnis mit ihrem Bruder kam, dessen Zionismus sie nicht teilte. Bereits 1936 verließ sie Palästina wieder. Ins nationalsozialistische Deutschland konnte sie nicht mehr zurückkehren. Sie vertraute auf Sicherheit im faschistischen Italien und wohnte in Florenz, als meine Mutter sie um Hilfe bat.

Meine Mutter reiste im Frühsommer 1937 mit ihrem Zeichengerät nach Italien und verbrachte mit Grete Bloch einige Monate im Castello Kampan bei Brixen in Südtirol. Hier überlegten sie, wie sich ihrer beider Leben weiter gestalten ließe. Eine Auswanderung in die USA, wie Grete Bloch es in Erwägung zog, kam für meine Mutter wegen ihrer Kinder nicht in Frage. Die Freundin brachte meine Mutter zu einem Frauenarzt, der jedoch eine Abtreibung verweigerte, eher würde er das Ungeborene adoptieren. Achtzehn Jahre später durfte ich ihn kennenlernen und habe von ihm die Bestätigung dieser Geschichte erhalten.

Im Castello Kampan wohnten auch noch andere deutsche Gäste, von denen Grete Bloch hörte, dass es in Deutschland jetzt Heime gäbe, wo man sein Kind unbehelligt zur Welt bringen und dort auch zur Adoption freigeben könne. Grete Bloch überredete meine Mutter, sich um die Aufnahme zu bemühen. Vermutlich war der Jüdin nicht klar, dass es sich bei den empfohlenen Heimen um Institutionen der nationalistischen Rassenpolitik handelte, deren Opfer sie selbst wurde. Als in Italien später die Verfolgung der Juden begann, versuchte meine Mutter – dann in einer privilegierten Situation – die Freundin zu retten. Nach Deutschland wollte Grete Bloch aber auf keinen Fall zurückkehren. Als sie aus der Pension in Florenz abgeholt werden sollte, weigerte sie sich, dem deutschen Soldaten zu folgen, worauf dieser sie mit seinem Gewehrkolben erschlug. So die Aussage von Blochs engem Freund Wolfgang A. Schocken.[1] Die Geschichtsschreibung berichtet, Grete Bloch sei in Auschwitz ermordet worden.

Meine Mutter nahm damals den Rat der Freundin an, kehrte nach Bayern zurück und bemühte sich – bereits im sechsten Monat schwanger – um die Aufnahme im »Lebensborn«-Heim »Hochland« in Steinhöring. Die Bewältigung der erforderlichen Aufnahmekriterien war für meine Mutter kein Problem: Sie war gesund und entsprach mit ihren blonden Haaren und einer Größe von 1,80 Meter voll den erwünschten »arischen« Rassekriterien. Vermutlich wegen ihres Aussehens wurde SS-Chef Heinrich Himmler bei einer Besichtigung »seines« »Lebensborn«-Heimes auf meine Mutter aufmerksam und begann ihre Zukunft mit tragischen Folgen zu planen.

Ich wurde im Februar 1938 in der Zeit der Mittagsruhe geboren, weshalb meine Mutter und die junge Hebamme die Regeln bezüglich einer Geburt im »Lebensborn« umgehen konnten. Sie verständigten weder die Oberschwester noch den Arzt, und ich kam als das damals größte und schwerste Baby im Heim komplikationslos auf die Welt. Meine Mutter nahm mich sofort in den Arm und stillte mich. Ich habe erst viel später erfahren, dass das eigentlich verboten war, und die Kinder den Müttern erst 24 Stunden nach der Geburt gezeigt wurden. Die Erzählung von meiner Geburt fand ich früher immer unverständlich. Heute weiß ich, dass meine innige Beziehung zu meiner Mutter auch darin begründet war – und genau eine solche sollte verhindert werden, um den Müttern die mögliche Freigabe zur Adoption zu erleichtern. Himmler ließ meiner Mutter zu meiner Geburt mit einem Blumenstrauß gratulieren.

Im Haushalt meiner Mutter lebte auch ihre Mutter, meine Großmutter, und führte ein strenges Regiment. Aus Angst vor ihr und ihren Moralvorstellungen wagte es meine Mutter nicht, mich nach

Hause in das nicht weit entfernte Brünings-Au mitzunehmen. Sie ließ mich im Heim zurück, brachte aber jeden Tag ihre Milch für mich nach Steinhöring, bis ihr Bruder zu Besuch nach Oberbayern kam und für die Beendigung dieses schon einige Wochen andauernden Zustandes sorgte. In der bäuerlichen Nachbarschaft fand der Schritt, das uneheliche Kind schließlich zu behalten, viel Anerkennung.

Es dauerte jedoch Jahre, bis meine Großmutter Zuneigung für ihr uneheliches Enkelkind empfinden konnte. Sie wurde 96 Jahre alt und in ihren späten Lebensjahren war ich das Enkelkind, das sich am meisten um sie kümmerte. Als ich noch klein war, sagte sie oft zu mir »Du stammst aus der Gosse!«, was ich ebenso wenig verstand wie das oft eigenartige Verhalten und die Bemerkungen meiner älteren Geschwister. Wenn ich meine Mutter um eine Erklärung dafür bat, sagte sie immer nur: »Du bist halt mein Privatkind.«

Himmler hatte meine Mutter gebeten, mit ihm in Kontakt zu bleiben und ihm von meiner Entwicklung zu berichten. Meine Mutter führte einen ausführlichen Briefwechsel mit dem »lieben und sehr verehrten Reichsführer«. So erfuhr er auch von der geerbten ungeheuren Steuerschuld und den Schikanen durch die Familie von Brüning gegenüber meiner Mutter wegen der»Schande« eines unehelichen Kindes. Himmler war ihr damals sehr behilflich, wofür sie bis zu ihrem Tod große Dankbarkeit für ihn empfand.

Als ich vier Jahre alt war, schickte Himmler einen seiner engsten Freunde und Mitarbeiter, den Leiter des SS-Wirtschafts- und Verwaltungshauptamtes, Oswald Pohl, zu uns nach Brünings-Au. »Sie werden sich sicherlich sehr gut mit ihm unterhalten, denn er ist einer meiner besten Mitarbeiter und der Mann, der bei mir die ganze Landwirtschaft und die riesigen Wirtschaftsbetriebe der SS vom Heilkräutergarten bis zu den Ziegeleien und Granitbrüchen leitet«, so hatte Himmler meiner Mutter den Besuch angekündigt. Angeblich kam Oswald Pohl, um zu prüfen, ob man dort einen großen Kräutergarten anlegen könnte. Himmler hatte gehofft, dass Oswald Pohl und meine Mutter ein Paar werden würden: Sein Plan ging auf, die beiden verliebten sich. Am 12. Dezember 1942 fand die Hochzeit statt – zur Enttäuschung der Familie nicht in Brünings-Au, sondern im ostpreußischen Hegewaldheim, einem Wohnsitz von Himmler, der auch einer der Trauzeugen war und nach der standesamtlichen eine »Sippentrauung« vollzog.

Man sagte mir, dass der neue Mann in unserem Leben mein Vater sei, damit war für mich die Welt in Ordnung. Ich war glücklich, denn er war liebevoll zu mir. Ich hatte keinerlei Zweifel, dass etwas nicht stimmen könnte. Später adoptierte Oswald Pohl mich und wurde somit auch offiziell mein Vater. Einige Monate nach der Hochzeit zogen wir auf das SS-Versuchsgut Comthurey bei Dabelow in Mecklenburg. Häftlinge aus dem nahegelegenen Konzentrationslager Ravensbrück mussten das heruntergekommene Gut mit umfangreichen Pflanzungen, Straßen- und Erweiterungsbauten in ein großzügiges Mustergut umgestalten. Wir wohnten im Haupthaus, das unter der Aufsicht meiner Mutter renoviert und mit den schönen Möbeln meiner Mutter und der Großmutter eingerichtet wurde.

Unsere Hausangestellten waren wegen ihrer Religion (Zeugen Jehovas) nach Ravensbrück deportiert worden. Sie mussten nicht wie die anderen Häftlinge in den Baracken hausen, sondern wohnten in einem Anbau über der Küche mit normaler Kleidung, eigenem Bad usw. Im April 1945 haben wir sie auf der Flucht nach Bayern mitgenommen. Dass all die Menschen, die in den Stallungen und auf den Feldern arbeiteten, KZ-Häftlinge waren, war mir damals nicht bewusst. Ich hatte zu vielen, besonders zu den Handwerkern, herzlichen Kontakt und wurde von allen nur »Sonnenscheinchen« gerufen. 23 Jahre nach Kriegsende hat einer der seinerzeitigen Häftlinge mich gesucht und mich bei seinem Besuch gleich mit diesem Kosenamen angesprochen. Am liebsten war ich beim Schmied, der extra für mich einen kleinen Hammer anfertigte. Voller Stolz zeigte ich ihn meiner Mutter und verkündete: »Ich werde Schmied.« Aber auch die Sattlerei besuchte ich fast täglich. Hier wurde u.a. das Zaumzeug für die Pferde gefertigt und instand gehalten. Zum Einkaufen fuhren wir mit der Kutsche und auch die landwirtschaftlichen Arbeiten wurden mit den Pferden erledigt. Der Pferdestall hatte für mich auch eine große Anziehungskraft, und ich war immer glücklich, wenn ich die Pferde führen durfte.

Meine Mutter war in Comthurey sehr unglücklich. Sie hatte sich die Ehe mit Oswald Pohl wohl einfacher und harmonischer vorgestellt. Er war fast immer unterwegs und lebte die meiste Zeit in Berlin. Trotz vieler Gäste, die wegen der Fliegerangriffe in den Städten die ländliche Ruhe genießen wollten, fühlte meine Mutter sich einsam. Außerdem musste sie erfahren, dass Oswald Pohl seit Jahren ein Verhältnis mit seiner Sekretärin hatte und dieses weiterhin neben ihrer Ehe bestand. Aus dieser Verbindung gibt es einen Sohn. Meine Mutter sollte auch unbedingt noch Kinder bekommen. Zunächst hatte sie zwei Fehlgeburten, bis endlich am 25. Februar 1944 Dorothea Eleonore, genannt »Dörthe«, auf die Welt kam. Das äußerlich entzückende Kind entwickelte sich nicht normal, fing erst dreijährig an, die ersten Schritte zu machen, und war geistig behindert. Der Vater wollte diesen Zustand seines Kindes bis zu seinem Tod weder wahrnehmen noch akzeptieren. Ich liebte diese kleine Schwester über alles und habe mich unendlich viel mit ihr beschäftigt. Ich kann mich erinnern, dass sie als Kind oft viele Wochen nur schlief, wenn sie bei mir in meinem Arm liegen durfte. Wegen ihrer Behinderung war es ihr nicht bewusst, die Tochter eines Kriegsverbrechers zu sein, und so blieben ihr wenigstens diese Schmach und dieser Schmerz erspart. Sie wurde 27 Jahre alt und starb in der Klinik Gabersee bei Wasserburg / Inn.

Wenige Tage vor der Flucht verlor meine Mutter durch eine weitere Fehlgeburt den ersehnten Sohn.

Knapp zwei Jahre nach unserem Einzug in Comthurey mussten wir fliehen. Meine Eltern hatten »für alle Fälle« schon Zyankalikapseln für die ganze Familie besorgt. Als die Russen nur noch circa neun Kilometer vor Comthurey standen, erlaubte mein Adoptivvater endlich unsere Flucht nach Bayern. Er selbst war in Berlin unabkömmlich. Meine Mutter hatte die Flucht vorbereitet.

Sie ließ Vorräte für den langen Weg, Kleidung und Wertgegen-

Heilwig Hadwiga Weger, 1949

stände auf einem Lastwagen verstauen. Für meine Großmutter, die sie kurz vorher aus Bayern nach Mecklenburg geholt hatte, kam ein kleiner Sessel auf den Lkw. Wir Kinder bekamen jedes einen Brustbeutel umgehängt, der die Geburtsurkunde und die Adresse von Brünings-Au enthielt. Wir saßen bzw. lagen auf Kleidungs- und Lebensmittelpaketen und freuten uns sogar, wieder nach Bayern zu kommen. Wir ahnten nicht, welche Strapazen und Gefahren auf dem weiten Weg über Dresden und Böhmen zu bewältigen waren. Erst nach Tagen landeten wir bei Freunden im Chiemgau.

Als wir nach der Flucht wieder in Brünings-Au einziehen konnten, begannen Hausdurchsuchungen und Plünderungen, immer begründet mit der Suche nach meinem Adoptivvater. Dieser war jedoch in der Nähe von Bremen untergetaucht. Wir wussten zu dieser Zeit nicht, wo er sich befand. Besonders ich wurde zur Zielscheibe, da viele hofften, ihn durch mich aufzustöbern. Die Burschen aus der Nachbarschaft quälten mich auf dem Schulweg und bewarfen mich mit Steinen. Im Mai 1946 wurde Oswald Pohl gefangengenommen.

Danach begannen die Nürnberger Prozesse. Das Urteil stufte ihn als einen der Hauptschuldigen ein und man verurteilte ihn zum Tode. Er wurde nicht wie die anderen Hauptkriegsverbrecher in Nürnberg hingerichtet, sondern zunächst in das Gefängnis »War Criminal Prison« nach Landsberg gebracht, wo die Hinrichtung am 7. Juni 1951 nach jahrelangem juristischen Hin und Her und vergeblichen Gnadengesuchen erfolgte.

Als ich am Tag darauf in die Schule nach Halfing ging, wusste ich davon nichts. Dort erfuhr ich von den Mitschülern, dass das Urteil vollzogen worden war. Zugleich aber sagten sie, dass ich wohl trotzdem in die Schule gekommen wäre, weil Oswald Pohl ja nicht mein richtiger Vater sei. Bei der Rückkehr meiner Mutter aus Landsberg nach Brünings-Au brach ich mit diesem neuen Wissen heulend am Esstisch zusammen. Erst einmal versuchte meine Mutter eine Erklärung mit der Adoptivurkunde und anderen Papieren, in denen Oswald Pohl als mein leiblicher Vater aufgeführt ist. Glauben aber wollte ich ihr in dieser Sache nicht mehr. Doch es dauerte weitere sechs Jahre, bis mir meine Mutter meine wahre Geschichte erzählte: Im Jahr 1957 war ich nach einem Blinddarmdurchbruch dem Tode nah, und das Krankenhaus bat meine Mutter zu kommen. Sie fragte mich, ob ich einen Wunsch hätte. Da sagte ich nur: »Mein Vater.« So durfte ich mit 19 Jahren noch meinen leiblichen Vater kennen- und lieben lernen. Es blieben uns nur etwa zwei Jahre für wöchentliche Treffen, bis er an Lungenkrebs starb.

In den Jahren nach der Urteilsvollstreckung war ich zunächst in ein katholisches Internat gekommen, um dort die Mittelschule für Mädchen besuchen zu können – als »Kriegsverbrecherkind« wurde mir in Rosenheim der Besuch einer höheren Schule nicht gestattet, obwohl ich gute Noten hatte. Selbst die Vorsprache meiner Mutter im Kultusministerium München in dieser Angelegenheit war erfolglos. Im Internat fühlte ich mich sehr unglücklich. Auf der einen Seite war ich das Kind eines hingerichteten Vaters, auf der anderen Seite glaubte ich meiner Mutter nicht mehr und wollte unbedingt wissen, wer mein richtiger Vater war. Dazu kam, dass ich ungetauft war. Erst viel später erfuhr ich, dass die »Lebensborn«-Kinder im Ritual einer »Namensweihe« formal in die »SS-Sippengemeinschaft« aufgenommen worden waren. Schon in Halfing hatte ich mit großem Interesse sowohl den katholischen als auch den evangelischen Religionsunterricht besucht. Da die übrige Familie evangelisch war, wurde ich auf die Konfirmation vorbereitet. Dieser Umstand erleichterte mir meine Situation in einem katholischen Internat nicht in einer Zeit, in der Ökumene noch ein Fremdwort war.

Und dann glaubte auch noch eine Nonne aus unserem Freundeskreis, mich über meinen Geburtsort Steinhöring aufklären zu müssen: »Da zeugten große, blauäugige, blonde Männer Kinder«, sagte sie mir. Jetzt war ich völlig durcheinander und verstört. Ich wurde sehr krank, bekam hohes Fieber, geschwollene Gelenke und blaue Beulen an den Extremitäten. Ich konnte ein Jahr nicht zur Schule gehen und verbrachte dieses Jahr mit schwerstem Gelenkrheumatismus in diversen Krankenhäusern.

Für sich selbst, meine Schwester Dörthe und mich hat meine Mutter niemals finanzielle Hilfe bekommen, sodass sie meine Krankenhausaufenthalte von ihrem Verdienst als freischaffende Grafikerin finanzieren musste. Lediglich ein kleiner Teil der Rechnungen wurde durch eine private Krankenkasse übernommen. Wenn meine Mutter die Kosten nicht mehr bezahlen konnte, holte sie mich wieder nach Hause. Nach diesem Jahr durfte ich eine private Handelsschule in München besuchen, die ich mit Mittlerer Reife abschloss. Anschließend arbeitete ich mehrere Jahre als Stenotypistin und später als Chefsekretärin. Mehrere Male war für mich die Tatsache, dass man mich auf meinen »Verbrechervater« ansprach und verächtliche Bemerkungen machte, ein Anlass, die Arbeitsstelle zu wechseln.

Zu dieser Zeit war unsere Familie – unsere Mutter, die beiden älteren Halbgeschwister, Dörthe und ich – endlich wieder in einem Reihenhaus in München vereint (das meinen Halbgeschwistern gehörte), nachdem wir die Jahre vorher durch Beruf, Ausbildung und Schule nicht zusammenleben konnten. Meine Mutter sorgte mit ihrer Grafik für unseren Lebensunterhalt.

Heilwig Hadwiga Wegers Mutter, 1962

Dörthe brauchte ganztägige Betreuung, sodass wir eine Haushaltshilfe hatten. Kurze Zeit später wurde meine Halbschwester Linde auf einer Fahrradtour von einem betrunkenen Autofahrer tödlich überfahren. Sie war 22 Jahre alt und hat nach ihrer Ausbildung als Fotografin mit meiner Mutter in der Werbebranche zusammengearbeitet. Für meine Mutter war dies der härteste Schlag ihres Lebens und sie überwand diesen schrecklichen Verlust nie.

Meine Großmutter zog von Brünings-Au nach Halfing. Ich hatte viel Kontakt mit ihr, besonders nachdem meine Mutter, Dörthe und ich wieder nach Brünings-Au zurückgekehrt waren. In dieser Zeit war ich froh, dass ich meine Mutter mit einem Teil meines nicht sehr hohen Gehaltes unterstützen konnte.

Beim gemeinsamen Mittagstisch in einem der Gasthöfe in Halfing freundete sich die Großmutter mit meinem späteren Schwiegervater an. Seine Lunge war aus dem Ersten Weltkrieg stark geschädigt. Als er plötzlich wegen eines Blutsturzes ins Krankenhaus gebracht wurde, bat man mich, seinen Sohn zu verständigen, dessen

Adresse und genauen Wohnort und ihn selbst ich aber nicht kannte. Zum Glück konnte er mit Hilfe der Polizei gesucht und verständigt werden. Wir begegneten uns das erste Mal, als er sich für meine Hilfe bedanken wollte, die es ihm ermöglicht hatte, seinen Vater am Abend vor seinem Tod noch zu sehen und sich von ihm verabschieden zu können. Richard Weger, Jahrgang 1926, war damals geschieden und alleinerziehender Vater. Seine Frau hatte ihn verlassen und einen in die Ehe mitgebrachten und den gemeinsamen Sohn bei ihm zurückgelassen. Die beiden Söhne waren elf und 15 Jahre alt, also nicht gerade im einfachsten Alter. Wir heirateten 1967 und ich kam erstaunlich gut mit den beiden Jungen zurecht. Als dann im Jahr nach unserer Hochzeit unser erster eigener Sohn zur Welt kam, waren wir überglücklich.

Meine Mutter jedoch fiel in immer tiefere Depressionen und nahm sich, als unser Tobias gerade sechs Wochen alt war, 1968 das Leben. Durch meine Heirat fühlte sie sich wohl völlig verlassen, zumal sie zeitweilig mit der Betreuung von Dörthe nicht mehr zurechtkam. Wieder überkamen mich wie schon so oft davor entsetzliche Schuldgefühle: Hätte sie mich zur Adoption freigegeben, wäre ihr Leben in ganz anderen Bahnen verlaufen und ihr viel Leid erspart geblieben.

Erst wenige Tage vor ihrem Tod führte sie ein langes, vertrauensvolles Gespräch mit mir über vieles, was sie in ihrem und unserem gemeinsamen Leben belastet hatte. »Du kennst mich und mein Leben am besten«, sagte sie. Dann sprach sie darüber, dass sie den entsetzlichen Tod ihrer Freundin Grete Bloch und anderer jüdischer Bekannter aus ihrer Zeit in Berlin, wo sie ihre Karriere als angesehene Grafikerin begonnen hatte, einfach nicht begreifen konnte. Vielleicht ist ihr auch in den letzten Jahren erst richtig klar geworden, in welche Gräuel Oswald Pohl verstrickt war. All das konnte meine Mutter wohl nicht mehr ertragen. Dazu kam ihre starke körperliche Behinderung. So hat sie leider nicht mehr erleben können, dass Tobias kein Einzelkind geblieben ist, sondern nach einigen Jahren Jörg und Cordula dazukamen. Es war die schönste Zeit in meinem Leben, wenn ich auch die viele Arbeit – Großfamilie, Hausbau und vor allem auch die Pflege meiner Schwiegermutter – nur mit äußerster Kraftanstrengung bewältigen konnte. Aber die Freude über die drei gesunden Kinder war für uns Eltern unendlich groß. Nach 37 sehr glücklichen Ehejahren starb 2004 mein Mann, ein unendlich schwerer Verlust.

Die jüdischen Freunde meiner Mutter haben nach dem Krieg, soweit sie diese entsetzliche Zeit überlebt hatten, die Freundschaft mit meiner Mutter und somit auch mit mir wieder aufleben lassen. Noch Jahre nach dem Tod meiner Mutter hatte ich mit ihnen eine innige Bindung, in die auch meine Kinder einbezogen waren.

Es ist für mich bis zum heutigen Tag unfassbar, dass der für mich in den Kindertagen liebevolle Vater an nationalsozialistischen Verbrechen in führender Position beteiligt war. Erst nachdem meine Söhne nach und nach im Geschichtsunterricht über die von den Nazis begangenen Verbrechen erfuhren, habe ich angefangen, darüber zu lesen, nachzufragen und zu reden. Dann erfuhr ich durch die Lebensgeschichte von Gisela Heidenreich in ihrem Buch »Das endlose Jahr«, dass auch andere Menschen unter der Geburt in einem Heim des »Lebensborn e. V.« zu leiden hatten.

Nachdem auch meine heranwachsenden Kinder begannen, sich für die Familiengeschichte zu interessieren, entschloss ich mich, mit Hilfe der Journalistin Dr. Dorothee Schmitz-Köster, meine Erinnerungen aufzuarbeiten. Die Autorin ergänzte meine eigenen Erzählungen mit umfangreichen Informationen aus den Archiven. Im Jahr 2007 erschien das Buch »Kind L 364 – Eine Lebensborn-Familiengeschichte« im Rowohlt Verlag.

Anmerkung

1 Vgl. Wolfgang Alexander Schocken: Wer war Grete Bloch?, in: Exilforschung 4, 1986, S. 96 f.

»Geschenke gibt's, wenn deine Mutter kommt. Mutter kam nie.«

Barbara Krähmer

Im Juni 1941 wurde ich durch eine Mitarbeiterin der Nationalsozialistischen Volkswohlfahrt NSV in das Dorf Tautenburg gebracht. Sie hatte mich in Jena bei einer »arischen« Familie, die mich eigentlich adoptieren sollte, in Empfang genommen und an Frau F. übergeben. Frau F., nunmehr meine »Pflegemutter«, ersparte sich durch die Aufnahme eines Kindes die Arbeit in der Rüstungsproduktion. Außerdem war ich, geboren in einem »Lebensborn«-Heim, eine »gute Partie«. Die Familie F. erhielt eine komplette Ausstattung für ein Kind, also Kleidung, Bett, Kinderwagen und finanzielle Zuwendungen. Schließlich sollten sie ein Kind »guten Blutes« großziehen.

Aber all das habe ich erst im Laufe von Jahrzehnten erfahren.

Meine Pflegemutter beschrieb später einmal meinen Zustand bei der Ankunft folgendermaßen: »Du warst viel kleiner, als dein Lebensalter erwarten ließ, konntest noch nicht essen und lagst nur still im Bett. Ein Lächeln haben wir in den ersten Wochen bei dir nicht gesehen.«

Während meines späteren Pädagogikstudiums habe ich erfahren, dass man dieses Verhalten bei Kindern, die als Säugling keinen liebevollen Umgang erfahren haben, Hospitalismus nennt.

Am 7. November 1940 war meine Mutter Else O. im »Lebensborn«-Heim »Harz« in Wernigerode angereist, am 11. November 1940 wurde ich dort geboren. »Ausgerechnet vor dem Mittagessen«, sagte meine Mutter später einmal, und ich weiß nicht, ob das ein Scherz war, denn ich habe mir im Laufe meiner Jugend viele Vorwürfe anhören müssen. Es sei eine schöne Zeit gewesen, viel Ruhe, gutes Essen, angenehme Beschäftigungen und wenig Arbeit mit dem Kind.

Wie sie hochschwanger nach Wernigerode gekommen war, hat sie

Lebensbornheim Wernigerode, 1940

mir nie erzählt, nur einmal erwähnte sie, dass mein Vater – vielmehr mein Erzeuger – sie eigentlich habe bringen wollen, dann aber doch keine Zeit hatte. Meine Fragen nach seinem Aussehen hat sie nur vage beantwortet. Er war groß und hatte dunkle Haare. Das war alles. Er leugnete die Vaterschaft und wurde erst in einem Vaterschaftsprozess dazu verurteilt, mein Vater zu sein. Da ich nicht die geringste Ähnlichkeit mit meiner Mutter habe, hätte vermutlich ein »Ähnlichkeitstest« mit ihm gereicht. Das Gericht verurteilte ihn, weil er aufgrund seiner Blutgruppe als Vater in Frage kam. Dieses Urteil habe ich erst nach dem Tode meiner Mutter beim Aufräumen gefunden.

Meine Mutter war bei meiner Geburt erst 22 Jahre alt und war seit ihrem 15. Lebensjahr allein in einem Heim gewesen. Sie hatte noch zwei ältere Halbbrüder, die mit sich selbst beschäftigt waren und sich nicht um sie kümmerten. Ich habe nie erfahren, ob sie wussten, wo ich geboren wurde. Meine Mutter war als absolute Anhängerin der Nationalsozialisten BDM-Führerin gewesen. Einer ihrer späteren Vorwürfe mir gegenüber bezog sich auf die Tatsache, dass sie als ledige Mutter nicht in der BDM-Führung bleiben durfte, sie musste nach ihrer Rückkehr aus Wernigerode am 19. Dezember 1940 als Mitarbeiterin bei der Nationalsozialistischen Volkswohlfahrt (NSV) tätig werden.

Mich hatte sie in Wernigerode zurückgelassen und zur Adoption freigegeben. Aber das habe ich erst erfahren, als ich nach 2000 begann, Einsicht in Unterlagen zu nehmen. Sie hatte sich in Erfurt ordnungsgemäß abgemeldet und am 19. Dezember 1940 zurückgemeldet – ohne Kind. Das blieb nur eine kleine Lücke im Lebenslauf. Über all diese Dinge war sie nie bereit mit mir zu sprechen. Sie konnte sich dann einfach nicht mehr erinnern.

Sie erzählte mir aber im Laufe der Jahre, dass sie selbst ein tragisches Schicksal hatte. Meine Großmutter war nach ihrer Scheidung vom Vater der Halbbrüder meiner Mutter wieder schwanger geworden. Eine uneheliche Schwangerschaft war 1918 eine Schande, und meine Mutter erhielt den Mädchennamen der Großmutter. Nur mit Putzen brachte die Großmutter sich und ihr uneheliches Kind durch. Meine Großmutter beging schließlich Selbstmord und meine Mutter hat sie gefunden. Daran erinnerte sie sich sehr gut. Sie beschrieb mir, dass sie ihre Mutter an deren Putzstellen gesucht hat, als diese einmal nicht nach Hause kam. Sie fand sie schließlich mit dem Kopf in einem Gasofen. Ich kann mir vorstellen, wie sich eine Fünfzehnjährige in einem solchen Moment fühlt. Nach dem Tod ihrer Mutter wurde sie herumgestoßen, bis sie erwachsen war.

Die Nazis haben meine Mutter nach Heimaufenthalt und Pflegeeltern aufgefangen, und ich hätte absolutes Verständnis gehabt, wenn sie meine Geburt im »Lebensborn«-Heim mit den schwierigen Familienverhältnissen begründet hätte. Sie war jedoch stolz darauf, dass sie in ein »Lebensborn«-Heim »durfte« und trauerte diesen Zeiten noch als alte Frau nach.

Sie erzählte meinem Mann und mir auch, dass sie sich am Kriegsende für ein halbes Jahr auf dem Lande versteckt habe. Warum, hat sie nicht erklärt. »Die haben mich nicht gefunden« – das war ihre einzige Aussage dazu.

In einer Zeit, in der es kaum etwas zu essen gab, hatte ich das Glück, dass mich meine Pflegeeltern behielten, obwohl deren erwachsene Kinder (die hatten inzwischen auch Kinder) ihre Eltern immer wieder aufforderten, den »Wanst« endlich wieder abzugeben. Das brachten meine Pflegeeltern nicht fertig, vor allem in meinem Pflegevater hatte ich einen Fürsprecher. Seine Kinder warfen ihm immer wieder vor, dass er sich mit dem »Wanst« viel zu viel »Mähre« (Thüringer Ausdruck für »Mühe«) mache.

Die Wohnung meiner Pflegeeltern umfasste nur eine Wohnküche, in der sich alles abspielte, und zwei kleine Zimmer, durch die man gehen musste, wenn man aufs Klo wollte. Dabei handelte es sich um ein Plumpsklo, vor dem ich jahrelang Angst hatte, weil man tief nach unten sehen konnte. Ich wurde aber einfach ausgelacht.

Lediglich die älteste Tochter der Pflegeeltern ging freundlich mit mir um, sie wohnte auch nicht mit im Haus, sie war Kriegswitwe und musste sich mit zwei Kindern durchs Leben bringen. Das war äußerst schwierig, vor allem weil der Junge, der so alt war wie ich, am Downsyndrom litt. Aber aus Angst, dass man ihr das behinderte Kind wegnehmen würde, behauptete sie immer, dass er während der Geburt zu wenig Sauerstoff bekommen habe. Er ist inzwischen 73 Jahre alt und lebt immer noch. Meine Pflegeschwester nahm mich auch mit nach Jena zu einem Professor Ibrahim, bei dem ihr Sohn in Behandlung war. Er stellte fest, dass ich ein zu großes Herz hatte, und verordnete Ruhe. Das war viel verlangt von einem zehnjährigen Kind, das sich selbst überlassen ist. Die Herzprobleme blieben mir ein Leben lang. Von Zeit zu Zeit fuhr meine Pflegemutter zu ihrer Tochter nach Naumburg und nahm mich mit. Der Bahnhof in Dorndorf unterhalb der Dornburger Schlösser war fünf Kilometer entfernt, wenn man den Weg über den Berg benutzte, sehr weit für ein kleines Mädchen. Meine Pflegemutter erzählte mir, dass sie mich streckenweise tragen musste.

Ich erinnere mich an diese Reisen, vor allem aber an eine Bombennacht in Naumburg, als die Innenstadt zerstört wurde. Wir Kinder lagen in einer Badewanne, die Geräusche machten uns große Angst. Das ist wohl auch der Grund, warum mir alles im Gedächtnis blieb. Ich erinnere mich auch an eine Heimreise mit der Eisenbahn: Der Zug hielt auf offener Strecke, wir mussten alle aussteigen und lagen neben dem Zug im Graben. Meine Pflegemutter legte sich über mich und dann kamen die Tiefflieger und beschossen uns mit Maschinengewehren. Als wir später wieder einstiegen, blieben einige Leute liegen.

Auch über Tautenburg flogen die Flugzeuge, wir Kinder nahmen sie nicht ernst und rannten von Hof zu Hof, da erlebte ich meinen Pflegevater zum ersten Mal richtig böse. Er kam gerade von der Brandwache auf der Bastei, die ständig von Männern des Dorfes gehalten werden musste. Viel später erhielt ich die Bestätigung, dass meine Erinnerungen korrekt waren. In einem Brief von Ricarda Huch heißt es: »Hier [in Tautenburg] ist es sehr schön [...], nur leider sind den ganzen Tag die Flieger da und des Nachts sitzen wir in der Küche, weil wir uns fürchten.« Die Dichterin war vom 20. März 1945 bis zum 21. Mai 1945 in Tautenburg, dem Ort, den auch der Philosoph Nietzsche zeitweilig als Aufenthaltsort wählte. Über Jahrzehnte war Tautenburg eine beliebte Sommerfrische für Künstler und Denker. Selbst Goethe beschrieb das Dorf als »Ort inmitten schöner Wälder, eine halbe Stunde abseits von Dornburg«.

Mit dem Ende des Krieges wurde der Druck der beiden Tautenburger Pflegeschwestern, den »Wanst« wieder abzugeben, größer. In der kleinen Wohnung im »Paradies« war es eng, immerhin lebten hier bis zu acht Personen. Die Pflegeschwestern bekamen hier ihre Kinder und ich erlebte jede Geburt mit. Seit ich aus dem Kinderbett herausgewachsen war, schlief ich zwischen meinen Pflegeeltern auf der »Besuchsritze«, ein eigenes Bett bekam ich erst, als ich zwölf war. Da waren die Pflegeschwestern ausgezogen und ich bekam die Bodenkammer. Anfangs habe ich mich gefürchtet, aber dann gewöhnte ich mich an Mäuse und unheimliche Geräusche und genoss es, einen Raum für mich zu haben.

Ich erinnere mich an die Einschulung. Die Zuckertüte enthielt fünf dunkle Brötchen, zu dieser Zeit eine Rarität, meine Pflegemutter hatte sie wegen der Einschulung bekommen. Ich war glücklich und fragte ganz vorsichtig, ob ich die Brötchen allein essen dürfe. In jener Zeit drehte sich ohnehin alles ums Essen. Meine Pflegemutter hatte während des Krieges immer mal wieder italienischen Fremdarbeitern etwas zu essen gegeben. Die konnten sich dann im Vorsaal hinsetzen – in die Wohnung durften sie nicht –, sie erhielten die Essensreste und meine Gesellschaft, die ihnen offensichtlich gefiel. Einer der Fremdarbeiter schickte nach dem Krieg eine Kasserolle mit Fett für »das Kind«. Davon lebte dann die ganze Familie eine Weile.

Mein Pflegevater bekam als Forstarbeiter Deputatholz. Das wurde zurechtgeschnitten und zu Bauern gebracht im Tausch gegen Getreide, manchmal auch nur Kleie. Die Kleie wurde nochmals gemahlen und zu »Plätzen« direkt auf der Herdplatte gebacken oder es wurde eine Schleimsuppe gekocht. Das Holz für den eigenen Bedarf sammelte meine Pflegemutter mit einem Korb auf dem Rücken. Als ich noch klein war, durfte ich mich auf dem Weg in den Wald in den Korb setzen. Im Wald musste ich neben dem Korb warten. Das wurde mir im Herbst 1945 zu langweilig und ich wollte meine Pflegemutter suchen. Aber der Wind heulte, rufen nützte nichts und ich lief immer weiter. Meine Pflegemutter rannte ins Dorf und alle halfen suchen, die Sirene heulte, die Glocken wurden geläutet. Inzwischen war es dunkel. Irgendwann traf ich auf ein Fuhrwerk, das auf dem Heimweg ins Nachbardorf war. Der Bauer fuhr zurück nach Tautenburg und Sirene und Glocken gaben Entwarnung. Dieses Ereignis wurde mir immer wieder vorgehalten, wenn ich in späteren Jahren nach Tautenburg kam.

Ein Grund, weshalb meine Pflegeeltern mich behielten, waren meine guten Zensuren. Die Einsen waren selbstverständlich. Tautenburg hatte zu dieser Zeit eine Zweiklassenschule, die 1. bis 4. Klasse und die 5. bis 8. Klasse wurden zusammen unterrichtet. In der Schule war es ab der 3. Klasse üblich geworden, dass ich die »Kleinen« beaufsichtigte, während die Lehrerin die 3. und 4. Klasse unterrichtete. Die Bedingungen für unseren Unterricht waren armselig. Es gab nur wenige alte Bücher, kein Papier. Wir benutzten alle möglichen Papierreste und die gute alte Schiefertafel noch in der 4. Klasse. Aber jetzt gab es wenigstens Schulbücher und wir saßen nicht mehr alle gleichzeitig in einem Klassenraum, es wurde Schichtunterricht eingeführt. Der Blockunterricht blieb auch in der 5. Klasse und in der 6. Klasse. Als ich erfuhr, dass ein anderer Junge aus dem Dorf jetzt die Schule in Dorndorf besuchte, beschloss ich, das auch zu tun. Ich ging zum Schulleiter der Dorndorfer Schule und teilte ihm mit, dass ich mit Beginn der 7. Klasse nun auch in seine Schule kommen würde. Als ich ihm sagte, dass meine Mutter weit weg sei und meine Pflegeeltern sicher einverstanden wären, gab auch er sein Einverständnis. Also wechselte ich ganz unbürokratisch die Schule. Der Schulweg (circa fünf Kilometer durch den Wald) war für mich zunächst kein Problem. Aber dann kam der Winter. Ausgerechnet in jenem Jahr waren die Temperaturen extrem und ich hatte nur sogenannte Igelitschuhe aus Kunststoff und einen Trainingsanzug. Bis ich in der Schule ankam, fror der Füller ein und ich war total unterkühlt. Aber wie immer in meiner Kindheit gab es Menschen, die mir halfen. Ich konnte mit dem Milchauto morgens nach Dorndorf fahren und oftmals wurde ich auf dem Heimweg, wenn der Schnee für den Weg durch den Wald zu hoch war, von vorbeifahrenden Autos – ob Holzvergaser oder Leichenwagen – mitgenommen.

Seit ich lesen konnte, war ich immer auf der Suche nach Büchern. Systematisch borgte ich mir von Tautenburger Bewohnern Bücher, vor allem bei einer Pfarrersfamilie Högner. Frau Högner sprach mit mir über die Bücher, die ich gelesen hatte. Meine Pflegeltern legten Wert auf ein gutes Verhältnis zum Pfarrer, weil meine Pflegemutter die Kirche reinigte und nicht auf diesen kleinen Nebenverdienst verzichten wollte, da mein Pflegevater im Forst nicht viel verdiente. Also wurde ich schließlich getauft, obwohl meine leibliche Mutter aus der Kirche ausgetreten war. Im Religionsunterricht hatte der Pfarrer große Probleme mit mir, da ich ihm immer wieder versicherte, dass ich die Bibel für ein Märchenbuch halte. Einmal drehte er mir das Ohrläppchen so derb um, dass meine Pflegemutter mit mir zum Arzt musste, das Ohr wurde genäht. Friedlich war ich nur, wenn der Unterricht vertretungsweise von Pfarrer Högner übernommen wurde, vor ihm hatte ich Respekt und er hatte eine andere Art, die Geschichten aus der Bibel zu interpretieren. Er hat mich 1955 auch konfirmiert, die Jugendweihe gab es damals noch nicht.

Die negative Einstellung zur Kirche hatte ich meinem Pflegevater zu verdanken. Er war in die SED eingetreten, gegen den Willen meiner Pflegemutter, die den Nationalsozialisten noch lange nachgetrauert hat.

Als ich mit Beginn der 7. Klasse nach Dorndorf in die Schule ging, konnte ich endgültig machen, was ich wollte. Es gab auch keine Probleme, wenn ich bei schlechtem Wetter bei einer Schulfreundin übernachtete, oder wenn es bei einer Veranstaltung spät wurde. Meine Pflegeeltern waren zufrieden, wenn ich am nächsten Tag wieder auftauchte. Da die Zahlungen meiner Mutter manchmal nicht pünktlich (oder gar nicht) kamen, wies meine Pflegemutter mich darauf hin, dass sie mir eigentlich gar nichts zu essen geben müsse. Das hat mir großen Kummer gemacht. Auch Weihnachten hieß es: »Geschenke gibt's, wenn deine Mutter kommt.« Aber die kam nicht. Ich saß im Vorsaal auf einer Treppe, von der aus man die Gartentür sehen konnte, und hoffte. Irgendwann schickte mich meine Pflegemutter dann ins Bett.

Kurze Zeit nach meinem Wechsel an die Dorndorfer Schule wurde ich zur Feier des 5. Jahrestages der Pionierorganisation nach Berlin geschickt. Das war ein großes Erlebnis. Wir wohnten in der gerade fertig gewordenen Stalinallee, bewunderten Fahrstühle, Müllschlucker etc. und glaubten uns in einer anderen Welt. Wir sahen das Ballett »Dornröschen« und erlebten unseren Präsidenten Wilhelm Pieck persönlich im Haus der Ministerien. Als ich zurückkam, stellte meine Pflegemutter nur fest: »Da bist du ja wieder.« Ähnlich war es, als mir in der Uniklinik Jena die Mandeln entfernt werden mussten. Ich fuhr allein hin, bekam keinen Besuch, fuhr mit dem Bus zurück und meine Pflegemutter sagte: »Da bist du ja wieder.« Auch von meiner Mutter gab es keine Reaktion, ich weiß bis heute nicht, ob sie überhaupt wusste, wie ich lebte.

Mit dem Abschluss der 8. Klasse (mit Auszeichnung und Extraurkunde, auf dem Zeugnis waren nur Einsen) teilte mir meine Pflegemutter mit: »Es wird Zeit, dass du gehst.« Sie brachte mich mit meinen wenigen Kleidungsstücken zum Bahnhof und ich fuhr nach Er-

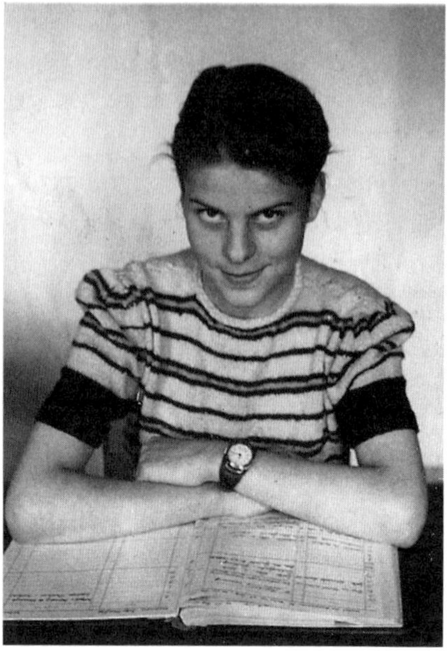

Barbara Krähmer, 1952/53

furt zu meiner Mutter. Die lebte inzwischen mit einer Freundin zusammen und ich musste erst einmal lernen, mich wie ein »zivilisierter Mensch« zu benehmen – so wurde mir das gesagt. Ich erfuhr nun auch, dass die Dorndorfer Schule bewirkt hatte, dass ich in ein Internat kam, in die Salzmannschule in Schnepfenthal.

Mit Beginn der 9. Klasse lieferte mich meine Mutter dort ab. Das war die erste persönliche Aktion, die meine Mutter mir angedeihen ließ. Schließlich wurde sie mich damit erneut los. Der Besuch der Salzmannschule war das Beste, was mir passieren konnte. Die Internatsschule war 1784 von Christian Gotthilf Salzmann als Erziehungsanstalt gegründet worden. Die Schüler kamen aus allen Teilen Deutschlands. Während der DDR-Zeit war die Schule »Erweiterte Oberschule« und führte zum Abitur. In den vier Jahren dort habe ich mich erstmals in meinem Leben sehr wohlgefühlt, lediglich die Heimfahrwochenenden waren ein Problem. Meine Mutter ließ mich von Zeit zu Zeit durch die Schulleitung auffordern, nach Erfurt zu kommen. Ich hatte wenig Lust, zu ihr und ihrer Freundin zu fahren.

Während der Ferien habe ich immer gearbeitet, im Herbst bei einem Bauern in Erfurt-Hochheim, im Winter bei der Paketpost, in den Sommerferien war ich im Ferienlager der Optima Erfurt in Rathsfeld am Kyffhäuser als Küchenhilfe tätig. Das so verdiente Geld brauchte ich für Kleidung und Schulbücher, von meiner Mutter bekam ich nur 10 Mark Taschengeld monatlich, davon musste ich alles bestreiten. Ein Kinobesuch z. B. war Luxus.

Nach dem Abitur wollte ich Lehrerin werden für die Fächer Deutsch und Geschichte. Meine Bewerbung an der Universität Jena hatte Erfolg, ich wurde zugelassen und freute mich auf das Studium in Jena. Allerdings bekam ich als Angestelltenkind nur 140 Mark Stipendium. Auch wenn das Studentenwohnheim nur 10 Mark im Monat kostete, würde ich die finanzielle Hilfe meiner Mutter brauchen. Neben dem Studium zu arbeiten war in der DDR nicht üblich, das gab es nur in den Semesterferien.

Ich wusste nicht, dass meine Mutter längst entschieden hatte, dass aus dem Studium nichts wird. Sie hatte mich in Jena abgemeldet und mit Hilfe ihrer Kontakte aus der Nazizeit eine Lehrstelle als Schneiderin für mich gefunden. Ich hatte keine Wahl, also begann ich die zweieinhalbjährige Lehre. Praxis und Theorie fielen mir leicht, daher wurde mir ein Jahr Ausbildung erlassen. Während der Lehrzeit hatte ich bei einer FDJ-Veranstaltung meinen späteren Mann kennengelernt. Das Zusammenleben mit meiner Mutter und ihrer Freundin wurde immer schwieriger. Sie erlaubten mir mit 19 Jahren nicht, länger als bis 21 Uhr wegzubleiben. Ich wäre gern ausgezogen, aber es war in der DDR in den 1950er Jahren nicht möglich, ein Zimmer zu bekommen und ich hätte die Lehre abbrechen müssen.

Die Lösung war dann ganz einfach: Meine spätere Schwiegermutter nahm mich auf und ich heiratete dann sehr jung im Frühjahr 1961, unmittelbar nachdem ich die Facharbeiterprüfung als Schneiderin für Mäntel und Kostüme bestanden hatte. Im Betrieb wurde ich sofort gefördert, ich kam in die Musterabteilung und wurde zur Schnittkonstrukteurin ausgebildet. Aber meinen Plan, Lehrerin zu werden, hatte ich nicht aufgegeben. Allerdings gab es ein Problem: Im April 1962 wurde mein Sohn geboren und ein Studium mit Kind war nur am Wohnsitz in Erfurt aussichtsreich, also bewarb ich mich an der Pädagogischen Hochschule Erfurt. Hier war wiederum für das Fach Deutsch nur die Kombination mit Kunsterziehung möglich, aber das wollte ich nicht. Also nahm ich die Kombination Mathematik / Physik und das war gut so.

Meine Kenntnisse im Nähen haben mir während der ganzen DDR-Zeit geholfen. Auch mein Mann hatte vor dem Lehrerstudium einen Beruf erlernt: Er war Kfz-Schlosser und dass wir es schafften, relativ schnell ein Auto zu haben – auch wenn es alt war –, war seinem Fleiß zu verdanken.

1964 waren wir mit unserem Sohn in meinem Geburtsort Wernigerode, in einem Ferienheim des FDGB, des Freien Deutschen Gewerkschaftsbundes. Meine Frage an den Heimleiter nach der Adresse in meiner Geburtsurkunde: »Brockenweg 1«, löste eine erstaunliche Reaktion aus: Er schob mich in das Heimleiterzimmer und gab mir den »guten« Rat, niemandem zu erzählen, dass ich dort geboren sei. Ich hatte die vage Vorstellung, dass das etwas mit den Nazis zu tun hatte. Aber wegen Studium und Kleinkind stand mir der Sinn nicht nach Nachforschungen. Ich hatte noch losen Kontakt zu meiner Mutter und auf meine Frage nach meiner Geburt bekam ich die Antwort: »Das verstehst du nicht!« Damit war die Sache für mich erledigt. Nach dem Studium wurde ich von meinem ehemaligen Betrieb als Berufsschullehrerin eingestellt. Alles lief zu meiner Zufriedenheit. Ich hatte jetzt das, was ich mir immer gewünscht hatte: eine Familie. Wir hatten beide gute Arbeitsstellen, mein Mann war auch Lehrer. 1975 bekamen wir eine Neubauwohnung über meinen Betrieb.

Aber schließlich fanden wir in Rudolstadt ein renovierungsbedürftiges Einfamilienhaus. Inzwischen war unsere Tochter geboren. Ich habe nach der Geburt beider Kinder sofort wieder gearbeitet, die Kinder waren in der Krippe gut aufgehoben. Mit meiner Mutter hatte ich längst keinen Kontakt mehr.

Da weder mein Mann noch ich elterliche Unterstützung hatten, mussten wir beide arbeiten und bekamen beide in Rudolstadt eine Stelle als Lehrer an der Erweiterten Oberschule. Nach einem Jahr bekam ich das Angebot, wieder in die Berufsbildung zu wechseln. 1968 war ich nach dem Studium in die SED eingetreten, weil ich überzeugt war, dass dieser Staat, der mir meine gesamte Ausbildung ermöglicht hatte, der richtige war. Die Jahre waren geprägt von beruflichen Erfolgen mit mehrfacher Auszeichnung als Aktivist und die Ernennung zum Oberlehrer; aber auch dieser Titel verlor mit der Wende seine Gültigkeit.

Meine Angewohnheit, immer frei meine Meinung zu äußern, brachte mir seitens der Genossen manchen Rüffel ein, gefährdete aber nie meinen Arbeitsplatz oder meinen Aufstieg zur Stellvertreterin und dann zur Leiterin der Abteilung Berufsbildung / Berufsberatung beim Rat des Kreises. Als solche war ich die direkte Vorgesetzte meines Mannes, der zu diesem Zeitpunkt Direktor des Berufsberatungszentrums war.

1987 hatte ich nach einer Virusgrippe eine Herzmuskelentzündung, man wollte mich in Rente schicken. Dagegen habe ich mich erfolgreich gewehrt, musste aber regelmäßig zur Begutachtung. Im Frühjahr 1990 erhielt ich die Aufforderung, eine Kur in Bernau bei Berlin anzutreten. Dort angekommen, wurden wir abgeholt und nach Wandlitz gebracht. Wo ich war, begriff ich erst nach der Fahrt durch das Tor zum inneren Kreis. Ich hatte vorher wenig über Wandlitz gewusst, darüber wurde nur geflüstert. Zuletzt hörten wir in den Nachrichten, dass Wandlitz in eine Kureinrichtung umgewandelt wurde. Nun gehörte ich zu den ersten Kurpatienten.

Wir wohnten in den Häusern der ehemaligen ZK- bzw. Regierungsmitglieder, die früheren Bewacher waren jetzt Hausmeister. In vielen Gesprächen berichteten sie über das Leben in Wandlitz vor der Wende. So erzählten sie, dass es keinerlei freundschaftliche Beziehungen zwischen den Familien gab, dass sie immer nur in den separaten Zimmern des Clubhauses aßen bzw. sich das Essen bringen ließen. Ähnlich war es im Schwimmbad, vor allem Lotte Ulbricht kam zum Schwimmen, aber immer allein. Inzwischen war aus dem Haus der Ulbrichts die Bibliothek geworden. Die Einrichtung war nichts Besonderes, bei Handwerkern hatte ich schon Attraktiveres gesehen, viele ließen sich ja mit Westgeld bezahlen. Nur die Küchen, die sich im Keller befanden, bekamen wir nicht zu sehen, vermutlich weil sie zugleich Eingang in die unterirdischen Wege zum Bunker waren, so lautete das Gerücht.

Für jede größere ärztliche Untersuchung wurden wir nach Berlin gefahren, die Fahrbereitschaft mit ihren typischen Fahrzeugen der Prominenz gab es noch, also saß man dann ganz allein in einem großen Auto, z.B. einem Wolga. Besonders erfreulich war die Versorgung im Speisesaal, dem früheren Restaurant. Auch die Küchenmannschaft war noch da, unter den Serviererinnen waren ehemalige Verkäuferinnen aus dem Wandlitz-Laden. Alle diese Mitarbeiter berichteten über die alten Zeiten. So auch z.B., dass Minister Stoph sehr unfreundlich und daher auch sehr unbeliebt war, das galt aber nicht für Honecker. Auch die Trinkerei von Harry Tisch, dem damaligen Vorsitzenden des FDGB, war ein Thema; er hatte das neueste Haus bewohnt. In der letzten Woche meiner Kur kam meine Familie, man konnte für Angehörige eine Wohnung im »äußeren Ring« mieten, den früheren Unterkünften der Wachmannschaft. Das Gelände um Wandlitz war zum Radfahren geeignet, die Wege waren gepflegt, wurden aber von den Anwohnern nicht genutzt.

Nach der Rückkehr aus Wandlitz begann für mich das andere Leben nach der Wende, mit neuen Gesetzen, mit Einarbeitern aus dem Westen, unter denen auch mancher »Besserwessie« war. Die Berufsbildung in der DDR war immer unabhängig von der Volksbildung gewesen, nach der Wende wurde die Abteilung komplett von der Bundesanstalt für Arbeit übernommen. Für uns kamen schwierige Jahre. Nach Überleitungsverträgen wurden wir nach dem 3. Oktober 1990 in das Angestelltenverhältnis der Bundesanstalt übernommen. Aber im Gegensatz zu DDR-Richtlinien durften mein Mann und ich nicht mehr zusammenarbeiten. Also ging er in die Berufsberatung und ich in die Arbeitsverwaltung. Überstunden, Wochenendarbeit,

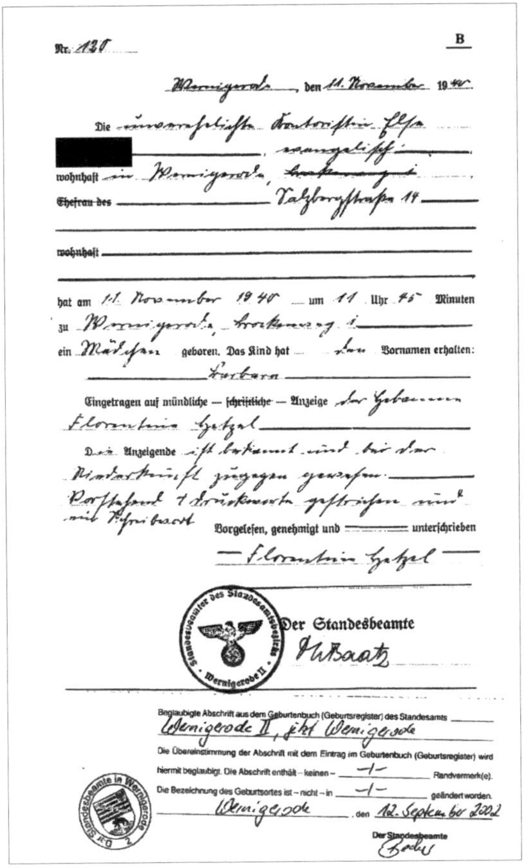

Nr. 120 B

Wernigerode, den 11. November 1940.

Die unverehelichte Kontoristin Elsa
[redacted], evangelisch,
wohnhaft in Wernigerode, ~~Brockenweg 1~~
~~Ehefrau des~~ Salzbergstraße 14

~~wohnhaft~~

hat am 11. November 1940 um 11 Uhr 45 Minuten
zu Wernigerode, Brockenweg 1
ein Mädchen geboren. Das Kind hat den Vornamen erhalten:
Barbara

Eingetragen auf mündliche — ~~schriftliche~~ — Anzeige der Hebamme
Florentine Getzel

Die Anzeigende ist bekannt und bei der
Niederkunft zugegen gewesen.
Vorstehend 4 Druckworte gestrichen und
ein Schreibwort

Vorgelesen, genehmigt und unterschrieben

Florentine Getzel

Standesbeamter des Standesamtsbezirks Wernigerode II

Der Standesbeamte

Baatz

Beglaubigte Abschrift aus dem Geburtenbuch (Geburtsregister) des Standesamts
Wernigerode II, jetzt Wernigerode

Die Übereinstimmung der Abschrift mit dem Eintrag im Geburtenbuch (Geburtsregister) wird hiermit beglaubigt. Die Abschrift enthält – keinen – –/– Randvermerk(e).

Die Bezeichnung des Geburtsortes ist – nicht – in –/– geändert worden.

Wernigerode, den 12. September 2002

Der Standesbeamte in Wernigerode

Der Standesbeamte

Becker

Barbara Krähmers Geburtsurkunde

die Kinder noch im Studium und ein noch immer im Bau befindliches Haus waren nicht so leicht unter einen Hut zu bringen. Das schaffte nur eine stabile Familie; die hatte ich.

Mit Eintritt in die Altersrente und mit Hilfe des Internet konnte ich mich dann endlich um meine Herkunft kümmern. Ich wollte wissen, was es mit dem »Lebensborn« auf sich hat. Also fuhren wir nach Wernigerode, und als ich im Standesamt nachfragte, wurde mir gesagt, ich sei »eine Echte«, nämlich tatsächlich ein in Wernigerode geborenes »Lebensborn«-Kind, nachzulesen in der Eintragung beim Standesamt 2. Wir sahen uns dann die Gebäude in der Salzbergstraße und am Brockenweg an. Der Geschichtsverein von Wernigerode hatte schon gute Vorarbeit zum Thema »Lebensborn« geleistet. Die Stadt plante eine Ausstellung in der Salzbergstraße, der ehemaligen Geburtsklinik. Ich erfuhr, dass sich 2002 in der Gedenkstätte Hadamar beim damaligen Leiter Georg Lilienthal »Lebensborn«-Kinder getroffen hatten. Ziel dieser Treffen war die gegenseitige Hilfe bei der Suche nach den Wurzeln. 2005 wurde dazu der Verein Lebensspuren e. V. in Wernigerode gegründet. Auch mir haben die von nun an jährlich dort stattfindenden Treffen wertvolle Hilfestellung bei der Suche nach meinem Vater gegeben, z. B. die richtigen Fragen an die richtigen Stellen zu richten. Inzwischen sieht dieser Verein seine Hauptaufgabe darin, aufzuklären und vor dem derzeitigen Rechtstrend zu warnen. Viele Mitglieder sind inzwischen freundschaftlich verbunden. Von 2011 bis 2016 gehörte ich dem Vorstand an.

Ich wusste, dass meine Mutter noch lebte – sie stand im Erfurter Telefonbuch –, und nach einem Treffen der »Lebensborn«-Kinder legte mir mein Mann ihre Telefonnummer hin. Ich verstand und rief an. Ihre ersten Worte waren: »Es tut mir leid.« Meine Fragen zum Vater beantwortete sie mit einem Namen. Mehr wisse sie nicht. Stück für Stück habe ich aus den Archiven erfahren, dass sie mich in Wernigerode zurückgelassen und zur Adoption freigegeben hatte. Ich kam zunächst nach Jena zu Leuten, die mich adoptieren sollten. Zuvor bekam ich vermutlich die »Namensweihe«, da der Kirchenaustritt meiner Mutter in diese Zeit fällt.

Erst nach dem Tod meiner Mutter habe ich Näheres über meinen »Vater« erfahren. Ich fand in ihrem Nachlass ein Gerichtsurteil. Ein Wilhelm H. wurde darin aufgrund der passenden Blutgruppe zu meinem Vater erklärt. Klägerin war ich, vertreten durch meinen Vormund, den »Lebensborn e. V.«. Im Urteil fand ich genügend Daten, um erneut bei der WASt (Wehrmachtauskunftstelle) in Berlin nachzufragen. Und nun endlich erfuhr ich Näheres zur Person meines Vaters. Er war nur Soldat, keiner von den Verbrechern mit höhe-

Deutsche Dienststelle

für die Benachrichtigung der nächsten Angehörigen
von Gefallenen der ehemaligen deutschen Wehrmacht

Berlin

Deutsche Dienststelle (WASt), 13400 Berlin

Frau
Barbara Kraehmer
[redacted]
07407 Rudolstadt

Geschäftszeichen:
(Bei Rückfragen bitte Geschäftszeichen, Namen und Geburtsdaten angeben)
V-24-090730 088-KV-70
Bearbeiter/in:
Herr [redacted]
Zimmer:
[redacted]
Telefon:
(0 30) 4 19 04 [redacted]
Telefax:
(0 30) 4 19 04 [redacted]
Datum:
09.09.2009

Vatersuche - Wilhelm [redacted]

Ihre Anfrage v. 30.07.2009

Sehr geehrte Frau Kraehmer,

hiermit teile ich Ihnen Folgendes mit:

Die Feldpostnummer 17550 war besetzt mit der Einheit Stab I / Infanterie-Regiment 357 bzw. Stab I / Grenadier-Regiment 357.

In dieser Einheit konnte ermittelt werden / ist verzeichnet:

[redacted] Wilhelm, geb. 07.10.1911 in Darmstadt.

Herr [redacted] ist am 27.07.1943 als Obergefreiter der Einheit 2./ Grenadier-Regiment 542 in Nikolajewka gefallen.
Grablage: Heldenfriedhof [redacted]

Heimatanschrift: Erfurt, [redacted]

Der Kriegssterbefall wurde beim Standesamt Erfurt unter der Nr. 3164 / 1944 beurkundet.

In unseren Unterlagen ist eine Angehörige (Tochter?) mit der aktuellen Anschrift vermerkt. Ich habe mit der heutigen Post Ihre Anfrage weitergeleitet mit der gleichzeitigen Bitte um das Einverständnis zur Weitergabe der Anschrift an Sie.

Mit freundlichen Grüßen
Im Auftrag
Rettig

Dienstgebäude:	Fahrverbindungen:	Sprechzeiten:	Zahlungen bitte	Geldinstitut	Kontonummer	Bankleitzahl
Eichborndamm 179	Bus 221	Mo.-Mi. 9.00-14.00 Uhr	bargeldlos an die	Postbank Berlin	58-100	100 100 10
[illegible] Berlin	U Bhf. Rathaus	Do. 10.00-18.00 Uhr	Landeshauptkasse	Berliner Bank	9 919 260 800	100 200 00
E-Mail: dd-info@dd-wast.de	Reinickendorf (U8)	Fr. 9.00-13.00 Uhr	10789 Berlin	Berliner Sparkasse	0 990 007 600	100 500 00
Internet: http://www.dd-wast.de						

WASt 121 (10/07)

Antwortschreiben der WASt, 2009

rem Dienstgrad. Aber sein Einsatzort – die Krim – war geprägt durch die Grausamkeit der Deutschen. Im November 1941 eroberten sie die Krim. Ziel war vor allem die Ausplünderung der Halbinsel, insbesondere wollte der Hamburger Reemtsma-Konzern die hochwertigen Orienttabake in seinen Besitz bringen. Rund 20 000 Krimbewohner wurden zur Arbeit auf den Tabakfeldern und in den Verarbeitungsbetrieben gezwungen. Mein Vater fiel 1943 auf der Krim im Alter von knapp 32 Jahren bei den Kämpfen um Nikolajewa. Dort ist er auch begraben.

Nachdem ich jahrelang vergebens an alle möglichen Archive geschrieben hatte, erhielt ich nun endlich eine exakte Auskunft von der WASt, da ich jetzt auch die Feldpostnummer hatte. Da die laut WASt in den Unterlagen vermerkten Verwandten jeden Kontakt ablehnten, erhielt ich wenigstens Papiere, die mir Auskunft über seine Eltern und Familienverhältnisse erteilten. Ein Sachverhalt brachte mich dabei wieder ins Grübeln: Laut Unterlagen hatte er ungefähr zu dem Zeitpunkt geheiratet, als ich entstand. Er wohnte kriegsbedingt in Erfurt, seine Frau in Chemnitz.

Sollte meine Mutter bis zum Schluss gelogen haben? Verschweigen und lügen – das waren Eigenschaften der »Lebensborn«-Mütter. Die meisten »Lebensborn«-Kinder berichten es genauso.

Meine Mutter hatte die nötigen Kontakte, um mit ihren Lügen durchzukommen, schließlich hatte sie ihrer Zugehörigkeit zum BDM die Aufnahme in das »Lebensborn«-Heim zuzuschreiben. Mehr werde ich nie erfahren. Für mich ist das Kapitel »Mutter« abgeschlossen. Ich wollte auch kein Erbe, das habe ich ihr erklärt. Sie hat vernünftig reagiert und die Urenkel, die sie inzwischen kennengelernt hatte, als Erben eingesetzt. Im Grunde habe ich ihr noch eine große Freude gemacht, als sie ihre Enkel und Urenkel kennenlernen durfte. Der Pflegedienst versicherte uns, dass sie dadurch noch einmal auflebte, bevor sie mit 91 Jahren starb.

»Ich war ein Schubladenkind.«

Brigitta Rambeck

Ich war ein Schubladenkind. Abschiebbar in geheime Dunkelzonen, wenn es nötig schien. Wäre es nach meiner Mutter gegangen, wäre ich weitgehend dort verblieben – um ab und zu herausgeholt zu werden, einerseits zum privaten Herzen und Küssen, andererseits in Momenten, in denen die Mutter der Selbstbestätigung durch dieses Kind bedurfte, mit dem sich in mancher Hinsicht durchaus Staat machen ließ. Nur eben grundsätzlich nicht: Im Prinzip hatte es nicht vorhanden zu sein. Es war ein uneheliches Kind.

Die erste Schublade war ein Erholungsheim der NSDAP gewesen, in dem die werdende Mutter, weitab von der Heimatstadt, vorübergehend arbeitete, um den sich rundenden Bauch vor den Augen der Familie zu verbergen, namentlich vor denen ihres »guten alten« Vaters, dem sie eine solche Schande nicht antun durfte. So geschützt, konnte sie sogar vorfreudig mit dem Ungeborenen sprechen, wobei sie sich freilich in der Anrede irrte: wuchs in ihr doch nicht der erwartete Sohn, sondern ein Mädchen, was sie auch gleich bei der Geburt in Verlegenheit setzte: Für diesen Fall war kein Name parat.

Bert hätte der Sohn heißen sollen, Bert, wie der Vater. Die Hebamme musste mit Namensvorschlägen einspringen. Man entschied sich für Brigitta – in diesen Jahrgängen hieß jede Vierte so.

Die Geburt hatte in Schublade Nummer zwei stattgefunden, in einem der nationalsozialistischen »Lebensborn«-Heime, in Österreich, ebenfalls fern der Vaterstadt. Späteren Berichten nach war es eine für Kriegszeiten gut ausgestattete Einrichtung, in der Mutter und Kind ein Weilchen ungetrübte Zweisamkeit genießen konnten. Man war noch gut dran, verglichen mit anderen: mit der jungen Witwe, die gerade ihr fünftes Kind geboren hatte, in stolzer Trauer um ihren Mann, einen ranghohen SS-Offizier, der fürs Vaterland gefallen war; oder mit der 17-jährigen Norwegerin aus bester Familie, die vor allem wieder schlank werden musste nach der verheimlichten Schwangerschaft. Womit sie nicht gerechnet hatte, war der Schmerz beim Abschied von ihrem winzigen Sohn. Sie hatte ihn zur Adoption freigegeben.

Das muss die Hölle gewesen sein, erzählte meine Mutter. Ihr hatten schon einige Monate Trennung von ihrer kleinen Tochter schwer zu schaffen gemacht. Herben Schmerz hatte das Kind ihr zugefügt, als sie es für ungewisse Zeit im »Lebensborn«-Heim zurücklassen musste auf der Suche nach Haus und Herd. Und einem neuen Versteck.

Sie fand es. Schublade Nummer drei schien endlich Angst und Unbill zu bannen: Die Mutter adoptierte das Kind. Ihr eigenes Kind. Rechtskräftig. Allerdings nutzlos, wie sich rasch herausstellte:

Denn die Urkunde nennt die natürliche Mutter.

Der »gute alte« Großvater soll den Braten dennoch nicht gerochen haben. Man schonte einander. Man sah sich ins Herz und nicht mehr so sehr in die Augen. Er starb, als die Enkelin zwei Jahre alt war.

Unverständlich blieb dem heranwachsenden Kind, weshalb selbst nach Großvaters Tod noch Tarnung nötig war – generell und oft auch im Besonderen, etwa als sie Möllers trafen – Möller war Mutters Vorgesetzter. Er gratulierte der Kollegin zur Heimkehr ihres Bruders aus der Kriegsgefangenschaft.

»Da habt ihr euch aber gefreut, als der Papa zurückkam!«, fügte Frau Möller, zu Brigitta gewandt, hinzu und strich ihr übers Haar. »Wie geht es denn deiner Schwester?«

»Ich habe keine Schwester«, berichtigte Brigitta, »Renate ist meine Cousine.« Doch da verabschiedete sich die Mutter bereits von Herrn und Frau Möller.

Damals begann meine Spaltung in Mutters Kind und das Schubladenkind. Schublade Nummer vier begann sich rasch zu bewähren: Schweigen, wenn nötig auch lügen, war die Devise. Fragen nach dem Vater führten daher zur Ausdünnung ihres Umgangs, wer zweimal fragte, musste gemieden werden.

Der Vater: »Bert«, oder »dein Vater«. Zwei, drei Fotos. Eine Handvoll Anekdoten. Ein schmales Bündel Feldpostbriefe. Schon lange keine direkte Nachricht mehr.

Der Krieg: nur noch Erzählung, aber die Folgen stets präsent: als Schutthügel, die man im Sommer zum Klettern, im Winter zum Schlittern benutzte; als eine Armut, die späteren Jahrgängen nicht mehr vorstellbar war; vor allem als die Abwesenheit von Männern, Vätern. Ein verbreitetes Phänomen. Mein Vater gehörte dazu. Aber nicht für immer.

Er war im Krieg gewesen. Er war in russische Gefangenschaft geraten. Er war zurückgekehrt. Allerdings nicht zu Brigitta und ihrer Mutter. Irgendwie hatte sich inzwischen die Beziehung zu dieser Frau und ihrem Kind erledigt. Er hatte sich nicht einmal zurückgemeldet nach der Heimkehr. Erst ein Jahr später gelang es der Mutter, ihn von der Notwendigkeit eines Treffens zu dritt zu überzeugen.

Es fand statt. Die Erwartung war groß. Die Erzählung vom Vater war im Raum gestanden von Anbeginn. Dass es ihn wirklich gab, in Fleisch und Blut, so wie den Onkel, Christels Vater, war dennoch kaum vorstellbar gewesen.

Das Kind steht am Fenster. Schaut auf den Schattenfleck vor dem Haus; dahinter badet der Platz in der Sonne. Am Ende der leeren Straße taucht ein Auto auf, das einzige weit und breit.

Wer hatte damals schon ein Auto? Der schwarze Borgward hält zwei Blöcke vom Haus entfernt. Er ist es also nicht, der Vater. Gibt es ihn überhaupt?

Mutter tritt von hinten an die Tochter heran. Schaut über ihre Schulter auf den sonnigen Platz. Sie klingt gereizt, als sie sagt: »Schau, Gitta, da kommt dein Vater! Er hat zu früh gehalten. Hat vergessen, wo unser Haus steht.«

Sie gehen hinunter auf den Platz, in die Sonne, dem Mann entgegen. Das Kind hüpft an der Hand der Mutter. Es möchte rennen. Ihm entgegenrennen. Oder auf und davon rennen.

Der Weg ist kurz. Die Erwachsenen begrüßen einander. Man geht

Brigitta Rambeck mit ihrer Mutter, 1948

gemeinsam auf das Haus zu, langsam, als wäre es ein Spaziergang. Und doch ist das Kind ganz außer Atem, als die Mutter die Haustür aufschließt. »Ist sie das?«, fragt der Mann nebenbei.

Es gibt doch keinen Vater.

Spätere Begegnungen verliefen nach immer gleichem Muster: Man traf sich in einem Gasthaus. Die Frau hatte einen Sack voller Worte angesammelt, den sie nun ausschütten musste über ihn, der sich nicht erinnerte, nicht kümmerte, nicht bezahlte, ein neues Verhältnis hatte. Das Kind stumm am Rande. Es dauerte nie sehr lange, bis der Mann Anlass sah, aufzuspringen und beleidigt davonzurennen. »Feigling«, sagte die Mutter.

»Wir zwei«: eine Bastion. Die Parole: »Ichhabjanurdichduhastjanurmich«. Es gab Nächte, in denen das Kind schreiend aufwachte in Albträumen: Man trug ihre Mutter zu Grabe, sie verschwand im Gully, bröckelte wie Bimsstein in formlose Stücke.

Die Mutter, obwohl äußerlich von blühender, robuster Natur, geriet leicht an den Rand ihrer Kräfte und brauchte Rücksicht. Brav sein schien die Rettung, klug und schön sein sowieso. Das ganz besondere Kind. Das all die Mühe und Entsagung lohnte.

»Du mein einziges Glück«, sagte die Mutter, »wenn du mir Schande machst, mag ich nimmer leben.«

Die Angst, wenn Mutter verspätet nach Hause kam.

»Wir beide«: nach den Mahlzeiten die rituelle gemütliche Pause zu zweit. Erzählstunde. Die Mutter portionierte ihre Lebensgeschichte, lud sie ab bei der Tochter, redete Stück für Stück eine Vergangenheit zurecht, deren Kapitel sich bald schon wörtlich wiederholten. Noch als ich erwachsen war, konnte ich Mutters Schulkameradinnen vollzählig beim Namen nennen, die eigenen nur lückenhaft. Auch die guten wie die bösen Vorfahren blieben präsent. Holzschnittartig, schwarz-weiß. Schmerzhaft eingegraben vor allem das Porträt des Vaters: Drückeberger, Weiberheld, Lump. Die Hälfte ihres Blutes somit verdorben. Ein honoriger Anwalt, im Übrigen, so hieß es dort, wo er residierte. Ansonsten: nichts dahinter.

»Unser Geheimnis«. Keiner weiß, keiner darf wissen. Das Gedächtnis der Tochter ist ein Grab.

Manchmal schreit es in ihr. Wörter, Bilder stellen sich ein. Das Kind greift zum Papier. Vertraut sich den weißen Blättern an. Zeichnet, schreibt auf. Vernichtet gleich darauf das Notierte. Kein Ort im gemeinsamen Heim, der tabu wäre vor dem Zugriff der Mutter. Ohnehin sieht sie der Tochter ins Herz. Sagt sie und meint es gut.

Sie wehrt den Anfängen.

Dann doch noch ein Fluchtweg: Verstecken im Bild, im Symbol kann sie das Unaussprechliche eins fürs andere setzen. Zwischen Muttertagsblumen und Geburtstagsversen hingetuscht ein Friedhofstor, Särge, zerschnittene Herzen, siamesische Zwillinge, dazu kleine Geschichten – verschlüsselt, hermetisch. Das eine sagen, das andere meinen. Ihre eigene Schublade.

Später dann wurde Brigitta eingeholt vom Glück – vom »kleinen Glück«. Sie bekam eigene Kinder. Bei den Zusammenkünften mit der Mutter lenkte sie den Redeschwall auf die Enkel um, denen die liebevolle Großmutter ohnehin nur Gefälliges überlieferte. Bis ins hohe Alter amüsierte sie den Nachwuchs mit Anekdoten aus ihrer Vergangenheit.

Erst als sie auf die 90 zuging, gab es Einbrüche in ihrer bislang eisernen Gesundheit, die sie von professioneller Pflege abhängig machten. Eine Zeit lang wurde sie von einer Praktikantin besucht, die im Rahmen ihrer Ausbildung zur Altenpflegerin einige Lebensläufe der betreuten Personen erfragen und aufzeichnen sollte. Ich freute mich, dass die Mutter der jungen Frau ihre Kooperation zugesagt hatte. Das lenkte sie ab von ihrer zunehmend lästiger werdenden körperlichen Unbeweglichkeit. Tagelang machte sie Notizen, bat dann die Tochter um Hilfe. Brigitta ging die Aufzeichnungen durch, korrigierte, ermunterte zum Weiterschreiben. Sie machten sich gemeinsam ans Werk. Ein Wort gab das andere. Dann: Nein, die Hitlerzeit wolle sie aussparen, meinte die Mutter. Auch das uneheliche Kind – natürlich.

Ich traute meinen Ohren nicht. Als die Mutter weiter abblockte, brach ein Damm: Ob sie sich auch nur einmal Gedanken darüber gemacht habe, wie ich als Kind zurechtgekommen sei – nein, nicht mit meiner Herkunft, sondern mit diesem Schweigegebot, verdammt noch mal, und wozu und für wen denn überhaupt dieser ganze Zinnober? Wer sollte da geschont werden? Es nahm mir noch immer den Atem.

Mutter ordnete ihre Notizblätter, heftete sie zusammen.

»Du kannst doch nicht dein halbes Leben aussparen? Es ist keine Schande. Ich bin keine Schande!«

Im Laufschritt verließ ich die Wohnung der Mutter. Vor der Haustür stieß ich mit der Praktikantin zusammen.

»Schön, dass ich Sie treffe«, sagte das junge Mädchen, »ich hätte gern noch ein paar Angaben für meine Arbeit – manchmal erinnert sich Ihre Mutter doch nicht mehr so genau. Vor allem an Namen und Orte.«

»Was müssen Sie denn noch wissen?«, fragte die Tochter.

»Zum Beispiel *Ihre* Geburtsdaten.«

Ich nannte Zeit und Ort. Das junge Mädchen notierte.

»Ach, Brigitta, Sie sind Österreicherin?«, meinte sie erstaunt.

»Aber nein«, antwortete ich. »Der Geburtsort war reiner Zufall, es war gewissermaßen auf der Durchreise«, scherzte ich.

Der Satz kommt ganz automatisch. Jahrzehntelang geübt. Wort für Wort. Es gibt dem nichts hinzuzufügen.

»Jetzt muss ich immer doppelt lieb zu euch sein.«

Imke B.

Als ich zehn Jahre alt war, erzählte mir meine Mutter meine Geschichte so:

»Du bist nicht unsere leibliche Tochter. Wir haben dich mit etwa fünf Monaten aus einem Säuglingsheim adoptiert, da ich keine eigenen Kinder bekommen konnte. Trotz eines Ausschlags im Gesicht habe ich dich genommen. Deine leibliche Mutter war eine junge Frau, die mit einem Offizier verlobt war und von ihm schwanger wurde; er ist im Krieg gefallen. Sie war aus gutem Hause und ihre Eltern haben sie vor die Wahl gestellt: ›Entweder du verlässt mit dem Kind unser Haus, oder du gibst es zur Adoption frei.‹ Das hat sie getan.

Du wurdest am 28. 8. 1942 in Posen geboren. Die Geburtsurkunde und weitere Unterlagen sind bei der Flucht verloren gegangen. Deine beiden älteren Brüder haben wir auch adoptiert, sie sind von unterschiedlicher Herkunft.«

Das war die einzige Erklärung, die mir meine Mutter über mich gab.

Meine Antwort darauf war: »Jetzt muss ich immer doppelt lieb zu euch sein.«

Ich dachte, dass das so sein muss.

In der Familie wurde nie wieder über diese Geschehnisse gesprochen, und auch ich habe mir keine Gedanken mehr darüber gemacht. Meine Adoptiveltern benenne ich daher in meiner Geschichte auch als meine Mutter, meinen Vater und meine Eltern.

Zur Familiengeschichte gab mir meine Mutter einige knappe Informationen:

Meine Eltern seien 1939 von Hamburg nach Puschkau (einem Vorort von Posen) umgezogen, wo sie aus einer Umsiedlung Haus und Grund bekommen hätten. Von dort sei meine Mutter mit uns 1945 in den Harz geflohen.

Immer wieder erzählte sie von der schrecklichen Flucht mit mir

Imke B. mit Adoptivmutter und -bruder, 1944

im Leiterwagen bei eisiger Kälte. Mein Vater war 1940 als russisch sprechender Dolmetscher in den Krieg eingezogen worden. Er war bis zum Ende des Krieges an der russischen Front und konnte sich im letzten Augenblick nach Hamburg absetzen. Dort war die Familie dann wieder vereint.

Meine ersten Erinnerungen nach der Flucht begannen in der Wohnung in Hamburg. Ich war etwa drei Jahre alt und musste in einer großen Schublade schlafen, da es kein Bett für mich gab. Besonders nachts wurde ich von großen Ängsten geplagt. Sehr früh habe ich viel gesprochen, was meine Eltern störte. Sie haben mir immer wieder den Mund mit Klebeband zugeklebt.

Nach ein paar Monaten sind wir in ein großes Bauernhaus in einen Vorort von Hamburg, nach Rellingen, umgezogen. Dort wurde ich mit sieben Jahren eingeschult.

Mein ältester Bruder musste in das »Rauhe Haus« nach Hamburg, ein »Internat für schwer erziehbare Kinder«. Er kam nur ab und zu nach Hause, ich habe ihn sehr gemocht und habe ihn vermisst. Auch mein mittlerer Bruder wurde später in einem Internat untergebracht.

Neben einer sehr strengen Erziehung wurde in vieler Beziehung über mich verfügt. Absoluter Gehorsam wurde von mir verlangt. Bei Nichteinhaltung wurden schwere Strafen angedroht und auch vollzogen. Ich habe oft Schläge bekommen und lebte in ständiger Angst vor Sanktionen.

Mein Leben war voller Unsicherheiten. Als Kind hatte ich auch mehrere schwere, lebensbedrohliche Unfälle. Und ich erlebte immer wieder Annäherungsversuche und Übergriffe von Männern aus meiner Umgebung. In jener Zeit hatte ich in ein Heft geschrieben, dass ich nicht mehr leben wollte. Meine Mutter hat das gelesen und mir verboten, so etwas zu schreiben.

Mit 15 Jahren schickten mich meine Eltern als sogenannte Haustochter in eine Familie, dort sollte ich alle Tätigkeiten einer Hausfrau und Mutter erlernen. Das Verhältnis zu meinem Vorgesetzten, dem Hausherrn, war durch seine Annäherungsversuche mir gegenüber sehr belastet. Seine Frau hingegen war wie eine Mutter zu mir, ich habe sie sehr gemocht und sie als gute Freundin erlebt. Meine erste Freundschaft zu einem jungen Mann verbot mir mein Vater mit der Begründung, er sei nicht gut genug für mich.

Als ich das Alter zum Erlernen eines medizinischen Berufes erreicht hatte, absolvierte ich in einer Kinderarztpraxis eine Ausbildung zur Arzthelferin.

Anfang der 1960er Jahre nahm sich mein Vater das Leben. Bis dahin hatte er eine leitende Position im Kulturbereich inne, und wir waren eine angesehene Familie. Nach Aussagen meiner Mutter hatte er angeblich 200 DM aus einer Kasse gestohlen und konnte mit dieser ehrverletzenden Anschuldigung nicht mehr weiterleben. Viele Jahre glaubte ich das.

Nach dem Tod meiner Mutter fand ich einen Abschiedsbrief von meinem Vater an seine Frau, und es wurde mir bewusst, dass der Grund für seinen Freitod ein ganz anderer gewesen sein konnte. Er war in einer hohen Position im Bereich der Kulturpolitik tätig gewesen. Er schrieb, das Kultusministerium habe eine Untersuchung eingeleitet und ihn bis zur Klärung ab sofort von der Arbeit suspendiert. Es seien ihm Vorwürfe gemacht worden, die er nicht entkräften könne. Für mich stand von da an fest, dass sein Freitod im Zusammenhang mit seiner NSDAP-Parteizugehörigkeit und seiner Position im Nationalsozialismus zu tun hatte.

In jenem Abschiedsbrief hatte mein Vater auch bestimmt, dass ich zur Unterstützung meiner Mutter mit ihr in das gemeinsame Haus nach Österreich ziehen solle. Deshalb wurde die Wohnung in Bonn aufgelöst und ich ging mit meiner Mutter für ein halbes Jahr nach Österreich.

Nach dieser Zeit nahm ich in Paris für ein halbes Jahr die Stelle eines Au-pair-Mädchens an und musste die ganze Zeit bei einem atembehinderten Kind Nachtwache halten.

Ich wollte immer Hebamme oder Krankenschwester werden, die Hebammenausbildung kostete jedoch Geld, das meine Mutter nach dem frühen Tod meines Vaters nicht mehr hatte. So entschied ich mich für die Ausbildung zur Krankenschwester. Obwohl ich nie eine gute Schülerin gewesen war, fielen mir die Berufsausbildungen leicht. Kaum hatte ich das Elternhaus mit all dem Druck verlassen, war ich frei zum Lernen und meine Noten wurden immer besser. Von meinen Vorgesetzten wurde ich gefördert und erhielt nach einigen Jahren die Position einer leitenden Operationsschwester. Die sehr anstrengende Arbeit hat mir viel Freude gemacht.

In meiner Freizeit war ich oft bei einer Tante und bei anderen lieben Verwandten, die mich sehr gemocht haben. Ich hatte Freude am Schwimmen und Wandern, habe Skifahren gelernt und konnte mir einen Winterurlaub gönnen, den ich selbst verdient hatte.

Als ich 25 Jahre alt war, schickte mich meine Mutter zu einem Ball, der jedes Jahr in der Frankfurter Börse stattfand und zu dem unverheiratete junge Offiziere eingeladen waren. Das eindeutige Ziel war, einen passenden Mann für mich zu finden. Tatsächlich lernte ich einen Offizier kennen und heiratete ihn dann eineinhalb Jahre später. Von ihm habe ich innerhalb von noch nicht einmal vier Jahren drei Söhne bekommen.

Ich habe nach der Heirat meinen Beruf aufgegeben, den Erwartungen meines Mannes an unser Familienleben entsprochen und die Rolle der Hausfrau und Mutter perfekt erfüllt. Aber ich spürte, dass ich mich immer mehr aufgab und nur noch funktionierte. Die Kinder wuchsen in unserem Reihenhäuschen im Münchner Umland in einer normalen Umgebung auf. Mir war eine konsequente, jedoch herzliche und liebevolle Erziehung der Kinder wichtig. Für meinen Mann war das nicht streng genug. So begannen Streitigkeiten, die immer mehr unsere Beziehung störten.

Ein harmonisches Familienleben war nur noch schwer möglich und ich entfernte mich innerlich immer mehr von meinem Mann. Psychisch ging es mir von Jahr zu Jahr schlechter. Ich begann eine Therapie. In der langjährigen analytischen Psychotherapie wurde mir immer klarer, wie wenig meine Bedürfnisse und meine Persönlichkeit respektiert wurden und wie übergriffig und manipulativ ich behandelt worden war.

Nach schwerer innerer Auseinandersetzung mit mir selbst habe ich meinen Mann verlassen. Die Kinder blieben zunächst bei ihm im Haus. Ich versorgte sie weiterhin dort, wenn ihr Vater aus beruflichen Gründen nicht zu Hause war.

Während dieser Jahre habe ich eine körperorientierte psychotherapeutische Weiterbildung begonnen. Bei einer Familienaufstellung wurde ich nach meinen leiblichen Eltern gefragt, weil ich sie nicht aufgestellt hatte. Erst da wurde mir bewusst, dass ich leibliche Eltern hatte, von denen ich überhaupt nichts wusste. Sie hatten bis dahin keinen Platz in meinen Gedanken.

In dieser Weiterbildung distanzierte ich mich von den Adoptiveltern, was ich in einer Namensänderung ausdrückte. Sie hatten mir den Namen Gerlinde gegeben, den ich von diesem Zeitpunkt an nicht mehr haben wollte. Seitdem nenne ich mich Imke, das war der Vorname einer mir sehr lieben Freundin aus der Kindheit.

Nachdem meine Kinder schulpflichtig geworden waren, übernahm ich die Leitung eines ambulanten Pflegedienstes. Im Laufe der Jahre hat sich meine Einstellung über die Versorgung von schwerkranken und sterbenden Menschen grundlegend geändert. Ich habe Weiterbildungen in Schmerztherapie und Palliativmedizin besucht und bin auch Trauerbegleiterin geworden.

Einige Jahre später habe ich mich auf die Spurensuche nach meinen leiblichen Eltern gemacht. 1990 bin ich mit einer Freundin nach Posen, meinem angeblichen Geburtsort, gefahren, um nach Unterlagen über meine Herkunft zu suchen. Das Amt war geschlossen, ein Pfarrer versprach mir zu helfen, dann aber kam von ihm die Auskunft, dass sie eine Geburtsurkunde von mir benötigten, um mehr herausfinden zu können. Daraufhin bin ich unverrichteter Dinge sehr enttäuscht abgereist und habe erst einmal aufgehört zu forschen.

Kurz darauf ist meine Mutter gestorben. Obwohl ich mich immer um sie gekümmert habe, immer für sie da war und sie zeitweise zu mir genommen und gepflegt hatte, hat sie mir bis zu ihrem Tod meine Fragen nie beantwortet. Sie hat sich immer herausgeredet und behauptet, dass sie nichts über meine Herkunft wisse.

Durch einen Zufall, ich war gerade 60 Jahre alt geworden, habe ich 2002 an einer Lesung von Gisela Heidenreich teilgenommen, die in Bad Tölz aus ihrer Biografie »Das endlose Jahr« gelesen hat. Bis zu diesem Zeitpunkt hatte ich keine Ahnung von Himmlers Machenschaften und vom »Lebensborn«. Im Anhang ihres Buches erwähnt die Autorin auch die Schicksale der geraubten und adoptierten Kinder in Osteuropa. So habe ich erfahren, dass viele dieser Kinder eine völlig neue Identität bekommen haben. Meistens wurde in einer gefälschten Geburtsurkunde der Geburtsort Posen eingetragen. Da wurde mir plötzlich bewusst, dass das auch meine Geschichte ist. Ich musste wohl auch von dort stammen.

Von dem Zeitpunkt an war eine ganz tiefe Erschütterung in mir. Kurz darauf nahm ich an der Jahrestagung des Vereins »Lebensspuren e.V.« – der Interessengemeinschaft ehemaliger »Lebensborn«-Kinder – teil. Wie viele andere »Lebensborn«-Kinder erzählte auch ich meine Geschichte und ich spürte die Betroffenheit der anderen Teilnehmer darüber, dass ich keinerlei Unterlagen über meine Herkunft hatte. Daraufhin erhielt ich viele Infos und Adressen.

Ich schrieb an Archive, Institutionen und alle erdenklichen Ämter. Außer Kopien, welche die NSDAP-Mitgliedschaften meiner Eltern belegten, habe ich aber nur Antworten erhalten, die mich sehr entmutigten.

Immer wieder kamen Ermunterungen von den anderen Betroffenen, doch weiterzusuchen. Eine Anfrage nach Polen hat mir ein bekannter Historiker übersetzt, auch von dort kamen wieder nur negative Antworten. Derselbe Historiker nannte mir auch Adressen von baltischen Archiven und Landsmannschaften, da mein Adoptivvater Roland Adolphi Balte war.

So habe ich durch einen großen Zufall Roland Adolphis Nichte Renate, damals schon 88 Jahre alt, ausfindig machen können. Sie arbeitete in Lüneburg in einem baltischen Archiv. Als ich ein junges Mädchen war, hatten wir uns schon einmal gesehen, ich hatte jedoch keine Erinnerung an sie. Am Telefon bekamen wir sofort einen guten Kontakt und ich besuchte sie in Lüneburg.

Renate Adolphi lebte in der Zeit von 1940 bis 1945 in Posen. In dieser Zeit besuchte sie meine Eltern immer wieder in Puschkau. So kannte sie schon meine beiden älteren Brüder und konnte mir weitere Informationen geben:

Ich habe von ihr erfahren, dass sie bereits vor meiner Zeit bei meinen Eltern ein kleines Mädchen gesehen habe, das dann plötzlich verschwunden gewesen sei. Es wurde ihr mitgeteilt, es sei krank gewesen und sie hätten es in das Säuglingsheim zurückgebracht. Danach wurde ich von dort geholt.

Meine Eltern waren Nationalsozialisten mit Haut und Haar. Ich habe herausgefunden, dass mein Vater bei der Regierung in Posen tätig gewesen ist, angestellt unter dem Gauleiter im sogenannten Warthegau, Arthur Greiser, der mehrere Hunderttausend Juden auf

Schild am ehemaligen »Lebensborn»-Heim Bad Polzin (Połczyn-Zdrój)

dem Gewissen hatte. Und dass der Umzug von Hamburg nach Posen wegen seines beruflichen »Aufstiegs« erfolgt war.

Mir wurde immer klarer, dass ich aus einem »Lebensborn«-Heim kommen muss. Ich zweifle meinen angeblichen Geburtsort, meinen Namen und das Geburtsdatum an.

Auf einem gemeinsamen Foto mit meiner Mutter entdeckte ich neben einer Hakenkreuzbrosche vor kurzem eine »Lebensborn«-Brosche (s. S. 163). Das festigte meine Annahme.

Man hat mir meine Identität genommen.

2011 bin ich mit zwei ehemaligen »Lebensborn«-Kindern nach Polen gefahren.

Zuerst haben wir das ehemalige »Lebensborn«-Heim in Bad Polzin besucht. In dem Haus, das heute ein baulich kaum verändertes Erholungsheim ist, konnten wir die ehemalige Entbindungsstation besichtigen. Es war für mich sehr bewegend, annehmen zu müssen, dass ich dort geboren wurde. Besonders erschüttert hat mich, als unsere polnische Begleiterin die Worte auf einem schweren Messingschild neben der Eingangstür übersetzte:

»In diesem Hause waren in den Jahren 1943 – 1945 geraubte Kinder von polnischen Familien zur Germanisierung (Eindeutschung) durch die Nazis von Hitler untergebracht.«

Und wir erfuhren, dass zur selben Zeit, da im oberen Stockwerk Kinder für den »Lebensborn« geboren wurden und mit ihren Müttern in hellen, großzügigen Räumen untergebracht waren, im Untergeschoss auf engstem Raum ihren Müttern geraubte Kinder auf Pflegeeltern warteten, die der »Lebensborn« vermitteln sollte.

Von dort aus fuhren wir weiter nach Posen. Auf dem dortigen Hauptstandesamt gab es sprachliche Probleme, Deutsch konnte niemand sprechen (wofür wir großes Verständnis hatten), das Englisch war rudimentär, und als mein Begleiter es auf Russisch versuchte, wurde die Stimmung eisig. So war es unmöglich, eine mündliche Auskunft über einen möglichen Eintrag an meinem Geburtsdatum in das Standesamtregister zu bekommen und damit vielleicht einen Hinweis auf meine Herkunft zu erhalten. Meine späteren schriftlichen Anfragen in polnischer Übersetzung wurden allerdings auch negativ beantwortet.

Nach dem vergeblichen Besuch des Standesamtes Posen fuhren wir weiter nach Puschkau, wo ich bis zur Flucht im Februar 1945 gelebt hatte. Im dortigen Rathaus waren alle Mitarbeiter sehr freundlich zu uns. Ich hatte die Adresse und eine alte Fotografie von unserem damaligen Haus dabei. Den damaligen Straßennamen gab es zwar nicht mehr, aber man hatte dort Fotos von allen Häusern angefertigt, die vor 1945 bereits existiert haben. Wir konnten den ganzen großen Karton durchsehen und die Fotos mit meinem kleinen Bild vergleichen. Ich meinte tatsächlich unser Haus entdeckt zu haben, natürlich nach 70 Jahren etwas verändert. Mit der Abbildung und dem neuen Straßennamen machten wir uns auf die Suche und fanden es. Beinahe wären wir an der hohen Hecke vorbeigefahren, aber ich wusste plötzlich, dass sich »mein Haus« dahinter verbarg.

Ein sehr bewegender Augenblick für mich.

Am Gartentor stand auf einem Schild der Name »Schmidt«. Eine junge Frau hielt sich auf dem Grundstück auf. Sie kam zum Zaun und erzählte, sie hüte Haus und Garten, weil die Familie zurzeit in

Imke B. vor dem ehemaligen Haus ihrer Adoptiveltern in Puschkau (Puszczykowo), 2011

Amerika lebe. Das Haus sei schon immer im Besitz der Familie Schmidt gewesen, sie hätten es nach dem Krieg zurückbekommen. Da wurde mir klar, dass das Haus der vermutlich jüdischen Familie damals »arisiert« wurde und die Familie enteignet, damit meine Eltern das Haus übernehmen konnten. Ein schrecklicher Gedanke für mich. Ich durfte kurz ins Innere des Hauses gehen, habe mich umgesehen und konnte aber diesen Einblick nicht aushalten. Einen Augenblick setzte ich mich auf die Stufen des Hauses wie damals als Kind – es gibt ein Foto davon –, dann wollte ich nur noch weg.

Ganz langsam, viel später, ist Trauer und Unverständnis über das Geschehene in mir hochgekommen. Zum Abschiednehmen möchte ich noch einmal nach Puschkau und auch nach Bad Polzin fahren. Ich kann mich nur langsam an die Wahrheit herantasten, sonst habe ich das Gefühl, von all dem überschwemmt zu werden.

Auch Renate Adolphi und alle Verwandten meiner Eltern wissen nichts über meine Herkunft. Darüber lag und liegt ein dunkler Schleier.

Letztlich werde ich mich damit abfinden müssen, es werden keinerlei Unterlagen mehr von mir zu finden sein. Das ist eine ganz bittere Erkenntnis. Trotz allem werde ich bis an mein Lebensende weitersuchen.

Was mich tief erschüttert und nicht in Worten ausgedrückt werden kann: Ich habe fast 60 Jahre gebraucht, um Einblick in meine Geschichte zu bekommen und die Suche nach meiner Herkunft erst beginnen zu können.

Das »stille Abkommen« mit mir selbst: »Jetzt muss ich doppelt lieb zu euch sein«, hat bis weit über den Tod meiner Adoptiveltern gewirkt und mich gehindert, ihr und mein Leben früher zu hinterfragen.

Norwegen

Die deutsche Besatzung in Norwegen und das Schicksal der »Kriegskinder«

Sarah Rehberg

In Norwegen wurden als Folge der deutschen Besatzung von 1940 bis 1945 schätzungsweise 10 000 bis 12 000 Kinder geboren, die einer intimen Beziehung eines deutschen Besatzungsangehörigen mit einer Norwegerin entstammten. In Norwegen hießen sie lange »tyskerbarna« (»Deutschenkinder«) oder »krigsbarna« (»Kriegskinder«). Sie sind bekannterweise kein Einzelphänomen. Überall in den von den Deutschen besetzten Gebieten kam es zu Schwangerschaften einheimischer Frauen, die von einem Deutschen, meist einem Soldaten, ein Kind erwarteten. Die norwegischen Frauen, die während des Krieges ein Verhältnis mit dem Feind eingingen, waren – wie in anderen europäischen Ländern auch – Gegenstand deutscher Besatzungspolitik aber auch gesellschaftlicher Beurteilung durch ihre Mitmenschen. Nach dem Krieg als »tyskertøser« (»Deutschenflittchen«) oder »tyskerjente« (»Deutschenmädchen«) beschimpft, machten die Norwegerinnen ähnliche Erfahrungen der Stigmatisierung und Ausgrenzung wie die Frauen in Frankreich, Dänemark, den Niederlanden und anderswo auch. Von Misshandlungen durch die lokale Bevölkerung, sowie Sanktionen durch Polizei und Behörden waren sie ebenfalls betroffen. Das ihnen anhaftende Stigma der moralisch Abtrünnigen übertrugen sie häufig auf ihr Kind, dem nicht nur der Makel der unverheirateten Mutter, sondern auch des deutschen Vaters anhaftete. Viele dieser Kinder machten in den darauffolgenden Jahren allerlei schmerzliche Erfahrungen, die sie ein Leben lang begleiteten.

Auch wenn die Zahl von 10 000 bis 12 000 Kriegskindern im europäischen Vergleich nicht besonders hoch erscheinen mag, so nahm Norwegen in der Kriegskinder-Thematik doch in vielerlei Hinsicht eine Sonderrolle ein. In keinem anderen Land, welches Deutschland überfiel, maßen die nationalsozialistischen Rasseideologen seiner Bevölkerung eine ähnliche »rassische Höherwertigkeit« zu wie in Norwegen. Nirgends gelang es dem Reichsführer-SS Heinrich Himmler, der sich ideologisch und politisch gänzlich der nationalsozialistischen Volkstums- und Bevölkerungspolitik[1] verschrieben hatte, die deutsche Besatzungspolitik mit seiner Rassenpolitik so erfolgreich zu verbinden wie im Reichskommissariat Norwegen. Sein eigens für diese Zwecke gegründeter Verein »Lebensborn«,[2] der sich seit 1935 mit seinen Betreuungseinrichtungen für »rassisch hochwertige« Mütter und uneheliche Kinder um eine rassenanthropologisch kontrollierte Steigerung der Geburtenrate bemühte, konnte nirgends in vergleichbarem Maße Fuß fassen.

Deutsche Besatzung 1940 bis 1945 – Norwegens Sonderstatus in der nationalsozialistischen Rassenideologie

Norwegen wurde gemeinsam mit Dänemark am Morgen des 9. April 1940 überfallen. Bis zur endgültigen Kapitulation Deutschlands am 8. Mai 1945 galt das besetzte Norwegen immerzu auch als militärisches »Operationsgebiet«, was eine dauerhafte Anwesenheit Hunderttausender Soldaten mit sich brachte. In dem dünnbesiedelten Land bedeutete dies nicht nur eine unübersehbare Präsenz der Deutschen, sondern vielerorts auch ein dichtes Zusammenleben.[3] Engere Verbindungen, insbesondere zwischen Männern und Frauen, blieben da nicht aus.

Heinrich Himmler war sich dieser Tatsache frühzeitig bewusst und die Aussicht auf eine nicht unerhebliche Anzahl ungeplanter Schwangerschaften machte ihm den dringlichen Handlungsbedarf seines Elite-Vereins »Lebensborn« in Norwegen deutlich. Das Oberkommando der Wehrmacht verhielt sich über die gesamten Kriegsjahre hinweg den Beziehungen seiner Soldaten, einschließlich möglicher Schwangerschaften oder Heiratsgesuche, allerdings ablehnend gegenüber. Man befürchtete, die Soldaten könnten in der Ausübung ihres militärischen Auftrages eingeschränkt werden. Himmler dagegen wollte den Aufbau eines eigens für die Schwangerschaftsfälle gewidmeten Verwaltungsapparates. Nur so ließe sich sicherstellen, dass die zu erwartenden Kinder ausschließlich in den deutschen Zuständigkeitsbereich fielen. Bereits zu einem Zeitpunkt, als die militärischen Kampfhandlungen noch nicht abgeschlossen waren, stand Himmler im regen Austausch mit seinen Mitarbeitern in München über eine geplante Expansion des »Lebensborn« nach Norwegen. Als sich das Oberkommando der Wehrmacht und das Reichskommissariat als neue deutsche Besatzungsverwaltung mit den ersten gemeldeten Schwangerschaften konfrontiert sahen, konnte der »Lebensborn« mit ersten Vorschlägen in Fragen eines bürokratischen und praktischen Umgangs mit den deutsch-norwegischen Kindern aufwarten und die Zuständigkeit zu seinen Gunsten entscheiden.

Im Mai 1941 informierte das Büro des Reichskommissariats das norwegische Sozialministerium über seinen Entschluss, dass zukünftig alle Norwegerinnen, die von einem Deutschen unehelich schwanger waren, sich an das Reichskommissariat bzw. an die »Sondergruppe Lebensborn und Mütterhilfe«, wie die »Abteilung Lebensborn« anfangs noch hieß, wenden sollten. Das Sozialministerium wurde angehalten, die Beamten in den Kommunen und alle Ärzte im Land darüber in Kenntnis zu setzen. Zahlreiche norwegische Stellen leisteten den deutschen Aufforderungen jedoch nicht Folge. Im Sommer 1942 folgte daher ein Führerbefehl, der die unehelichen Kriegskinder ausnahmslos in den deutschen Zuständigkeitsbereich verwies. Unter Anwendung der »Verordnung über die Betreuung von Kindern deutscher Wehrmachtsangehöriger in den besetzten Gebieten«[4] vom 28. Juli 1942 verschafften sich die Außenstellen des Reichskommissariats Einblick in die Einträge in das Geburtenregister. Damit war den Kompetenzstreitigkeiten zwischen deutschen und norwegischen Behörden ein abruptes Ende gesetzt. Darüber hinaus übertrug die Reichskanzlei noch im selben Jahr in einem Entwurf zur Betreuungsregelung der deutsch-norwegischen Kinder dem »Lebensborn« die alleinige Zuständigkeit. Himmler hatte sein Ziel erreicht.

Im August 1941 wurde das erste norwegische »Lebensborn«-Heim »Hurdal Verk« in Betrieb genommen. Im Mai 1942 folgte das moderne Entbindungs- und Mütterheim in Klækken, beide nördlich der Hauptstadt Oslo gelegen. Um vom »Lebensborn« Unterstützung zu erhalten, musste sich die schwangere Norwegerin zunächst an eine der landesweit eingerichteten Dienststellen der »Abteilung Lebensborn« wenden, die eine erste Mütterberatung vornahmen. Schon in Deutschland waren nur Frauen in den Einrichtungen des »Lebensborn« aufgenommen worden, von denen nach gutachterlicher Feststellung ausschließlich »erbbiologisch wertvolle« Kinder zu erwarten waren. Da Norwegerinnen in den Augen der SS grundsätzlich »rassisch wertvoll« und damit »Mütter guten Blutes« waren, entfielen hier die rassenanthropologischen Untersuchungen. Für die Aufnahme und für die Bewilligung weiterer Hilfen musste die schwangere Frau lediglich einen ausgefüllten Fragebogen, den sogenannten Kindsmutter-Fragebogen, und ein Passbild einreichen. Der »Lebensborn« war ebenfalls bemüht, vom Kindsvater den entsprechenden Fragebogen zu erhalten. Diese Formulare bildeten den Anfang einer oft umfangreichen Akte, welche für jedes vom »Lebensborn« registrierte Kind angelegt wurde. Das so entstehende Gesamtregister mit den stetig wachsenden »Lebensborn«-Akten befand sich im Osloer Hauptbüro. Ihre Einsicht im norwegischen Reichsarchiv bietet heute zahlreichen norwegischen Kriegskindern die Möglichkeit, Näheres über ihre Geburt und ihre Herkunft zu erfahren.[5]

Abgesehen von »Hurdal Verk« und Klækken entstanden in den kommenden Monaten und Jahren landesweit weitere Entbindungs- und Kinderheime, sowie erste Anlauf- und Beratungsstellen. Bis

Kriegsende unterhielt der »Lebensborn« in Norwegen sechs Entbindungs- und drei Kinderheime und einen Mitarbeiterstab von über 300 Personen.[6] In Lier bei Drammen richtete das Reichskommissariat sogar eine Mütterschule im beschlagnahmten »Hotel Herredal« ein, die nach den Richtlinien der deutschen Reichsbräuteschulen arbeitete und norwegische Bräute von Wehrmachts-, SS- und Polizeiangehörigen in sechswöchigen Lehrgängen in der deutschen Weltanschauung unterrichtete. Beim Ausbau neuer Heime konnte der »Lebensborn« jedoch nicht mit der wachsenden Zahl von Schwangerschaften Schritt halten. Gerade einmal 1089[7] Geburten erfolgten bis 1945 in einem deutschen »Lebensborn«-Heim. Für die übrigen Entbindungen musste die Abteilung auf norwegische Krankenhäuser, Kliniken und Geburtshäuser ausweichen. Auch die Kinder, die von ihren Müttern vorübergehend oder längerfristig in den Heimen zurückgelassen wurden, mussten auf über 50 norwegische Einrichtungen weiterverteilt werden. Dennoch erfasste die »Abteilung Lebensborn« fast 8000 deutsch-norwegische Kinder in ihrem Register. Damit war es dem »Lebensborn« in Norwegen gelungen, einen Großteil der Kriegskinder in seine Einflusssphäre zu bekommen.

Für einige Kinder nahm dies in letzter Konsequenz ein besonders rücksichtsloses Ende. Im Laufe des Krieges brachte der »Lebensborn« schätzungsweise 200 bis 250 norwegische Kriegskinder ohne das Wissen ihrer Mütter in fünf Lufttransporten nach Deutschland, vornehmlich in die Kinderheime »Sonnenwiese« bei Leipzig und »Hohenhorst« bei Bremen, um sie dort in ausgewählte Pflegestellen oder Adoptionsfamilien zu vermitteln. Es ist bis heute schwierig zu beurteilen, ob sie als gewaltsame Verschleppung, ähnlich den Vorgängen in Ost- und Südosteuropa, gedeutet werden müssen. Die Mütter hatten im Vorfeld einer Adoption ihres Kindes zugestimmt, waren über eine mögliche Adoption im Ausland unter neuem Namen jedoch nicht informiert worden. Für die Betroffenen müssen diese Ereignisse sehr erschütternd gewesen sein. Lediglich das Kriegsende hatte die Verschickung weiterer Kinder nach Deutschland verhindert.

Das bevölkerungspolitische Interesse Himmlers beschränkte sich jedoch nicht auf die Kinder allein. Neben der Aussicht, eine große Zahl deutsch-norwegischer Kinder ins Deutsche Reich zu überführen, um sie in einem nationalsozialistisch geprägten Umfeld aufwachsen zu lassen, setzte er obendrein auf die zahlreiche Umsiedlung junger Norwegerinnen nach Deutschland. Tatsächlich verließen viele schwangere oder kurz zuvor entbundene Norwegerinnen zwischen 1941 und 1945 Norwegen, um bei der Familie ihres deutschen Freundes unterzukommen, nicht selten mit festen Heiratsabsichten. In Anbetracht der erschwerten Eheschließungsbestimmungen – die endgültige Entscheidung über einen Antrag zur Heirat von Wehrmachtsangehörigen mit Holländerinnen, Norwegerinnen, Schwedinnen und Däninnen oblag unmittelbar dem Führer – kam es sogar zu deutlich mehr Ausreisen unverheirateter Norwegerinnen als Verheirateter. So wurden in den Jahren der Besatzung lediglich 400 bis 500 deutsch-norwegische Paare getraut. Anschließend wiesen die Deutschen die verheirateten Norwegerinnen an, innerhalb von 14 Tagen nach Deutschland auszureisen. Nach norwegischem Recht verloren sie mit Verlassen ihres Heimatlandes ihre norwegische Staatsangehörigkeit. Bis heute ist nicht bekannt, wie viele Norwegerinnen insgesamt, verheiratet oder unverheiratet, eventuell auch in Begleitung eines Kindes oder in dessen Erwartung, zwischen 1941 und dem 8. Mai 1945 von Norwegen nach Deutschland übersiedelten, hier länger verweilten, verstarben oder wieder in ihr Heimatland zurückkehrten. Es ist jedoch von einigen Tausend gebürtigen Norwegerinnen und mehreren Hundert Kindern auszugehen.[8] Viele kehrten nach Kriegsende schnellstmöglich wieder nach Norwegen zurück, auch weil das kriegszerstörte Deutschland ihnen keine Sicherheit bot.

Der enorme Aufwand, den der »Lebensborn« in Norwegen betrieb, lässt sich nur ideologisch erklären. Das Interesse Himmlers an den norwegischen Frauen und ihren Kinder war unmissverständlich biologisch begründet. Vor dem Hintergrund der rassistischen Weltanschauung der Nationalsozialisten, allen voran der Führungselite aus Partei und SS, nahm die Besetzung der als »germanisch« bezeichneten Länder in West- und Nordeuropa eine Sonderrolle ein und mit ihr erhielten die belgische, niederländische, dänische und norwegische Bevölkerung einen Sonderstatus. Mit diesen Ländern strebten sie einen politischen wie »völkischen« Zusammenschluss an. Während die als minderwertig deklassierten Völker östlich der deutschen Reichsgrenze zwecks der Schaffung von neuem »Lebensraum« für das »deutsche Volk« weichen, d.h. vertrieben, ermordet oder dem Hungertod überlassen werden sollten, erhofften sich die Rassenideologen von den germanischen Ländern einen politischen Anschluss an die »germanische Reichsidee«. In diesem Kontext wurde den Beziehungen deutscher Wehrmachtssoldaten zu einheimischen Frauen aus den besetzten Ländern, die Deutschland als germanisch definierte, besonderes Gewicht beigemessen.

Ob flüchtig oder anhaltend, erfuhren sie während der Besatzung von deutscher Seite eine Politisierung als Teil einer übergeordneten rassenideologischen Agenda. Aus der Not heraus nahmen zwar zahlreiche Paare wie auch alleinstehende Frauen die Hilfsangebote der deutschen Institutionen an, in der Regel jedoch ohne sich selbst oder ihr Kind als Beitrag zur Erfüllung dieses politischen Programms zu zählen, meist ohne sich dessen überhaupt bewusst zu sein. Dennoch beeinflusste die perfide Aufwertung der Norwegerinnen durch die Rassenideologie Himmlers wie auch die gesamte Kriegserfahrung die negative Rezeption dieser Frauen und Kinder nach Kriegsende. Aus der Sicht der meisten Norweger war die Sexualität der Frauen im Ausnahmezustand des Krieges nicht länger ausschließlich eine Frage des Anstands und der Tugendhaftigkeit, sondern mehr noch des patriotischen Widerstandes. Eine Frau, die sich einvernehmlich auf eine sexuelle Beziehung mit dem Feind einließ, brach folglich nicht nur mit gängigen Moralvorstellungen von weiblicher Sexualität, sondern bewies in den Augen der Anderen einen Mangel an Nationalstolz. Resultierte aus solch einer Verbindung obendrein ein uneheliches Kind, verkörperte dieses sinnbildlich den Verrat der Mutter.[9]

Norwegen nach Kriegsende – Die Abrechnung mit den »Freundinnen der Deutschen«

Mit der bedingungslosen Kapitulation Deutschlands am 8. Mai 1945 wurde Norwegen wieder ein freies Land. Der norwegische Rundfunk ging in den frühen Morgenstunden erstmals wieder auf Sendung und verkündete ständig neue Meldungen, darunter solche von Verhaftungen deutscher Funktionäre und norwegischer Kollaborateure. Sie wurden nun landesweit von Polizei und Anhängern der »Heimatfront« zum Verhör abgeholt und verhaftet. Die Frauen, die wegen ihres Verhältnisses zu einem oder mehreren Deutschen aufgefallen waren, gehörten ebenfalls zu den Verhafteten. Viele der betroffenen Norwegerinnen und ihre Kinder sagten Jahre später, dass der eigentliche Schrecken für sie erst im Frühjahr 1945 begann.

Wie die anderen besetzten Länder, musste auch Norwegen sich im Anschluss an seine Befreiung in mehrfacher Hinsicht mit der Besatzungszeit auseinandersetzen und diese aufarbeiten. Das erfolgte zum einen durch eine zügig aufgenommene strafrechtliche Verfolgung derer, die sich in den Kriegsjahren durch Kriegsverbrechen, Kollaboration oder Landesverrat schuldig gemacht hatten, sowie durch eine möglichst rigorose Entnazifizierung staatlicher Behörden und Institutionen. Zum anderen einigte sich die Nachkriegsgesellschaft auch vergangenheits- bzw. erinnerungspolitisch zügig auf einen Konsens, wie die Jahre der Besatzung und die Rolle, welche die norwegische Bevölkerung im Zuge dieser eingenommen hatte, zu deuten und zu werten seien. Hierbei dominierte die allgemeine Auffassung, die Norwegerinnen und Norweger hätten sich geschlossen hinter den Widerstand gegen die nazistische Opposition gestellt und lediglich eine schwache Minderheit von Kollaborateuren[10] habe sich der »falschen Seite« angeschlossen.[11] Obwohl quantitativ völlig korrekt, lässt dieses Deutungsmuster keinerlei Raum für eine Grauzone.

Die antideutsche, antinazistische Gesinnung jedes Einzelnen war zentraler Teil der Erinnerung an den norwegischen Widerstandskampf. Die Exilregierung und der Widerstand im besetzten Heimatland bezeichneten diese ungebrochene, patriotische Haltung noch vor Kriegsende als »Eisfront«, die sowohl für das Ertragen der Besatzungsjahre als auch für den schlussendlichen Sieg entscheidend gewesen sei. Aus ihr leitet sich die typisch norwegische Interpretation vom Ende der Besatzungszeit als einem moralischen Sieg anstelle eines militärischen ab. Ein Auflockern der Grenzen zwischen Besatzern und Besetzten im Privaten war daher absolut unentschuldbar. Die Frauen, denen man eine Beziehung zu einem Deutschen unterstellte, verortete man aufgrund dieser unangefochtenen, vom Widerstand geprägten Sichtweise bei den Landesverräterinnen. In der unmittelbaren Nachkriegszeit erlebten diese Frauen unterschiedlichste Formen der Abstrafung und Ausgrenzung. Viele verloren ihre Arbeit, fanden keine Wohnung, wurden auf der Straße beschimpft und bespuckt. Viele waren gewalttätigen oder gar sexuellen Übergriffen ausgesetzt. Das Scheren der Haare wie auch das Aufmalen von Hakenkreuzen im Gesicht oder auf dem entblößten Körper waren, ähnlich wie in anderen europäischen Ländern auch, eine übliche Strafaktion und diente der öffentlichen Brandmarkung der Frauen für ihren Verrat. Hilfestellung von staatlicher Seite konnten sie nicht erwarten.

Nach dem 8. Mai 1945 wurde die gerichtliche und politische Aufarbeitung der Besatzungszeit unverzüglich aufgenommen, wobei auch Frauen aufgrund ihrer Beziehungen zu Deutschen polizeilichen Ermittlungsverfahren ausgesetzt waren.[12] Dabei konnten schon ein Lächeln auf der Straße, ein freundliches Grüßen am Arbeitsplatz oder eine kurze Unterhaltung mit einem Besatzer nach Kriegsende zur Anzeige führen. Neben Ausgrenzung, Verspottung und Gewaltexzessen aus der unmittelbaren Bevölkerung wurden Tausende Frauen trotz Ermangelung von Straftatbeständen strafrechtlich verfolgt und oft monatelang interniert. Mit Hilfe provisorischer Verordnungen schuf die aus dem Exil zurückgekehrte norwegische Regierung gesetzliche Möglichkeiten, Frauen zu verhaften und festzuhalten, selbst da, wo sie gegen kein bestehendes Recht verstoßen hatten. Weder die Beziehung zu einem deutschen Soldaten noch die Arbeit für deutsche Stellen, sofern sie nicht kriegswichtig war, waren zuvor nach norwegischem Recht strafbar gewesen.

Zwei provisorische Rechtsnormen stechen hierbei hervor, welcher sich die Behörden bedienten, um Verhaftungen und längere Internierungen von Norwegerinnen zu rechtfertigen: zum einen die »Infektionsverordnung« vom 12. Juni 1945 und zum anderen die »Schutzverordnung«, von der norwegischen Exilregierung bereits am 23. Februar 1943 für die Zeit nach ihrer Rückkehr beschlossen. Die erste Verordnung diente in der Regel, um Frauen – meist Prostituierte – wegen des Verdachts auf Geschlechtskrankheiten und einer daraus resultierenden Gesundheitsgefährdung für die Bevölkerung auf längere Zeit zu internieren. Sie steht für eine besonders üble Form des Missbrauchs von Staatsgewalt im Abrechnungsprozess mit den Frauen, auf die das Etikett des »Deutschenmädchens« zutraf. Mit der Begründung, der Verbreitung von Geschlechtskrankheiten entgegenwirken zu wollen, wurde der Leiter des Gesundheitsamtes mit der Befugnis ausgestattet, jedermann in einem Krankenhaus oder an einem anderen Ort zu internieren, sofern er annimmt, dass die Person eine Geschlechtskrankheit habe. Ferner konnte er für eine bestimmte Zeit diejenigen internieren bzw. interniert halten, die bereits in der Vergangenheit wegen einer Geschlechtskrankheit mit Erfolg behandelt worden waren, wenn aufgrund ihres früheren Verhaltens der begründete Verdacht bestehe, eine erneute Ansteckung anderer zu befürchten. Das Verhältnis mit einem oder mehreren Deutschen ließ in den Augen der Verantwortlichen solche Rückschlüsse zu. Bei der Durchführung bedienten sich die Gesundheitsämter einer zentralen Kartei, die bereits während des Krieges von den norwegischen NS-Behörden angelegt worden war und alle wegen Geschlechtskrankheiten behandelten Personen bis dato erfasst hatte.[13] Auf diese Weise wurden die Frauen gleich in zweierlei Hinsicht von ihrer Vergangenheit eingeholt, für ihre geächtete Beziehung mit einem Deutschen und für eine Krankheit, die in den meisten Fällen schon Jahre zurücklag. Auffallend ist außerdem, dass der Verordnungstext Männer sehr wohl mit einschloss, in der Praxis jedoch ausschließlich bei Frauen Anwendung fand.

Die »Schutzverordnung« ermöglichte die Internierung von Personen, bei denen aufgrund ihres unpatriotischen Verhaltens oder landesverräterischer Handlungen eine Gefahr für sie selbst oder die öffentliche Sicherheit befürchtet werden musste. Das heißt, dass in diesem Fall sich die Vertreter der Strafverfolgung dem Vorwand bedienten, die Frauen vor der Ausübung von Lynchjustiz durch Dritte beschützen zu müssen. Die Verordnung räumte der norwegischen Polizei nicht nur weitreichende Freiheiten bezogen auf die Handhabung und Ausgestaltung dieser Eingriffsgrundlage ein, sondern gestattete den Frauen auch keinerlei Widerspruchs- oder Klagemöglichkeit, da ein richterliches Verfahren ausblieb. Die Begründung für eine Festnahme mit anschließender Internierung blieb in jedem Einzelfall Ermessenssache der Polizei. Ihre Begründung war dem Justizministerium vorzulegen, das anschließend darüber bestimmte, wie lange die Maßnahme aufrechterhalten bzw. wie oft man sie verlängern sollte.

Mit Hilfe beider Verordnungen wurden landesweit etwa 3000–5000 Frauen,[14] die in ihrer näheren Umgebung als Freundin eines Deutschen bekannt und angezeigt worden waren, über kürzere oder längere Zeiträume hinweg interniert. Anfänglich in Polizeiwachen und anderen Einrichtungen von eher provisorischem Charakter festgehalten, wurden Tausende in den kommenden Wochen erneut verhaftet und in eines der größeren Lager überführt. Meist lag die Dauer der Internierungszeit bei einem halben Jahr und die meisten Vorgänge waren bis zum Frühjahr 1946 abgeschlossen. Viele Jahrzehnte lang blieb die Rechtmäßigkeit der beschriebenen Vorgänge ohne Kritik. Bei den Frauen haben diese Erfahrungen der ersten Monate nach Kriegsende meist tiefgreifende Spuren hinterlassen. Die gesellschaftliche Stigmatisierung als »Deutschenhure«, die Angst vor Misshandlungen und Inhaftierung oder ums eigene Kind, sowie die Scham, mit der die eigene Vergangenheit behaftet war, mögen vielfach der Grund für das weitverbreitete Schweigen unter den Müttern gewesen sein, das sie häufig nicht einmal den Kindern zuliebe brachen.

Das Schicksal der Kriegskinder

Bei Kriegsende befanden sich noch etwa 500 deutsch-norwegische Kinder in den deutschen »Lebensborn«-Heimen in Norwegen, hinzu kamen noch circa 225 Kinder in norwegischen Kinderheimen. Die Auflösung der Heime verlief unterschiedlich schnell, in vielen herrschten chaotische Zustände. Oft kamen die norwegischen Behörden ihrer Pflicht, sich um die Versorgung der Heime zu kümmern, überhaupt nicht oder nur unzureichend nach. Viele Kinder wurden in den ersten Monaten von ihren Müttern aus den Heimen zu sich nach Hause geholt. Für die zurückgebliebenen Kinder galt es andere Heimplätze oder Pflegefamilien zu finden.

Abgesehen von den in Norwegen befindlichen Heimkindern, lebten bei Ende des Krieges noch mehrere Hundert Kinder in Deutschland. Sie waren zum Teil in Begleitung ihrer Mutter übergesiedelt, teilweise aber auch allein ohne das Wissen ihrer Mutter von Angestellten des »Lebensborn« dorthin verschleppt worden, mit der Absicht sie in deutsche Familien zu vermitteln. Von ihnen wuchsen etwa 30 in der sowjetisch besetzten Zone auf.[15] Dort war in den folgenden Jahren in Anbetracht des sich zuspitzenden politischen Auseinanderdriftens zwischen Ost und West ein Zugriff auf die Kinder durch die internationale Hilfsorganisation United Nations Relief Rehabilitation Administration (UNRRA) oder das Norwegische Rote Kreuz (NRK) zunehmend unmöglich.[16] Sie verblieben – soweit nicht weiter bekannt – ausnahmslos in der DDR und wuchsen dort in Heimen oder Pflegefamilien auf. Lediglich etwa 50 verschleppte Kinder aus Westdeutschland wurden bis Anfang der 1950er Jahre wieder nach Norwegen zurückgeholt. Die übrigen wurden für tot erklärt, galten als nicht auffindbar oder blieben in Deutschland, weil die zuständigen Behörden ihrem Verbleib bei einer deutschen Pflegefamilie zustimmten. 30 Kinder, die für eine Heimkehr nach Norwegen bestimmt gewesen waren, wurden nach Schweden überführt und dort anonym vermittelt.[17] Schon während der deutschen Besatzung und in den ersten Jahren nach der Befreiung trafen viele Norwegerinnen die Entscheidung, ihr Kind anonym in Schweden zur Adoption abzugeben. Viele dieser Kinder wissen bis heute nicht um die Herkunft ihrer biologischen Eltern.

Die Kinder, die in Norwegen aufwuchsen, taten dies unter sehr unterschiedlichen Bedingungen. Dennoch teilen viele von ihnen Erfahrungen, die mit ihrem Stigma als deutsch-norwegisches Kriegskind zu tun haben. Viele wuchsen im Vergleich zu anderen Kindern ihrer Generation unter deutlich schwierigeren Verhältnissen auf. Von den deutschen Einrichtungen des »Lebensborn« geschützt und versorgt, erfuhren sie nach Kriegsende von der norwegischen Gesellschaft eine abrupte und drastische Abwertung. Den Müttern lastete der Vorwurf des Unmoralischen und geistig Schwachen an, denn anders ließ sich ihr »moralischer Fall« nicht erklären. Die Väter hingegen standen kollektiv für die Gräueltaten der Besatzer und das damit verbundene nationale Trauma. Die weitverbreitete Auffassung, diese Kinder würden womöglich noch viele Jahre nach Kriegsende eine politische Bedrohung darstellen, der nur mit enormem sozialen Engagement und finanziellen Aufwendungen entgegen zu wirken sei, führte zwangsläufig zu ihrer Stigmatisierung als ein nationales Problem. Noch im Exil stellte die norwegische Regierung erste Überlegungen zum Umgang mit den Kriegskindern an. 1945 berief die Regierung eine »Kriegskinder-Kommission«. Ihre Arbeitsbereiche betrafen die Nationalität bzw. den staatsbürgerlichen Status von Mutter und Kind, sowie die Aussicht auf allgemeine und psychische Gesundheit und Leistungsfähigkeit der heranwachsenden Kriegskinder und damit einhergehend die ihnen anhaftenden sozial-politischen, ökonomischen und juristischen Fragen. Schon während der laufenden Untersuchungen wurde deutlich, wie das Wohl der Kinder dem Vorrang nationaler Interessen zum Opfer fiel. Offenkundig unrechte Lösungsvorschläge wurden ernsthaft diskutiert und auf diese Weise legitimiert. Überlegungen, sämtliche, zu diesem Zeitpunkt auf 9000 geschätzte, deutsch-norwegischen Kinder einer australischen Delegation zur Abschiebung zu überlassen, bilden nur ein drastisches Beispiel hierfür.[18] Der Neubeginn in einem fremden Land, in dem ihre Herkunft unbekannt und unbedeutend ist, sei gleichzeitig eine Chance für die Kinder, unbelastet aufzuwachsen, so die Begründung. Generell waren Überlegungen über eine mögliche Deportation der Kinder ins Ausland oder über eine notwendige Trennung von ihren Müttern in dieser Zeit allgemein akzeptiert.[19] Als Begründung galt, dass der Einfluss der schwachen Mutter und die unerwünschten Erbanlagen des deutschen Vaters es unmöglich machten, diese Kinder zu vollwertigen Mitgliedern der norwegischen Gesellschaft heranzuziehen. Offenbar bestanden wenig Skrupel, den Kriegskindern einen Platz in der norwegischen Gesellschaft abzusprechen.

Die »Kriegskinder-Kommission« legte ihren Abschlussbericht im November 1945 dem Sozialministerium vor. In Bezug auf die Festsetzung der Vaterschaft oder die Einrichtung eines »Zentralamtes für Kriegskinder« machte der Ausschuss zahlreiche Vorschläge. Das wichtigste Ergebnis der Kommissions-Arbeit jedoch war die eindeutige Ablehnung einer Deportation der Kinder nach Deutschland. Das Komitee sah es als norwegische Verantwortung an, sich um die Kriegskinder zu kümmern. Lediglich die Kinder von Frauen, die ihren deutschen Freund geheiratet hatten, sollten zusammen mit der Mutter Norwegen verlassen müssen. Bei Kindern, die sich bereits in Deutschland befanden, empfahlen sie, im Einzelfall über die Möglichkeit der Repatriierung zu entscheiden. Kinder, die bei ihrer unverheirateten Mutter in Norwegen aufwuchsen, sollten bei ihr bleiben können, solange sie für »verantwortliche Umstände« sorgen könne.

Darüber hinaus konstatierte die Kommission, dass es eine weit verbreitete Auffassung sowohl unter der norwegischen Bevölkerung als auch unter Psychiatern und Psychologen war, dass erstens die meisten Mütter geistig zurückgeblieben und von fragwürdigem Charakter seien und sie zweitens diese Eigenschaften sicherlich an ihre Kinder vererbt hätten. Sie unterstellten den Frauen in hohem Maße, von minderer Intelligenz zu sein und schlechten Einfluss auf ihre Kinder zu haben. Einige gingen so weit, Berechnungen anzustellen, wonach etwa 4000 der 9000 Kinder »geistige Defekte, vor allem Geistesschwäche geerbt« hätten. Selbst geistig unauffällige Kinder seien aufgrund ihrer schwach begabten Mütter und ihrer vorbelasteten Väter »Träger der defekten Anlagen, die sie selbst dann an ihre eigenen Nachkommen weitergeben können, wenn sie bei ihnen selbst keine Symptome verursacht haben«. Daraus ergäbe sich eine enorme soziale Herausforderung für die norwegische Gesellschaft.[20]

Die Kommission schenkte diesen Aussagen in ihrem Bericht nur bedingt Aufmerksamkeit. Dennoch distanzierte sie sich nicht ausreichend von diesen Behauptungen. Obwohl die Kommissionsmitglieder in den Monaten ihrer Tätigkeit mehrfach Artikel in unterschiedlichen Zeitungen und Fachzeitschriften veröffentlichten, nutzten sie die Gelegenheit nicht, um der gängigen öffentlichen Meinung etwas entgegenzuhalten. Für viele Kriegskinder hatte dies mitunter mehrjährige Heimaufenthalte in Einrichtungen für geistig Behinderte oder die ständige Missachtung ihrer Lehrerinnen und Lehrer zur Folge, die sie für lernschwach oder gar lernbehindert hielten. Schon geringfügige körperliche Defizite und vermeintliche Entwicklungsverzögerungen der Kinder führten bei ihrer medizinischen Beurteilung häufig zu einem katastrophalen psychologischen Befund. So galt eine verzögerte Sprachentwicklung, die in Anbetracht des ständigen Wechsels von Bezugspersonen und häufigen Heimaufenthalten nicht ungewöhnlich erscheinen sollte, wiederholt als Indiz für eine geistige Unterentwicklung des betroffenen Kindes.

Wenn die Kriegskinder-Kommission ihre Arbeit im Sommer 1945 durchaus auch unter der Prämisse aufgenommen hatte, den Kindern in Anbetracht ihrer schlechten Ausgangslage helfen zu wollen, hat sie dennoch auf breiter Ebene versagt, die Einstellung der norwegischen Bevölkerung gegenüber den Kindern positiv zu beeinflussen oder mit greifenden Hilfsmaßnahmen das Leben der Mütter und Kinder in irgendeiner Weise zu erleichtern. Insgesamt fanden nur wenige Vorschläge der Kommission tatsächlich Einzug in die Kriegskinder-Politik. Das norwegische Parlament verabschiedete in den folgenden Jahren zahlreiche Gesetze, von denen die Kriegskinder und ihre Mütter direkt oder durch Ausschluss – beispielsweise bei der Auszahlung von staatlichen Zuwendungen – indirekt betroffen waren. Weitere Nachteile ergaben sich aus der Vernachlässigung zahlreicher Unterhaltsansprüche. Nach dem norwegischen Kinderrecht von 1915 war es die Aufgabe des Staates, die Väter unehelicher Kinder im Interesse des Kindes ausfindig zu machen und zu Unterhaltszahlungen zu verpflichten. Ungeachtet dessen setzte sich das Sozialministerium vehement dafür ein, die 6000 zu diesem Zeitpunkt offenen Vaterschaftsverfahren ohne jegliches Gerichtsurteil zu schließen, um so die Verbindung zu Deutschland in dieser Angelegenheit endgültig zu kappen. Weniger als 500 Fälle wurden daraufhin noch bearbeitet. Die Mehrheit der Kinder und ihre Mütter blieben ohne finanzielle Unterstützung. Auch auf persönlicher Ebene verschwand für viele Kinder der letzte Anhaltspunkt zu ihren Vätern, auf den sie zu einem späteren Zeitpunkt hätten zurückgreifen können.

Mit der Vermittlung und Unterbringung sämtlicher deutsch-norwegischer Heimkinder bei ihren Müttern, Verwandten oder in norwegischen Heimen und Pflegefamilien ließ das politische Interesse nach und damit bald auch die öffentliche Auseinandersetzung. Das Thema verschob sich ins ausschließlich Private, wo es aufgrund der negativen Erfahrungen und ständigen Bewertung sich schnell zu einem Tabu manifestierte, gestützt von einer Öffentlichkeit, welche die Anliegen der Kinder schnellstmöglich verdrängen wollte.

Nach jahrzehntelanger weitgehender Tabuisierung des Themas in der norwegischen Gesellschaft ist es insbesondere dem Einsatz inzwischen erwachsener »Kriegskinder« zu verdanken, dass ihre Geschichte seit den 1980er Jahren zunehmend einer öffentlichen Auseinandersetzung und damit einer historischen Aufarbeitung zugeführt wurde. Sie gründeten Vereine, führten Entschädigungsklagen gegen den norwegischen Staat, erzeugten auf vielen Ebenen ein gesellschaftliches Interesse für dieses verschüttete Stück norwegischer Geschichte. Damit stießen sie nicht nur norwegische Historikerinnen und andere Wissenschaftler auf ein neues Forschungsfeld, sondern ebneten darüber hinaus den Weg für ähnliche Bestrebungen von Betroffenen in anderen europäischen Ländern, die dem norwegischen Vorbild folgten. Dass heute eine breite gesellschaftspolitische, mediale und auch wissenschaftliche Auseinandersetzung mit der Kriegskinder-Problematik stattfindet, hat mitunter in Norwegen seine Anfänge genommen.

Anmerkungen

1 Oberstes Ziel der nationalsozialistischen Bevölkerungspolitik war die Hebung der Bevölkerungszahl unter Berücksichtigung der »rassischen Normen«, ein Ziel, das während des Krieges hinsichtlich der enormen menschlichen Verluste an Bedeutung gewann.

2 Der »Lebensborn e.V.« bemühte sich um »angewandte Sippenpflege« durch die Unterstützung »rassisch hochwertiger« lediger Mütter und ihres Nachwuchses; es handelte sich also eindeutig um eine rassenideologisch zweckgebundene Unterstützung lediger Mütter und deren Kinder. Vgl. Isabel Heinemann: Rasse, Siedlung, deutsches Blut. Das Rasse- und Siedlungshauptamt der SS und die rassenpolitische Neuordnung Europas, Göttingen 2003, S. 102.

3 Auf dem Höhepunkt des Krieges waren etwa 400000 deutsche Soldaten in Norwegen stationiert, die zu dieser Zeit einer Gesamtbevölkerung von etwa 3,5 Millionen gegenüberstanden. Vgl. hierzu Lars Borgersrud: Staten og krigsbarna [Der Staat und die Kriegskinder], Oslo 2004, S. 20.

4 RGBl. 1942 I. S. 488, zitiert nach Georg Lilienthal: »Lebensborn e.V.« Ein Instrument nationalsozialistischer Rassenpolitik, Frankfurt a.M. 1993, S. 164.

5 Evi Weissteiner: Der Lebensborn in Norwegen, Diss. Universität Innsbruck 2001, S. 168.

6 Siehe Karten in Lilienthal: »Lebensborn e.V.«, S. 260ff. Zur Einsicht einer Liste der Heime und deren Aufnahmekapazitäten vgl. Lilienthal »Lebensborn e.V.«, S. 176.

7 Vgl. hierzu Kåre Olsen: Schicksal Lebensborn. Die Kinder der Schande und ihre Mütter, München 2004, S. 93.

8 Olsen: Schicksal Lebensborn, S. 331; Lilienthal: »Lebensborn e.V.«, S. 173.

9 Kjersti Ericsson: Introduction, in: Kjersti Ericsson, Eva Simonsen (Hg.): Children of World War II: the hidden enemy legacy, Oxford / New York, 2005, S. 7f.

10 An erster Stelle standen hier die Mitglieder der faschistischen Najonal Sämling unter Parteiführung von Vidkun Quisling. Sie hatten fünf Jahre lang mit den deutschen Nationalsozialisten kollaboriert.

11 Vgl. Synn Corell: The Solidity of a National Narrative. The German Occupation in Norwegian History Culture, in: Henrik Stenius u. a. (Hg.): Nordic Narratives of the Second World War. National Histiographies Revisited, Lund 2011, S. 101 – 126.

12 Vgl. Knut-Erich Papendorf: Accused of Being »German Whores«: The Internment of the So-Called »German Girls«, in: Kjersti Ericsson (Hg.): Women in War. Examples from Norway and Beyond, London, New York 2015, S. 187 – 200; Knut-Erich Papendorf: Siktet som tyskertøs. Rettsoppgjøret i videre forstand, Oslo 2015.

13 Die Kartei enthielt Daten zu etwa 3000 Frauen und diente als Grundlage zur Festnahme und Internierung von »Deutschenmädchen«, die während des Krieges erkrankt waren. Vgl. Olsen: Schicksal Lebensborn, S. 270.

14 Allein in Oslo verhaftete die Polizei im Mai 1945 etwa 1000 Frauen. Im Internierungslager Hovedøya, das ursprünglich als deutsches Militärlager diente, waren bis zum Frühjahr 1946 über 1000 Frauen wegen entsprechender Vorwürfe inhaftiert. Vgl. Olsen: Schicksal Lebensborn, S. 265.

15 Die norwegischen Behörden unternahmen fast zwei Jahre lang nichts, um den nach Deutschland verschleppten Kindern und ihrem Verbleib nachzugehen, bis die IRO (International Relief Organization) aus Deutschland Norwegen kontaktierte. Erst im Anschluss daran ließ Norwegen Einzelfälle bzgl. einer möglichen Repatriierung der Kinder oder für ihren Verbleib bei der deutschen Pflegefamilie prüfen. Vgl. Olsen: Schicksal Lebensborn, S. 29.

16 Die russischen Stellen ließen Anfragen des NRK nach Kindern in ihrer Zone so lange unbeantwortet, bis die norwegische Regierung irgendwann aufgab. Vgl. Olsen: Schicksal Lebensborn, S. 359 f.

17 Olsen: Schicksal Lebensborn, S. 29 f.

18 Mitte November 1945 luden Kommissionsmitglieder eine australische Delegation ein, die zwecks Emigrationsanwerbung durch Europa reiste, um eine mögliche Abschiebung deutsch-norwegischer Kriegskinder zu besprechen. Das Angebot wurde im australischen Parlament noch bis zum November 1946 diskutiert, schlussendlich aber verworfen, weil die zerstörte Infrastruktur in Europa ein derartiges Unterfangen unmöglich machte. Erst Ende 1998, als die öffentliche Auseinandersetzung um eine Entschädigung der Kriegskinder brandaktuell war, enthüllte ein Journalist diese Ereignisse. Vgl. Gunnar Gjertsen: Ville deportere norske barn til Australia [Sie wollten norwegische Kinder nach Australien deportieren], in: Klassekampen vom 10. 12. 1998.

19 Vgl. Lars Borgersrud: Meant to be Deported, in: Ericson / Simonsen (Hg.): Children of World War II, S. 74 f.

20 Die Aussagen entstammen national anerkannten Autoritäten wie dem Psychiatrieprofessor Gabriel Langfeldt oder dem Psychiater Ørnulf Ødegard. Vgl. Olsen: Schicksal Lebensborn, S. 310 ff.

»Einen Vater zu suchen war nicht das, was ich mir vorstellen konnte.«

Einar Bangsund

Einleitung

Mehrmals hat man mich gefragt, ob ich nicht meine Geschichte aufschreiben kann. Ich habe mich bisher immer geweigert, denn ich habe die Geschichte der Kriegskinder als Ganzes und nicht als ein privates Schicksal gesehen. Etwa 12 000 »Lebensborn«-Kinder sind in Norwegen geboren. Ich bin nur eines davon, mit der Nummer 4728.

2001 beschloss ich, mich dem Thema »Zweiter Weltkrieg« und »Lebensborn« fotografisch zu nähern, und ich kam zu der Erkenntnis, dass meine eigene Geschichte nicht die wichtigste ist zum Thema. Meine Bilder zeigen die Gesichter anderer Personen, die in Norwegen eine traumatische Kindheitserfahrung hatten und auf der Suche nach ihrem deutschen Vater waren. So verschaffte ich mir und anderen ein Bild von denen, die bis dahin nur in Statistiken auftauchten.[1]

Später sind einige Bücher zu diesem Thema mit Einzelschicksalen erschienen,[2] zuletzt das Buch von Lillian Crott Berthung,[3] einer der Frauen, die den Krieg in Norwegen erlebten und detailliert ihre Erfahrungen im Tagebuch festhielten.

Leider haben unsere Mütter uns aus Scham und wegen Schuldgefühlen nur wenig von ihren Demütigungen und Ausgrenzungen aus der norwegischen Gesellschaft erzählt, die sie ihr Leben lang mit sich herumtrugen.

Es macht mich immer noch wütend, dass damals die norwegische Exilregierung in London die realen Lebensbedingungen der norwegischen Bevölkerung und deren Behandlung während der deutschen Besatzung ausgeblendet hat. Die deutsche Besatzung kontrollierte alles im Land, es war nicht möglich, eine Nadel, geschweige denn Lebensmittel ohne Bezugsschein zu bekommen. Oft reichten einfache Grundnahrungsmittel für den Rest eines Monats nicht mehr, weil auf Lebensmittelkarten nichts mehr zu bekommen war. Alles war in erster Linie für die Wehrmacht bestimmt und der Rest, sogenannte Luxusgüter, ging ins »Reich«.

Meine Geschichte

Ich habe eine Weile überlegt, wie ich mit meiner Geschichte anfangen soll.

Sie ist kompliziert, auch weil es mehrere Väter gibt. Ich habe die »Lebensborn«-Akte studiert, die den Streit um die Vaterschaft für mich dokumentiert. Außerdem habe ich die Akte meines Stiefvaters, den ich lange für meinen Vater hielt, und die Akte meines Bruders Björn eingesehen, der 1939 geboren ist und der einen anderen deutschen Vater hat.

Immer wieder die Fragen: Warum? Weshalb? Wie? Es sind Geschichten, die ich nicht voneinander trennen kann, da das Geschehen ineinander übergreift.

Die Reise nach Oslo

Stell dir vor, du bist 19 Jahre alt, du kommst 1961 in Oslo mit der Kiel-Fähre an und willst Bekannte besuchen. Dein Pass gilt nur noch drei Wochen, und eigentlich könntest du dir vorstellen, in Oslo Arbeit zu suchen, denn du bist aufgeschlossen und kennst einige Menschen dort. Es ist Winter und dir kommt alles vertraut vor. Es ist 13 Jahre her, dass du knackigen Frost erlebt hast. Du raffst dich auf zur Deutschen Botschaft und lieferst deinen Pass ab. Zwei Tage später klingelt das Telefon, du möchtest bei der Botschaft vorbeikommen. Dort wird dir erzählt, dass du eigentlich kein Deutscher bist, und dass du dich beim Fremdenkontor der Polizei in Oslo melden musst, um einen neuen Pass zu beantragen. Dort wirst du gebeten, deinen Taufschein mitzubringen, aber den hast du niemals zu Gesicht bekommen. Bist du überhaupt getauft, und wenn ja, wo?

Aus Tromsø, wo du als Kind gelebt hast, wird ein Taufschein geschickt. Dort steht der Name eines Vaters, den du zuvor noch nie gesehen hast und von dem du auch keine Ahnung hattest. Denn du hast immer an den Vater geglaubt, der dich 13 Jahre lang recht und schlecht erzogen hat.

Der Schock ist groß für dich. Um nicht in eine Sackgasse zu geraten mit Fragestellungen, verdrängst du alles. Wenn dir bisher keiner etwas gesagt hat, tut es auch jetzt keiner. Trotzdem weißt du, dass alles eines Tages wieder auftauchen wird. Es ist immer da und die Flamme geht nicht aus.

Jetzt stehst du da mit einem norwegischen Pass in der Hand. Du sprichst die Sprache sehr schlecht und bist auf Arbeitssuche. Zurück nach Deutschland geht es nicht mehr, denn dort brauchst du jetzt eine Arbeitserlaubnis und eine Aufenthaltsgenehmigung. Die Arbeit, die du dort hattest, hast du auch gekündigt für die Zeit in Oslo. Dein Nachname ist nicht mehr derselbe, daran musst du dich gewöhnen. Trotz des norwegisch klingenden Namens wirst du immer wieder nach deiner Herkunft gefragt, sodass man dich verstehen lässt, dass du ein »tysker« (Deutscher) bist, der eigentlich kein Recht auf eine norwegische Staatsbürgerschaft hat. Natürlich redest du dir ein, dass du »international« bist, aber deine Identität hast du über Nacht verloren. Der Mann, der dein Vater sein sollte, ist es nicht mehr, der neue Name auf dem Taufschein ist unbekannt für dich, und du hast dazu auch keinen Bezug. Aber die Erinnerungen an die Prügel und Misshandlungen sind noch da.

Einen Vater zu suchen war nicht das, was ich mir vorstellen konnte. Für mich waren alle Männer über 50 eine Gefahr. Jahrelang hatte ich Respekt und Angst vor Männern über 50, die gemieden werden mussten. Es dauerte Jahrzehnte, bis ich diese Furcht ablegen konnte.

Norwegen steht vor der ersten Entscheidung, sich an die EWG anzugliedern, und du spürst den starken Hass und hörst viele falsche Argumente. Aber du kannst dich nicht in die Diskussionen einmischen, die Gefahr ist groß, dass du als »tysker« aus der Diskussion geprügelt wirst. Du stehst verwundert da und ahnst, was während deiner Abwesenheit in diesem Land mit Personen wie dir, mit der gleichen Herkunft, passiert ist – ein Kind der deutschen Besatzungsmacht. Du hast glücklicherweise solche Erfahrungen in diesem Land nicht gemacht, und alle Äußerungen und Bemerkungen kommen bei dir nicht an, denn es dauert lange, bis du die Nuancen der Sprache kennst.

30 Jahre später

Irgendwo in Deutschland erfuhr ich 1992 von einer Verwandten, dass eine Person aus England die Familie in Tromsø besucht hat. Dies wurde nicht gesagt, nur angedeutet. Aus welchen Gründen auch immer, von dieser Episode sollten ich und einige andere in der Familie nichts erfahren. Aber eine kleine Stadt ist nicht groß genug, als dass der Tratsch nicht auch mir zu Ohren kommt. Es stellte sich heraus, dass diese Person die Tochter meiner in England verstorbenen Tante Björg ist.

Ich fragte mich: Warum hat man mich von dieser Geschichte fernhalten wollen? Und ich werde wütend über die Grenzenlosigkeit dieser Doppelmoral, die auch 1992 noch nicht aufgehört hat. In meiner Familie wird alles verheimlicht, was nicht in das Klischee einer heilen Familie passt.

Ich dachte wieder zurück an die Zeit in Oslo, als ich meinen Taufschein erhielt und ein anderer Ortsname als Tromsø darauf stand: Lundenes! Wo ist Lundenes? Und warum Lundenes? Es fällt mir wieder die »Tysker«-Problematik ein, von der ich eigentlich nicht viel erfahren hatte bis zu den Anfängen meines Aufenthaltes in Oslo und die ich dann wieder weggeschoben hatte.

Lundenes ist eine kleine Ortschaft nicht weit von Harstad, aber sehr weit von Tromsø entfernt, wenn man die damaligen Verkehrsmöglichkeiten berücksichtigt. Meine Mutter hat mich dort geboren. Es war ein Versteck vor der Familie und der Wehrmacht. Himmlers »Lebensborn«-Programm zur Förderung der arischen

Einar Bangsund mit seiner Mutter, 1950

Rasse hatte zur Folge, dass Kinder, die von Soldaten der Wehrmacht gezeugt worden waren, mit Einwilligung der Familien in Deutschland erzogen werden sollten. Eine solche Einwilligung hatte meine Familie gegeben ohne die Zusage meiner Mutter. Ihre Familie konnte nicht dulden, dass uneheliche Kinder in der Familie geboren wurden. Meine Mutter hatte schon vier Jahre zuvor einen Sohn geboren, der zur Adoption freigegeben wurde. Um so etwas nicht noch einmal zu erleiden, flüchtete meine Mutter aus der Stadt und vor der Familie. Nur den intensiven Anstrengungen einiger weniger Freunde ist es zu verdanken, dass sie wieder nach Tromsø kommen konnte. Aber der Kontakt mit der Familie war abgebrochen. Um der Schmach zu entgehen, die in einer solchen Situation entstanden war, heiratete sie einen Angehörigen der Wehrmacht, um nach Deutschland zu kommen.

Der Name meines Erzeugers, der auf dem Taufschein stand, war Erich M. Eine Geburtsurkunde hatte ich nie. Jetzt wollte ich mehr über ihn erfahren.

Ich kontaktierte 1993 das Rote Kreuz und erhielt sechs Monate später einen Brief. Mein Erzeuger wurde 1913 in Danzig geboren, wurde 1936 Polizeischüler und 1937 NSDAP-Mitglied. Er war 1993 gerade gestorben, als ich anfing, nach ihm zu suchen. Er hatte in Kiel gelebt, wurde mir mitgeteilt, er habe eine Tochter Helga, die aber keinen Kontakt mit mir wünsche. Weiter erhielt ich die Information, dass eine Akte im Fylkesmann-Archiv in Tromsø liegt. Es war die Akte über den Vaterschaftsstreit. Um an die Anerkennung seiner Vaterschaft zu gelangen, musste sich meine Mutter an den »Lebensborn« wenden. Sie bekam zunächst eine Einmalzahlung für die Säuglingsausstattung.

Die Kontaktaufnahme zu Erich M. erfolgte via »Lebensborn«, Abteilung Norwegen. Als der Antrag an die »Abteilung Lebensborn« einging, war er aber nicht mehr in Norwegen. Er war in Polen und ließ sich zur Wasserpolizei nach Krakau versetzen.

Der Schriftverkehr zwischen »Lebensborn« und Erich begann 1943. Die erste Antwort begann mit einer Verneinung seinerseits, mit Widersprüchen in fast jedem Satz. Der Sachbearbeiter hatte seine liebe Not mit dem Zickzackkurs und unterschiedlichen Darstellungen. Erich M. behauptete zunächst, nie eine Frau mit dem Namen Kirsten Bangsund gekannt zu haben, doch am Ende des Briefes erinnerte er sich vage an sie. Als Antwort auf die immer wieder erfolgte Aufforderung, endlich die Blutproben vorzulegen, wies er darauf hin, dass seine Blutgruppe bekannt sei in der SS. Der Sachbearbeiter bat meine Mutter um detaillierte Information. Meine Mutter war bereit, alle Dokumente, die der »Lebensborn« verlangte, zu liefern, von Blutproben bis zur eidesstattlichen Erklärung. Trotzdem weigerte sich Erich, es zuzugeben, und wehrte sich weiterhin. Als nach ewigem Hin und Her endlich seine Blutprobe am 5. Mai 1945 einging, war meine Mutter schon seit dem 15. März 1945 mit Helmut Sonntag verheiratet und hatte seinen Namen angenommen. So blieb die Akte vorerst liegen, erst 1949 hatte man die Akte ausgegraben und sich gewundert, dass meine Mutter mit mir nicht aufzufinden war. Um weitere Nachforschungen hatte sich die Staatsanwaltschaft nicht mehr bemüht, weil sie zu Recht vermutete, dass meine Mutter geheiratet hatte und nach Deutschland gezogen war. Die Akte wurde 1952 zur Archivierung dem Fylkesmann-Archiv übergeben und geschlossen. Hier blieb sie bis 1995 liegen, als ich Einsicht verlangte, und ich bekam fast die gesamte Akte.

Mitte der 1990er Jahre war ich zur Kur im Schwarzwald. Als mir die Post nachgeschickt wurde, lag zwischen allen Rechnungen auch ein Brief von einer Helga L. aus V. Ich war überrascht, denn ich vermutete, dass die Familie M. sich in Kiel aufhielt. Umso größer war die Freude, dass sie mir nun den Kontakt anbot. Zurück aus der Kur, verabredeten wir ein Treffen für das darauffolgende Wochenende bei ihr und ihrem Mann Hans zu Hause. Es war eine merkwürdige, bedrückende Situation. Helga war allein, Hans war zum Frühschoppen gegangen, Helga hatte gekocht. Was sollten wir reden, wir betrachteten uns lange, und eigentlich schwiegen wir die meiste Zeit. Als Hans vom Frühschoppen kam, wurde gegessen. Danach zeigte Hans seine Fotos von seinem letzten Urlaub in Kuba. Langsam fing Helga an, ein wenig über die Familie zu reden. Es war nicht viel, ich merkte, dass sie nicht mehr von ihrem Vater erzählen wollte. Ich konnte es mir schon vorstellen, ohne dass es ausgesprochen wurde. Als Kind hatte ich schon alles an Prügelstrafen erlebt, und ich hatte keine Lust mehr, zu erfahren, wer M. wirklich war.

Meine Mutter

Als Kirsten Kjellaug Bangsund wurde sie am 13. Februar 1916 in Tromsø geboren, als drittes von zehn Kindern. Ihre Eltern waren Stoffa Bangsund und Erling Bergeton Bangsund.

Wenig weiß ich von ihrem Leben in ihrer Kindheit und Jugend. Leider kann ich heute nicht mehr erfahren als das, was ich von ihr gehört habe. Da mein Großvater ein sehr engagierter Mann war mit einer eigenen Holzhandlung, hatte er ein großes Ansehen in der Stadt. So bekamen alle Kinder die Möglichkeit, die mittlere Reife zu machen, und einige Auserwählte kamen ins Gymnasium. Meine

Mutter schaffte die Prüfung in Deutsch nicht. Dies nachzuholen gab es damals nicht, und sie musste ins Arbeitsleben wechseln. Ausbildungsplätze gab es keine in der Stadt, man fing an zu arbeiten, und war man gut und hatte Freude an der Arbeit, konnte man es weit bringen. Mit Tuch- und Kurzwaren kannte sie sich aus, was ihr später in Deutschland zugutekam. Aber eigentlich hatte sie etwas anderes vor und beschloss, nach Kabelvåg zu reisen, um im Tuberkulose-Sanatorium als Praktikantin zu arbeiten. Dies wurde von ihrer Tante Gudrun geleitet.

Es war 1937 – 1939 und man fürchtete einen Krieg. Norwegen war wegen seiner langen Küste interessant für Deutsche und Engländer, zumal das schwedische Eisenerz von Narvik aus verschifft wurde. In dieser Zeit wurden von beiden Seiten Geheimdienst-Agenten ausgeschickt. Auf der englischen Seite erkundete Patrick Dalzel-Job[4], mit seiner Mutter als Alibi, die norwegische Küste bis nach Grense Jakobselv. Er knüpfte in allen Ortschaften Kontakte, so auch in Tromsø. Er lernte im Sommer 1939 Björg kennen, die zweitjüngste Schwester meiner Mutter, die damals 13 Jahre alt war und nahm sie mit Erlaubnis ihrer Eltern auf sein Schiff mit. 1945 kehrte er zurück und heiratete Björg, die inzwischen auch eine Tochter von einem Deutschen hatte. Sie starb 1986 und war nach Dalzel-Jobs Aussage die einzige große Liebe seines Lebens.[5]

Dr. Rudolf Müller arbeitete damals auf der deutschen Seite. Er unterhielt ein Informationsbüro für die IG Farben und Bayer Leverkusen in Göteborg. Möglicherweise wurde er auf eine Reise auf die Lofoten geschickt, um die Landschaft zu erkunden. Ein Film, den ich in die Hände bekam, zeigt deutlich, dass er weniger an den Menschen interessiert war als an der Landschaft in der Umgebung der Lofoten, denn das ist die Route nach Narvik. Er nahm Kontakt mit dem Sanatorium in Kabelvåg auf und traf dort meine Mutter. Sie war sehr an der deutschen Sprache interessiert und sie war eine der wenigen, die Deutsch konnten. Es kam, wie es kommen musste: Es entstand mein Bruder Björn, der am 1. Mai 1939 geboren wurde. Ich vermute, dass sie wegen ihrer Schwangerschaft nicht weiter im Sanatorium arbeiten durfte. Björn wurde in Tromsø geboren und sofort auf Druck der Familie und ohne Einwilligung meiner Mutter zur Adoption freigegeben. Die uneheliche Geburt musste vertuscht werden.

Das Nächste, was ich in Erfahrung bringen konnte, war, dass meine Mutter danach in Oslo bei einer Familie G. als Hausmädchen arbeitete und erst von dort wieder Kontakt zu Rudolf Müller aufnahm. In einem Brief, den er ihr nach Oslo schickte, versuchte er, ein Treffen mit ihr in Göteborg zu arrangieren. Er befürchtete, kein neues Visum zu bekommen, der Krieg hatte begonnen. Im Brief beklagte er, dass er von der Geburt von Björn nichts erfahren hatte und seine Briefe nicht beantwortet wurden. Vermutlich hatte die Familie die Briefe nicht an meine Mutter weitergegeben.

Es muss turbulent in der Familie Bangsund zugegangen sein, denn auch andere Kinder tanzten aus der Reihe. Der jüngere Bruder Erling heiratete mit 19 Jahren Gunvor, das 26 Jahre alte Hausmädchen der Familie. Die Heirat wurde behördlich genehmigt, aber danach durften die beiden nicht mehr ins Haus zurück. Erling und Gunvor waren wie meine Mutter vom Familienleben ausgeschlossen, die drei bildeten eine lebenslange Allianz.

Es ist nicht leicht, sich an Dinge zu erinnern, die ich nur aus Erzählungen vermittelt bekam. Erzählungen sind lückenhaft und eine Mutter erzählt nur das, was sie nicht schmerzt. Auch meine Tanten, die noch leben, konnten oder wollten nichts sagen. Wann meine Mutter wieder nach Tromsø zurückkehrte, ist nicht zu ermitteln, es muss wohl schon vor dem Einmarsch der Wehrmacht geschehen sein.

Was sie in der Zeit machte, bis sie schwanger mit mir wurde, ist mir nicht bekannt. Mein Erzeuger Erich M. verließ sie, als sie schwanger war. Während ihrer Schwangerschaft lernte sie meinen späteren Stiefvater, Helmut Sonntag, kennen, der ihr dabei behilflich war, Geld zu besorgen, sodass sie nach Trondheim fahren konnte, um mich im dort eingerichteten »Lebensborn«-Heim zur Welt zu bringen. Weil es aber noch zu früh war, wurde sie abgewiesen und fuhr zurück in den Norden mit der Hurtigroute.

Der Zufall wollte es, dass sie auf dieser Reise auf dem Schiff Erich M. traf, der sie aber zurückwies. Sie ging in Harstad an Land und suchte die Schwiegermutter einer Cousine auf, die auf einer nahegelegenen Insel Grytöy im Ort Lundenes wohnte. Diese Frau war Hebamme, und hier verbrachte meine Mutter die Zeit bis zu meiner Geburt im Oktober. Wie lange sie nach meiner Geburt dort blieb, weiß ich nicht; im Gespräch waren es sechs bis acht Wochen. In der Zwischenzeit hatte ihr Vater für uns ein winziges Zimmer in einem seiner Häuser in Tromsø eingerichtet. Das Zimmer maß ungefähr nur eineinhalb mal zwei Meter. Hier lebten wir bis zur Ausreise nach Deutschland im Jahre 1949.

Helmut Sonntag war sicher nicht erfreut, dass sie mit mir wieder nach Tromsø zurückkam, vermutlich hatte er gehofft, dass sie mich auch zur Adoption freigeben würde. Nach späteren Erzählungen muss seine Aggression gegen mich damals schon heftig gewesen sein – sie hat lange angehalten.

Meine Mutter hatte außer ihrem Bruder niemanden in der Familie, an den sie sich wenden konnte. Als ich noch ein Säugling war, versuchte meine Mutter, Milch für mich zu bekommen. In ihrer Not wandte sie sich an ihre Mutter, meine Großmutter, die sie an der Tür abwies.

Erinnerungen an Tromsø

Es gibt einige Episoden, die nicht zu den glücklichen Erinnerungen an Tromsø gehören. So wie diese: Ich bin als Drei- oder Vierjähriger mit meiner Mutter im Hof, um einen Schneemann zu bauen. Plötzlich geht die Pforte auf und eine Gruppe in meinen Augen großer Jungen fallen über das Erbaute her und zerstören alles, und meine Mutter kann sich mit mir noch ins Haus retten. Ich hatte keine Ahnung, warum, und meine Mutter hat es mir nicht erklärt.

Später in Deutschland erschien mir meine Zeit in Tromsø in einem positiven Licht, nach und nach romantisierte ich Erlebnisse dort und vergaß alle negativen Dinge, denn davon erlebte ich in

Deutschland genug. An regnerischen Tagen wurden hier alte Fotografien wieder aus der Schuhschachtel gekramt. Ein Bild war immer dabei: Eine Gruppe von Kindern ist zum Fotografieren versammelt, es ist der Geburtstag meines Vetters. Meine Mutter konnte mir alle Namen der Kinder sagen, außer den Namen eines Jungen.

Welche Erinnerungen habe ich noch aus der Zeit in Tromsø?

Wer waren meine Bezugspersonen außer meiner Mutter?

Das winzige Zimmer Grønnegata 27

Das Zimmer war im ersten Stock des Hauses in der Grønnegata Ecke Fiskegata. Dorthin führte eine überdachte Außentreppe. Am oberen Absatz war links eine Tür zu einem Vorraum, der als Küche und Bad genutzt wurde mit einem Fenster zum Hof über der Arbeitsbank. Gegenüber war der Schornstein des Hauses, wo der Herd stand. Rechts davon war die Tür, die zu dem Zimmer führte, das sechs Jahre unser Zuhause war. Rechts stand ein Sofa, auf dem meine Mutter auch schlief, darüber ein Bücherregal, zuoberst lag ein Reisigbündel zum Verhauen. Darunter waren einige Bücher über Norwegens Geschichte aus der Wikingerzeit, bebildert und mit Bleistift-Krakeleien von meiner Hand. Zur linken standen mein Kinderbett am Fenster, dazu ein kleiner Kleiderschrank in der Nähe der Tür zum Zimmer, ein Stuhl zwischen Schrank und Bett sowie ein kleiner Tisch.

Als ich vor einigen Jahren dieses Zimmer wieder betrat, war ich erschrocken, wie klein es eigentlich war. Es war mir unverständlich, dass meine Mutter und ich fast sechs Jahre lang dort gewohnt oder besser noch, gehaust hatten.

Geht man weiter an der Arbeitsbank vorbei, kommt man zu der Wohnung der Nachbarn Ludvigsen. Rechts von der Eingangstür führte eine steile Treppe auf den Dachboden, der erstaunlich gut ausgebaut war und seinerzeit als Schlafraum diente, als hier noch um 1900 große Familien wohnten mit bis zu zehn Kindern, Eltern und Großeltern. Ach so, es gab ja auch ein Klo! Jedes Haus hatte einen Hof, von den anderen Grundstücken getrennt durch ein mannshohes Plankengatter, das den unmittelbaren Einblick verwehrte, und am Ende gab es einen Schuppen, die eine Hälfte das Klo, ein Dreisitzer, zwei Plätze auf einer Bank für Erwachsene und einer für Kinder.

Astrid Ludvigsen und ihr Vater bewohnten die beiden anderen Räume der Etage. Eine unverheiratete Frau versorgte ihren Vater, der ein alter Seemann, Robbenfänger und Überwinterer auf Spitzbergen gewesen war. Astrid, die ich Tante nannte, putzte bei Leuten und war tief religiös. Sie nahm mich mit zu ihrer Gemeinde, die Neu-Apostel, um meine Mutter zu entlasten. Ihr Vater kam nie mit.

An den alten Ludvigsen kann ich mich nur schwach erinnern, nur, dass er die Zähne herausnehmen konnte, was ich im Selbstversuch nicht schaffte, warum das so war, habe ich lange nicht verstanden. Ludvigsens hatten eine Katze, die sie »Snus« nannten. Als ich älter wurde, so ab vier bis viereinhalb Jahre, ließen sie mir viel Freiheit, wenn ich bei ihnen war, und so konnte ich die Stadt mit den Nachbarskindern erkunden.

Erling und Gunvor, der Bruder meiner Mutter und seine Frau, waren die einzigen Verwandten, die ich in der ersten Zeit kennenlernte. Sie wohnten mit ihrer Familie auf Lanes an der Südspitze von Tromsø, gegenüber der Kaserne »Südspitze«, die während des Krieges als Internierungslager genutzt wurde. Oft hat meine Mutter mich bei ihnen untergebracht. Hier waren Kjell, mein Vetter, und Randi, die genauso alt war wie ich. Kjell, der vier Jahre älter war, musste auf uns aufpassen, was er hasste. Da es in dieser Gegend viele Kinder gab, waren Geburtstagsfeiern häufig. Alle Kinder wurden dann auf einer Milchrampe fotografiert. Dort entstand auch das Foto, bei dem meine Mutter sich an alle Kinder erinnern und ihren Namen sagen konnte und nur einen Jungen angeblich nicht kannte. Es stellte sich später heraus, dass dieser Junge mein Bruder Björn war, der von seiner Adoptivmutter dort »geparkt« wurde für die Zeit, die sie in der Stadt zu tun hatte.

Haga Schanke Hansen und ihr Mann hatten Björn adoptiert. Sie

og kjøkken ønskes av sikker betaler.
Billett mrk. «To voksne» 137.

2 værelser og kjøkken
straks tilleie, oppusset.
Skippergt. 40.

DIVERSE

Gode adoptivforeldre
søkes til en nyfødt gutt. Nærmere konferanse ved henvendelse i telefon 136.

Annonce im Tagblatt Tromsø, *Mai 1939. Übersetzung: »Gute Adoptiveltern für neugeborenen Jungen gesucht. Zur weiteren Auskunft an Tel. 136 wenden.«*

hatten keine eigenen Kinder und waren auf die Annonce im Tagblatt *Tromsø* vom 9. Mai 1939 aufmerksam geworden. Ich habe diese Anzeige erst vor einigen Jahren im Archiv des Tagblatts ausfindig machen können.

Sie war wohl von den Schwestern aufgegeben worden, die kein uneheliches Kind in der Familie dulden wollten. Für meine Mutter war das sicher ein tiefer Schmerz, aber sie hat nie darüber gesprochen. Erst im Alter sagte sie: »Haga hat mir Björn weggenommen.«

Hansens lebten in Mefjordvær, der Ort liegt auf Senja, einer Insel. Haga war Telegrafistin und ihr Mann Fischer. Er war meistens auf See. Es gab keine andere Verbindung zur Stadt, als das Lokalboot, das zweimal die Woche kam. Wenn sie in der Stadt war, brachte sie Björn bei Erling und Gunvor unter. Haga war ihrer Zeit voraus, schon sehr früh erzählte sie, wo er herkam und wer seine wirkliche Mutter und seine Familie in Tromsø waren, und dass sie ihn nur »ausgeliehen« hatte. Sie hielt also seine Herkunft ihm gegenüber nicht geheim, eine Haltung, die damals nicht üblich war und es auch heute noch nicht ist. Seit er bewusst denken konnte, wusste er also, wer er war. Das war anders bei mir. Mir gegenüber wurde es verschwiegen.

Ich sollte nichts davon wissen, wollten sie mich vor der ewigen Schuld der Alten, die sich nie richtig verhalten haben, bewahren? Oder sich selbst vor ihren eigenen Schuldgefühlen?.

Erst als es nicht mehr zu vermeiden war und ich Björn mit 20 Jahren begegnete, wurde mir eine Viertelstunde vorher erzählt, dass wir uns kennenlernen würden. Im Nachlass meiner Mutter fand ich Bilder und Briefe von Haga, die sie über Björns Entwicklung orientiert hatten. Haga war eine warmherzige Frau, sie ist fast 100 Jahre alt geworden. Ich habe sie selten gesehen, aber sie hat meinen Lebensweg immer verfolgt. Ich hätte sie auch gern zur Mutter gehabt.

Nora war die beste Freundin meiner Mutter. Seit der frühen Kindheit waren sie befreundet. Noras Eltern wohnten im Quartier am Ende der kleinen Straße »Nedstranda«. Es waren nur wenige Meter zum Haus, dort wurde ich einige Male untergebracht. Ich kann mich erinnern, dass ich es merkwürdig fand, dass ein alter Mann der Vater von Nora und ihrer fünf Geschwister sein konnte. Er starb mit 99 Jahren. Er war das zweite Mal mit seiner Haushälterin verheiratet, die er erst mit 75 Jahren geheiratet hatte. Hilbert Johansen wurde »Sildekongen« (Heringskönig) genannt. Dort wurde ich auch gelegentlich »geparkt«. War seine Frau für kurze Zeit weg, war ich mit Hilbert im selben Raum, einem Schlafzimmer, und dort verrichtete er ungeniert seine Notdurft. Dies bleibt mir immer in Erinnerung, es war das erste Mal, dass ich einen alten, nackten Mann in Unterhosen sah.

Das Haus war größer und geräumiger als das unsere, hier wohnten im ersten Stock zwei Familien mit Kindern im gleichen Alter und älter. Mit Noras Kindern war ich oft unterwegs. Die Zeit von fünf Jahren und bis zur Abreise nach Deutschland war ereignisreich. Einmal schickte meine Mutter mich mit nur fünf Kronen zum Fischhändler und ich kam mit einem ganzen Dorsch zurück. Wir angelten im Hafen, bauten Sprungschanzen in abschüssigen Straßen und kümmerten uns nicht um den Verkehr. Jan, der Nachbarsjunge von gegenüber, war zwei Jahre älter und durfte schon als Zeitungsjunge auf der Straße Zeitungen verkaufen. Oft war ich dabei und wollte auch selbst Zeitungen verkaufen, aber ich musste erst eingeschult werden, aber leider kam es in Tromsø nicht mehr dazu.

Immer wenn meine Mutter für längere Zeit weg war, war es Nora, die auf mich aufpasste und mich betreute. Ich erinnere mich an viele Besuche bei ihren Verwandten außerhalb von Tromsø.

Einmal im Winter war Nora mit mir zum Hafen gegangen, wo wir auf die Hurtigrute warteten, mit der meine Mutter kam. Später entdeckte ich Bilder, unter anderem mit einem Motiv aus dem Vigelands-Park in Oslo. Ich wunderte mich, wie dieses Bild zustande gekommen war und warum in Oslo, im Frognerpark. Erst im Nachlass fand ich die Heiratsurkunde meiner Mutter vom 15. März 1945 mit Helmut Sonntag in Oslo. Wann und warum wurde er dorthin versetzt? Trotz meiner Recherchen ist es mir nicht gelungen, dies aufzuklären. Meine Mutter und er sahen sich erst 1949 wieder, vier Jahre später.

Nora war die Einzige, die uns schon im Sommer 1951 trotz der Enge in Deutschland besuchte. Wie wir das aushielten, bleibt für mich heute noch ein Rätsel. Nora fotografierte viel, ein Bild zeigt mich vor einem ausgebrannten Häuserblock mit einem Schulranzen aus Seehundsfell und einem Kochgeschirr für die »Schulspeisung«, die wir dem »Marshallplan«[6] zu verdanken hatten. Was es an diesem Tag zu essen gab, weiß ich nicht mehr. Oft gab es Vanillesuppe oder Erbsensuppe, auch Schokoladensuppe, die trotz Hunger oft auf dem Nachhauseweg im Rinnstein landete.

In den Sommerferien wurde ich zu Nora geschickt mit einem Pass, ausgestellt auf den Namen Einar Sonntag, deutscher Staatsbürger …

Einschulung in Deutschland

Am 1. April 1949, einem Freitag, kamen wir in Hamburg-Altona mit dem Zug aus Kopenhagen an. Helmut Sonntag kam langsam auf uns zu und ich lief ihm entgegen, aber er hatte nur meine Mutter im Visier und beachtete mich gar nicht. Wir nahmen die S-Bahn, die zu der Zeit noch mit einer Dampflok betrieben wurde. In Wedel angekommen, wurde ich sofort auf die Straße geschickt in einer deutschen Kleinstadt, in der ich noch keine zwei Stunden bin, ich kann die Fragen der anderen Kinder nicht verstehen, denn ich kann die Sprache nicht. Mit ein paar Groschen in der Hand soll ich zum Gemüseladen gehen, um einen Apfel zu kaufen, und ich erinnere mich an die feindlichen Blicke der Verkäuferinnen. Es wird etwas gesagt, aber ich verstehe es nicht. Vor dem Laden haben sich die Kinder aus der Straße versammelt und es kommt zu Neckereien, der Apfel verschwindet und das restliche Geld auch. Mit einer blutigen Nase und einem blauen Auge laufe ich »nach Hause« und verstehe nicht, warum ich nicht gleich hineingelassen wurde? Natürlich bin ich auch hier der Ausländer. Nach dieser Geschichte ist es schwierig, mit anderen Kindern in Kontakt zu kommen. An gemeinsames Spielen ist erstmals nicht zu denken.

Wedel ist eine Kleinstadt im Kreis Pinneberg und liegt an der Elbe direkt an der Grenze zu Hamburg. Die Stadt hatte vor dem Krieg 7000 Einwohner, aber als wir in die Stadt kamen, war sie schon mit Flüchtlingen überfüllt und hatte 35 000 Einwohner. Von den Kellerräumen bis zum Dachboden war alles belegt. Zwangsarbeiterlager wurden ebenfalls genutzt sowie die Barackenkolonien für ausgebombte Hamburger Einwohner.

Bis zur Einschulung waren es nur noch drei Wochen. Wie viel Deutsch konnte ich? Es war wenig. Am Tag der Einschulung standen wir an der Pforte des Schulhofs. Viele waren schon da. Alle hatten riesige Tüten, und ich wunderte mich, was darin war. Im Klassenzimmer an der Tafelwand stand ein Mann und erzählte etwas. Es war der Lehrer. Meine Mutter musste es übersetzen. Ich wurde mit den anderen »Ausländern«, Polen und Litauern, auf die hintersten Plätze verwiesen. Auf dem Nachhauseweg bekam ich auch eine solche Spitztüte mit einigen Sachen darin, an die ich mich heute nicht mehr erinnere.

Am nächsten Tag war der erste Schultag mit Tafel, Schwamm

und Griffel. Das A zu schreiben ging noch mit links, aber am nächsten Tag war das B verdreht. Der Lehrer kam und steckte mir den Griffel in die rechte Hand: ein Gekriksel, ein B spiegelverkehrt. Dass ich mit der linken Hand schreibe, wird mir mit Gewalt ausgetrieben, sowohl in der Schule wie auch zu Hause. Zu Hause wartete mein Vater, der arbeitslos war und mir bei den Übungen helfen sollte. Der linke Arm wurde auf den Rücken gebunden und der Griffel in die rechte Hand gesteckt, es gab keine Möglichkeit, die Tafel zu stabilisieren, kein Feingefühl in der rechten Hand. Ein Griffel braucht einen gewissen Druck, um auf einer Schiefertafel ein Resultat hervorzubringen. Die Tafel rutschte hin und her, es gab keine stabile Unterlage, nur einen glatten Tisch, und niemand kam darauf, es mir leichter zu machen. Stattdessen hagelte es Schläge für jeden nicht korrekten Buchstaben. Halfen die auf den Kopf nicht – »Schläge auf den Hinterkopf fördern das Denkvermögen!« –, gab es Prügel. 26 Buchstaben hat das Alphabet. Danach kamen die Wörter dran, »the same procedure« – bis zu ausgeschlagenen Zähnen. Weglaufen und warten, bis meine Mutter von der Arbeit kam. Die Schulnoten wurden immer schlechter. Nach dem zweiten Schuljahr konnte ich, zusammen mit den anderen »Ausländern«, nicht versetzt werden und wurde nicht in die dritte Klasse übernommen. So blieben zehn »Flüchtlinge« sitzen, zur Freude der Einheimischen.

Heute kommt es mir vor, als ob der Lehrer damals eine »Säuberungsaktion« durchführte. Ich konnte ihn auch nie leiden und war froh, dass ich ihm nicht in die dritte Klasse folgen musste. Nach außen aber war dies der Beweis, dass Flüchtlings- und Ausländerkinder dumm sind. Immer wieder kamen mir Sprüche zu Ohren wie: »Ihr Flüchtlinge solltet alle in den Zug gesteckt und dorthin verfrachtet werden, wo ihr hergekommen seid.« Oder sogar: »Unter Hitler hatten wir Ordnung in der Stadt, der wusste schon, was man mit dem Gesindel in den Barackenlagern um die Stadt macht ...« Zu dem »Gesindel« gehörte ich, denn ich wohnte auch im Barackenlager, zwei Zimmer und das Klo draußen.

Bis zum Ende der Schulzeit fasste ich selten einen Füller oder einen Bleistift an. Hausaufgaben wurden nie gemacht. Trotzdem ging ich gern zur Schule. Dort gab es auch Prügel, auch Schläge auf die Finger und die Hand, aber nicht so häufig und nicht jeden Tag und nicht für jeden. Mit den täglichen Prügeleien zu Hause ging es weiter, bis Helmut Sonntag nach drei Jahren endlich eine Arbeit fand. Ich war erleichtert, als er sich mehr um sein Land zum Umgraben und seinen Schrebergarten kümmerte. Trotzdem gab es mindestens einmal die Woche Prügel wegen Widerworten oder eines Fußabdrucks im Schrebergartenbeet, der mir zugeschrieben wurde.

Helmut Sonntag handelte viel nach Bauernweisheiten, wie etwa: »Mädchen, die pfeifen, und Hühnern, die krähen, soll man beizeiten die Hälse umdrehen.«

Dies nahm er wörtlich und schlachtete das älteste Huhn im Stall, nachdem der Hahn eingegangen war; sie hatte die Rolle des Hahns übernommen, was ein natürliches Verhalten im Hühnerhof ist, wenn der Hahn nicht mehr da ist.

Meine Mutter hatte nach kurzer Zeit Arbeit in einer Trikotagenfabrik gefunden. Meines »Vaters« Arbeit und sein Garten waren sein Ein und Alles, später kamen Hühner und Kaninchen dazu. Was kümmerte es ihn, wenn es um mich ging? Für das Füttern war ich verantwortlich – war genug Futter da für 36 Kaninchen? Es blieb danach auch keine Zeit für Hausaufgaben.

Damals versetzten mich nur die Briefe und Pakete, die aus Norwegen kamen, in eine bessere Stimmung. Sich wegträumen und auf eine bessere Situation hoffen, wurde meine Devise. Und die norwegische Familie und Norwegen wurden idealisiert.

»Wenn ich erst mal in Norwegen bin, wird alles anders.«

Norwegen wurde für mich das Gelobte Land, wo alles besser ist.

Und so machte ich mich mit 19 Jahren auf nach Oslo.

Anmerkungen

1 Erste Austellung 2001 im Schöneberger Rathaus in Berlin, sie hat eine Welle an Diskussionen über den »Lebensborn« ausgelöst. Vgl. auch Einar Bangsund und Julia de Boor: Nahaufnahme. Das Schicksal der Lebensborn-Kinder von deutschen Soldaten und norwegischen Frauen 1940 – 1945, Berlin 2014.

2 Vgl. Veslemoy Kjendsli: »Kinder der Schande« – Ein Lebensborn-Mädchen auf der Suche nach der Vergangenheit, Neuwied / Darmstadt 1988: Ebba D. Drolshagen: Wehrmachtskinder auf der Suche nach dem nie gekannten Vater, München / Wien 2005.

3 Lillian Crott Berthung, Randi Crott: Erzähle es niemandem. Die Liebesgeschichte meiner Eltern, Köln 2012.

4 Britischer Geheimdienstoffizier und Kommandant im zweiten Weltkrieg, 1913 – 2003. Er gilt als eines der Vorbilder für Ian Flemings James Bond.

5 Vgl. Wikipedia englischer Text.

6 Wiederaufbauprogramm der USA für das notleidende Westeuropa ab 1948; u. a. mit Lebensmitteln und der täglichen Versorgung von Kindern in den Schulen.

»70 Jahre nach meiner Geburt fand meine Mutter ihr Gedächtnis wieder.«

Thorleif Blatt

Noch vor ein paar Jahren hätte ich nicht die Gelegenheit gehabt, diese Geschichte im Detail zu erzählen.

Wie so viele andere Mütter von Kriegskindern hat auch meine Mutter jahrzehntelang über die Zeit während des Krieges und danach geschwiegen. Ich habe das immer respektiert, weil ich glaubte, dass diese Mütter wahrscheinlich Erfahrungen gemacht haben, die sie schmerzlich geprägt haben und die einen tiefen Eindruck hinterlassen haben. Was ich über meinen Hintergrund als deutsches Kind weiß, habe ich von anderer Seite in der Familie erfahren und später aus Erzählungen meiner deutschen Familie. Als ich schließlich mehr wusste, gab es auch einige Fragen, die ich von meiner Mutter beantwortet haben wollte. Ihre Antwort war immer die gleiche: »Ich kann mich nicht erinnern.«

Erst 70 Jahre nach meiner Geburt rief mich meine Mutter an. Ende Mai 2013 war ihr 90. Geburtstag. Sie sagte mir, dass sie nicht sterben und Geheimnisse mit ins Grab nehmen wolle und lud mich zu einem Gespräch bei sich zu Hause ein. An einem Samstag Anfang Mai setzten wir uns für mehr als drei Stunden zusammen. Ich hatte mir schon ein paar Fragen aufgeschrieben, auf die ich gerne eine Antwort hätte. Vor allem interessierte mich die Zeit im »Lebensborn«-Heim in Klækken.

Ich fasse hier die früheren Informationen über meinen Hintergrund als deutsches Kind mit dem zusammen, was meine Mutter mir endlich erzählte. Sie arbeitete zu Beginn des Krieges in einem Tabakladen im Zentrum.

»Es kamen dort viele deutsche Offiziere, um Tabak und Zigaretten zu kaufen, der Besitzer des Ladens war auch Deutscher. Nach einer Weile fragte mich einer der Offiziere, ob ich nicht in den Wohnungen von deutschen Offizieren in der Hauptstraße Wäsche waschen wolle. Dafür habe ich 100 Kronen im Monat bekommen, während der Tabakladen mir nur 30 Kronen im Monat bezahlt hatte«, erzählte sie.

»Nach einer Weile wurde eine Sekretärin für die deutsche Marine gesucht. Ich bewarb mich für diese Stelle und bekam sie. Das war im Spätherbst 1941, da war ich noch nicht schwanger. Dort habe ich dann sogar noch mehr verdient. Das Büro war in der Deutschen Marine-Standortkasse, in der Nähe des Rathauses in der Innenstadt von Oslo. Es war ein Büro, das zuständig war für die Bezahlung der Rechnungen norwegischer Zulieferer an die deutsche Marine. Dort lernte ich schnell Deutsch.«

Zusammen mit ihrer Freundin Evelyn besuchte meine Mutter oft am Morgen ein Café in der Hauptstraße gegenüber der Kirche. Das Café wurde auch von vielen deutschen Soldaten frequentiert. Immer öfter kamen sie an den Tisch, um zu fragen, ob sie sich zu den beiden jungen Damen setzen könnten. Eines Tages lernte meine Mutter einen deutschen Soldaten namens Helmut kennen. Er hatte einen Freund, der auch Helmut hieß, und sie wurde ihm später vorgestellt. Es war wohl Liebe auf den ersten Blick – jedenfalls war er es, der mein Vater werden sollte. Wahrscheinlich wurde ich Silvester 1941 / 42 gezeugt. Genaueres dazu hat meine Mutter nicht erzählt.

Schwanger geworden, war es unmöglich für sie, zu Hause zu bleiben. Mit Hilfe von Helmut bekam sie eine kleine Wohnung im Zentrum von Oslo in der Nähe ihrer Arbeitsstelle. Die Adresse war Munkedamsveien 35. Ihre Vermieterin, ein Fräulein Hoffmann, war auch ihre Vorgesetzte im Büro. Sie hat meiner Mutter empfohlen, sich beim »Lebensborn« registrieren zu lassen. Dann würde sie Hilfe und Schutz erhalten, sowohl vor, als auch nach der Geburt. So ging meine Mutter schließlich zum Büro in der »Victoria Terrasse«. Das ist ein großer, architektonisch interessanter Gebäudekomplex in erhöhter Lage im Zentrum von Oslo aus dem 19. Jahrhundert. Heute ist dort der Sitz des Außenministeriums. Dort war früher die norwegische Polizeistation, nach der deutschen Besetzung 1940 wurde es zum

Hauptquartier der Sicherheitspolizei und Gestapo und zur Verhörstelle norwegischer Gefangener. Von 1941 bis 1945 befand sich dort auch die Dienststelle des »Lebensborn e. V.«. Ein deutscher Soldat, ein Kamerad von Helmut, hat meiner Mutter dort bei der Registrierung geholfen.

In den letzten Wochen vor der Geburt lebte sie dann im »Lebensborn«-Heim in Klækken, in der Nähe von Hønefoss. Dies war eine freiwillige Entscheidung von ihrer Seite. Sie dachte, dass dies das Beste für sie und das Baby sei.

Leider wurde sie richtig krank vor der Geburt und wurde deshalb am 13. September 1942 in Begleitung einer Krankenschwester von Klækken mit dem Krankenwagen ins National Hospital in Oslo gebracht. Um 0:45 Uhr in der Nacht des 14. September 1942 wurde ich geboren. Nach ein paar Tagen kamen Mutter und Kind wieder zurück nach Klækken. Es gab dort große Zimmer für die Kinder, aber in der Nacht konnten die Mütter ihre Kinder mit in ihre Zimmer nehmen.

Das ehemalige Heim in Klækken ist heute ein schönes Hotel, umgebaut und erweitert. Aber den alten Gebäudeteil mit den Zimmern der Mütter gibt es noch immer. Seit einigen Jahren hält der Krigsbarnforbundet »Lebensborn e. V.« dort seine Jahresversammlung ab – als dessen Vorsitzender kehre ich immer wieder zurück an den Ort, an dem ich meine ersten Lebensmonate verbracht habe – und ich habe mich oft gefragt, in welchem der Zimmer meine Mutter mit mir die Nächte verbracht hat. Es gibt noch einen alten Eisenofen, der damals schon den Saal gewärmt hat, und an der Stelle, an der heute die Bar ist, hing damals ein großes Hakenkreuz. Dort erfuhren alle Babys die »SS-Namensweihe«, vermutlich auch ich. Unsere Mütter wurden gefragt, ob sie bereit sind, ihr Kind im Sinne der nationalsozialistischen Weltanschauung zu erziehen, und die Kinder wurden mit einem SS-Dolch berührt und damit in den »Schutz der SS-Sippengemeinschaft« aufgenommen. Meine Mutter hat davon nichts erzählt, aber der heutige Besitzer des Hotels hat vom ehemaligen Hausmeister des »Lebensborn«-Heimes erfahren, dass diese

Namensweihen regelmäßig stattfanden und alle im Haus lebenden Mütter mit ihren Babys daran teilnehmen mussten.

Nach dem Mutterschaftsurlaub musste meine Mutter zurück nach Oslo, um dort ihre Arbeit fortzusetzen. Ich wurde in Klækken zurückgelassen. Sowohl Mutter, als auch mein Vater Helmut kamen oft nach Klækken zu Besuch. Damals war es nicht so einfach, eine Reiseerlaubnis zu bekommen, und meine Mutter musste ständig die Polizei aufsuchen und eine Reisegenehmigung beantragen. Wenn mehrere Mütter zusammen reisten, sprachen sie alle Deutsch miteinander, so dass man glauben sollte, dass die Damen keine Norwegerinnen seien. Einmal fuhren sie sogar ohne Genehmigung. Junge Soldaten hatten für sie Fahrkarten gekauft, weil die Deutschen ohne Erlaubnis reisen konnten.

Etwa sieben Monate war ich in Klækken und wurde dort vermutlich wie alle anderen Kleinkinder gut versorgt, wir waren ja als »nordische Rasse« vom »Lebensborn« erwünscht. Dann bekamen meine Mutter und mein Vater einen Brief vom »Lebensborn«-Büro in Oslo, dass ich nicht länger im Heim bleiben könne und mit einem Transport zu einer Familie nach Deutschland gebracht werden sollte. Das wollten meine Mutter und mein Vater auf keinen Fall und sie schlugen eine andere Lösung vor.

Helmut schrieb an seine Eltern im Sudetenland und fragte, ob wir dort bleiben könnten und sie für meine Mutter und mich sorgen könnten. Es gab eine positive Antwort, die auch vom »Lebensborn« in Norwegen akzeptiert wurde. Am 15. August 1943 wurden wir, meine Mutter und ich, mit dem Zug in den Süden geschickt. Der »Lebensborn« sorgte dafür, dass die Reise so bequem wie möglich verlief.

Erste Station war Berlin, dort wartete Helmut mit seinem Vater Maximilian auf uns. Wir mussten eine Nacht in Berlin schlafen, bevor wir am nächsten Tag mit dem Zug zur Haltestelle Hohenhofen in Görkau fahren konnten.

Helmuts Vater war ein glühender Nationalsozialist. Er war streng und behandelte meine Mutter nicht gut. Er sah es als sein Recht an, als männliches Oberhaupt der Familie Vorschriften zu machen, als

Thorleif Blatt mit seiner Mutter und seinem Vater Helmut, 1943

Helmut nach dem Heimaturlaub nach Norwegen zurückgekehrt war und dort vermisst wurde.

Meine Mutter sagt, dass wir es dennoch gut in der Familie hatten. Oma Marie war ein guter Mensch, sie und der Rest der Familie, die in Hohenhofen lebte, halfen ihr, den Mut nicht zu verlieren. Ich habe wenig Erinnerung an die Zeit in Hohenhofen, aber ich habe Fotos gesehen, auf denen ich mit meiner zwei Jahre alten Cousine Elfi spielte.

Als die Russen im Frühjahr 1945 in das Sudetenland einmarschierten, versteckte sich meine Mutter mit ein paar Freundinnen aus Angst, von russischen Soldaten vergewaltigt zu werden. Später, als das Schlimmste vorbei war, verkleidete sich die Mutter jedes Mal, wenn sie ins Dorf gehen wollte, als alte Frau, um den Missbrauch durch Soldaten zu vermeiden.

Einige Zeit vor dem Ende des Krieges hatten Helmut und Mutter ein Heiratsgesuch bei den deutschen Behörden eingereicht. Meine Mutter musste beweisen, dass sie arischer Herkunft war. Damit gab es Probleme, da es nicht möglich war, in den Kirchenbüchern so weit zurück zu forschen, wie das die deutschen Behörden forderten. Erst wenige Tage vor dem Kriegsende wurde schließlich die Erlaubnis erteilt, aber dann war es schon zu spät. Helmut wurde in Stavern festgenommen, und wir saßen im von der Roten Armee gehaltenen Teil der Tschechischen Republik fest. Wir lebten noch in der Familie, aber es fing an, problematisch zu werden. Die Tschechen begannen, die Deutschen aus dem Sprachraum Sudetenland zu vertreiben. Die Familie musste packen, jede Person hatte nur einen Koffer, um die wichtigsten Dinge mitzunehmen.

Meine Mutter hatte Kontakt mit der Norwegischen Botschaft in Prag aufgenommen. Dort wurden uns vorläufige Reisepässe ausgestellt und für sie nach Hause in Norwegen geschrieben. In diesem Brief wurde ihre Familie in Norwegen um Geld für die Fahrkarte nach Hause gebeten.

Das war im Mai 1946. Mein norwegischer Großvater Edward legte Geld vor, und wir gingen nach Prag. Die Botschaft hatte bereits ein Ticket besorgt. Aber als wir in Prag ankamen, stellte sich heraus, dass das Geld nicht für meine Fahrkarte reichte. Die Botschaft konnte sich aber so verhalten, als ob Edward genug Geld überwiesen hätte und so konnte ich auch mitkommen.

Wir mussten dann in Prag mit Verwandten von Helmut drei Tage lang warten, bis die Angelegenheit mit der Überweisung geklärt war. Endlich konnten wir über Amsterdam nach Norwegen fliegen. Wir landeten am Flughafen Fornebu in Oslo am 15. Juli 1946.

Wir zogen nach Sinsen zu Großvater Edward, er hatte dort eine Wohnung mit zwei Zimmern, Bad und Küche. Mutter und ich lebten sehr beengt zusammen mit vieren ihrer Brüder und einer Schwester. Wir schliefen auf einem Klappbett in der Küche. Als dann Mutters Geschwister heirateten, zogen sie aus und es gab mehr Platz für uns in der Wohnung.

In den frühen 1950er Jahren verliebte sich meine Mutter in einen anderen Mann. Er lebte mit seiner Mutter in einer alten und feinen »Schweizervilla« in Oslo. Es gab einen großen Unterschied zwischen

Sinsen und dem neuen Wohngebiet Grefsen. Das Haus auf Grefsen war zunächst auch eine Bedrohung für meine Mutter, denn die Mutter des künftigen Ehemanns hasste die Deutschen, und sie wollte nicht erlauben, dass mit der Eheschließung ein deutsches Kind ins Haus kommen würde.

Meine Mutter versuchte, eine Lösung zu finden. Von einer Freundin bekam sie einen Tipp, dass es Möglichkeiten gab, mich in einem Waisenhaus für Jungen, dem »Waisenhuset« in Oslo, unterzubringen. 1953 bewarb sie sich zum ersten Mal, und ich musste einen Aufnahmetest machen. In jenem Jahr wurden aber nur drei neue Internatsschüler im Waisenhuset aufgenommen. Ich habe den Test in Norwegisch und Mathematik nicht bestanden. Mutter wurde ungeduldig – sie wollte endlich heiraten. So meldete sie mich auch im Jahr 1954 an. In diesem Jahr wurden dann neun neue Schüler aufgenommen. Ich bestand den Test, und zum Schulbeginn im Herbst 1954 zog ich von Sinsen um ins Waisenhuset. Dort blieb ich bis nach der Abiturprüfung im Jahr 1960.

Die Zeit im Waisenhuset war ganz in Ordnung. Die meisten Jungen waren nicht wirklich »Waisen«, sie hatten eine ähnliche Geschichte wie ich. Wir wurden gut behandelt, ich hatte Freunde. Ich habe keine schlechten Erinnerungen, vermisste aber meine Familie in diesen Jahren. Meine Mutter und ihre beiden Töchter aus ihrer norwegischen Ehe, meine Halbschwestern, besuchten mich selten und ich durfte deren Haus erst betreten, als die Schwiegermutter nicht mehr lebte.

Im Waisenhuset lebten mehrere Jungen mit dem gleichen Hintergrund wie ich: norwegische Mutter, deutscher Vater. Ein Junge, Bjørn Hansen, später Lengfelder, war mein bester Freund geworden. Wir gingen zusammen durch dick und dünn. Und das tun wir immer noch. Er hatte bereits eine Menge über seinen deutschen Vater erfahren und konnte ihn 1959 finden. Sein Vater war bei der Grenzpolizei an der deutsch-östereichischen Grenze und er hat den Sohn mit offenen Armen aufgenommen. Deshalb ermutigte Bjørn mich später, auch nach meinem Vater zu suchen.

Ich fand heraus, dass mein Vater Helmut Blatt regelmäßig Unterhaltsbeiträge für mich an ein öffentliches Amt in Oslo geschickt hatte. Und ich konnte Informationen bekommen, woher das Geld geschickt wurde. Der Absender war die alte Adresse in dem Dorf Hohenhofen in der Nähe von Görkau im ehemaligen Sudetenland. Ich bekam von der Tschechischen Botschaft in Oslo Hilfe und schrieb an die heutige richtige Adresse auf Tschechisch. Leider kam der Brief nach einer Weile zurück mit der Aufschrift: Adressat unbekannt.

Ich habe mich danach einfach damit abgefunden, dass es unmöglich war, meinen Vater zu finden. Aber nach ein paar Jahren sagte meine Frau:

»Jetzt ist es Zeit, die Suche nach deinem Vater wieder aufzunehmen.« Sie hat gespürt, dass ich das Thema nicht vergessen konnte. Damals war ich noch nicht ganz 30 Jahre alt. Dann hat mir ein Freund empfohlen, es bei der Norwegischen Botschaft in Bonn zu versuchen. Mit Namen und Geburtsdaten meines Vaters schrieb ich nach Bonn und bat die Botschaft um Hilfe, um seine jetzige Adresse zu finden.

Nach ein paar Monaten kam ein Brief von der Botschaft, dass sie einen Mann in der Stadt Weiden mit dem passenden Namen und Geburtsdatum gefunden hatte. Ich schrieb sofort einen Brief nach Weiden, in dem ich mich als sein Sohn aus Norwegen vorstellte. Und zum Glück antwortete er schließlich mit:

»Da bist du ja.«

Mit 30 Jahren begann für mich ein neues Familienleben in Deutschland. Ich wurde von Anfang an herzlich aufgenommen. Mein Vater erzählte mir seine Version über seine Zeit in Norwegen, die Liebe zu meiner Mutter und die Absicht, sie zu heiraten. Er habe aber schließlich in Deutschland geheiratet, als der Kontakt zu meiner Mutter nach dem Krieg abgebrochen sei.

Meine Mutter wollte von den Besuchen bei meinem Vater nichts wissen, so habe auch ich darüber geschwiegen. Es dauerte weitere 40 Jahre, bis meine Mutter mit 90 Jahren endlich ihr »Gedächtnis«

an jene Zeit wiederfand und mir auch Briefe, Fotos und Dokumente übergab. Mit 93 Jahren starb sie.

Auch nach dem Tod meines Vaters 1984 blieb der gute Kontakt zu vielen deutschen Verwandten erhalten. Mein Frau und ich besuchen sie jedes Jahr. Heute bin ich ein Einzelkind mit sechs Geschwistern: vier in Deutschland und zwei in Norwegen.

Ich habe mein Leben ohne große Probleme bewältigt, trotz der Belastung, die ich seit der Geburt mit mir herumgetragen habe.

Norwegisch-deutsche Freundschaft

Nachtrag zum Text von Thorleif Blatt von Gisela Heidenreich

Durch meine Geburt 1943 in Oslo bin ich so etwas wie ein »Bindeglied« zwischen den norwegischen und den deutschen Kriegskindern – genauer den »Lebensborn«-Kindern – geworden.

2007 lernte ich als damalige Vorsitzende des Vereins Lebensspuren e.V. beim ersten »Forum der Kriegskinder« in der WASt (Wehrmachtauskunftstelle) in Berlin eine Delegation aus dem Vorstand des norwegischen Krigsbarnforbundet »Lebensborn e.V.« kennen. Es wurde u. a. vereinbart, dass sich die verschiedenen Kriegskinderverbände des neuen Europäischen Netzwerkes mit dem Ziel einer europäischen Zusammenarbeit nach Möglichkeit gegenseitig zum Gedanken- und Erfahrungsaustausch bei den jeweiligen Jahresversammlungen besuchen sollten.

2008 wurde ich zum Jahrestreffen der Norweger in Klækken in der Nähe von Oslo eingeladen. Dieser Einladung bin ich auch aus persönlichen Gründen sehr gerne gefolgt. Fand das Treffen doch genau in dem Haus statt, in dem ich die ersten Wochen meines Lebens verbracht hatte – damals ein »Lebensborn«-Heim, heute ein Touristen- und Tagungshotel. Vor Jahren war ich schon einmal dort gewesen, zusammen mit meiner Mutter, 1993 hatte ich mir von ihr zu meinem 50. Geburtstag eine gemeinsame »Spurensuche« nach meiner Herkunft in Norwegen gewünscht. Damals hatten wir nur kurz vor dem Hotel angehalten, meine Mutter meinte, das Haus nicht wiedererkennen zu können – wir fuhren zum äußerlich in der typischen norwegischen Holzbauweise sehr ähnlichen Schulgebäude und sie zeigte mir dort sogar das Fenster ihres damaligen Zimmers. »Irrtum« oder bewusste Täuschung – ich werde es nie erfahren, 2005 ist meine Mutter gestorben und nahm so manches Geheimnis ihres nationalsozialistischen Engagements mit ins Grab.

Kaum war 2002 mein Buch erschienen, das mit der Suche nach meinem Geburtsort beginnt, machte mich die deutsch-norwegische Autorin Ebba D. Drolshagen, die sich als eine der Ersten mit dem Schicksal der »Wehrmachtsgeliebten« und deren Kindern auseinandergesetzt hat, darauf aufmerksam: »Sie haben sich getäuscht – oder sich täuschen lassen –, als Sie nicht am Hotel ausgestiegen sind! In dem Gebäude war in der Tat damals das »Lebensborn«-Heim untergebracht, nicht in der Schule!«

Seitdem muss ich bei vielen Lesungen diesen Irrtum aufklären.

Thorleif Blatt holte mich im Juni 2008 vom Flughafen ab und erzählte mir seine Geschichte – jedenfalls das, was er damals wusste –, und wir fanden heraus, dass wir beide mit Klækken zu tun hatten. Er ist ein knappes Jahr älter als ich, aber er wusste, dass er einen großen Teil seines ersten Lebensjahres in Klækken verbracht hatte – sind wir uns schon als Babys »begegnet«? Es gibt noch eine Gemeinsamkeit: Unsere Mütter sollten uns zwar in Klækken entbinden, beide sind aber unmittelbar davor krank geworden und wurden vorsichtshalber zur Geburt nach Oslo in ein Krankenhaus gebracht – in Klækken gab es nur eine Hebamme, ein Arzt musste im Notfall geholt werden. Thorleif wurde am 14. September 1942 geboren, ich am 31. August 1943. Nach der Entbindung kamen unsere Mütter nach wenigen Tagen mit ihren Säuglingen ins Heim zurück. Also kannten sich unsere Mütter möglicherweise. Meine Mutter war seit Mai 1943 in Norwegen, zunächst hat sie im Büro der »Lebensborn«-Abteilung gearbeitet, bis sie Ende Juni ihren Mutterschaftsurlaub in Klækken antrat, zu einer Zeit, in der Thorleif ganz sicher noch im Heim war.

Ich war sehr aufgeregt über Thorleifs neue Nachrichten. Meine Mutter war schon tot, aber Thorleifs Mutter lebte! Sie war vielleicht der einzige Mensch in Oslo, der meine Mutter noch gekannt hatte! Ob ich sie kennenlernen könnte? Thorleif schüttelte den Kopf, ganz sicher nicht: »Meine Mutter schweigt über ihre Zeit beim ›Lebensborn‹. Alles was ich weiß, weiß ich von Bekannten und meinem Vater, den ich selbst gefunden habe. Sie kann sich angeblich an nichts erinnern. Ich habe es längst aufgegeben, sie zu fragen.«

Thorleif versprach, dennoch mit ihr über mich zu reden – ihre Antwort war negativ. Nein, sie wolle mich nicht kennenlernen, es hätte ohnehin keinen Sinn, weil sie alles vergessen hätte.

Danach traf ich Thorleif jährlich, auch in Berlin. Nach Oslo flog ich jedes Mal wieder voller Hoffnung: Vielleicht würde seine Mutter ihre Meinung ändern? Ich musste ihn bei unseren Begegnungen nicht mehr fragen – ein Blick genügte, er wusste, was ich wollte, sein Kopfschütteln war Antwort genug.

2012 dann die Wende: An ihrem 90. Geburtstag sprach sie zum ersten Mal mit ihrem fast 70-jährigem Sohn über seine Geburt und die damaligen Lebensumstände. Im Juni bei der Jahrestagung in Klækken hielt Thorleif einen Vortrag über seine neuen Erkenntnisse. Wenn sie jetzt redet, dann vielleicht auch mit mir?

2013 war es so weit: Bei der Ankunft am Flughafen Gardermoen sagte Thorleif: »Morgen wirst du meine Mutter kennenlernen!«

Sie wohnte im Haus ihrer Tochter in Oslo, wir holten sie dort ab.

Eine immer noch sehr schöne alte Frau kommt mir entgegen. »So sorry, I do not speak Norwegian though I was born here«, entschuldige ich mich.

»Das macht nichts, ich spreche Deutsch«, antwortet sie fast akzentfrei. Thorleif bleibt der Mund offen stehen. In all den Jahrzehnten in Norwegen hat er kein deutsches Wort von ihr gehört – damals in Deutschland wahrscheinlich, aber daran kann er sich nicht erinnern, da war er noch zu klein. Sie plaudert unbefangen mit mir, möchte meine Geschichte wissen. Ich habe Fotos meiner Mutter dabei, auf dem Umschlag meines Buches »Sieben Jahre Ewigkeit« ist das vergrößerte Porträtfoto ihres Personalausweises von 1945 abgebildet. Sie betrachtet es lange. Nein, leider, an das Gesicht kann sie sich nicht mehr erinnern. Aber da sei eine deutsche Schwangere in Klækken gewesen, mit der sie gesprochen hätte, wenn sie Thorleif besuchte, aber wie die aussah, wüsste sie nicht mehr.

Ich wünsche mir, dass jene Frau meine Mutter war – die Wahr-

Thorleif Blatts Mutter mit Gisela Heidenreich, 2013

scheinlichkeit ist groß, die Frauen, die dort entbunden haben, waren Norwegerinnen. Meine Mutter war als »Lebensborn«-Angestellte vermutlich die einzige Deutsche, die in einem norwegischen »Lebensborn«-Heim untergekommen ist. Wir stoßen für alle Fälle auf unsere späte Bekanntschaft an, Thorleifs Mutter meint, wir könnten auf jeden Fall E-Mails austauschen. Das hat sie schon vor Jahren gelernt und sie surft auch gern im Internet.

Und dann sagt sie zu Thorleif, zu dessen großer Überraschung:

»Wir könnten eigentlich künftig auf Deutsch miteinander telefonieren, das ist vielleicht auch gut für dich.«

Niederlande und Belgien

Die nationalsozialistische Besatzung in den Niederlanden und Belgien und das Schicksal der »Kriegskinder«

Sarah Rehberg

Der Einmarsch der deutschen Wehrmacht in Belgien, Luxemburg und den Niederlanden am Morgen des 10. Mai 1940 erfolgte ohne Rücksicht auf die seit Jahren praktizierte Neutralitäts- und Unabhängigkeitspolitik dieser Länder. Damit brach Hitler mit seinem seit Kriegsbeginn stetig erneuertem Versprechen, diese Gebote auch künftig zu achten. Das Entsetzen der Menschen in den drei westeuropäischen Staaten war dementsprechend groß.

Der Überfall war Teil des sogenannten »Westfeldzuges«, eines Angriffsplans, der vornehmlich Frankreich galt und wider Erwarten bereits Ende Juni mit dessen militärischer Niederlage endete. Die Benelux-Staaten hatten noch deutlich früher aufgeben müssen. Luxemburg war bereits nach wenigen Stunden überrannt. Die niederländischen Streitkräfte verkündeten am Abend des 14. Mai per Rundfunk die Gesamtkapitulation. Und auch die belgische Armee stellte das Feuer am 28. Mai ein und kapitulierte bedingungslos.

Der Westfeldzug wurde auf deutscher Seite als militärischer Triumph und erfolgreicher »Blitzkrieg« gefeiert, wenn er auch als solcher nicht geplant gewesen war. Vielmehr war die deutsche Kriegsführung von einem sich lang hinziehenden Abnutzungskrieg gegen Frankreich ausgegangen. Belgien und die Niederlande sollten vor dem Hintergrund der geplanten Offensive vornehmlich als besetztes Hinterland fungieren.

Die deutsche Besatzungszeit von 1940 bis 1945 in Bezug auf diese Länder war widersprüchlich. Überzeugungsarbeit gegenüber den Menschen in Belgien und den Niederlanden durch die vermeintliche Wahrung von Ruhe und Ordnung bei gleichzeitiger gnadenloser Unterwerfung war nicht zu leisten: rücksichtslose Ausplünderung und Raub, terroristische Willkür sowie Massendeportationen einheimischer Bürger als Zwangsarbeiter und in deutsche Konzentrationslager. Die Motive und Zielvorstellungen, welche die deutsche Besatzungspolitik gegenüber Belgien, Luxemburg und den Niederlanden lenkten, widersprachen sich teilweise. Zu ihnen gehörten erstens die militärische Relevanz des belgisch-niederländischen Raumes sowohl im Kampf mit Frankreich als auch hinsichtlich der Auseinandersetzung mit Großbritannien, zweitens das ökonomische Potenzial der drei Staaten in Anbetracht ihrer hochentwickelten Industrie und des Vorhandenseins von Millionen qualifizierter Facharbeiter, und zuletzt die beabsichtigte Erweiterung des staatlichen Machtkerns in Europa und die Schaffung eines Großgermanischen Raumes, in dem neben Norwegen und Dänemark auf jeden Fall die Niederlande, das deutschsprachige Luxemburg und womöglich auch der flandrische Teil Belgiens einbezogen werden sollten. Deren Bevölkerung wurde von den nationalsozialistischen Rassenideologen als »arisch« und damit als »erbbiologisch wertvoll« eingestuft.[1] Partei-, SS- und Heeresführung vertraten hier also unterschiedliche Interessen, die stetig miteinander konkurrierten.

Die Gewichtung dieser Ziele variierte in den kommenden Jahren ständig, hing die Besatzungspolitik doch zu jeder Zeit vom Kriegsverlauf und den daraus resultierenden wirtschaftlichen, materiellen und personellen Bedürfnissen Deutschlands ab. Dabei herrschte von Anfang an ein unüberwindbarer Widerspruch zwischen den ideologischen Absichten der Nationalsozialisten und den von ihnen verfolgten existentiellen Interessen. Die Politik der verordneten »Ruhe und Sicherheit« als Grundlage für eine aufwendig inszenierte

Propaganda von der »germanischen Höherrassigkeit« der Holländer und größerer Teile der flandrischen Bevölkerung mit dem Ziel der engeren Anbindung an das Deutsche Reich war bei gleichzeitig zunehmender Ausplünderung der ökonomischen Ressourcen und forcierter Zwangsdeportation von Arbeitskräften nach Deutschland absolut unglaubwürdig. Außerdem ging sie an der gesellschaftlichen und politischen Wirklichkeit vorbei. Trotz bereits länger existierender nazistischer Gruppierungen und kollaborationswilliger Kräfte[2] stand die Bevölkerung der Benelux-Staaten der deutschen Politik und der nationalsozialistischen Ideologie mehrheitlich ablehnend gegenüber.

Dennoch ist gerade dieser Aspekt von entscheidender Bedeutung für das Thema des vorliegenden Buches. Denn das Schicksal der »Kriegskinder«, die aus den intimen Beziehungen und Kontakten einheimischer Frauen zu Angehörigen der deutschen Besatzungsmacht entstanden, hing maßgeblich von dem Verhältnis der Besatzer zu den Besetzten und umgekehrt ab. Je nachdem, welche Einstellung beide Seiten gegenüber eben diesen Beziehungen und möglichen Schwangerschaften vertraten, variierte auch der gesellschaftliche Status dieser Frauen und ihrer Kinder. Das bedeutet, sowohl ihre Beurteilung durch die nationalsozialistische Führung und die daraus resultierende Direktive bezüglich einer gewünschten Handhabung dieser »Fälle« an die entsprechenden Besatzungsbehörden als auch die Reaktion der unter Fremdherrschaft stehenden Gesellschaft auf diese Verbindungen entschieden darüber, ob die »Freundinnen der deutschen Soldaten« und ihre Kinder einer mehr oder weniger starken sozialen Ausgrenzung ausgesetzt waren.

Die Lebensumstände der Frauen aus Belgien und den Niederlanden, die sich auf eine intime Beziehung zu einem deutschen Besatzungsangehörigen einließen, waren in den Jahren von 1940 bis 1945 abhängig von der deutschen Politik. Danach wurde ihr weiteres Schicksal meist durch die erinnerungspolitische Aufarbeitung innerhalb der jeweiligen Nachkriegsgesellschaft bestimmt. Der Umgang mit den Frauen beeinflusste wiederum erheblich die Bedingungen, unter denen die Kinder deutscher Väter aufwuchsen. Aber nicht nur ihr sozialer Status innerhalb der belgischen oder niederländischen Gesellschaft hing entschieden von dem ihrer Mütter ab. Neben den Erfahrungen von Ausgrenzung und Stigmatisierung mussten sie auch mit ganz persönlichen, familieninternen Konflikten kämpfen. Diese hatten ihren Ursprung häufig in der mangelnden Bereitschaft der Mütter und Familien mütterlicherseits, über die Identität des deutschen Vaters Auskunft zu geben.

Letztlich fiel es keiner Nachkriegsgesellschaft in Europa leicht, die Jahre der deutschen Besatzung aufzuarbeiten, und die Haltung gegenüber allem, was deutsch war, blieb verständlicherweise noch lange feindselig. Und so teilten auch die belgischen und niederländischen »Kriegskinder« das Schicksal vieler weiterer europäischer Kinder mit deutschen Vätern, dass ihre Kindheit und Familiengeschichte von eben diesen äußeren Umständen überschattet wurden.

Nationalsozialistische Bevölkerungspolitik in Belgien und den Niederlanden, 1940 bis 1945

Rassenideologisch erhielten die drei westeuropäischen Staaten unterschiedliche Beurteilungen durch die zentralen Reichsbehörden. Dies lässt sich unter anderem an den jeweils installierten Besatzungsregimes erkennen,[3] die zum Teil eine konzeptionelle Unschlüssigkeit über deren Zukunft reflektieren. Während die führenden Kräfte in Deutschland Luxemburg alsbald zu Reichsgebiet erklären lassen wollten und die Niederlande bereits als »germanisches Brudervolk« propagierten, unterschieden sie bei der belgischen Bevölkerung zwischen den »rassisch« bevorzugten Flamen und den weniger erwünschten Wallonen. Die Politik in den Niederlanden zielte ähnlich wie in Dänemark und Norwegen auf eine stetige Annäherung ab und hatte erklärtermaßen die Absicht, das Land zukünftig in das von Deutschland proklamierte »Großgermanische Reich«[4] einzugliedern. Auch die in Belgien lebenden Flamen gedachte man für die Reichsidee zu gewinnen, wohingegen über den südlichen, wallonischen Teil Belgiens noch Uneinigkeit bestand.

Zusammengefasst kann man sagen, dass die Bevölkerung der drei westeuropäischen Staaten mehrheitlich Teil der längerfristig konzipierten »germanischen Politik« waren, deren Aufgabe der politische Zusammenschluss mit dem deutschen Volk war. Demnach waren auch intime Begegnungen und insbesondere Kinder, die deutsche Besatzungsangehörige mit einheimischen Frauen aus Belgien, Luxemburg oder den Niederlanden zeugten, aus deutscher Sicht eine willkommene Sache. Insbesondere Heinrich Himmler, der sich in bevölkerungsbiologischen und rassenpolitischen Angelegenheiten zum Chefpolitiker im NS-Apparat gemacht hatte, zeigte früh ein Interesse daran, die zu erwartenden Beziehungen deutscher Männer zu Niederländerinnen und Belgierinnen und die daraus resultierenden Schwangerschaften für seine Rassenpolitik zu instrumentalisieren. Dennoch hat es einige Zeit gebraucht, bis sich dies auch in der politischen Praxis niederschlug. [5]

So war es deutschen Besatzungsangehörigen in Belgien erst ab Herbst 1942 erlaubt, eine Flämin und ab 1943, eine Wallonin zu heiraten, nachdem diese Bevölkerungsteile auch offiziell als »artverwandte Völker« anerkannt wurden.[6] In den Niederlanden war eine Eheschließung seit Januar 1942 möglich. Der Erlass hierfür war zeitgleich in Norwegen, Schweden und Dänemark in Kraft getreten.[7] Himmler setzte sich unaufhörlich für seine Bevölkerungspolitik in den von ihm als »germanisch« eingestuften Ländern in Nord- und Westeuropa ein. Die angestrebte Heiratserlaubnis und sein Bemühen, die bürokratischen Hürden bei der Antragsstellung abzubauen, waren hierbei ein wichtiger strategischer Schritt. Nur durch eine Eheschließung mit einem Deutschen erhielt eine Ausländerin die deutsche Staatsangehörigkeit und damit auch die in der Ehe gezeugten Kinder. Himmler befürchtete, andernfalls den Zugriff auf »erbbiologisch wertvolle« Kinder zu verlieren. Doch diese waren elementarer Bestandteil seiner Zukunftsvisionen für das Deutsche Reich und Europa. So ist es auch nicht verwunderlich, dass er ebenfalls beabsichtigte, seinen bereits

1935 gegründeten »Lebensborn e. V.«[8] in diesen Ländern fest zu installieren. Der Verein, der sich in seinen Entbindungs- und Mütterheimen voll und ganz dem Ziel widmete, einen beschleunigten Geburtenanstieg und Bevölkerungszuwachs zu bewirken, stieß in Belgien und den Niederlanden jedoch auf vielfache Schwierigkeiten. In den Niederlanden waren es insbesondere personelle Zwistigkeiten und Konkurrenzen verschiedener Organisationen und Funktionsträger, welche die Gründung einer Dienststelle des »Lebensborn« hinauszögerten. Die Pläne für ein großes Mütterheim im niederländischen Nimwegen existierten, bis Kriegsende konnte es jedoch trotz fortgeschrittener Vorbereitungen nicht mehr in Betrieb genommen werden. Dafür unterhielt die Nationalsozialistische Volkswohlfahrt (NSV) mit ihrem Hilfswerk »Mutter und Kind« in den Niederlanden mehrere Entbindungsheime. Ihre Dienststelle in Den Haag war hauptsächlich mit der Registrierung der von deutschen Soldaten in den Niederlanden gezeugten Kinder betraut.

In Belgien bestand seit Anfang 1943 das »Lebensborn«-Heim »Ardennen« in Wégimont bei Lüttich. In Anspruch genommen wurde es jedoch in erster Linie von Belgierinnen, die von einem Angehörigen der »Flämischen Legion«, einer Freiwilligendivision der Waffen-SS, ein Kind bekamen. Auch Französinnen, die von einem Deutschen ein Kind erwarteten, wurden häufig in Wégimont betreut. Vor der Inbetriebnahme des Heims Ardennen nutzte die SS bereits das Mütterheim »Wolvertem« im Norden Belgiens bei Meise. Hier kam jedoch nur eine sehr geringe Zahl von Kindern zur Welt, da es schon bald in seiner Funktion vom deutlich größeren Heim Ardennen abgelöst wurde.

Wie viele Kinder tatsächlich in deutschen Einrichtungen im besetzten Belgien oder den Niederlanden geboren wurden und damit zumindest potenziell in den Einflussbereich der deutschen Behörden gerieten, ist bis heute schwer zu beantworten. Mit Sicherheit handelt es sich hier aber nur um einen Bruchteil der »Kriegskinder« aus diesen Ländern. Da die Zahl der Eheschließungen zwischen deutschen Besatzungsangehörigen und Niederländerinnen bzw.

Belgierinnen sogar noch deutlich geringer ausfiel, ist davon auszugehen, dass die meisten Frauen unehelich schwanger wurden und ihr Kind in einem holländischen oder belgischen Entbindungsheim zur Welt brachten. Die Kinder wuchsen also in der Regel als belgische bzw. niederländische Staatsbürger auf. Anschließend hing es von den Möglichkeiten der Mütter und ihrem Ermessen ab, ob sie das Kind selbst großzogen und ihr soziales Umfeld über die Identität des Kindsvaters aufklärten oder nicht. Natürlich war das Verhältnis einer Frau zu einem Deutschen vielerorts den Nachbarn nicht verborgen geblieben. Das weitere Schicksal der belgischen und niederländischen »Kriegskinder« hing also maßgeblich von den Lebensumständen und -entscheidungen ihrer Mütter ab und von deren sozialem Umfeld und der allgemeinen Einstellung der jeweiligen Nachkriegsgesellschaft ihnen gegenüber.

Leider ist es unmöglich, genaue Zahlen über die in Belgien und den Niederlanden von deutschen Vätern gezeugten Kinder zu nennen. Da viele Frauen ihre Schwangerschaft verheimlichten oder die Identität des Kindsvaters aus Angst vor Rache und Repressalien verschwiegen, gibt es nur wenige verlässliche Angaben. Einigen Schätzungen zufolge soll es in Belgien nach dem Krieg bis zu 40 000 und in den Niederlanden bis zu 50 000 Kinder deutscher Soldaten gegeben haben.[9] Da es für Belgien bis heute nur wenige Veröffentlichungen gibt, die beschreiben, wie mit den Belgierinnen, die während der Besatzungszeit eine sexuelle Beziehung zu einem Deutschen eingegangen waren, nach Kriegsende verfahren wurde und wie sich ihre Lebensumstände auch noch Jahre später gestalteten, soll dies nun beispielhaft an den Niederlanden unternommen werden. Denn wenn es auch kleinere Unterschiede in der Abstrafung solcher Beziehungen und der Behandlung der »Soldatenkinder« gegeben hat, waren die Verhältnisse in beiden Ländern in ihren Grundzügen doch sehr ähnlich.

Niederlande nach 1945 – der Zorn einer befreiten Nachkriegsgesellschaft

Im Herbst 1944 waren die Niederlande zwar noch von den Deutschen besetzt, doch das stetige Vorrücken der Alliierten ließ das Kriegsende und damit das Ende der deutschen Besatzung erstmals in greifbare Nähe rücken. Die Aussicht auf eine baldige Befreiung erlaubte unter den Niederländern und Niederländerinnen konkrete Gedanken über »eine Zeit danach«. Doch zu der Vorfreude und den Überlegungen für einen Neuaufbau des politischen und gesellschaftlichen Lebens mischten sich auch angestaute Hass- und Rachegefühle gegenüber Kollaborateuren und die Frage nach ihrer Bestrafung. Neben der angestrebten juristischen Säuberung, d. h. der distanzierten, auf Recht und Ordnung beruhenden Verurteilung von Kollaborateuren und Profiteuren durch die Justiz, wusste man schon früh um die Gefahr einer spontanen, unkontrollierten Abrechnung mit den deutschfreundlichen Mitmenschen durch die eigene Bevölkerung. Auch solche Niederländerinnen, die sich während der fünfjährigen Okkupation auf eine intime Beziehung mit einem deutschen Besatzungsangehörigen eingelassen hatten, würden von diesen Vergeltungsmaßnahmen nicht verschont bleiben.

In Anbetracht des unvorhergesehenen Ausmaßes an Gewalt in Frankreich unmittelbar nach der Befreiung hatten entsprechende Institutionen in den Niederlanden frühzeitig versucht, ähnlichen Ausschreitungen entgegenzuwirken und auf einen geordneten Umgang mit echten und vermeintlichen Kollaborateuren zu drängen. Das Selbstverständnis der Niederlande als ein »Hort der Demokratie und der humanistischen Ideale« gepaart mit »einem tief verwurzelten Rechtsempfinden« sollte die politischen Säuberungen prägen. Eine »Lynchjustiz« dramatischen Ausmaßes wie vielerorts in Frankreich hat es in Holland tatsächlich nicht gegeben.[10]

Völlig vermeiden ließen sich »kleinere Exzesse« im Zuge der Massenverhaftungen jedoch nicht. Wie auch in anderen von den

Deutschen besetzten Staaten kam es in den Niederlanden nach Kriegsende zu Übergriffen gegenüber Frauen, die man beschuldigte, während der Besatzungszeit ein sexuelles Verhältnis zu einem Deutschen gehabt zu haben. Diese Übergriffe der »ersten Stunde« gegenüber den »Moffenmeiden« (Deutschenmädchen), die sich heute noch durch ein umfangreiches Bildmaterial dokumentieren lassen, waren von der Absicht der öffentlichen Demütigung dieser Frauen geprägt. Mit geschorenen Köpfen, mit Farbe oder Teer beschmierten Gesichtern, gelegentlich nackten Körpern und Schildern um den Hals, die sie als »Moffenhoeren« (Deutschenhuren) auswiesen, wurden sie in ihren Heimatorten im ganzen Land bloßgestellt, oft beschimpft und bespuckt. Zusätzlich zur öffentlichen Zurschaustellung der Frauen wurden ihre Namen häufig in den lokalen Zeitungen veröffentlicht, um alle über ihr Vergehen zu informieren. Ihr Verhalten wurde immer in die Nähe der Prostitution gerückt und der Vorwurf, regelmäßig wechselnde Partner unter den deutschen Soldaten gehabt und sich so wirtschaftliche Vorteile mit Hilfe von Sex erschlichen zu haben, manifestierte sich. Die individuelle Behandlung erfolgte meist ungeachtet der tatsächlichen Natur des Verhältnisses der Frau zu einem Deutschen, sondern entsprang häufig einem bloßen Verdacht. Hinzu kommt, dass die sogenannte »horizontale Kollaboration«, wie eine sexuelle Beziehung oder Begegnung mit dem Feind zuvor schon in Frankreich bezeichnet wurde, wohlgemerkt ausschließlich Frauen angelastet wurde. Die Kontakte einheimischer Männer zu Frauen der feindlichen Besatzungsmacht, die ebenfalls in die besetzten Gebiete entsendet wurden, blieben außer Acht.

Interessant ist ferner, dass in den Niederlanden die Beziehungen der Frauen zu Deutschen während der Besatzungszeit noch keine übermäßige Rolle gespielt hatten, fanden sie doch im privaten Bereich der Frauen statt und beeinflussten ihren Alltag weiter kaum. Anders als etwa in Belgien oder Norwegen, wo die Exilregierung in London und der organisierte Widerstand schon früh übers Radio verlauten ließen, dass ein derartig »schändliches und unpatriotisches« Verhalten ihrer Mitbürgerinnen nicht toleriert werde, galt der Vorwurf der Kollaboration in den Niederlanden hauptsächlich denen, die politisch und/oder ideologisch für die Nationalsozialisten Partei ergriffen, hier vorneweg die Parteimitglieder der niederländischen Nationaal-Socialistische Beweging (NSB).[11]

Mit der Befreiung im Mai 1945 änderte sich dies schlagartig. Die vermeintlichen Freundinnen deutscher Soldaten bildeten ein leichtes Ziel für eine spontane, öffentliche Abrechnung mit denjenigen, die man unter der eigenen Bevölkerung für die Demütigung der Besatzung und das erfahrene Leid mitverantwortlich machte. Um von der eigenen Untätigkeit abzulenken – hatte doch eine deutliche Mehrheit der Niederländer und Niederländerinnen die Besatzungszeit in einer Haltung der Anpassung und des Abwartens überstanden –, dienten die Frauen oft als »Sündenbock«. Dem eigenen Wunschbild vom entschiedenen Widerständler entsprachen wenige, die meisten konnten ihr eigenes Fehlverhalten während der Besatzung so hinter dem Aktivismus gegen Kollaborateure verstecken, indem sie nun ihren vermeintlichen Beitrag zur »Säuberung der Gesellschaft und zur Abrechnung mit der Vergangenheit«[12] in aller Öffentlichkeit ableisteten. Viele der betroffenen Frauen erfuhren eine Bestrafung in zweifacher Hinsicht. Neben der öffentlichen Schmach und Gewalt durch die eigenen Nachbarn wurden viele von ihnen unter dem Vorwurf der Kollaboration anschließend zwangsinterniert oder zu Geldstrafen verurteilt. Wenn sie auch als »leichte Fälle« nach kürzeren Haftzeiten wieder freikamen, blieben diese Erfahrungen prägend für ihr Leben und das Stigma war kaum mehr abzuschütteln.

Als Konsequenz verstummten die Frauen und sprachen fortan nicht mehr über ihre zurückliegenden Verbindungen zu einem Deutschen. Und da die öffentliche Erinnerungskultur wie auch die wissenschaftliche Geschichtsschreibung zur deutschen Besatzung und zum Nationalsozialismus in den Niederlanden das Phänomen der »Moffenmeiden« und ihre Behandlung nicht mehr aufgriffen, sind die genauen und individuellen Motive der niederländischen

Frauen für eine Beziehung zu einem deutschen Besatzungsangehörigen heute nicht mehr zu belegen. Sie mögen vielfältig gewesen sein und reichten sicherlich von ehrlicher Zuneigung bis hin zu wirtschaftlicher Berechnung. Auch ob sie sich im Nachhinein selbst als Kollaborateurinnen sehen würden, ist kaum mehr zu klären. Gerade die Vielfältigkeit der Motive, Hintergründe und Verläufe dieser Beziehungen machen es unmöglich, sie als eine homogene Gruppe zu fassen, sodass es für Wissenschaftlerinnen und Historiker lange wenig interessant erschien, sich ihrer anzunehmen.

Doch wodurch lassen sich die Hassgefühle gegenüber diesen Mädchen und Frauen und ihre tiefe Ablehnung unmittelbar nach der Befreiung überhaupt erklären? Hatte ihre Form der »Kollaboration« doch im Gegensatz zu der tatsächlichen in Politik, Verwaltung und Wirtschaft keine vergleichbaren Konsequenzen, auch wenn es nicht von der Hand zu weisen ist, dass die Niederländerinnen, die eine Beziehung zu einem Deutschen unterhielten, während der Besatzung deutliche Vorteile genossen. Zugang zu Freizeit- und Unterhaltungsprogrammen ungeachtet der Sperrstunde während des Krieges war das eine, wichtiger die Mitbringsel in Form von Genussund Lebensmitteln sowie von Lebensmittelkarten, insbesondere während des Hungerwinters 1944 / 45.[13]

Darüber, wie das Leben nach ihrer öffentlichen wie juristischen Aburteilung für viele Frauen weiter verlief, lässt sich keine allgemeine Aussage machen. Weitreichend bekannt ist, dass sie vielerorts Mühe hatten, ihr Stigma abzuschütteln. Einige berichteten von den Schwierigkeiten bei der Suche nach einer Arbeit oder Wohnung. Manche verließen ihren Heimatort, manche heirateten. Die Kinder aus diesen Verbindungen brauchten jedenfalls Jahrzehnte, bis sie es wagten, die Öffentlichkeit auf ihre Vergangenheit aufmerksam zu machen. Sie brauchten Zeit, um ihre schmerzliche persönliche Familiengeschichte aufzuarbeiten, und die Gesellschaft brauchte die Zeit, um sich dem Schicksal der »Kriegskinder« zu öffnen.

Erinnerung in Belgien

Während in Ländern wie Norwegen, Dänemark oder den Niederlanden die Kriegskinder-Thematik schon vor einigen Jahrzehnten von der wissenschaftlichen Forschung aufgegriffen worden ist, und auch einstige Kriegskinder sich mit autobiografischen Erzählungen einer interessierten Öffentlichkeit zuwandten, hat dieser Prozess in Belgien deutlich später eingesetzt. Historische Aufarbeitung als Teil belgischer Kriegs- und Nachkriegsgeschichte sowie Enttabuisierung dieser bewegenden Schicksale im privaten wie öffentlichen Raum ließen deutlich länger auf sich warten. Die belgischen Kriegskinder sind erst seit einigen wenigen Jahren von allgemeinem Interesse.[14] In Anbetracht eines lebenslangen Schweigens stellt dies für die Betroffenen noch eine sehr junge Entwicklung dar, weshalb es für viele heute immer noch schwierig ist, über ihre Erfahrungen zu berichten.

Die Bemühungen von BOW i.n., einen belgischen Beitrag zum Thema einzuwerben, blieben leider erfolglos. Es war sehr schwierig, auf anderen Wegen belgische Wehrmachtskinder zu finden, eine Zusage wurde in letzter Minute zurückgezogen. Darum kommt dieser wichtige Teil Europas nicht mit einem persönlichen Bericht vor.

Anmerkungen

1 Aus einer Denkschrift des Direktors des Instituts für Rassen- und Völkerkunde an der Universität Leipzig, Prof. Dr. Reche, vom 23. Sep. 1940 über »Fragen des Nord- und Westraumes« geht detailliert die Einschätzung der nord- und westeuropäischen Bevölkerung hervor und damit einher die Empfehlung für eine Politik der allmählichen Eindeutschung bevorzugter Bevölkerungsteile. Vgl. Europa unterm Hakenkreuz, Dokumentenedition Bd. 3: Die faschistische Okkupationspolitik in Belgien, Luxemburg und den Niederlanden (1940 – 1945). Dokumentenauswahl und Einleitung v. Ludwig Nestler, Berlin 1990, S. 117 f.

2 In den Niederlanden existierte die Nationaal-Socialistische Beweging (NSB) unter Anton Mussert, im flandrischen Teil Belgiens den Vlaamschen National Verbond (VNV) unter Staf de Clerq und in den wallonischen Gebieten die Rexisten unter Léon Degrelle. Ihre Einbeziehung in die deutsche Besatzungs-

politik blieb jedoch begrenzt, gerade weil sie nur verschwindend geringe Minderheiten repräsentierten und ihr Einbau in Schlüsselfunktionen das Verhältnis zur Bevölkerung zusätzlich belastet und die Zusammenarbeit mit den Eliten aus Staat und Wirtschaft empfindlich gestört hätte.

3 Am norwegischen Modell orientiert, wurden die Niederlande im Mai 1940 einem Reichskommissar unterstellt, eine Entscheidung, die langfristig auf eine engere Verbindung mit der deutschen Reichsgewalt abzielte. Das Großherzogtum Luxemburg wurde anfänglich wie Belgien unter Militärverwaltung gestellt, ab August 1940 jedoch einem Chef der Zivilverwaltung übertragen, der Adolf Hitler unmittelbar unterstand. Die geplante vollständige Eingliederung Luxemburgs in das Deutsche Reich fand bis zum Kriegsende nicht mehr statt. Belgien wurde im Sommer 1940 zusammen mit Nordfrankreich einer Militärverwaltung unterstellt, welche unter den verschiedenen Besatzungsregimes am ehesten auf ein Provisorium hindeutet. Im Juli 1944 ging hieraus jedoch das Reichskommissariat Belgien und Nordfrankreich hervor.

4 Die Formel vom »Großgermanischen Reich« implizierte keine zwingende außenpolitische Konzeption, sondern beruhte vielmehr auf Hitlers biologisch-politischen Vorstellung von Europa als einer »blutmäßig bedingten« Einheit, die er schon in »Mein Kampf« dargelegt hatte. Seinen Ausführungen zufolge könnten »Dauerhafte Volkszusammenschlüsse« nur dann stattfinden, wenn »rassisch an sich gleichwertige und verwandte Völker in Frage kommen«. Vgl. Gerhard Hirschfeld: Fremdherrschaft und Kollaboration. Die Niederlande unter deutscher Besatzung 1940–1945, Studien zur Zeitgeschichte, Stuttgart 1984, S. 24.

5 Während das OKW (Oberkommando der Wehrmacht) gegen engere Kontakte seiner Soldaten zu Einheimischen in den besetzten Gebieten war, befürwortete Heinrich Himmler schon frühzeitig derartige Verbindungen, zumindest in den besetzten Ländern, deren Bevölkerung in seinen Augen »germanischer Abstammung« war.

6 Stacy Hushion: Intimate Encounters and the Politics of German Occupation in Belgium, 1940–44/45, Toronto 2015, S. 146. Zu wie vielen Eheschließungen es bis Kriegsende tatsächlich kam, ist nicht belegt, es können jedoch kaum mehr als einige wenige Hundert sein. Grundsätzlich lässt sich sagen, dass es mit Sicherheit weitaus mehr heiratswillige Paare (in allen besetzten Gebieten) gab als Eheschließungen, die massiven bürokratischen und praktischen Hürden unterlagen.

7 Es handelt sich hierbei um die 1940 erlassene Heiratsordnung des Oberkommandos der Wehrmacht (OKW) bzgl. der Heirat deutscher Soldaten mit ausländischen Frauen. Der Wechsel in der deutschen Heiratspolitik um das Jahr 1942 und damit einhergehend eine Lockerung der strikten rassenbiologischen Unterscheidung »artverwandter« und »nicht artverwandter Völker«

lässt sich vornehmlich durch den ressourcenzehrenden Krieg gegen die Sowjetunion, den erstarkten Widerstand in Nord- und Westeuropa sowie dem daraus resultierenden wachsenden Bedarf an ausländischen Freiwilligen für die deutschen Einheiten erklären.

8 Die wichtigste Funktion des Vereins lag darin, ledige Schwangere, die eine »positive« erbbiologische Beurteilung erhalten hatten, mit Aussicht auf Verschwiegenheit und Geheimhaltung von einer Abtreibung abzuhalten und so »rassisch-wertvolles Erbgut für das Reich« zu erhalten.

9 Ingvill C. Mochmann / Stein Ugelvik Larsen: Kriegskinder in Europa, in: Aus Politik und Zeitgeschichte, Nr. 18 – 19 (2005), S. 34 – 38, S. 34. M. Diederichs beziffert die Zahl der in den Niederlanden geborenen »Kriegskinder« auf 12 000 bis 15 000. Die deutlich variierenden Zahlen machen deutlich, wie schwierig es ist, die Zahl genauer einzugrenzen und dass sie meist auf groben Schätzungen beruhte.

10 Vgl. Katja Happe: Die »Moffenmeiden« und der vergessene »Bijltjesdag« – Zum Umgang mit einer speziellen Gruppe von Kollaborateuren in den Niederlanden nach 1945, in: Jahrbuch des Zentrums für Niederlandestudien 10 / 11 (1999 / 2000), S. 111 – 131, S. 111 ff.

11 Vgl. Hushion: Intimate Encounters, S. 146 ff.

12 Happe: Die »Moffenmeiden«, S. 120 f.

13 Hierbei handelt es sich um eine Hungersnot, die sich gegen Ende des Zweiten Weltkrieges während der Monate Oktober 1944 bis April 1945 ereignete. Besonders betroffen war das dicht besiedelte Holland. Eine deutsche Blockade verhinderte ab September 1944, dass diese Region mit Nahrung und Brennstoffen aus den ländlicheren Regionen der Niederlande versorgt wurde. Von der Hungersnot, die im Oktober 1944 einsetzte, waren 4,5 Millionen Menschen betroffen. Die Zahl der Menschen, die aufgrund dieser Hungersnot starben, wird heute auf 18 000 bis 22 000 geschätzt.

14 Vgl. Gerlinda Swillen: Koekoekskind, Meulenhoff 2009; dies.: De weeg von WO II. Oorlogskinderen op de as Brussel-Berlijn, Brüssel 2016.

»Ich will doch meine beiden Eltern lieben dürfen.«

Gisela Heidenreich im Gespräch mit Monika Benndorf

Die Niederländerin Monika Benndorf und ich haben uns 2008 in der Normandie kennengelernt. Jean-Jaques Delorme, der damalige Präsident des Vereins CSF (Cœurs sans Frontières), der von Anfang an Mitglied des in Berlin in der WASt (Wehrmachtauskunftstelle) gegründeten europäischen Netzwerks war – den Namen BOW i. n. gab es noch nicht –, hatte uns zur Jahrestagung seines Vereins in das »Mémorial de Caen«[1] eingeladen.

Wir fühlten uns gleich auf merkwürdige Weise miteinander vertraut, trotz so verschiedener Herkunft. Es gab real Gemeinsames: Beide waren wir Sonderpädagoginnen gewesen, hatten uns jahrelang bemüht, auf vielfältige Weise benachteiligten Kindern und Jugendlichen Bildung zu vermitteln und damit Lebensperspektiven zu geben. Sie in Holland, ich in Deutschland. Es entstand Freundschaft, und Monika erzählte mir später in einem langen Gespräch ihre Lebensgeschichte:

Gisela: »Unsere Herkunft ist so verschieden – du das Kind eines Deutschen, in den Niederlanden geboren und aufgewachsen, ich als angebliches ›norwegisches Waisenkind‹ in Oslo geboren und in einer oberbayerischen Kleinstadt aufgewachsen. Dennoch verbindet uns so viel.«

Monika: »Ja, ich glaube, was uns verbindet, ist dieses frühe Gefühl, anders zu sein, nicht dazuzugehören, immer diese Unsicherheit, ›wie auf schwankendem Boden‹, hast du es einmal genannt, und eine tiefe Traurigkeit tief drinnen, obwohl wir beide teilweise auch eine schöne Kindheit hatten.

Lange Jahre war ich voller Ärger und Wut darüber, dass ich *wegen* eines schrecklichen Krieges entstanden bin und dass ich das Kind eines verhassten Deutschen bin – aber nun kann ich endlich akzeptieren, dass ich ein Kind der Liebe bin, entstanden in Kriegszeiten, die es meinen Eltern unmöglich machten, so zu leben,wie sie es sich gewünscht haben. Als ganz normale Familie. Meine Mutter war erst 20 Jahre alt, als sie sich im Herbst 1942 in den freundlichen, gut aussehenden Mann mit den blauen Augen und dunklen Haaren verliebte – obwohl er die Uniform der verhassten deutschen Wehrmacht trug. Und obwohl sie genau wusste, dass sie das eigentlich nicht durfte! Aber die Macht der Liebe macht nicht halt beim angeblichen Feind. Allen Warnungen zum Trotz wurde meine Mutter schwanger und im März 1944 wurde ich geboren. Nur für ein paar Monate waren wir fast so etwas wie eine richtige Familie. Meine Eltern waren glücklich mit mir, mein Vater kam täglich und besuchte mich. Er trug mich auf seinen Armen und sang mir mit seiner wundervollen Stimme Lieder vor. Die Musik wurde mir gleichsam in die Wiege gelegt, ich liebe sie noch heute – und meine Tochter ist Sängerin geworden.

Eine Heirat wurde verboten,[2] mein Vater wurde an eine andere Front ›strafversetzt‹ – nicht ohne im Standesamt seine Vaterschaftsanerkennung hinterlassen zu haben, was ich allerdings erst Jahrzehnte später erfahren habe.

Kann ein kleines Wesen die Liebe, die es fünf Monate lang erfahren hat, vergessen? Ganz sicher habe ich den freundlichen Sänger vermisst, der eines Tages verschwunden war. Aber er war und blieb verschwunden, und niemand außer mir schien ihn zu vermissen.

Meine Mutter wurde bestraft, wie alle anderen Frauen auch, die sich mit dem Feind eingelassen hatten. Glücklicherweise wurde ihr nicht der Kopf geschoren und sie wurde nicht mit Schimpf und Schande durch die Straßen gejagt. Davor sollte sie angeblich ein polizeilich verordneter Hausarrest schützen, nachdem gegen sie Strafanzeige gestellt worden war, weil sie die Freundin eines ›Mof‹ gewesen war. Dieses Wort hat mich jahrzehntelang schmerzhaft verfolgt, genauso wie das Wort ›Hure‹. Mein Vater ein hässlicher Deutscher und meine Mutter eine Hure – schreckliche Gedanken.«

Gisela: »Diese Gefühle kenne ich sehr gut – mit 15 Jahren habe ich durch eine Serie in der Illustrierten *Neue Revue* erfahren, dass der ›Lebensborn‹ eine bordellartige ›Zuchtanstalt‹ gewesen sein soll, in der SS-Männer mit Frauen, die auch nichts Besseres waren als Huren, Kinder zeugten. Ich wusste damals schon, dass ich in einem ›Lebensborn‹-Heim geboren wurde, also war ich wohl so ein Kind. Bis dahin hatte ich gedacht, das sei der Name des Entbindungsheimes gewesen – ich hatte keinerlei Ahnung, was dahintersteckte. Und dann die Enthüllungen der Zeitschrift unter dem Titel: ›Was Millionen nicht wussten, deckt Revue für Sie auf‹. Das hat mir den Boden unter den Füßen weggezogen.«

Monika: »Und du konntest deine Mutter auch nicht fragen? Hat sie genauso geschwiegen wie meine? Warum haben unsere Mütter uns mit unserer Not so alleingelassen? Sie waren auch in Not, ja. Meine Mutter fuhr jeden Tag mit dem Fahrrad in die Kirche, um zu büßen, die ›Sünde‹ saß hinten drauf.

Ich spürte, dass Mutter unglücklich war, und ich spürte, dass es mit mir zu tun hatte, aber sie schwieg. Andere Kinder hatten Väter – ich nicht. Unsere Väter wurden im wahrsten Sinne des Wortes ›totgeschwiegen‹.«

Gisela: »Mein Vater, der angebliche Verlobte meiner Mutter, war angeblich in Russland ›vermisst‹. Das hat mir Hoffnung gemacht, dass er nicht tot ist und dort in einem Gefangenenlager noch lebt. Als 1955 die letzten Kriegsgefangenen aus Russland nach Hause kamen, lief ich zum Hauptbahnhof in München in der magischen Vorstellung, dass er dabei sei – und wir uns erkennen würden. Meine Mutter reagierte sehr ungehalten auf meine natürlich sinnlose Aktion. Ich hatte damals keine Ahnung, dass sie genau wusste, dass er bereits wieder bei seiner Familie lebte, er war schon vor dem Krieg verheiratet gewesen. Meine Mutter hat darüber auch nie gesprochen und an der Version ›Vater totschweigen‹ festgehalten.«

Monika Benndorf, circa 1952

Monika: »Als ich zwölf Jahre alt war, wurde ich in ein Internat geschickt – ich habe nie verstanden, warum. Die Familie war groß genug, Großeltern und Tanten – aber eben eine unverheiratete Mutter. Wollten sie mich loswerden? Im Internat wurden wir ›aufgeklärt‹, wie Kinder entstehen – und dass das eigentlich nur dann geschieht, wenn man verheiratet war! Da wurde mir zum ersten Mal die ›Schande‹ bewusst. Obwohl die Direktorin beschwichtigend zu mir sagte: ›Deine Mutter war ein anständiges Mädchen‹, wurde mir klar, dass mich deshalb alle belogen hatten, weil es eine solche Schande war, dass meine Mutter nicht verheiratet war.

Und konnte es nicht sein, dass sie mich auch über meinen Vater belogen hatten, war er gar nicht tot? Ich wagte es damals ein einziges Mal, meine Mutter nach dem Vater zu fragen, als ich in den Ferien aus dem Internat nach Hause kam. Sie schaute mich nur kurz wortlos an, mit so harten Augen, die ich nicht mehr vergessen konnte.

Dann wandte sie sich ab und starrte aus dem Fenster.

Voller Wut bin ich am nächsten Morgen zurückgefahren, Wut

war leichter zu ertragen als die Scham- und Schuldgefühle. Aber sie machte mich auch einsam, weil ich mit niemandem darüber sprechen konnte. Mehr und mehr zog ich mich zurück, ich hatte keine Freunde und erfand eine Freundin, die ich ›Annemone‹ nannte. Ihr schrieb ich Briefe und erzählte ihr, was mich quälte.«

Gisela: »Mir ging es ähnlich – zu meinem zwölften Geburtstag habe ich mir ein Tagebuch gewünscht – eines mit einem kleinen Schloss. Auch ich habe nicht einfach reingeschrieben, was mir auf der Seele brannte, sondern es waren Briefe an eine fiktive Freundin, die ich ›Sissi‹ nannte. Das war sicher damals schon so eine Art Eigentherapie, es tat gut.«

Monika: »Ich habe das lange gemacht, aber an Annemone nicht einmal in der Ichform geschrieben, sondern ihr Geschichten über ein ›kleines Mädchen‹ geschrieben – es waren natürlich meine eigenen Erfahrungen. Anscheinend konnte ich das aber nur mit dieser Distanz tun.

Es dauerte bis zum Jahr 1975 – ich war also schon 31 Jahre alt, bis ich wieder wagte, nach Vater zu fragen. Den Namen wusste ich inzwischen – irgendwo hatte ich ihn als Kind gelesen und war sicher, dass das der Name von *Vater* war – er hat sich mir ins Herz gebrannt: Paul Benndorf.

Endlich wollte ich mich auf die Suche nach ihm begeben.

Ich saß mit meiner Mutter in der warmen Junisonne auf der Terrasse und ich bat sie eindringlich, mir die damalige Heimatadresse von *Paul Benndorf* zu sagen.

›Bremen‹, war die kurze Antwort – dann schwieg sie wieder.

Und ich ging sofort zum Telefon und rief das Rathaus in Bremen an.

31 Jahre lang hatte ich mich nach Gewissheit gesehnt, jetzt bekam ich sie in einer Stunde:

Mein Vater war damals nicht tot, wie man mir erzählt hatte. Er war auch nicht verheiratet wie dein Vater. Nach der ›Strafversetzung‹ aus Holland ist er nach dem Krieg nach Bremen zurückgekehrt und hat dort eine Kriegswitwe geheiratet, die ein Kind hatte. Er hat dieses Mädchen adoptiert, ein gemeinsames Kind bekam das Ehepaar Benndorf nicht. Ich bin also Paul Benndorfs einziges leibliches Kind. Wie gerne hätte das seinen Vater endlich in die Arme genommen.

Zu spät. Er ist am Heiligabend 1966 gestorben.

Meine Mutter saß noch immer auf der Terrasse, als ich zurückkam, mir schien, sie hätte auf mich gewartet.

›Er ist tot, das ist wahr – aber erst seit neun Jahren.‹

Sie reagierte nicht, auch nicht, als ich sagte, er hätte geheiratet, aber keine anderen Kinder gehabt. Tat ihr das weh oder war sie erleichtert? Ich weiß nicht, was in ihr vorging und ich werde es niemals wissen. Sie war in meinem Leben, aber niemals haben wir über Dinge gesprochen, die wirklich wichtig waren. Niemals gab es ein offenes Gespräch über ihre verlorene große Liebe, die ihr Leben durcheinandergebracht hatte, niemals über meinen verlorenen Vater und meine Sehnsucht nach ihm – und was sein Verlust uns *beiden* bedeutete.

Mein Anruf in Bremen war mein erster Versuch, das Schweigen meiner Mutter auf eine andere Weise zu brechen, als sie zu fragen. Ich hatte im Rathaus in Bremen die Telefonnummer der Witwe meines Vaters bekommen. Es war einer der aufregendsten Momente in meinem Leben. ›Benndorf‹, meldete sich eine Frauenstimme, und ich sagte mit Herzklopfen: ›Guten Tag, Frau Benndorf, hier ist ... Monika aus Holland‹, und sofort antwortete sie: ›Ach ja, natürlich. Er ist leider tot.‹

Diese fremde Frau zögerte keinen Augenblick – sie erschrak nicht, als ob sie seit Jahren auf diesen Anruf gewartet hätte. Sie wusste Bescheid. Also war ich Teil ihres Lebens mit meinem Vater gewesen? Was hat er mit ihr über sein Kind gesprochen? Sie beantwortete keine weiteren Fragen, sie weigerte sich auch, mich kennenzulernen – das tat weh. Aber jetzt lebte kein mir unbekannter Vater mehr irgendwo in Deutschland und ich konnte sagen: ›Mein Vater ist tot.‹ Und es war keine Lüge mehr.

Ich versuchte, ihn zu vergessen, aber es gelang mir nicht. Dennoch dauerte es wiederum Jahre, bis ich es schaffte, in die Heimatstadt meines Vaters zu fahren und Frau Benndorf wieder zu bitten, mit mir zu sprechen, wozu sie dann bereit war.

Zuerst musste ich mich aber mit neuen Gefühlen auseinandersetzen: Jetzt, da ich Genaueres über meinen Vater wusste, gab es auf einmal den großen Widerspruch in mir: Ich hatte so oft gehört, dass mein Vater ein ›Mof‹ war, aber jetzt war er auch mein *Vater,* nach dem ich mich immer gesehnt habe! Er war *Deutscher* und die Holländerin in mir hasste alles Deutsche, wie alle Holländer, ja wie fast ganz Europa!

Ich wollte den *Vater* in mir anerkennen, aber wer war er wirklich? Er war doch auch den Befehlen seiner Dienstherren treu gewesen, hat er auch Gewalt angewendet, hat er mich mit blutverschmierten Händen getragen und mir zärtliche Lieder gesungen? Wie könnte ich ihn je lieben?

Es war schwer für mich, durch Deutschland zu fahren, ich betrachtete Deutsche mit Argwohn, bis mir bewusst wurde, dass ich das Gleiche tat, was Holländer mit mir gemacht hatten: Sie haben mich abgelehnt, weil mein Vater Deutscher war. Mehr und mehr wuchs dann ein Gefühl der Akzeptanz in mir: Ich wollte doch den deutschen Vater anerkennen und ihn nicht abweisen! Dann musste ich auch seine Geschichte und die Geschichte seines Landes anerkennen! Es hat mir geholfen, dass ich ein Buch mit Briefen der Geschwister Scholl geschenkt bekam und dass es nicht nur die ›Weiße Rose‹ gegeben hatte, sondern auch die Widerstandsgruppe ›Rote Kapelle‹. So bekam das pechschwarze Bild von meines Vaters Land Grautöne.

Mein Studium der Humanwissenschaften an der Universität Utrecht verhalf mir zu einer weiteren Akzeptanz meines Lebens und damit zur Versöhnung mit meinem Vater. Ich habe dort gelernt, dass wir in jeder Zelle unseres Körpers unsere Erfahrungen speichern – ein Grund, warum es so schwer ist, Traumata zu ›vergessen‹. Aber hat der Körper nicht auch Positives gespeichert? Immer wieder stellte ich mir den Mann vor, der liebevoll das Baby Moni im Arm hält, bis ich diese

Geborgenheit wieder spüren konnte, die ich von meinem Vater in den ersten Lebensmonaten erfahren hatte. Das immerhin hatte meine Mutter mir erzählt. Und ich ahnte die Liebe zwischen meinen Eltern und glaubte, dass sie auch mir damals ihre Liebe gegeben hatten. Ich begann, mir die vielen schönen Erinnerungen aus meiner Kindheit ins Gedächtnis zu rufen, erinnerte mich an Erlebnisse bei Oma und Opa, die warme und weiche Gefühle hervorriefen. Ich suchte in meiner Erinnerung nach dem Kind Moni, das fröhlich mit den Nachbarskindern spielte. Ich erinnerte mich an die jugendliche Moni, die Freude am Klavierspielen hatte und so gerne Ballett tanzte. Und so gelang es mir, den Blick mit meiner Wut auf die Schwere meiner Vergangenheit zu verändern und sie zu erhellen. Dadurch entstand ein neuer Raum für Liebe – zu mir selbst und zu meinen Eltern.«

Gisela: »Das ist wunderbar, dass du das geschafft hast, dich auf deine ›Ressourcen‹ zu besinnen! Das fällt den meisten Menschen und gerade uns ›Kriegskindern‹ so schwer. Aber es ist der einzige wirkliche Weg zur Heilung, die positiven Erlebnisse in unserer Vergangenheit als Kraftquelle zu erkennen. Das erfahre ich auch immer wieder in meiner therapeutischen Arbeit.«

Monika: »Dann erst war ich bereit, mich auf die wirkliche Spurensuche nach meinem Vater zu begeben und bürokratische Hürden zu überwinden, die mich beinahe wieder in die Resignation getrieben hätten.

Im Frühling 1993 wollte ich im Amsterdamer Rathaus das Geburtenregister einsehen. Mit meinem Personalausweis in der Hand bat ich den Beamten um einen Auszug aus der Akte des Einwohnermeldeamtes. Er kam mit den Unterlagen zurück und fragte mich: ›Warum tragen Sie nicht den Namen Ihres Vaters?‹, ›Weil meine Eltern nicht verheiratet waren.‹

›Schon möglich, aber hier steht, dass Ihr Vater Sie anerkannt hat‹, und er legte mir ein deutsches Dokument über meine Geburt mit einer Randbemerkung vor:

›Der Obergefreite Paul Benndorf, deutscher Staatsangehöriger, evangelisch, geboren am [...], z. Zt. im Felde, Feldpostnummer [...] hat am 5. August 1944 vor dem Gericht der Dienststelle [...] das nebenstehende Kind als von ihm erzeugt anerkannt. 14.8.1944, der deutsche Standesbeamte, Unterschrift.‹

Mit 49 Jahren erfuhr ich, dass mein Vater mich als seine Tochter amtlich anerkannt hatte! Ich war verwirrt – hat meine Mutter das nicht gewusst? Der Beamte verschwand, kam nach einer Weile zurück und erklärte mir: ›Ich habe mich erkundigt – Ihr Vater hat Sie anerkannt, aber leider erkennen die Niederlande die Anerkennung nicht an. Sie können also nicht den Namen Ihres Vaters tragen.‹

Mit dem Auszug aus dem Geburtenregister verließ ich das Rathaus – wie auf meiner Geburtsurkunde auch bei ›Namen des Vaters‹ ein Strich, als Geburtsort der Name einer Straße, den ich nicht kannte, jedenfalls ist dort nicht das Krankenhaus ›Unsrer Lieben Frau‹, in dem ich nach Aussage meiner Mutter geboren wurde. Später fand ich heraus, dass ich in einem Heim der Nationalsozialistischen Volkswohlfahrt zur Welt gekommen bin.

Auf der Heimfahrt im Zug dankte ich meinem Vater, dass er mich als sein Kind amtlich anerkannt hat. Wenn ich das früher gewusst hätte. Mein Entschluss stand auf einmal fest: ›Ich werde deinen Namen tragen, Vater.‹

Als ich meine Mutter fragte, ob sie wusste, dass mein Vater mich anerkannt hatte, sagte sie nur: ›Bevor Paul wegging, sagte er, dass er dafür sorgen wollte, dass du als seine Tochter eingetragen wirst. Ich dachte, er wollte zu einem Notar gehen.‹ Dann sah sie wieder schweigend zum Fenster hinaus, wie ich es schon so gut kannte. Und jedes Mal tat es unbeschreiblich weh. Aber es tat auch weh, ihre Einsamkeit zu spüren und zu ahnen, wie sehr sie gelitten hat.

Ein Jahr später fuhr ich nach Bremen, jetzt, da ich wusste, dass er mich als sein Kind anerkannt hatte, als der ›Krieg in meiner Seele‹ allmählich aufhörte und ich endlich Frieden mit meinem ›Deutschsein‹ schließen konnte, wollte ich die Stadt meines Vaters kennenlernen. Ich lief über das Kopfsteinpflaster der Altstadt in dem

Erklärung.

Hiermit erkläre ich, dass ich die Vaterschaft für das Mitte März 1944 zu erwartende, uneheliche Kind der Niederländerin Frl. Petronella, Huberta P e t e r s e, wohnhaft Tiel, Plein 19, v o r l ä u f i g anerkenne.

I. U. den 14.1.44 Paul Benndorf O.Gfr.
Unterschrift.

Obenstehende Unterschrift wurde in meiner Gegenwart vollzogen und für die Richtigkeit zeichnet:

Oberleutnant u. Schwadronschef

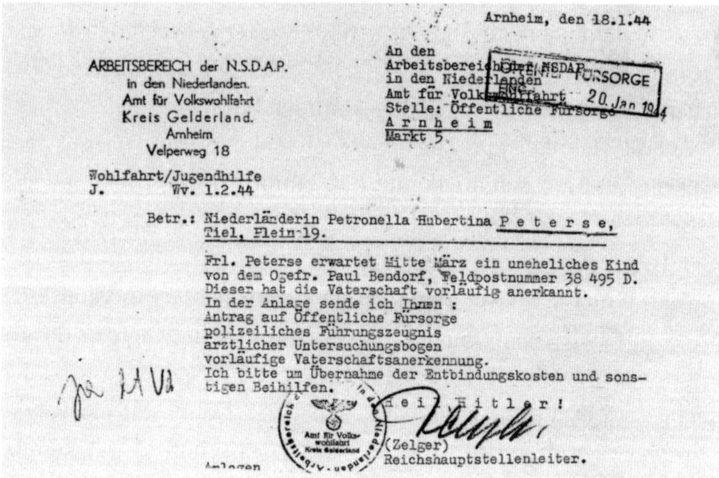

Arnheim, den 18.1.44

ARBEITSBEREICH der N.S.D.A.P.
in den Niederlanden.
Amt für Volkswohlfahrt
Kreis Gelderland.
Arnheim
Velperweg 18

An den
Arbeitsbereich der NSDAP
in den Niederlanden
Amt für Volkswohlfahrt
Stelle: Öffentliche Fürsorge
A r n h e i m
Markt 5

Öffentliche Fürsorge 20. Jan 1944

Wohlfahrt/Jugendhilfe
J. Wv. 1.2.44

Betr.: Niederländerin Petronella Hubertina P e t e r s e, Tiel, Plein 19.

Frl. Peterse erwartet Mitte März ein uneheliches Kind von dem Ogefr. Paul Bendorf, Feldpostnummer 38 495 D. Dieser hat die Vaterschaft vorläufig anerkannt.
In der Anlage sende ich Ihnen :
Antrag auf Öffentliche Fürsorge
polizeiliches Führungszeugnis
arztlicher Untersuchungsbogen
vorläufige Vaterschaftsanerkennung.
Ich bitte um Übernahme der Entbindungskosten und sonstigen Beihilfen.

Heil Hitler!
(Zelger)
Reichshauptstellenleiter.

Anlagen

Vaterschaftsanerkennung von Monika Benndorfs Vater Paul, 1944 schmerzlichen Bewusstsein, dass er viele Male hier gegangen ist. Was bedeutete es für ihn, zurückzukehren in ein Land, das in Schutt und Asche lag? Mit welchen Gefühlen? Bitterkeit, Schuld, Wut und auch Trauer, dass er seine Geliebte und sein Kind zurücklassen musste im feindlichen Holland? Dieses Mal hat mich seine Witwe empfangen.

›Hätten Sie sich doch früher gemeldet! Solange er lebte, hat er auf Sie gewartet, er hatte Sie doch anerkannt!‹ Und ich erfuhr, dass er sehr wohl versucht hatte, mit meiner Mutter wieder Kontakt aufzunehmen, aber von der Familie abgewiesen wurde.«

Gisela: »Was für ein zusätzlicher Schmerz, dass du erst nach dem Tod deines Vaters erfahren hast, dass er dein Vater sein *wollte!*

Ich hatte das Glück, meinen angeblich toten Vater mit 20 Jahren noch lebend zu finden, er hat mich mit offenen Armen aufgenommen. Auch er hatte mich anerkannt, auch er hatte versucht, mich nach dem Krieg kennenzulernen. Erst nach seinem und dem Tod meiner Mutter fand ich einen Brief meines Vaters an sie. In großen Druckbuchstaben beschwor er sie: ›Lass mich doch dieses Kindes Vater sein!‹ Meine Mutter hat ihn abgewiesen.«

Monika: »Hat deine Mutter am Ende ihres Lebens ihre Schuld dir gegenüber eingesehen? Als ihre Schwestern von meiner Mutter Abschied nahmen, stammelte sie unter heftigem Weinen: ›Es tut mir so leid, es tut mir so leid, dass ich …‹, und: ›Ich fühle mich so schuldig.‹ Ich stand dabei und wusste nicht, ob sie damit meinte, dass sie mich geboren hat. Sie war von allen verurteilt worden – aber *ich* hatte ihr längst keine Schuld mehr gegeben. Meine Tochter, mein Sohn und seine Frau waren mit mir an ihrem Sterbebett. Sie verabschiedete sich von ihnen und dankte ihnen für die Freude, die sie ihr gemacht hatten. Mir hat sie nicht gedankt. Ich wollte ihr sagen, dass ich ihr vergeben hatte – ja auch, dass ich sie liebte! Die Worte kamen mir nicht über die Lippen – aber sie musste es doch fühlen! Es war, als ob ich sie auch in diesem letzten Moment nicht erreichen konnte. Ich habe ihr keine Schuld gegeben, sie hat mir doch das Leben geschenkt. Ich habe ihr vergeben – aber sie hat sich selbst nicht vergeben.«

Gisela: »Ich habe meine Mutter auch beim Sterben begleitet. Sie hat mit letzter Kraft auf mich eingeredet – ihr Gesichtsausdruck war verzweifelt, weil ich ihre gestammelten Worte nicht verstehen konnte. Erst als ich sagte: »Es ist alles gut, Mutti, und ich danke dir für alles, was du für mich getan hast«, hat sich ihr Gesicht entspannt und sie ist ruhig eingeschlafen. Ich glaube auch, unsere Mütter haben sich selbst nicht vergeben können, sie haben ihre vermeintliche Schuld an einer vergeblichen Liebe und einer unehelichen Geburt ein Leben lang mit sich getragen. Sie hätten es sich und uns so viel leichter machen können, wenn sie nicht *geschwiegen* hätten.«

Monika: »Ich konnte meiner Mutter auch vergeben, weil es mir Kraft gegeben hat, zu wissen, dass mein Vater mich nicht verlassen hatte und mich sein Leben lang bei sich getragen hat. Und nun wollte ich seinen Namen. Ich hatte die Kraft, mich mit den Behörden anzulegen, ich schrieb zahllose Briefe, ließ mich nicht von den Beamten abwimmeln, denen ich meinen Ausweis und die Vaterschaftsanerkennung vorlegte. Ich dachte an Kafka, als man mir wieder und wieder erklärte, dass es nach dem niederländischen Gesetz keinen Vater gäbe. ›Es war Krieg‹, lautete das Argument, und ich antwortete, dass ich im Jahr 2001 endlich diesen Krieg beenden wolle. Man verwies mich an das deutsche Konsulat, wo ich erfuhr, dass deutsche Behörden nichts mit der Angelegenheit zu tun hätten. Auch wenn es damals eine deutsche Besatzungsmacht gegeben hätte, seien ausschließlich die Niederlande zuständig. Ich ließ nicht locker und erfuhr, dass im April 2002 ein neues Gesetz in Kraft treten würde: Unehelich geborene Kinder, meist sogenannter BOM (›Bewust Ongehuwde Moeders‹ – ›Bewusst unverheiratete Mütter‹) erhielten damit das Recht, ihren biologischen Vater als rechtmäßigen Vater anerkennen zu lassen und auch seinen Namen zu tragen. Im Juli

2002 stellte ich meinen Antrag erneut zusammen mit einem Schreiben der Witwe meines Vaters:

›Ich bin damit einverstanden, dass Monika P. den Namen ihres Vaters Paul Benndorf annimmt – sie kann sich Monika Benndorf nennen.‹

Am 10. Dezember 2002, dem Tag der Menschenrechte, erhielt ich meinen neuen Personalausweis auf den Namen Benndorf.«

Anmerkungen

1 Die Gedenkstätte ist ein 1988 eröffnetes und 2002 erweitertes Museum in der Normandie, nahe der Landungsküste der Alliierten »Omaha Beach«, ein »Zentrum der Geschichte für den Frieden«.

2 Ab 1942 gab es in den Niederlanden zwar grundsätzlich eine Heiratserlaubnis für Wehrmachtsangehörige, aber nur wenige Anträge wurden auch angenommen, stattdessen folgte häufig die Versetzung der Antragssteller wie in anderen besetzten Ländern auch.

Frankreich

Frankreich im Zweiten Weltkrieg und die »Kinder der Schande«

Stéphane Leteure

Die Kapitulation von Polen am 27. September 1939 beendete vorläufig den Krieg in der östlichen Hälfte Europas. Hitler wartet auf den Frühling 1940, um Angriffe gegen den Westen zu führen. So beginnt »Drôle de Guerre«, dieser »seltsame Krieg«, von den Deutschen »Sitzkrieg« genannt. Eine Episode der Untätigkeit der französischen Armee, die ein paar Monate auf ihren Gegner wartet. Als die Invasion von Holland durch die Wehrmacht am 10. Mai beginnt, stürzen sich die englisch-französischen Truppen nach Belgien, aber werden von den deutschen Truppen, die die Ardennen überqueren, von hinten überrascht. Die Falle schließt sich in dem Kessel von Dünkirchen, dem letzten Ort, wo die Alliierten versuchen, unter dem Feuer der Luftwaffe die Truppen in Richtung England zu evakuieren. Am 14. Juni 1940 wird Paris besetzt und die Regierung wird dem Marschall Pétain, dem »Held von Verdun«, übergeben. Von Bordeaux aus, wohin er geflüchtet ist, erbittet er am 22. Juni den Waffenstillstand und bekommt die Unterschrift des Gegners in der Lichtung von Rethondes, wo die Weimarer Republik den Waffenstillstand am 11. November 1918 unterschrieben hatte. Wider alle Erwartung erleidet Frankreich die schlimmste Niederlage seiner jüngsten Geschichte.

Durcheinandergebracht: die politische Ordnung

Das Debakel fordert den Tod von 90 000 französischen Soldaten und den Exodus von acht bis zehn Millionen Zivilisten, fast einem Viertel der französischen Bevölkerung, vor dem Einmarsch der Wehrmacht. Unter den Mächten, die von Hitlers Strategie des Blitzkriegs besiegt sind, ist Frankreich das Land, das die größte politische Veränderung erfährt. Die republikanische Ordnung bricht am 10. Juli 1940 zusammen, als die Abgeordnetenversammlung die Vollmacht für Pétain wählt. Die Militärkatastrophe entwickelt sich zu einem politischen Umbruch und zu einer großen Identitätskrise. Auf dem von den deutschen Behörden zugestandenen Gebiet errichtet Pétain die Staatskollaboration. Er errichtet eine autoritäre, antisemitische, antidemokratische und reaktionäre Macht, genannt »nationale Revolution«, die aktuelle Historiker »Faschismus nach französischer Art« nennen. Die neue, in Vichy ansässige Regierung jagt die neuen Widerstandsbewegungen und kopiert die Berliner Ideologie.

In Frage gestellt: die Staatsgrenzen und die Unabhängigkeit

Nach dem Waffenstillstand erlebt das französische Territorium mehrere Veränderungen. Das Elsass und ein Teil von Lothringen (Mosel) gehören jetzt dem Deutschen Reich an. Durch diese Annexion werden die nach dem Ersten Weltkrieg wiedergewonnenen Provinzen von Frankreich abgetrennt. 130 000 Elsässer ziehen in die Wehrmacht ein, »malgré nous« (»gegen unseren Willen«). Deutschland besetzt die Nordzone und die Atlantikküste, wo der Atlantikwall errichtet wird, um jeglichen Landungsversuch zu verhindern. Das Land wird besetzt und jeder Widerstandsversuch wird bestraft. Von der Nordzone durch die Demarkationslinie getrennt, wird die Südzone von Pétain regiert. Diese theoretisch freie Zone wird schließlich, wegen der Landung der Allierten in Nordafrika, am 11. November 1942 von den Deutschen überfallen. Diese völlige Besetzung Frankreichs erlaubt dem Reich nicht nur, die Hälfte des Nationaleinkommens zu kassieren, sondern auch 75 000 Juden zu inhaftieren, die in die KZs deportiert werden, sowie 650 000 Zwangsarbeiter nach Deutschland zu schicken.

Beim Waffenstillstand zwischen Frankreich und Italien am 24. Juni 1940 bei Rom wird die italienisch besetzte Zone geschaffen. Mussolini bekommt 800 km an den Grenzen, er annektiert die Gegend um Menton und entwaffnet die Grenzregion. Die Landung der Amerikaner in Marokko und Algerien (Operation Torsch) führt dazu, dass die Italienisch besetzte Zone auf den ganzen Südosten Frankreichs und auf Korsika ausgeweitet wird. Die Rhone wird de facto zu einer neuen deutsch-italienischen Grenze. Im September 1943 übernimmt die Wehrmacht die Kontrolle über die Region, in dem Moment, als die italienischen Truppen nach Hause zurückkehren.

Sobald der Waffenstillstand unterschrieben wird, werden die Bewohner von Nord und Pas de Calais in die Militärzone von Brüssel eingegliedert und erleiden zahllose Demütigungen, trotz Protesten der Vichy-Regierung. Ihre Region, die besonders wichtig ist für die Strategie der Weiterführung des Krieges gegen England (Schlacht um England im Sommer 1940), wird für Hitler im Rahmen des vom Nazismus angeforderten »Lebensraums« als eine zu germanisierende Region angesehen. In diesem Sinne wird den Flüchtlingen, die beim Exodus geflohen sind, der Zutritt zu einem Teil des Nordwestens Frankreichs verboten. Diese ländliche Gegend ist für die deutschen Ansiedler reserviert, die zu der Germanisierung Frankreichs beitragen sollen.

Die Bilanz

Je nach Wohnort erleiden also die Franzosen ein politisch unterschiedliches Schicksal. Aber egal aus welcher Region sie stammen, sie sind Zeugen des Unabhängigkeitsverlustes des besiegten, besetzten und geteilten Frankreich. Das Alltagsleben wird sehr schwierig gemacht und durch das Schicksal, das ab der Befreiung auf sie zukommt, erwarten sie noch weitere Risiken. Zwischen 1940 und 1944 ändert sich die Zahl der deutschen Soldaten sehr, zwischen 280 000 bis eine Million, während 1 800 000 französische Kriegsgefangene in Deutschland zurückgehalten werden. Fern vom Konflikt durch die Niederlage 1940, wird Frankreich ab Juni 1944 wieder ein erstrangiger, strategischer und militärischer Faktor.

Die Besetzung und Durchquerung Frankreichs haben die Geburten von zahlreichen Kindern mit einem deutschen Vater zur Folge, sei es, dass sie während der Besatzung oder der Befreiung und danach geboren wurden. Aber die öffentliche Meinung ist nicht bereit zu akzeptieren, dass Kinder geboren wurden, weil ihre Eltern durch die Kriegsumstände zugleich vereint und getrennt wurden, es sind »Kinder der Schande«, weil ihre Mütter sich mit dem Feind eingelassen haben. Die französischen Frauen sind die ersten Opfer der Wut des Volkes und werden bei der Befreiung und in der zweiten Hälfte des Jahres 1944 angeprangert. Jetzt ist es Zeit abzurechnen. Die Last ihrer Geschichte liegt schwer auf den Schultern dieser »Kinder der Schande«. Die Zeit des Schweigens und der Tabuisierung folgt der Zeit der Ressentiments.

Auch die Franzosen in Deutschland, ob Kriegsgefangene oder Zwangsarbeiter oder nach dem Krieg als Besatzungsmacht in Deutschland, haben sich in deutsche Frauen verliebt und auch dort wurden Kinder geboren

Gleiche Ursachen, gleiche Folgen: französische und deutsche Kinder, die erwachsen geworden sind, empfinden die absolute Notwendigkeit einer Suche nach der eigenen Identität. Gemeinsam im Schoß des Vereins Cœurs sans Frontières (Herzen ohne Grenzen) suchen sie ihre unbekannte Familie und weben Bande, die ihnen die Kraft geben, zu handeln und sich von ihrer Last zu befreien.

Über Cœurs sans Frontières / Herzen ohne Grenzen

Michel Blanc

Cœurs sans Frontières / Herzen ohne Grenzen ist ein französischer Verein, der 2005 gegründet wurde. Er hat das Ziel, französische Kriegskinder mit deutschen Vätern und deutsche Kriegskinder mit französischen Vätern, die während des Krieges oder in den ersten Jahren der französischen Besatzung in Deutschland waren, gleichermaßen zu unterstützen. CSF / HOG ist der einzige ehrenamtliche Verein, der deutschen wie französischen Kriegskindern bei ihrer Identitätssuche hilft. Unser Vorstand besteht aus Deutschen und Franzosen. Er steht den Mitgliedern mit Beratung und Informationen zur Seite und hat immer ein offenes Ohr für sie.

Auf beiden Seiten des Rheins hat der Krieg Leid und Zerstörung gebracht. Dennoch wurden auch Liebesbeziehungen geknüpft, die von Frankreich und von Deutschland verboten waren.

Die Liebe besiegte die Barbarei und es wurden Kinder geboren.

Sofort nach der Befreiung wurden in Frankreich Frauen, die während der Besatzung einen deutschen Soldaten geliebt hatten, angeklagt, ihr Land verraten zu haben. Sie hatten heftige Vergeltungsmaßnahmen zu erleiden, wurden dem Mob ausgesetzt, vielen von ihnen wurde als öffentliche Demütigung der Kopf geschoren und sie wurden in Schimpf und Schande durch die Straßen getrieben – manche sogar nackt.[1]

Zahlreiche Frauen wurden festgenommen und wegen »nationaler Unwürdigkeit« verurteilt. Es gab sogar Fälle von Todesstrafen. Angst und Schrecken wurden zum täglichen Begleiter, die soziale und familiäre Zurückweisung war ein nicht auslöschbarer Makel.

Auf die Kinder, die aus diesen missbilligten Beziehungen geboren wurden, wurde die »Schande« der Mütter übertragen, ihre Schmach war es, ein Bastard des Feindes zu sein. Sie wuchsen im Schatten auf, kannten die Gründe der ihnen gegenüber gezeigten Zurückweisung nicht und die Misshandlungen haben in ihrer Seele, manchmal auch an ihrem Körper Spuren hinterlassen. Sie hielten bei ihren Müttern die Erinnerung an die »Schuld« wach, die ihnen die Gesellschaft vorwarf. Oft konnten diese schwer traumatisierten Frauen ihre mütterliche Liebe nicht äußern. Das Tabu um diese Kinder war so groß, dass viele von ihnen erst spät und manchmal nur durch Zufall die Umstände ihrer Geburt erfahren haben.

Erst mit über 60 Jahren realisierten die meisten die Ungerechtigkeit ihres Schicksals. Einige von ihnen hatten das Glück, sich bei Nachforschungen zu ihren Vätern, in Berlin im Haus der WASt, der Deutschen Dienststelle, zu treffen. Sie entschieden, sich zusammenzuschließen, um ihre Existenz publik zu machen. Sie wollten endlich einen Platz in der Geschichte des Zweiten Weltkrieges haben und forderten ihr Recht ein, die Geschichte ihrer Herkunft zu erfahren und so ihre Wurzeln zu finden.

Der damalige französische Minister für Auswärtige und Europäische Angelegenheiten, Bernard Kouchner, sagte in einer Rede mit dem Titel »Warum Europa?« 2008 in Berlin:

»Frankreich und Deutschland sind bisher taub gewesen für das Leid der letzten Opfer, unschuldiger und unzeitgemäßer Opfer eines Konflikts, den sie nicht einmal selbst erlebt haben. Ich spreche von den Kriegskindern; jene, die man in Frankreich beim schrecklichen Namen ›enfants de boche‹ nannte; Zehntausende späte Opfer der Gewalt zwischen unseren Völkern [...] Diese Kinder, die heute erwachsen sind, fordern jetzt, 60 Jahre danach, von uns, dass endlich ihr Unglück, ihr Leben, ihre Identität anerkannt wird.«[2]

Auf diese Forderung hat die deutsche Regierung 2009 reagiert und den französischen Kriegskindern, deren Vater ein Wehrmachtsmitglied war, die deutsche Nationalität gewährt. Daniel Rouxel, der Ehrenpräsident des Vereins Cœurs sans Frontières, erhielt als erstes Kriegskind einen deutschen Pass. Der Verein bedauert es sehr, dass von der französischen Regierung keine adäquaten Aktionen für die deutschen Kriegskinder stattgefunden haben, obwohl ein französischer Minister die Initiative ergriffen hatte.

Die Väter der französischen Mitglieder waren Wehrmachtssoldaten oder deutsche Kriegsgefangene in Frankreich. Einige der deutschen Kriegskinder, die eine deutsche Mutter und einen französischen Vater hatten und in der Französischen Besatzungszone (ZOA) geboren wurden, sind damals nach Frankreich gebracht worden und dort, als Babys, zur Adoption freigegeben worden. Sie wurden Franzosen und haben dadurch ihre ursprüngliche Identität verloren. Andere Mitglieder haben erfahren, dass ihr Vater in Deutschland ein Kind gezeugt hat, und sind auf der Suche nach einem Halbbruder oder einer Halbschwester. Sie möchten sie kennenlernen, um wenigstens so einen Ausgleich für den gemeinsamen Vater zu erfahren, nach dem sie sich immer gesehnt haben.

Einige deutsche und österreichische Mitglieder haben Väter, die französische Kriegsgefangene waren oder Männer, die zur Zwangsarbeit nach Deutschland oder Österreich abkommandiert wurden. Das besetzte Frankreich war verpflichtet worden, eine große Anzahl seiner jungen Männer nach Deutschland zu schicken, um die Zahl der deutschen Soldaten, die in den Krieg ziehen mussten, auszugleichen.

Der Verein Cœurs sans Frontières möchte mit Nachdruck daran erinnern, dass ein Kind niemals für seine Entstehung verantwortlich oder schuldig ist. Der Verein möchte, dass eine Bewegung entsteht, die eine internationale Gesetzgebung erarbeitet, um den bereits Geborenen, sowie künftigen Kindern, die noch immer weltweit aus kriegerischen Konflikten geboren werden, zu ermöglichen, ihre Herkunft und ihre Wurzeln zu finden. Die Archive sollten für sie alle zugänglich sein, ohne die heutigen Hürden: Die bestehenden Vorschriften und bürokratische Maßnahmen bringen lange Wartezeiten mit sich und verhindern oft genug einen Zugang zu den Akten. Alle Kriegskinder sollten gehört und unterstützt werden, wenn sie sich auf die Suche nach ihrer Identität begeben, und ihre Akten müssen einsehbar sein.

Es ist ein Grundrecht eines jeden Menschen, seine Wurzeln zu kennen.

Michel Blanc ist Präsident von CSF; weitere Informationen auf der zweisprachigen Internetseite: www.coeurssansfrontieres.com

Anmerkungen

1 Vgl. die Fotos »Les tondues de 1944« in: Arkheia, Revue d'Histoire, Nr. 17 – 18 (2005), und www.phenixphotos.fr./les-femmes-tondues-en-1944 sowie Ebba D. Drolshagen: Nicht ungeschoren davonkommen. Das Schicksal der Frauen in den besetzten Ländern, die Wehrmachtssoldaten liebten, Hamburg 1989.

2 Bernard Kouchner, Rede an der Humboldt-Universität zu Berlin am 24. April 2008, herausgegeben von der Presse- und Informationsabteilung der Französischen Botschaft in Berlin, S. 2.

»Meine Gefühle – richtig oder falsch?«

Huguette

Mein Name ist Huguette. Ich bin am 8. April 1945 in der Mitte Frankreichs, an der Demarkationslinie geboren, die das freie vom besetzten Frankreich trennte. Ich muss also ungefähr im Juni 1944 entstanden sein. Mein Geburtsort, in dem Mama seit 1938 wohnte, hatte nur 800 Einwohner und befand sich zehn Kilometer von Vierzon im Département Cher entfernt. Das Dorf war hauptsächlich landwirtschaftlich geprägt. Die Handwerker und Arbeiter blieben unter sich, sie waren bevorzugt durch ihre 48-Stunden-Woche, ihre freien Sonntage und als »Sahnehäubchen« dazu drei Wochen Urlaub. Für alle anderen gab es keine festen Arbeitszeiten, aber wenn sie sich trafen, war immer Zeit für ein Schwätzchen, denn man kannte sich gut. So entstanden viele Gerüchte in dieser kleinen Welt. Man beäugte sich kritisch und keiner gönnte dem anderen etwas. Bis 1950 tangierte mich das alles nicht, erst später wurde ich misstrauisch, als ich immer wieder den Satz hörte: »Was sagen die Leute?«

Mama war eine Fremde, eine Rebellin, sie passte nicht in das Schema unterwürfiger Frauen, sie stellte die Autorität der Männer in Frage, besonders die der »Respektspersonen«. Sie lehnte sich sogar gegen den Pfarrer auf, als dieser ihr die Kommunion verweigerte, weil sie geschieden war. Sie sagte ihm: »Sie sind ganz schön dumm! Denn ginge ich in eine andere Kirche, würde ich meine Kommunion erhalten, keiner wüsste, dass ich geschieden bin. Also werden meine Kinder weder getauft noch zur Kommunion gehen.« Ihrem Versprechen ließ sie Taten folgen. Auf uns Kinder wurde mit dem Finger gezeigt, weil wir die Einzigen waren, die nicht zur Kirche gingen, und weil wir Scheidungskinder waren. Ich wiederholte bei Mama die hässlichen Worte, die man zu uns sagte, aber sie meinte nur: »Lass sie reden! Sie wissen nicht, was sie sagen und wenn sie genug haben, hören sie auf.« Sie ignorierte diese Äußerungen von Kleingeistern, mit ihr hatte ich nichts zu befürchten, sie passte auf mich auf und ermöglichte mir ein sorgenfreies Leben in diesem Umfeld.

Doch seltsamerweise befielen mich Empfindungen, gegen die ich nicht ankam. Ich fühlte mich nicht »normal«, und ich hatte den Eindruck, nicht von hier zu sein, genauer gesagt, fühlte ich mich, als käme ich aus Schweden. Ich hatte nämlich gehört, wie meine Großmutter davon sprach, dass ein Vorfahre mütterlicherseits aus Schweden verbannt worden war und sein ganzes Hab und Gut zurücklassen musste, um in Frankreich Zuflucht zu suchen. Ich empfand meinen Körper oft horizontal in der Mitte zweigeteilt und hatte das Gefühl, diese beiden Hälften kraft meiner Gedanken verbinden zu müssen.

Seit meiner frühesten Kindheit konnte ich mich nicht gegen den Gedanken wehren, dass mein Vater nicht mein Vater wäre. Ich wagte nicht, mit meiner Mutter darüber zu sprechen, geschweige denn mit jemand anderem. Ich erinnerte mich auch nicht daran, mit ihm gelebt zu haben. Mama hatte ihren Ehemann H. mit mir verlassen. Er liebte mich dennoch wie eine Tochter, war nie böse und lehnte mich niemals ab.

Wenn ich mit meinem Ball auf der Straße spielte und ihn vorbeigehen sah, versteckte ich mich, weil ich ihn nicht grüßen und nicht küssen wollte. Denn wenn ich ihn küsste, hatte ich immer das Gefühl, es sei erzwungen. Jedes Mal kam ich mir ihm gegenüber deshalb undankbar vor, wie ein kleines Monster. Dann versuchte ich vergebens, mir klarzumachen, dass das mein Vater ist, aber ich konnte mich meiner Gefühle nicht erwehren. 62 Jahre habe ich dagegen angekämpft. Den einzigen Vorwurf, den ich ihm mache, ist der, dass er meinen älteren Geschwistern, die bei ihm lebten, nicht erlaubte, ihre Mutter und ihre kleinen Schwestern zu sehen, was dennoch heimlich geschah. Mama hat uns nie verboten, unsere Geschwister und unseren Vater zu sehen.

Wenn er mir begegnete, sagte ich nie »Papa« zu ihm, und wenn ich mit meinen Geschwistern über ihn sprach und ihn »Papa« nannte, war das für mich wie eine Nötigung. Das Bild eines Vaters fehlte in meinem Leben. Ich stellte mir oft die Frage: »Was empfindet man, wenn man einen wirklichen Vater hat?« Meine Mutter war meine Wurzel und meine einzige Stütze, den abwesenden Vater empfand ich als permanenten Mangel in mir.

Mit Papa hatte ich kein Mitleid, ich schämte mich, weil er trank und ich ihn immer nur betrunken erlebte. So ein Vater ist kein Vorbild, er erzeugt eher Fluchtgedanken. Ich versuchte der Realität zu entfliehen, aber welcher Realität? Wer war ich? Was war mit mir nicht in Ordnung?

Während der großen Ferien 1953, ich war acht Jahre alt, kam ein schönes Auto in den Hof des Lebensgefährten meiner Mutter gefahren. Ein Mann, eine Frau und ein etwa fünfjähriges Kind stiegen aus. Trotz meiner Schüchternheit entschloss ich mich, sie zu begrüßen. Es trennten uns noch zehn Meter und wie ein Blitz durchschoss es mich: »Das ist dein Vater.« Sehr aufmerksam sah ich das kleine Mädchen an, weil es mir ähnlich sah, und ich war über diese Ähnlichkeit sehr überrascht.

Der Mann fragte mich: »Ist deine Mutter hier?«, ich antwortete: »Ja, aber sie macht einen Mittagsschlaf und man darf sie nicht stören.« Ich fragte mich, wie er wissen konnte, dass Mama hier bei R. war, wo sie doch eigentlich in ihrem Haus in der Dorfmitte wohnte. Dieses Bild und dieser Moment sind mir bis heute in meinem Gedächtnis geblieben.

Ich schämte mich damals für mein Nichtwissen, meine Ahnungslosigkeit und die Leere in meinem Leben. Ich versteckte mich hinter meiner Schüchternheit und meinem Lachen. Ich sagte mir, dass ich alles wissen würde, wenn ich später einmal studieren würde, denn das war mein Ziel und der große Wunsch meiner Großmutter. Ich erwartete viel von meinem Leben, es sollte mir einen Weg zeigen, meine Unwissenheit zu überwinden.

Erst mit 38 Jahren wurde dieser Wunsch wahr. Meine Unwissenheit hat mich belastet und ausgebremst und deshalb habe ich dann mein Abitur und mein Diplom in Geschichte gemacht, nur um dieses Defizit auszugleichen.

Jahrelang fragte ich mich, warum ich mir vorkam wie ein Köder an der Angel über einem aufgewühlten Meer.

Sehr oft nahm ich mir vor, wenn ich mit Mama allein wäre, sie zu fragen, warum ich immer dachte, dass mein Papa nicht mein Vater sei. Sobald sich aber die Gelegenheit bot, war ich wie gelähmt und konnte meine Frage nicht stellen. Auf Umwegen habe ich oft versucht, von ihr zu erfahren, wie ich entstanden bin. Aber sie konnte sich immer mit einer kleinen eleganten Pirouette aus der Sache herausdrehen und ließ mich im Ungewissen.

Als ihre Schwester uns einmal im Juli 2005 besuchte, versuchte ich scherzhaft das Thema noch einmal anzugehen, aber leider – wieder dieselbe Pirouette. Ich sagte dann nur: »Das Wichtigste ist doch, dass ich aus einer Liebe entstanden bin!« Und beide antworteten fröhlich wie aus einem Munde: »Das ist wohl wahr.« Also wusste meine Tante auch Bescheid?

62 Jahre lebte ich in einer ohrenbetäubenden Stille. Erst 2006 wagte ich, meine Mutter direkt zu fragen. Ich sagte ihr, ich denke oft, dass Papa nicht mein Vater sei, und dass ich das Gefühl hätte, deutscher Herkunft zu sein. Sie strich mit der Hand über meinen Rücken und sagte: »Wer weiß.« Und ich dachte: »Wer, wenn nicht sie, weiß es!«

Aber wieder akzeptierte ich ihr Schweigen und erzählte nichts von meinen anderen Empfindungen.

Am 25. Januar 2007 besuchte ich Mama. Ich fühlte mich beschwingt, keine Spur von Beklommenheit, und ich wiederholte meine Frage: »Ist Papa mein Vater?« Ich wollte, dass sich die Dinge einfacher gestalten, dass ich es zum Beispiel endlich schaffen kann, meine Angst zu überwinden und die Kraft habe, mit meiner Mutter über meine Zweifel zu sprechen! Die Gelegenheit ergab sich an jenem Tag noch vor dem Mittagessen:

Ich war beim Lebensgefährten meiner Mutter zu Besuch. Dessen Tochter, meine Halbschwester, nahm das Telefon, rief ihren Papa im Nebenzimmer an und fragte ihn: »Wie lange gedenkt sie zu bleiben?« Ich nahm ihr den Hörer weg und meinte nur, dass ich so lange bleiben werde wie ich es für nötig halte und es mir passe. Durch diese Einmischung konnte ich Mama und dem Vater meiner Halbschwestern endlich sagen, wie ich alles beurteile seit Juli 2005:

- dass ich trotz meines Schweigens und Lachens ausschließlich wegen Mama komme;
- dass ich immer den Anschein erwecke, nichts zu bemerken und nichts zu wissen;
- dass ich mich mehr und mehr wie eine Fremde fühle.

Da streckte Mama mir ihre Hände entgegen und rief: »Nein, nein, du bist keine Fremde!« Aber ich sagte weiter,

- dass ich nicht mehr mit frohem Herzen komme, sondern beklommen, und
- dass mir alles verheimlicht wird und hinter meinem Rücken geschieht.

R. sagte, ich solle endlich aufhören mit dieser Geschichte, denn Mama würde sich dabei schlecht fühlen. Da schaltete sich mein Mann ein und sagte: »Aber – Huguette leidet auch!«

Eine dreiviertel Stunde bevor ich wegfuhr, hatte ich noch immer nicht die entscheidende Frage gestellt. Ich wollte und konnte es nicht wieder aufschieben – ich musste es wissen. Ich sagte mir: »Ich muss sie fragen! Mama wird bald 91 Jahre alt!« Ich wollte es riskieren und dachte: »Auch wenn sie daran stirbt, ich muss es versuchen!« Ich hielt ihre Hand und fragte mit leiser Stimme, denn ich hatte Bedenken, dass mir die Stimme versagt: »Immer wollte ich dich fragen und habe jedes Mal aufgegeben! Von klein an habe ich gespürt, dass Papa nicht mein Vater ist, obwohl ich mir viel Mühe gab und versucht habe, es mir auszureden, was ich immer noch mache. Du kannst es mir sagen! Ich ertrage jede Antwort, denn ich hatte nie richtige Gefühle für ihn!« Sie weinte und legte ihren Kopf in meine Hände. »Du bist dumm!« Die Antwort, auf die ich wartete, blieb aus. Aber ihr ganzes Verhalten sagte mir, dass ich recht hatte.

Am 11. Februar 2007, dem Geburtstag meiner Tochter, ergab sich folgendes Gespräch mit meiner 90-jährigen Mutter:

»Mama, ich möchte dich sagen hören, dass Papa nicht mein Vater ist.«

»Aber, wer hat es dir gesagt?«

»Niemand, aber ich spüre es tief in mir.«

»Ja es ist wahr, er ist nicht dein Vater.«

Ich war sehr glücklich und sagte es ihr. Beide waren wir sehr erleichtert und umarmten uns glücklich.

Ich war plötzlich ich selbst, nicht mehr die, die ich zuvor gewesen war, die Kontrolle entglitt mir. Im Bruchteil einer Sekunde entwichen all die Gefühle von Undankbarkeit meinem Papa gegenüber, die ich 62 Jahre in mir verborgen hatte. Das Bild einer Champagnerflasche, die beim Öffnen »explodiert«, drängte sich mir auf. Es war wie ein Freudenfest, in meinem Kopf drehte sich alles, aber diesmal in die richtige Richtung. Es war keine Einbildung, nichts Imaginäres, mein Körper, mein Verbündeter, wusste es schon immer. 2001 hatte meine Osteopathin nach meinem Bandscheibenvorfall zu mir gesagt: »Sie sind auf der Suche nach Ihrem Vater!« Ich widersprach, aber sie sagte nur: »Ich spüre bei Ihnen jedenfalls ein fehlendes ›Kettenglied‹.« Da redete ich mir alles von der Seele. Sie war sehr erstaunt, verstand mich, zweifelte nicht an meinen Aussagen und sagte nur: »Na so was / Ça alors!«

In dem Augenblick, als Mama mir sagte, dass Papa nicht mein Vater ist, hatte ich das Gefühl, dass er meinen Bauch frei gemacht hat und dann einen guten Platz als Adoptivvater eingenommen rechts in meinem Bauch. Mein biologischer Vater, den ich nicht kenne, ist links in meinen Bauch eingezogen. So empfand ich meinen Körper nicht mehr horizontal zweigeteilt, sondern er teilte sich jetzt in zwei senkrechte Hälften auf.

Ich fragte meine Mutter: »Wenn ich dich nicht gefragt hätte, hättest du es mir gesagt?« »Nein.«

»Hast du meinen Vater geliebt?« Sie legte beide Hände auf ihr Herz und beteuerte: »Oh, ja! Ich liebte ihn! Es war für uns beide Liebe auf den ersten Blick.«

»Ich dachte immer, ich wäre eine Last für dich! War ich zu viel für dich?« »Oh, nein, du warst nie eine Last oder zu viel für mich!«

»Bis heute hatte ich aber genau diesen Eindruck!«

Ich erzählte Mama nach unserem Gespräch, dass eine Freundin, als ich 16 war, zu mir gesagt hatte: »Du bist nicht wie deine Schwestern! Du bist die Tochter eines Arztes!« Ich habe ihr nicht geantwortet, aber ich war doch erstaunt und tief berührt, dass sie diesen fundamentalen Punkt bei mir angesprochen hatte.

Am 26. Februar 2007 fragte ich meine Mutter, ob meine Großmutter, mein Onkel und meine Tante Bescheid wüssten, dass Papa nicht mein Vater war. »Und dein Lebensgefährte, der Vater meiner Halbschwestern, wusste er es auch?«

»Aber natürlich! Er ist es ja!«

»Er ist es nicht. Er hatte nie eine väterliche Geste für mich. Er war wie ein Kumpel, ein Freund. Papa hatte diese väterliche Art, er aber nicht!«

»Trotzdem ist er es!«

»Oh, nein! Ich würde es spüren!«

Alle, meine Familie, alle Brüder und Schwestern, das ganze Dorf haben immer gewusst, dass mein Papa nicht mein Vater war, nur ich, ich wusste es nicht. Sogar Papa wusste, dass ich nicht seine Tochter war, trotzdem hat er mir seinen Namen gegeben. Nach dieser Offenbarung musste ich keinen Kampf mehr gegen ihn führen, alles war zurechtgerückt. Ich wusste, was er für mich war und was es bedeutet hatte, mich anzuerkennen. Als ich 2007 im Landesarchiv Berlin nach Spuren meines biologischen Vaters suchte, entdeckte ich, dass mein Adoptivvater als Schlepper verraten wurde und zwischen 1941 und 1942 zwei Monate im Gefängnis war. Er hatte Leute aus dem besetzten Teil Frankreichs über die Demarkationslinie in den freien Teil des Landes gebracht.

Die Wahrheit kam nur schrittweise ans Licht:

Am 9. März 2007, am Geburtstag einer Freundin, bat ich den Lebensgefährten meiner Mutter, mich mit Mama allein zu lassen, denn ich hätte vertrauliche Dinge mit ihr zu besprechen. Er wurde richtig zornig und meinte, dass er hier wohl nicht mehr zu Hause sei und dass er sehr genau wüsste, um was es geht. Ich dachte: »Wenn Blicke töten könnten«, und antwortete ihm: »Wenn du es weißt, dann ist deine Anwesenheit hier ohnehin nicht nötig.«

»Mama, am Telefon klang deine Stimme sehr heiser, als ich dir sagte, dass ich kommen werde, um die Katze aus dem Sack zu lassen. Jetzt bin ich da! Ich muss nicht mehr beschützt werden! Und du hast nichts zu befürchten! Ich glaube, das Motto eurer Geschichte war: ›Macht Liebe und nicht Krieg!‹«

»Ja, so war es!«

»Es war also ein deutscher Soldat!«

»Ja, so ist es.«

Ich war sehr glücklich, wir waren es beide. Für sie war es eine Befreiung und für mich eine große Erleichterung. Ich hüpfte wie ein Zicklein durch das Zimmer und fühlte mich unendlich glücklich und frei. Ich musste 62 Jahre alt werden, um zu erfahren, wer mein Vater war! Ich wollte vieles über ihn wissen, und meine Mutter beantwortete gerne all meine Fragen. Wir umarmten uns, waren glücklich, ich bedankte mich noch einmal und sagte ihr, wie stolz ich auf sie wäre. Endlich konnte ich sie berühren und streicheln, was ich zuvor nie geschafft oder gewagt habe. Sie sagte mir: »Niemand hat je deinen Vater Otto ersetzt, ich liebe ihn noch immer.« Ich war selig, die Wahrheit zu kennen. Die Gefühle von Anormalität, die mich verfolgten, waren blitzartig verschwunden.

Einige Tage später hatte ich einen seltsamen Traum: Die Scheune, in der ich wohnte, war hellblau, mit kleinen erhabenen, blauen Mustern tapeziert. Es war wunderschön. Daneben zwei Ateliers, mit vielen kleinen Bettchen, die dicht beieinander standen, was mich an die Betten der Kinder beim Menschenfresser im Märchen »Der kleine Däumling« erinnerte.

Einige Tage später hatte ich einen Tagtraum. Meine linke Seite nahm von Kopf bis Fuß dieselben Farben der Scheune an. Das dauerte gute zehn Minuten, danach kam mein Vater Otto und legte sich der Länge nach zu mir, bettete seinen Kopf auf meine Brust und ich war ganz erfüllt von ihm. Niemals hatte ich mir vorgestellt, etwas Derartiges empfinden zu können. Ganz wie damals bei seinem Erscheinen im Hof. Ich verspürte das Glück, meinen Vater bei mir zu haben. Von diesen Empfindungen erzählte ich Mama, die zustimmend auf ihre unerschütterliche Weise ihr »Ça alors / Na so was« sagte.

Meine Mutter hat mir Folgendes über meinen Vater erzählt: Als er im Juni 1940 in unser Dorf kam, sprach er Mama an, die mit ihrer hochschwangeren Schwester zusammen war, und fragte sie, ob sie von seinen Männern belästigt worden seien. Beide haben dies verneint. Einige Tage später kam er wieder, brachte Bonbons und Mullbinden, damit ihre Schwester daraus Windeln für ihr Baby machen könnte. Ein anderes Mal half er meinem Onkel mit etlichen Litern Benzin. Später fragte er Mama, ob sie die Wäsche einiger deutscher Soldaten waschen würde. Sie willigte ein, denn sie wurde immer mit Respekt behandelt. Er fragte sie auch, ob sie seine Wäsche auch bügeln würde.

Meine Mutter erinnerte sich nur noch an seinen Vornamen: Otto. Sie war 28 Jahre alt, und er sei zwischen 32 und 35 Jahre alt gewesen. Er wohnte nur zwei Häuser weiter. Er trug eine Schirmmütze und an seiner Uniform war eine Achselschnur und zwei kleine Spangen waren am unteren linken Ärmel aufgenäht. War dies das Zeichen des Deutschen Roten Kreuzes? Er stammte aus Norddeutschland und sprach perfekt Französisch. Im zivilen Leben sei er Professor gewesen und hätte im medizinischen oder auch in einem anderen Bereich unterrichtet. Er war groß, blondgelockt, rauchte Zigarre, hatte viel Humor, lachte gern und machte viele Späße. Wenn er mit meiner Mutter ausging, war er immer in Zivil. Um die Diskretion zu wahren, trafen sie sich nie in Méry-sur-Cher, sondern gingen in Vierzon, Bourges oder Orléans aus. Ob er den ganzen Krieg über in unserem Ort war, weiß ich nicht, auch nicht, ob er manchmal für längere Zeit abwesend war.

Meine Halbschwestern belauschten alle unsere Unterhaltungen. Sie beschimpften mich, ich hätte die Familie entehrt und in den Dreck gezogen. Sie behaupteten, wir hätten denselben Vater, nämlich R., den Lebensgefährten meiner Mutter. Schämen sollte ich mich! Aber mein leiblicher Vater hat meine Mutter glücklich gemacht, warum sollte ich mich schämen?

gung für ihn, eher Angst, obwohl ich mich nicht über ihn beklagen konnte, hatte er mich doch niemals spüren lassen, dass ich nicht sein Sohn bin.

Ich wagte es nicht, meiner Mutter Fragen zu stellen, ich war dazu nicht imstande. Mein Schweigen beendete rasch die seltenen Gelegenheiten, bei denen sie über dieses Thema sprach. Somit wusste ich nicht mehr als das, was sie mir in der ersten Zeit erzählt hatte. Außerdem war ich ihren Aussagen gegenüber skeptisch, da ich ihre Neigung kannte, Fantasie und Wünsche in wahre Begebenheiten umzuwandeln. Besonders die Geschichte ihrer ersten Begegnung, als er sich in einer Bahnhofshalle angeblich auf sie gestürzt und sie auf den Mund geküsst habe, ließ mich zweifeln. Viel später habe ich mein Verhalten bereut und verstehe es immer noch nicht ganz. Sein Bild hat mich immer begleitet, und ich dachte manchmal, dass er vielleicht doch nicht tot sei und der Krieg für ihn ein willkommener Vorwand gewesen sein könnte, diese Liaison zu beenden, zumal er in Österreich verheiratet war. Man kann auch verstehen, dass man damals unter den extremen Lebensbedingungen, ohne zu wissen, was der nächste Tag bringt, bereit war, eine Liebe zu leben, die vielleicht keine Zukunft hat. Sollte ich versuchen ihn zu finden? Ich verfolgte diese Idee nicht. Während meiner Kindheit und Jugend gab es noch kein Internet. Wie hätte ich irgendwelche Recherchen vornehmen können? Und überhaupt, wozu das alles? Mein Vater war tot, hatte vielleicht keine Geschwister und hatte wahrscheinlich keine anderen Kinder. Österreich war weit weg und mir erschien der kleine Weiler, 30 Kilometer von Paris entfernt, wo wir wohnten, wie das Ende der Welt.

Die Fotos, die ich von ihm bekam, zeigten ihn immer von hinten oder von der Seite auf einer Hand oder zwei Händen stehend. Das einzige Bild, das ihn von vorn zeigte, ist eines mit meiner Mutter, beide im Badeanzug. Er trainierte täglich, und wenn Mama ihn besuchte, wurde sie in sein Training einbezogen. Sie war sehr sportlich und machte damals akrobatischen Tanz.

Erst viel später verstand ich, dass ich kein Einzelfall war. Ich hatte

Hervés Eltern, 1943

das Glück, nicht als Sohn eines Deutschen, als »fils de boche«, betrachtet zu werden. Nach dem Krieg wurde meine Mutter eine Weile von ihren Schwestern versteckt, und ich bin Mama sehr dankbar, dass sie selbst es war, die mich über meine Herkunft aufklärte. Weder meine Oma noch meine Tanten haben jemals mit mir darüber gesprochen. Die Geschwister meines Stiefvaters ebenso nicht, und keiner von dieser Seite der Familie hat mich je ausgegrenzt.

Natürlich habe ich dem unbekannten Vater, diesem Akrobaten, alle möglichen Qualitäten zugeschrieben. Ich wollte ihm nacheifern und habe sogar mit 18 Jahren mit Akrobatik angefangen, gab es dann aber wieder auf, weil es zu spät war. Es fehlte mir der nötige Wille, und ich muss zugeben, dass ich nicht sehr sportlich bin. Dazu kam, dass ich das Gymnasium verließ und eine Arbeit bei der CEA (Aufsichtsbehörde für Atomenergie), nur drei Kilometer von meinen Eltern entfernt, annahm.

Mein Leben nahm seinen Lauf und ich habe es ganz gut getroffen. Mein besonderer Dank gilt meiner Frau, die mich immer unterstützt und ermutigt hat, was auch immer geschah. Wir hatten das Glück, drei Kinder zu bekommen. Unsere Kinder führen mit ihren Familien ein ordentliches Leben und schenkten uns sechs Enkelkinder.

Es dauerte bis zu meinem 66. Lebensjahr, bis ich die Suche aufnahm. Nicht ich selbst habe mich zunächst damit befasst, es lag doch alles so weit zurück und ich glaubte nicht, etwas erreichen zu können. Wie sollte man die Spur eines Mannes finden, der in Österreich zwischen 1906 und 1908 geboren worden war mit einem ungenauen Namen: Von der Ben – so hatte ich ihn verstanden.

Es war meine Schwiegertochter, die Frau meines ältesten Sohnes, die mich motiviert hat. Meine Schwester hatte nach dem Tod unserer Mutter circa 60 Briefe gefunden, die von einem Michael zwischen 1943 und 1944 an sie geschrieben wurden. Sie waren seit vier Jahren in meinem Besitz, aber ich hatte sie aus Scham oder Respekt nie angesehen. Jedoch waren sie die einzige Möglichkeit, etwas mehr über meinen Vater zu erfahren. Meine Schwiegertochter ermutigte mich, sie endlich zu lesen.

Was ich daraus erfuhr, war ziemlich wenig. Kein Name, nur die Unterschrift »Michael«, handgeschrieben in gotisch-deutscher Schrift. Er traf sich mit meiner Mutter am Schloss »Château des Vieilles« in Beaumont-le-Roger in der Normandie, wo es ein deutsches Militärfluggelände gab. Eine Französin, die als Verwaltungsangestellte dort arbeitete, diente ihnen als Vermittlerin und half Michael, seine ersten französischen Briefe zu schreiben. Da diese Briefe, die zwischen 1943 und 1944 geschrieben wurden, von verschiedenen Städten (Rouen, Elbeuf, Mars en Bareuil etc.) verschickt wurden, schlussfolgerte ich, auch aufgrund der Angaben meiner Schwester, dass er vielleicht Fahrer für die Offiziere war. Somit war ich reif für die Recherche, aber wo anfangen?

Zuerst machte ich mich an die deutsche Sprache. Ich hatte sie im Gymnasium gelernt, aber die Lernmethoden der damaligen Zeit vernachlässigten die Konversation sehr. Sich mit 66 Jahren damit zu beschäftigen, ohne die Sprache jemals angewendet zu haben, war ein schwieriges Unterfangen. Aber es erschien mir damals unerlässlich, zumal ich von der Existenz eines Vereins, der mir helfen könnte, noch nichts wusste.

Die Frage, die sich als erste stellte, war: Wie gehe ich vor?

Zuerst zog ich eine Bilanz der Fakten, und stellte diejenigen, die ich sicher wusste, in den Vordergrund. Die anderen Dinge, die ich vermutete, sollten mit entsprechenden Abstrichen später überprüft werden.

Sicher wusste ich: den Vornamen Michael, die Tätigkeit als Akrobat mit den Balanceakten auf den Kaminen, seinen Standort, Beaumont-le-Roger, die österreichische Staatsangehörigkeit. Sein Geburtsort war sehr wahrscheinlich Graz, und da er zwischen 1943 und 1944 36 Jahre alt war, so musste sein Geburtsjahr zwischen 1906 und 1908 liegen, und er wäre im Mai 1944 verstorben. Ich werde den Namen »von der Ben« nicht angeben, beschloss ich. Er schien mir nicht »österreichisch« zu sein. Übrigens befand sich in dem Bündel von Briefen eine Postkarte, die in Orange abgeschickt wurde, ohne Text, aber in der rechten Ecke die Buchstaben MF. Sehr wahrscheinlich war es die Handschrift meiner Mutter und ich schloss daraus, dass der Name eher Fonderben, oder ähnlich, sein könnte. Ich würde anfangs auch darauf verzichten, den mutmaßlichen Lauf auf den Händen von Graz nach Wien zu erwähnen. Hatte er es wirklich getan oder war es geprahlt? Ich weiß ja nichts über ihn und seinen Charakter.

Ich begann mit meinen Recherchen im Dezember 2009, zwischen Weihnachten und Neujahr: Ich schrieb zunächst an die Österreichische Botschaft in Paris und erkundigte mich, an wen ich mich in Graz wenden könnte. In den Schreiben meines Vaters erschien oft der Name der Vermittlerin, Madame L. Ich suchte in Beaumont-le-Roger einer Frau mit diesem Namen und habe ihr geschrieben. Eine Dame rief mich schon wenige Tage später an. Sie war nicht die gesuchte Person, auch war sie nicht von der gesuchten Familie, aber sie kannte diesen Zeitabschnitt, denn sie war 80 Jahre alt. Sie fand mein Bemühen rührend und ermutigte mich weiterzusuchen. So kann man auch durch eine erfolglose Aktion Aufmunterung erfahren.

Warum sich nicht an das Rathaus in Beaumont-le-Roger wenden? Vielleicht existierten noch Archive aus dieser Zeit. Ich schrieb im Januar 2010 dorthin. Ich erwartete keine Antwort mehr, als mich im Februar die Sekretärin des Bürgermeisters von Beaumont-le-Roger anrief. Sie hatte nach längerer Abwesenheit erst jetzt Zeit gefunden, meinen Brief zu lesen, und erzählte mir gleich vom Verein Cœurs sans Frontières / Herzen ohne Grenzen. Sie gab mir auch die Kontaktdaten des für ihre Region Verantwortlichen, Michel Blanc, und hat ihn gleichzeitig über meine Suche informiert. Mein Anruf bei ihm wurde herzlichst aufgenommen; der Kontakt war hergestellt. Erst zu diesem Zeitpunkt wurde mir klar, wie viele »Töchter und Söhne der Deutschen« (»filles et fils de boches«) wir waren, und ich beschloss, diesem Verein beizutreten – was übrigens nie verlangt wurde –, obwohl ein Blick auf die Website meine Hoffnung, den Namen meines Vaters zu finden, nicht bestärkt hat. Ich war der 276. auf der Liste der Suchenden und ich hatte wenig verlässliche Angaben! Jedoch fühlte ich mich nicht mehr alleine, weil mir Michel bei jedem Kontakt Mut machte.

Gleichzeitig mit der Antwort von Beaumont-le-Roger meldete sich die Österreichische Botschaft mit der Adresse des Standesamtes und der Archive in Graz. Jetzt hatte ich jede Menge Beschäftigung, da ich mich nicht nur auf die Hilfe des Vereins verlassen wollte. Es folgte eine lange Zeit, in der sich erfolglose Bemühungen aneinanderreihten. Ich musste Briefe in deutscher Sprache schreiben, bei denen mir zwei Freundinnen halfen. Ich schickte sie an verschiedene Verwaltungen, doch die Antworten blieben aus. Eine Kirchengemeinde in Graz schrieb mir, dass die Aufgabe, alle Michaels zu finden, die zwischen 1906 und 1908 geboren wurden, unüberschaubar sei. Aber sie übermittelten mir die Adressen Grazer Zeitungen. Die könnte ich bitten, einen Artikel über meine Suche zu veröffentlichen. Die *Kleine Zeitung* aus Graz veröffentlichte im Februar 2012 einen Artikel, ohne Ergebnis.

Gleichzeitig habe ich die Webseite des Volksbundes durchforscht, wo alle Namen, Geburts- und Todesdaten sowie die Bestattungsorte der deutschen und österreichischen Soldaten der Kriege von 1870, 1914 und 1939 aufgelistet sind. Ich war mir wegen des Namens nicht sicher und so fing ich bei AAA, AAB an, wegen der unsicheren Anfangsbuchstaben des Namens F oder V. Ich schrieb nicht nur alle Michaels auf, sondern auch alle, die zwischen 1906 und 1908 geboren wurden und 1944, noch vor meiner Geburt (November) verstorben sind. Es war eine Sisyphusarbeit. Die Lektüre der leidenschaftlichen Briefe meines Vaters haben mich von seiner glühenden Liebe überzeugt. Er konnte meine Mutter nicht einfach verlassen haben!

Ich konnte feststellen, dass Michael nicht der häufigste deutsche Vorname war, im Vergleich zu Hans, Kurt, Karl. Michael war eher gebräuchlich bei den Soldaten des 1870er Krieges. Das Argument des Pfarrers der Kirchengemeinde in Graz, dass es unmöglich sei, meinen Vater zu finden, deutete vielmehr darauf hin, dass ihm der Aufwand zu groß war. Erschwerend kam hinzu, dass meine Mutter mich auf eine falsche Fährte brachte bezüglich des Geburtsortes. Sie hatte gesagt, es könnte auch Linz gewesen sein. Ich schrieb also auch Linz und Lienz an und bekam eine Liste aller Michaels, die dort geboren wurden; es waren nicht sehr viele.

Ich konzentrierte mich dann vorrangig auf die Stadt Graz, als ich in einem Schreiben aus dem Fronturlaub aus Graz im März 1944 las, dass er seine »Geburtsstadt« wegen Bombardierungen nur sehr schlecht habe erreichen können.

Mit meiner Suche in Frankreich kam ich nicht weiter, obwohl in einer Zeitung der Normandie ein Artikel erschien. Auch die Nachfrage beim Zirkus »Cirque d'hiver«, wo er angeblich während des Krieges als Trapezkünstler aufgetreten war, sowie bei der Zirkusschule »École du Cirque« war ohne Erfolg. Ich schrieb an die Deutsche Dienststelle WASt in Berlin, wo die Militärakten der Soldaten der deutschen Armee archiviert sind. Aber ohne den richtigen Namen lässt sich keine Auskunft bekommen.

Neben der Website des Volksbundes suchte ich auch auf einer genealogischen Seite, indem ich die Michaels suchte, die in Graz nach Mai 1944 beigesetzt wurden. Nichts! Was tun, wenn man weit weg ist, die Sprache nicht wirklich beherrscht und die Briefe spärlich beantwortet werden!

CSF/HOG bemühte sich weiter, und besonders ein neues Mitglied, Marlène aus München, die ihren französischen Vater suchte. Es gibt nicht nur die Töchter und Söhne der Deutschen in unserem Verein, sondern auch die Kinder der Franzosen, Russen, Engländer … von Kriegsgefangenen oder der Besatzung der Nachkriegszeit. Marlène begleitete häufig ihren Mann nach Graz. Sie nutzte ihre freie Zeit dort und ging zu sämtlichen Ämtern und Archiven, überall dorthin, wo sie eine Chance sah, an Informationen zu kommen. Sie war sehr hartnäckig und nach einiger Zeit bekannt wie ein bunter Hund. Alle Archive, die ich angeschrieben hatte, hatten meine Briefe aufbewahrt und abgelegt, ohne sich weiter darum zu kümmern.

Es ging nichts voran, alle Spuren schienen ausgeschöpft, bis Marlène eines Tages mit dem Historiker des Grazer Stadtmuseums, Dr. Schwarz, Kontakt aufnahm und ihn um ein Treffen bat. Sie erzählte ihm meine Geschichte, und er rief schon wenige Minuten später zurück. Sie ging sofort zu ihm und sah auf seinem Computer das Bild eines jungen Mannes, auf seinen Händen balancierend, der am 17. Juni 1933 in Wien angekommen war. Er hatte die Strecke von 250 Kilometern von Graz nach Wien auf den Händen bewältigt. Dr. Schwarz hatte lediglich bei Google »Von Graz nach Wien auf den Händen« eingegeben. Das Foto erschien auf der Webseite einer Wiener Zeitung. Marlène hat mich sofort angerufen, ich konnte dieses Foto sehen und erhalten.

Dies war am 29. März 2012.

Damit war es aber wieder nicht getan, denn auf dem Foto sah man ihn nur von hinten und es war kein Name angegeben. Neben ihm auf dem Foto standen zwei Frauen und ein Mann.

Dr. Schwarz fand bei seinen Recherchen den Platz in einem Stadtviertel von Graz, das heute so nicht mehr existiert, auf dem der Marsch startete. Sogar den Künstlernamen meines Vaters hatte er herausgefunden: »Marathon-Mann«.

Konnte das wirklich mein Vater sein? Meine Frau und ich vergli-

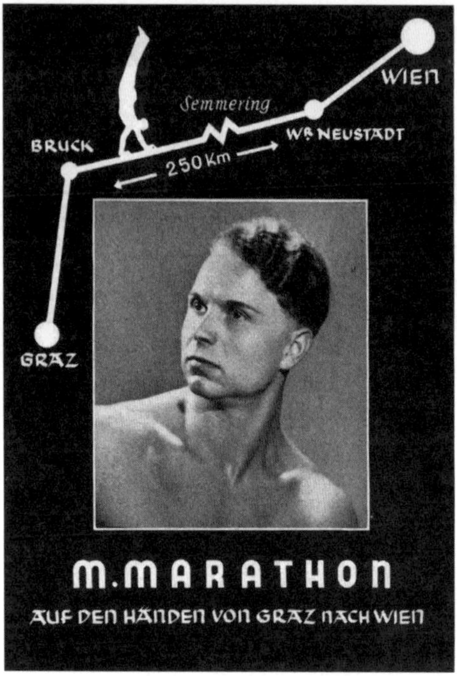

Werbekarte für Michael Verderbers Lauf von Graz nach Wien, 1933

chen die Morphologie dieses Mannes mit einem Foto von ihm in derselben Position und derselben Größe.

Wir verbrachten Stunden damit, die Proportionen, die Stellung der Füße zu messen. Die Gewissheit drängte sich mehr und mehr auf.

Mit dem Bild aus dem Internet und den Informationen gingen Dr. Schwarz und Marlène zur Redaktion der *Kleinen Zeitung* und baten, erneut einen Artikel zu veröffentlichen. Ich bedankte mich für ihre Überzeugungskraft, denn der neue Artikel erschien am 8. April 2012 mit dem gefundenen Bild.

Am 16. April berichtete mir die Zeitung, dass sich eine Grazer Familie gemeldet hatte, die den Mann und die beiden Frauen erkannt hatte und die versuchte, mich zu erreichen. Am Ende der E-Mail war der Name dieser Familie angegeben, aber vor Aufregung hatte ich das zunächst übersehen, weil mir die E-Mail-Adresse etwas sonderbar vorkam. Ich habe dann doch den Anhang zur Mail der Zeitung entdeckt und habe den Namen meines Erzeugers erfahren: Michael Verderber, phonetisch recht nah an Fonderben.

Ein Freund der Familie meines Vaters hatte den Artikel gelesen, er kannte die Heldentaten meines Vaters und hat sofort seinem Freund Herbert Bescheid gesagt. Und dieser Herbert erkannte auf dem Foto die beiden Begleiterinnen meines Vaters. Es waren die Ehefrau meines Vaters, Berta, und seine Schwester Antonia, die mit über 90 Jahren noch lebte – sie war Herberts Tante! Er hat ihr das Foto gezeigt und sie erkannte sich selbst auf dem Bild wieder! Herberts Cousine Judith, die Tochter von Antonia, hat mit mir per Mail Kontakt aufgenommen. So erfuhr ich endlich den richtigen Namen meines Vaters:

Michael Verderber, geboren in Graz am 10. September 1908 – verstorben am 5. September 2008, fünf Tage vor seinem 100. Geburtstag.

Das war noch nicht das Ende meiner Überraschungen: Cousine Judith hat mir sogleich einen Stammbaum geschickt, auf dem ich sehen konnte, dass mein Vater das zweite Kind einer Familie mit sieben Kindern war, drei Söhnen und vier Töchtern, wovon zwei noch lebten: Antonia, Judiths Mutter, und Johanna, 80 Jahre alt, die Mutter von Herbert. Ich hatte auch eine Schwester, Berta-Michaela, aber wann wurde sie geboren? Vor oder nach mir? Judith hatte mir ihr Geburtsdatum nicht mitgeteilt. In der Mail vom folgenden Tag erfuhr ich, dass Michaela am 6. Dezember 1944 geboren wurde, 19 Tage nach mir. Ich bekam ihre E-Mail-Adresse, die Postanschrift war nicht bekannt. Sie lebt seit 1972 in Namibia.

Später erfuhr ich, dass Michaela von einer Freundin aus Graz informiert wurde und sehr überrascht war, zu erfahren, dass sie einen französischen Bruder hat. Sie hatte einige Jahre zuvor nach einem deutschen Bruder gesucht, der ein oder zwei Jahre vor uns geboren worden sein sollte, zu einer Zeit, als unser Vater in Ludwigsburg in einer Garnison stationiert war. Jetzt kannte ich nicht nur den Namen meines Vaters, sondern auch seine Eskapaden, was uns, meine Frau, unsere Kinder und auch mich sehr amüsierte. Das Bild des »Helden« war schnell zerronnen.

Ich hatte endlich meine Wurzeln gefunden bei einer Familie, die

»Akrobat Michael Verderber (Künstlername Michael Marathon) läuft auf Händen von Graz nach Wien.« Dieses Foto vom 17. Juni 1933 war für Hervé der Schlüssel zu seiner Vatersuche.

mich mit offenen Armen empfing. In Wien traf ich auch die letzte Lebensgefährtin meines Vaters, 30 Jahre jünger als er, mit der er fast 50 Jahre in Wien zusammengelebt hatte, ohne ihr je etwas über mich erzählt zu haben. Ich machte mir Sorgen über die Reaktion meiner Schwester, aber sie war mehr als erfreut, von meiner Existenz erfahren zu haben. Wir machten einen DNA-Test, weil mein Cousin Remi – der Sohn des älteren Bruders meines Vaters namens Emmerich –, aufgeschreckt durch mein Hinzukommen, auch etwas überprüfen wollte, was ihn betraf. War nicht auch er ein Sohn Michaels? Auslöser für seine Verunsicherung war eine arglose Bemerkung von mir, als ich auf einem Foto seine große Ähnlichkeit mit meinem Vater bemerkte. Er sah sich seine Geburtsurkunde noch einmal genauer an und entdeckte den eingetragenen Namen seines Vaters: Michael Verderber. Jedoch war vier Jahre später der Vorname durchgestrichen und durch Emmerich ersetzt worden, als dieser ältere Bruder von Michael Remis Mutter heiratete! Der DNA-Test zwischen Michaela, Remi und mir ergab eine enge Verwandtschaft mit Michaela, aber nicht unbedingt mit Remi. Weil die beiden möglichen Väter Brüder waren, konnte man nur feststellen, dass wir von der gleichen männlichen Linie stammen, und dass Remi und ich denselben Großvater väterlicherseits haben. Die Geschichte der Familie lässt aber vermuten, dass Remi und ich tatsächlich Brüder sind, denn vor der Hochzeit seiner Eltern hat Michael sehr oft Remis Mutter besucht, häufiger als den Rest der Familie ... Er habe sich auch Remi gegenüber mehr wie ein Vater als wie ein Onkel benommen.

Zwischen uns ist eine Verbindung entstanden, wir haben uns schon gegenseitig besucht und werden das weiterhin tun. Ich entdeckte einen Vater mit einem unerwarteten Verhalten, aber ich hege keinen Groll gegen ihn. Schlussendlich denke ich, dass meine Mutter kein besseres Leben mit ihm geführt hätte als mit meinem Stiefvater, für den ich leider erst posthum Zuneigung empfinde, obwohl meine Brüder, meine Schwester und ich in unserer Kindheit viel erdulden mussten. Wir litten unter der familiären Atmosphäre, da es oft Streit zwischen den Eltern gab, manchmal auch Schläge.

Was mich tröstet, ist letztlich, dass ich aus einer Liebesgeschichte entstanden bin, denn meine Mutter war sehr verliebt in meinen Vater bis zum Ende ihrer Tage und ich bin sicher, trotz seiner Eskapaden hätte er nie einer Frau Gewalt angetan.

Glaubte meine Mutter wirklich, dass er noch vor meiner Geburt verstarb, oder hat sie sich vergewissert? Und der Freund meines Vaters, der ihr die Nachricht von seinem Tod und seine Uhr überbrachte, hat auch er geglaubt, dass mein Vater tot sei? Oder war er der Komplize eines niederträchtigen Manövers? Ich werde es nie wissen.

Wie auch immer, das Wichtigste weiß ich.

»Das einzige Band, das uns verbindet.«

Françoise

Mein Vorname ist Françoise, ich kam am 23. Oktober 1941 in einem kleinen Dorf bei Beauvais im Département Oise im Norden Frankreichs zur Welt. Wie bei Tausenden anderen Kindern, die während des Zweiten Weltkrieges in Frankreich geboren wurden, war mein Vater ein deutscher Soldat.

Meine Geschichte gleicht der Geschichte anderer Kriegskinder in dieser Zeit. Sie ist geprägt von Gefühlen der Zurückweisung und von aufgezwungenem Verhalten. Und es ist eine Geschichte über eine plötzliche Aufklärung.

Es lässt sich schwer damit leben.

An die ersten Jahre meiner Kindheit kann ich mich nicht wirklich erinnern, mit Ausnahme eines Ereignisses, als ich vier oder fünf Jahre alt war:

Ich komme in ein mir unbekanntes Haus. Ich habe Angst, denn ich sitze auf den Schultern eines großen Mannes und klammere mich an seinem Gesicht fest, und sein Bart pikst mich. Seine Hände, die mich auf den Boden setzen, sind rau und schmutzig. Vor mir steht eine schwarz gekleidete Frau, die ich nicht kenne. Eigentlich kenne ich keine der anwesenden Personen.

Heute weiß ich, dass der bärtige Mann mit seinen rauen Händen der war, den ich »Papa« nennen werde, die düstere Frau war meine Großmutter. Meine Mutter war auch da sowie mein Großvater und mein Bruder, der J.C. hieß. In diesem Haus im Dorf La Chapelle-aux-Pots verbrachte ich etwa sieben Jahre, zusammen mit meinen Großeltern und meinem Bruder, der zwei Jahre älter war als ich. Er war sehr lebhaft und machte heimlich viel Unfug, lauter Dinge, die mir verboten waren. Ich ging noch nicht zur Schule, durfte aber auch nicht mit J.C. zum Bauernhof gehen, um Milch zu holen. Ich

Françoise mit ihrer Mutter und ihrem Bruder J. C., 1942

spielte mit Schnecken und einem Springseil, das mein Großvater für meine Größe zugeschnitten hatte. Meine Mutter Paulette zeigte mir, wie man damit hüpft. O ja, sie besuchte uns, wenn auch sehr selten. Sie kam und fuhr mit einem Omnibus wieder ab. J. C. durfte sie an der Bushaltestelle abholen und begleitete sie auch wieder zurück zur Haltestelle. Ich sah sie weggehen, stand an der Grundstücksgrenze und winkte ihr nach.

Mein Bruder hatte Freunde, er spielte auf der Straße oder in den Obstwiesen. Er badete im Bach, kletterte auf Bäume und pflückte Kirschen. Was mich betrifft, so hatte ich ein trauriges, monotones Leben. Meine Großmutter fühlte sich durch mich gestört, besonders wenn ich wegen J. C.s Sticheleien jammerte. Sie wurde dann richtig wütend und sagte: »Wer hat mir diesen Balg nur aufgehalst.« Sie sagte noch andere gehässige Worte, deren Sinn ich nicht richtig verstand. Ich sprach wenig mit ihr und oft war mein Hals wie zugeschnürt. Großvater dagegen war liebevoll, er schimpfte nicht mit mir und brachte mir mit seiner Zeitung das Lesen bei. Mit ihm durfte ich die Eier aus dem Hühnerstall holen und er spielte Domino mit mir.

Eines Tages stritten sich Mama und Großmutter und an diesem Abend durfte ich Mama zum ersten Mal zum Bus begleiten. Aber ich fühlte mich nicht gut dabei, denn Großvater setzte mich in seinen Anhänger und deckte mich zu. Ich bedauerte, diesen »Ausflug« machen zu dürfen, war traurig, dass Mama ging, und schämte mich, dass ich mich unter der Decke verstecken musste.

Einige Zeit später musste ich zur Schule und das hat mein Leben auf den Kopf gestellt. Ich durfte raus, sah Leute, die mir zulächelten und meinen Gruß erwiderten. In der Schule hatte ich gute Noten, und in der Pause spielte ich mit vielen Freundinnen. Ich lachte viel, war fröhlich und summte auf dem Schulweg die Lieder, die mir die anderen Mädchen beigebracht hatten.

Zu Hause erledigte ich mit Eifer meine Hausaufgaben. Mir fiel auf, dass Großmutter sich jetzt viel Mühe mit mir gab, und ich dachte: »Warum nicht, sie hatte neun Kinder und davon waren acht Mädchen!« Wenn Mama kam, wollte ich ihr meine Hausaufgaben zeigen, aber sie interessierte sich nur für die von J. C. Der Ärmste musste dann Aufgaben und Diktate noch einmal machen, weil Mama nicht zufrieden war. Oft half ich ihm heimlich.

Ich war elf und mein Bruder 13 Jahre alt, als unsere Eltern uns zu sich holten, sie wohnten auch im Département Oise, in Bulles, östlich von Beauvais. Für mich war es das Paradies, und für meinen Bruder gab es viele Sonderrechte. Nur an diesen »Papa«, der sehr schlecht sprach, konnte ich mich nicht gewöhnen. Er war Pole, war aber schon 1926 mit seiner Familie nach Frankreich gekommen. 1940 schloss sich Jean, so sein Name, der sogenannten polnischen Heimatarmee[1] an, die mit den Franzosen gegen die deutsche Invasion kämpfte. Er wurde sehr bald gefangengenommen und als Gefangener nach Deutschland gebracht.

Ich bat Papa, mir Polnisch beizubringen, aber da er weder schreiben noch lesen konnte, auch nicht in seiner Muttersprache, war das unmöglich. Er war Landarbeiter, rasierte sich selten und machte oft einen schmutzigen Eindruck. Als ich eine weiterführende Schule besuchte, holte er mich oft ab, weil der Schulweg ziemlich lang war. Wenn er vor der Schule auf mich wartete, versuchte ich so zu tun, als sähe ich ihn nicht, und wir trafen uns immer erst außer Sichtweite des Schultors. Meine Freundinnen waren stolz auf ihre Väter, ich aber schämte mich. Ich liebte es aber, wenn er mir das Tanzen beibrachte. Er sagte dann: »Na komm, kleine Maus, wir tanzen Walzer!« Ich muss also gestehen, dass er immer liebevoll und fair zu mir war. Er machte keinen Unterschied zwischen mir und J. C. Ich sollte mich als seine Tochter fühlen – ich habe es ihm nicht immer leicht gemacht.

Eines Abends, ich war fast zwölf, durfte ich etwas länger aufbleiben und plauderte mit Mama. Plötzlich meinte sie ziemlich unwirsch und mit kühler Miene, ich solle nicht länger auf J. C. eifersüchtig sein. Sie müsste viel mehr für ihn tun als für mich, denn er sei schließlich der Sohn von Papa und ich nur *ihre* Tochter. Rumms! Welch ein Schock. Ich glaube, dass ein breites Lächeln über mein Gesicht huschte, als sie mir sagte, dass mein richtiger Vater ein deutscher Offizier war, ein Ingenieur der Wasser- und Forstwirtschaft. Diese Offenbarung erklärte vieles, was ich nie verstanden hatte, besonders, was das Verhalten meiner Großmutter betraf. Auch meine Einstellung Papa gegenüber verstand ich nun. Ich fühlte mich erleichtert, befreit von den Schuldgefühlen, die ich oft empfand und die mich belasteten.

Allerdings hatte im Laufe der Zeit meine Mutter leider nur noch Augen für ihren Sohn, mich dagegen bedachte sie mit Bemerkungen wie: »Wegen dir …«, oder auch »Ich habe dafür bezahlt, dass ich dich zur Welt brachte« etc. Das tat mir weh und meine Reaktion darauf war, dass bei mir immer öfter der Wunsch aufkam wegzugehen, um meinen richtigen Vater zu suchen. Ausgenommen auf der Tanzfläche, denn dort war ich stolz, mit »Papa« zu tanzen!

Mit noch nicht einmal 18 Jahren, auch gedrängt von meiner Mutter, habe ich geheiratet. Sie sagte mir, dass mein Bruder, als guter Franzose, in den Algerienkrieg ziehen würde und ich als Tochter eines Feindes das Recht hätte, bei ihnen bleiben zu können. Eine sonderbare Aussage, die ich nie nachvollziehen konnte!

Unter diesen Umständen war ich bereit, noch vor J. C.s Aufbruch nach Algerien zu heiraten. Ich pfiff auf ihre Erklärungen. Mein Bräutigam war elf Jahre älter als ich und ich war selig vor Glück. Zu jener Zeit kannte ich bereits die Umstände meiner Geburt und wusste mehr über meine ersten Lebensjahre, an die ich kaum eine eigene Erinnerung hatte. Mein deutscher Vater:

Er hatte mit seiner Gruppe Soldaten einen kleinen Ort in der Nähe von Senlis (Oise) besetzt, wo meine Mutter mit ihrem Baby J. C. lebte. Er hatte den Auftrag, Pläne zu erstellen, um eine Brücke über den Fluss Oise zu bauen. Die Frauen im Dorf arbeiteten auf den Feldern, aber Mama war solch schwere Arbeit nicht gewöhnt. Sie hatte ihren kleinen Sohn von neun bis zehn Monaten bei sich, der oft Fieber hatte und viel weinte. Von diesem Weinen angezogen, kam jener Offizier und bot meiner Mutter Arbeit an. Sie sollte Putz-und Küchenarbeiten für die Soldaten übernehmen. Der kleine J. C. erinnerte ihn an sein Baby in Deutschland, das genauso blond und im selben Alter war. Er war 27 und meine Mutter 23 Jahre alt …

Mama entdeckte ihre Schwangerschaft kurz bevor der schöne Offizier die Oise in Richtung Bretagne verließ. Sie hat sich ihm nicht anvertraut, denn sie empfand ihre Situation ohnehin schon mehr als dramatisch. Sie wandte sich hilfesuchend an ihre Schwester Isabelle und ihren Schwager Marc, der Arzt war. Sie hoffte, bei ihm eine Abtreibung machen zu können. Er weigerte sich, bot ihr aber an, in einem Pariser Krankenhaus anonym zu entbinden. Da Isabelle unfruchtbar war, wollten die beiden Paulettes Kind adoptieren. Somit schien alles bestens geregelt. Bei diesem Plan durfte nichts Unvorhergesehenes geschehen. Doch ich kam zehn Tage vor dem errechneten Datum und meine Mutter war noch in ihrem Dorf und nicht bei ihrer Schwester in Paris. Isabelle wurde per Telegramm benachrichtigt. Sie kam so schnell sie konnte, aber die Nachricht von meiner Geburt hatte im Dorf schon die Runde gemacht. Also war Paulette gezwungen, mich im Rathaus anzumelden, und zwar unter dem Namen ihres Ehemanns Jean.

Mama hatte große Angst vor den bekannten Vergeltungsmaßnahmen, weil sie ein Verhältnis mit einem »Boche« gehabt hatte. Als sie mich nicht mehr stillte, holten mich Isabelle und Marc, meine Pateneltern, zu sich nach Paris. Sie hofften darauf, dass Jean nach seiner Rückkehr aus der Kriegsgefangenschaft einer Adoption zustimmen würde. So hätte ich das legitime Kind meiner Pateneltern werden können.

Gleich nach der Befreiung Frankreichs wurde meine Mutter verhaftet. Man hat sie nicht geschoren, wie viele andere Frauen, die sich mit deutschen Soldaten eingelassen hatten, aber sie wurde zu neun Monaten Gefängnis verurteilt. Sie hatte ihre Strafe noch nicht verbüßt, als Jean aus der deutschen Gefangenschaft zurückkam. Er wurde sogleich mit der Verfehlung seiner Frau konfrontiert, reagierte aber gelassen. Er meinte: »Auch ich habe vielleicht eine Tochter in Deutschland, also wird Françoise meine Tochter.« Ich behaupte, dass dies keine gute Lösung war, denn ich wurde hin- und hergeschoben und schließlich denen entrissen, die mich fast fünf Jahre großgezogen hatten. Es gab viel Drohungen, Geschrei und sogar Handgreiflichkeiten in der Pariser Wohnung meiner Pateneltern, die mich unbedingt adoptieren wollten.

Meine genaueren Erinnerungen an diese chaotische Zeit beginnen mit der eingangs beschriebenen Ankunft bei meiner Großmutter, die mich nicht haben wollte, aber aufnehmen musste, denn Paulette und Jean hatten ihr gedroht, ihr sonst J.C. wegzunehmen, der seit zwei oder drei Jahren bei ihr lebte. So landete ich im bis dahin schön geregelten Leben meines Bruders, dem das nicht gefiel, und ich musste seine kleinen Boshaftigkeiten ertragen. Er zwickte mich, stellte mir ein Bein oder verfolgte mich mit einem Brennnesselzweig. Meine Eltern waren nun mit meinen bisherigen Paten zerstritten. Aber Ninie, wie mein Bruder und ich Isabelle nannten, kam oft für

Françoise und J. C., circa 1945

ein paar Tage zu uns, unter dem Vorwand, ihre Eltern zu besuchen. Sie brachte uns Leckereien und sogar Spielsachen. Ich bekam schöne Kleidchen, die sie selbst genäht, J. C. Pullover, die sie gestrickt hatte. Solange sie bei uns war, konnten wir all die schönen Dinge genießen, aber kaum war sie fort, wurde alles in einem Schrank weggesperrt und mit einem Schlüssel verschlossen. Ich habe es so verstanden, dass Mama nichts davon wissen sollte.

Als ich viel später die Liebe sah, die meine drei Töchter ihrem Vater entgegenbrachten, und erlebte, wie liebevoll mein Mann sich um seine Kinder kümmerte, überkam mich erneut der Wunsch, meinen biologischen Vater kennenzulernen. Ich wusste, dass sein Name Otto war, aber meiner Mutter Fragen zu stellen, um mehr zu erfahren, war für mich unvorstellbar. Ich wollte nicht wieder hören: »Was haben wir alles durchgemacht wegen dir.« Meine Patentante zu fragen, hieß mein Versprechen zu brechen. Denn ich hatte meiner Mutter mein Wort gegeben, mit niemandem darüber zu sprechen. Was konnte meine Patin über Otto wissen? 1983 verstarb mein Papa Jean, der alles dafür getan hatte, dass ich mich als seine Tochter fühlen sollte. Sein Tod war der Impuls, den ich brauchte, mich auf die Suche nach Otto zu machen. Die Suche nach meinem Vater war schwerer als den höchsten Berg zu erklimmen.

Mit etwa 60 Jahren erfuhr ich, dass ich eine genetisch bedingte Krankheit habe. Eines Sonntags, ich besuchte meine Mutter, die mittlerweile 83 Jahre alt war, sprachen wir darüber. Sie griff sich ein Stück Karton, kritzelte etwas darauf und sagte: »Nimm das, du wirst es vielleicht eines Tages brauchen.« Ich erkannte den Namen Otto, stammelte etwas, steckte das Papier in meine Tasche und machte eine unbeteiligte Miene. Zu Hause habe ich immer wieder gelesen, was auf dem Karton geschrieben stand: Otto N., geboren 1913 in Pirmasens. Meine Mutter hatte bestimmt schon oft daran gedacht, mir diese Zeilen aufzuschreiben, aber wann? Vielleicht 1962, als ich ein Baby bekam mit einer nicht identifizierbaren Anomalie? Dieses Kind hat nicht überlebt, aber sie sprach damals von einer unbekannten Erbanlage.

Die neuen Informationen kreisten in meinem Kopf, gut ein halbes Jahr lang, mit all den tiefen Gefühlen, die sie in mir auslösten. Ich kann nicht beschreiben, wie groß mein Bedürfnis war, diesem Mann zu begegnen, ihn zu berühren, anzufassen, seine Stimme zu hören. Mein Mann war vor ein paar Jahren verstorben, ebenso meine Patentante. So entschied ich mich, allein nach Pirmasens zu fahren. Meine Mutter konnte mich nicht begleiten, auch wegen ihres hohen Alters. Ich hatte auch niemals mit ihr über dieses starke Bedürfnis gesprochen, meinen richtigen Vater kennenzulernen.

Ich fuhr nach Pirmasens und ging mit meinem Stückchen Karton zum Rathaus. Meine fehlenden Deutschkenntnisse versuchte ich mit viel Freundlichkeit auszugleichen. Die Damen suchten in verschiedenen Verzeichnissen und gaben mir zu verstehen, dass Otto in Pirmasens geboren worden war. Ich verstand auch, dass er im August 1991 im Krankenhaus in Pirmasens verstorben und in der Stadt beigesetzt worden war. Ich kam zu spät. Es war Ende September

1991. Ich hatte ihn um nur sieben Wochen verfehlt. Ich bedankte mich herzlich bei den Damen im Rathaus und ging. Mein Nacken und meine Arme waren starr. Ich grämte mich, dass ich mich nicht früher auf den Weg gemacht hatte. Wie ein Roboter stieg ich in mein Auto und fuhr zurück nach Frankreich. Immer wieder stellte ich mir vor, wie es gewesen wäre, wenn ich sieben Wochen früher gekommen wäre. Ich wäre den Flur entlanggegangen zu seinem Zimmer und wäre leise eingetreten. Quälende Gedanken – das Wort »ENDE« erschien immer wieder in meinen Kopf.

Ich habe mein weiteres Leben meinen drei Töchtern und meinen sechs Enkeln gewidmet, ich habe versucht zu vergessen und die Zeit verstreichen zu lassen. 2010 sah ich durch Zufall im Fernsehen eine Sendung über Kriegskinder und die Vereine, die diese »Kinder« bei ihrer Identitätssuche unterstützen. Der Vorstand des Vereins von Cœurs sans Frontières / Herzen ohne Grenzen gab mir mit seinem Bericht die Zuversicht und Hoffnung zurück. Mit dem Familiennamen meines Vaters suchte ich im Internet nach dessen Verwandtschaft in Pirmasens. Es gab einige. Chantal Le Quentrec, die Vertreterin des Vereins, zuständig für meine Region, fand zwei Söhne von Otto. Parallel dazu forschte sie nach, ob Otto in der Zeit von 1940 – 1942 wirklich in Frankreich, genauer gesagt in der »Oise« war. Alles bestätigte sich. Ich kann nicht beschreiben, wie es mir erging, als ich Post vom Wehrmachtsarchiv der Deutschen Dienststelle WASt in Berlin bekam, mit der Madame Marie-Cécile Zipperling, die dort für diese Anfragen zuständig ist, mir die Kopie eines Fotos des jungen Soldaten Otto schickte. Ich suchte zwei Fotos von mir, auf denen ich ein sehr ähnliches Profil zeige. Ich fand sie und sah die verblüffende Ähnlichkeit: Nase, Stirn, das Kinn, der Haaransatz und sogar der Schönheitsfleck auf der Wange. Ich murmelte: »JA, das bist du, mein VATER! Du lebst nicht mehr, aber ich sehe dich hier wahrhaftig!«

Ich brauchte viel Mut, dieses Bild meiner Mutter zu zeigen. Sie war 93 Jahre alt – was würde sie dazu sagen? Sie erklärte mir, dass ihr dieses Gesicht nicht vertraut sei, aber auch nicht unbekannt wäre. Sie sagte, dass es sich um einen deutschen Offizier handele und zeigte auf die Tressen. Er heißt Otto, sagte ich, und er ist sehr wahrscheinlich mein Vater. Grob hat sie meine Hand mit dem Bild weggestoßen und wechselte sofort das Thema. Ich wollte nicht darauf bestehen, um sie nicht zu verwirren oder zu verletzen. Ich wollte auch nicht wieder hören: »Ich habe für meinen Fehler genug bezahlen müssen.« Sie sollte ihr Alter in Frieden verbringen.

Meine Brüder wurden mehrmals von verschiedenen Personen kontaktiert, aber immer ohne Erfolg. Alle Telefonate und Briefe brachten dasselbe Ergebnis: Jedwede Hoffnung auf einen Dialog wurde im Keim erstickt, sie wollen keinen Kontakt.

Der Ältere verschließt die Augen vor der Tatsache, dass es mich gibt, und hat sogar einen scharfen, abweisenden Ton angeschlagen. Keine Frage wird beantwortet, auch nicht die nach dem Grab unseres Vaters. Er war doch der kleine blonde Junge, von dem sein Vater meiner Mutter stets erzählt hatte. Beide Brüder ignorierten meine sämtlichen Kontaktversuche. Ich habe ihnen einen langen Brief geschrieben, den Marie-Cécile, die Dame von WASt, für mich übersetzt hatte, mit demselben Resultat. Ich war am Boden zerstört. Durch dieses kaltherzige Verhalten fühlte ich mich bloßgestellt und kam mir vor wie ein begossener Pudel.

Chantal Le Quentrec hat einem Mitglied unseres Vereins meine ausweglose Geschichte erzählt und ihn gebeten, sich für meine Belange einzusetzen, da er in der Nähe von Pirmasens lebt. Durch ihn habe ich endlich erfahren, wo sich das Grab meines Vaters befindet. Ich war sehr glücklich, wieder einen Schritt weitergekommen zu sein. Jetzt war es an der Zeit, noch einmal nach Pirmasens zu fahren, um an seinem Grab seiner zu gedenken.

Im Februar 2013 komme ich zum Friedhof und suche nach Vaters Grab. Es ist 16 Uhr, es schneit und es kommt mir vor, als sei ich die einzige Person dort. Der Friedhof ist groß, weitläufig mit riesigen Bäumen in einem hügeligen Gebiet. Es schneit, die Stimmung ist düster. Nur wenige Menschen besuchen zu dieser Jahreszeit und bei diesem Wetter ihre Verstorbenen. Ich bin ungeduldig, sogar ängstlich, bis ich nach geraumer Zeit den richtigen Abschnitt gefunden habe. Ich lese die Namen auf den Grabsteinen und suche nach Otto. Plötzlich entdecke ich ein großes Grab und kann es kaum fassen. Da ist es! Ich zittere, je näher ich komme. Da steht in großen Buchstaben der Familienname meines Vaters. Es ist ein Familiengrab und dort liegen noch zwei andere Familienmitglieder. Leider ist kein Foto auf dem Grabstein, aber sein Name geschrieben mit schönen goldenen Buchstaben: Otto N. 1913 – 1991. Der Schnee zaubert ein friedliches Bild auf die Gräber. An diesem Ort, der beherrscht wird von Verlust und Trauer, bin ich weit entfernt davon, traurig zu sein. Ich lächle, bin froh, gehe etliche Male um das Grab herum und trete auf diese Weise einen kleinen Pfad in den Schnee. Seine Frau und ein kleines Mädchen, wie ich 1941 geboren, sind auch hier begraben. Das verwirrt mich. Sollte Otto der Vater von diesem kleinen Mädchen sein, das nur drei Jahre alt wurde? Wusste er, als er nach Frankreich ging, dass seine Gattin schwanger war? Hatte er mit Mama darüber gesprochen? Dann hätte ich auch noch eine Schwester gehabt, die nur ein paar Monate älter war als ich. Ich verweile und stelle mir viele Dinge vor, bis der Friedhofsangestellte kommt und mich bittet zu gehen, er will schließen.

Zurück im Hotel beeile ich mich, die Fotos in meinen Computer zu übertragen, damit ich alles noch einmal vergrößert ansehen kann. Ich habe keinen Kummer, im Gegenteil, ich fühle mich, als würde ich von einer Entbindungsstation kommen.

War es die Gewissheit, dass mein Vater wirklich da liegt, unter der Erde, auf der ich stand? Ich fühlte mich ihm sehr, sehr nahe. War es, weil ich hier das einzige Band, das uns vereint, gefunden habe: die Erde unter mir, in der er ruht? Für mich war es, als würde ich heute neu geboren.

Am nächsten Tag machte ich mich mit all meinen gesammelten Informationen auf den Weg zu meinen Brüdern. Ein Übersetzer meines Vereins, der in der Nähe wohnt, begleitete mich. Wir klingelten an der Tür und es beschlich mich ein Unwohlsein. Wie würde ich reagieren, wenn sich die Tür öffnet? Einfach »Bonjour Monsieur« sagen? Die Tür öffnete sich nicht. Wir gingen zum anderen Bruder und machten einen kleinen Umweg zur Firma.

Im Hof stand ein Auto, wir klopften, aber bekamen keine Antwort. Also fuhren wir zu seinem Wohnhaus. Die Fensterläden waren geschlossen, der Schnee davor war aber frisch geräumt. Auch hier keine Reaktion auf unser Klingeln. Vielleicht wurde mein Auto mit dem französischen Kennzeichen entdeckt, was meine Brüder aufschreckte und dazu veranlasste »die Abwesenden« zu spielen? Ich konnte weder weinen, noch meine Erregung zeigen, ich war auch wütend. Beklommenen Herzens zog ich mich zurück. Mein Freund, ein Arzt, sah natürlich meine große Enttäuschung und begleitete mich in ein kleines Lokal, um mich zu trösten, bevor ich mich wieder auf den Weg zurück nach Frankreich machte. Also wieder eine Zurückweisung . Bei jedem meiner Schritte quälte mich dieses niederschmetternde Verhalten.

Aber es gab dennoch Positives zu verzeichnen, denn ich hatte einiges in Erfahrung bringen können. Zuerst konnte ich mich nur auf einen Vornamen stützen, dann erfuhr ich den Familiennamen und eine Stadt. Ich sah meinen Vater zum ersten Mal auf einem kleinen Foto und war an seinem Grab, mit sehr tiefen Gefühlen. Sehen wir es also positiv: Das fast leere Glas ist jetzt halb voll.

Heute bin ich 74 Jahre alt, meine Mutter ist im Alter von 96 Jahren verstorben. Ich glaube, sie hat meine Bemühungen nie bemerkt. Sie ging von mir ohne zu erahnen, wie groß die Sehnsucht und das Bedürfnis ihrer Tochter waren, zu WISSEN und zu ERKENNEN, um besser leben zu können. Wäre ich voller Groll und Hass, wäre ich permanent in Rebellion.

Meine Mutter hatte für sich wahrscheinlich eine Lösung gefunden, um sich von ihrer »Schuld« zu entlasten, indem sie mich so oft wie möglich für ungute Momente verantwortlich machte. Sogar in den letzten Stunden ihres Lebens sagte sie mit verzweifelter Miene: »Meine Mutter hat es mir immer gesagt, dass ich mein Leben lang dafür büßen werde, die Tochter eines ›Boche‹ zu haben.« Und:

»Ich habe doch mit meinen neun Monaten Gefängnis der Gesellschaft genüge getan« etc.

Ich habe meiner Mutter immer viel Respekt und Achtung entgegenbracht und sie immer sehr geliebt. Ich versuchte alles, um sie zu verstehen und ihre Schuldgefühle zu mindern. Aber hat sie meine Einsamkeit wahrgenommen? Bemerkte sie meine Last, immer auf der Suche nach meinem richtigen Vater zu sein? Ich glaube es nicht. Die zahlreichen Beschimpfungen, die Zurückweisungen und das Unverständnis, das man mir entgegenbrachte, obwohl ich eigentlich nur väterlichen Zuspruch und die Kraft suchte.

Gibt es ein Heilmittel gegen die Verletzungen und die Schmerzen, die Verachtung, den Kummer, der einem zugefügt wird, und auch gegen die Scham, die einen manchmal überwältigt?

Was ich hier erzählt habe, klingt wie eine Polizeiermittlung, obwohl es kein Verbrechen und auch keine Verdächtigen gibt.

Aber – es gibt eine tief Verwundete.

Ich bin das Opfer eines Krieges, den ich kaum erlebt habe, der mir die Bitterkeit eingebracht hat, nicht das sein zu dürfen, was ich gern wäre. Ich würde gern anerkannt und im Kreise meiner Brüder zur Ruhe kommen, als würde uns ein Band einen, und ich hätte ein Recht darauf zu wissen, wer und wie mein Vater war. Mehr wünsche ich mir nicht.

Meine Brüder sollten doch verstehen, dass der Krieg von 1939 / 1945 mit uns nichts zu tun hat, dass aber das Blut, das durch unsere Adern fließt und unser Herz zum Schlagen bringt, von Otto kommt. Es ist bedrückend, nicht angenommen zu werden und dass sie weder Fotos noch ein paar Momente seines Lebens mit mir teilen. Das Glas meines Lebens wäre voll, würden sie mir ein bisschen von ihrem Wissen abgeben, damit die Wunden, die ich in mehr als 70 Jahren angesammelt habe, endlich vernarben und heilen könnten.

Anmerkung

1 Die polnische Heimatarmee, die »Armia Krajowa«, eine Widerstandsorganistion im von Deutschland besetzten Polen, bildete auch in Frankreich Einheiten aus Exilpolen.

»Für sie war ich immer Margarete.«

Claudine

Ich bin am 11. Mai 1946 in Freiburg im Breisgau geboren. Meine Geburt ist das Ergebnis einer Liebesbeziehung zwischen einem jungen deutschen Mädchen, das in Offenburg lebte, und einem Offizier der französischen Besatzungsarmee.

Erika, meine Mutter, nannte mich Margarete. Mein biologischer Vater wusste nichts von meiner Geburt. Die Gründe dafür kenne ich nicht. War es meine Mutter, die nicht wünschte, dass er es erfuhr, oder wurde er versetzt, wie es oft der Fall war, wenn die »Annäherung« zwischen einem Angehörigen der französischen Besatzungsmacht und einer Deutschen unübersehbar wurde?

Die ersten Monate meines Lebens verbrachte ich bei meiner Mutter. Sie war gerade 20 Jahre alt und somit damals noch nicht volljährig. Sie lebte bei ihren Eltern, die ihr Enkelkind ablehnten.

Die deutschen Behörden waren zu jener Zeit angehalten, jede Geburt eines Kindes von einer deutschen Mutter und einem französischem Vater der französischen Militärverwaltung zu melden. Die damals geltenden Regeln der Französischen Besatzungszone besagten, dass jedes Kind mit französischem Vater, das von der Mutter verlassen und/oder vom französischen Vater nicht anerkannt wurde, unter Obhut des französischen Staates kam, mit Blick auf eine eventuelle Adoption in Frankreich.

Meine Mutter wurde ein erstes Mal von der französischen Militärverwaltung angesprochen, nachdem sie Anfang des Jahres 1947 einen Brief an das Rote Kreuz geschrieben hatte, in dem sie ihre Bereitschaft signalisierte, ihr Kind dem französischen Staat zu übergeben. Ihre Mutter hatte sie gezwungen. Als es aber ernst wurde, weigerte sie sich zunächst, um dann im Oktober desselben Jahres unter dem großen Druck ihrer Eltern ihre Meinung erneut zu ändern.

Die Bedingungen des Kindsverzichts wurden in einem Dokument

schriftlich festgehalten, welches ich im Archiv von La Courneuve in Paris einsehen konnte: Die Verzichtserklärung ist zweisprachig abgefasst, meine Mutter hat beide Fassungen unterschrieben. Auf Deutsch steht dort:

»Ich Unterzeichnete [...] Erika, geb. am [...] in Offenburg, deutscher Staatsangehörigkeit, erkläre hiermit nach bestem Wissen und Gewissen, dass ich am 11. Mai 1946 ein Kind geboren habe, das den Namen Margarete trägt und dessen Vater französischer Staatsangehöriger ist.

Ich verzichte hiermit auf das Kind sowie auf alle derzeitigen und künftigen Rechte und Pflichten und erkläre mich damit einverstanden, das Kind den zuständigen französischen Behörden anzuvertrauen.

Ich gebe mein Einverständnis zu einer etwaigen Adoption.

Offenburg, den 29.10.1947«

Die Unterschrift meiner Mutter findet sich auf beiden Formularen, nur auf dem französischen steht der Vermerk:
»Père de l'enfant:
TERMIN Mohamed (Nord-Africain)«

Ein Zusatzblatt mit dem Titel »Renseignement Généraux« (»Allgemeine Empfehlungen«*)* gibt weitere Auskünfte. Die Frage, ob das Kind Französisch spreche, wird verneint. Die Frage: »Conditions dans lesquelles l'enfant a été trouvé?« (Unter welchen Bedingungen wurde das Kind gefunden?) wird beantwortet mit »Abandonné par la mère à notre service«, was man wohl mit: »Durch die Mutter unserer Obhut übergeben« übersetzen muss. Es bleibt ein bitterer Beigeschmack, dass ein »enfant abandonné« in der wörtlichen Übersetzung ein »verlassenes« oder gar »ausgesetztes Kind« ist.

Nachdem die Verzichtsformalitäten erledigt waren, wurde ich sehr wahrscheinlich zuerst in ein deutsches Waisenhaus gebracht, um danach in das Kinderhaus »La Pouponnière« in Nordrach bei Freiburg verlegt zu werden. Dort blieb ich bis April 1948.

Zuvor war dieses Haus das Mütter- und Entbindungsheim »Schwarzwald« des nationalsozialistischen »Lebensborn e.V.« gewesen, nun unterstand die Verwaltung von »La Pouponnière« dem französischen Roten Kreuz. Von dort war der Abtransport der Kinder nach Frankreich vorgesehen, und zwar mit der Hilfe des Famille Adoptive Française; ein Verein, der gegründet wurde, um die Vermittlung von Kindern mit französischem Vater zu den Adoptiveltern zu unterstützen.

Am 18. April 1948 verließ ich mit zehn anderen Kinder Nordrach in Richtung Frankreich und kam schon am nächsten Tag zu meiner neuen Familie, die in Sèvres, einem Vorort von Paris, lebte.

Meine Eltern waren Handwerker, einfache Leute. Ich wurde herzlich empfangen, wie man mir berichtete. Natürlich habe ich keine Erinnerung daran, war ich doch noch keine zwei Jahre alt. Man hat mir aber viel erzählt über die Freude, die meine Ankunft allen bereitete.

Bei meinen neuen Eltern verbrachte ich eine glückliche, behütete Kindheit. Meine Herkunft wurde mir niemals verschwiegen. Ich wusste immer, woher ich kam, und ich konnte immer meine Geburtsurkunde einsehen sowie die Dokumente meiner Adoption. Diese Papiere wurden von meinen Eltern sorgfältig in einer großen Blechschachtel im Schrank aufbewahrt.

Im April 1948 war die Zeit der deutschen Besatzung noch sehr präsent in den Köpfen der Franzosen und die Zerstörungen dieser schlimmen Zeit noch überall sichtbar. Im Gegensatz zu heute war Deutschland noch weit davon entfernt, ein befreundetes Land zu sein. Meine Eltern, die in den schweren Zeiten des Krieges immer aufrechte Franzosen geblieben sind, empfanden es dennoch nicht als Hemmschuh für ihre Zukunft, ein Kind aus Deutschland zu adoptieren.

Ihre Entscheidung wurde von der Verwandtschaft und ihren Freunden größtenteils verstanden und akzeptiert. Es gab aber auch einige andere, die ihre Vorbehalte sehr wohl zeigten und sich schwertaten, mich als vollwertiges Familienmitglied anzuerkennen. Als Kind konnte ich nicht verstehen, was mit mir nicht in Ordnung war. Ich spürte, dass ich nicht gemocht wurde, erfuhr Ablehnung und Ausgrenzung, ohne den Grund zu kennen. Ich brauchte viele Jahre, um zu verstehen, dass hinter ihrem Verhalten die Schmerzen lagen, die der Krieg ihnen zugefügt hatte. Ein Cousin meiner Mutter etwa hatte sich dem Maquis, dem bewaffneten französischen Widerstand während des Zweiten Weltkriegs, angeschlossen. Er wurde im Juli 1944 von deutschen Truppen aufgegriffen und nach Deutschland verschleppt, wo er im März 1945 verstarb. Diese Geschichte lastet noch immer schwer im Gedächtnis dieser Familie. Einige haben dieses Drama mit meinem Eintritt in die Familie in Zusammenhang gebracht. Dennoch haben sich die meisten, gerade die Nachkommen jenes Cousins, mir gegenüber liebevoll verhalten, ohne jegliche Andeutung meines »Andersseins« – zumindest nicht in meiner Gegenwart. Feindseligkeiten mir gegenüber haben meine Eltern zurückgewiesen. Heute kann ich das alles gut einschätzen und dieses Kapitel ist für mich abgeschlossen.

Gleich nach der Ankunft in Frankreich musste die vormalige »Margarete« ihren Platz für »Claudine« räumen, denn es wurde nachdrücklich erwartet, dass die neuen Eltern ihren Kindern eine neue Identität gaben, um ihnen ihr neues Leben zu erleichtern.

Im Juli 1949 bat die Präfektur im Amtsbezirk des Départements Seine-et-Oise meine Eltern, ihnen alle nötigen Dokumente zu übergeben, um mir die französische Staatsangehörigkeit verleihen zu können. Zu dieser Zeit und schon mehr als ein Jahr in Frankreich, war ich noch immer »Pupille de l'État«, das heißt, ich stand als »verwaistes Mündel« unter staatlicher Obhut. Anfang der 1950er Jahre wurde ich dann endgültig Französin.

Etliche Jahre organisierte der Verein La Famille Adoptive Française ein jährliches Treffen in Paris für die aus Deutschland gekommenen Kinder und deren Eltern. Ich glaube mich erinnern zu können, dass wir dabei alle sehr viel Spaß hatten. Im Laufe der Zeit wurden diese Treffen seltener und hörten ganz auf. So haben wir uns schließlich alle aus den Augen verloren.

Ich kannte die Umstände meiner Geburt und den Namen meiner leiblichen Mutter; den zeitlichen Ablauf der Ereignisse, die mich von Freiburg nach Sèvres gebracht haben, kannte ich nicht in allen Einzelheiten, aber das, was ich wusste, genügte mir. Ich hatte weder das Bedürfnis noch große Lust, mehr zu erfahren. Mein Leben fand endgültig anderswo statt.

So habe ich bis zu meinem 50. Lebensjahr nicht versucht, mehr zu erfahren. Aber wie bei allen, die eine ähnliche Geschichte haben, entsteht irgendwann doch der Wunsch, seine wahren Wurzeln zu finden. Bei mir war das im Jahr 1997.

Mein erster Versuch führte mich zum Verein La Famille Adoptive Française. Erst dort wurde meine Aufmerksamkeit durch die Vereinsvorsitzende darauf gelenkt, dass mein biologischer Vater maghrebinischer Herkunft war. Obwohl ich diese Tatsache sehr wohl immer vor meinen Augen gehabt hatte und ich diese Information jederzeit meinen Unterlagen entnehmen hätte können, wollte ich sie offenkundig jahrzehntelang nicht wahrhaben. Die Vorsitzende der Famille Adoptive Française klärte mich darüber auf, dass die besonderen Umstände meiner Geburt, der Kindsverzicht meiner Mutter, mein Aufenthalt in dem Heim »La Pouponnière« sowie meine Umsiedlung nach Frankreich als notwendige »Schutzmaßnahmen« anzusehen seien. Die Kinder französischer Väter seien in deutschen Waisenhäusern nicht gern gesehen gewesen, da es in den prekären wirtschaftlichen Nachkriegsjahren schon schwierig genug gewesen sei, die anderen Kinder zu ernähren. Somit sei die Umsiedlung in ein französisches Kinderhaus eine Schutzmaßnahme gewesen, dort habe man den Kindern eine bessere Pflege angedeihen lassen.

Nach der Famille Adoptive Française lenkte ich meine Suche nach Deutschland, ohne zu wissen, an wen ich mich wenden könnte. Nach einigen Briefwechseln mit deutschen Behörden war mir klar, dass die Sprachbarriere ein kaum zu überwindendes Hindernis war. Also wandte ich mich hilfesuchend an Caroline, ein junges Mädchen aus meinem Bekanntenkreis, das perfekt zweisprachig war und mühelos in nur wenigen Wochen die Spur zu Erika fand und sie anrief.

»Was löst der 11. Mai 1946 in Ihnen aus?« So ungefähr begann Caroline ihr erstes Telefongespräch mit meiner Mutter Erika. Nach bleiernem Schweigen kam das Gespräch doch noch in Gang, und als Erika von meinen guten Absichten überzeugt war, wurde ein erstes Rendezvous zwischen uns beiden vereinbart.

Mein erstes Zusammentreffen mit meiner Mutter fand in Deutschland statt – freilich mit Hilfe eines Übersetzers. Wir verabredeten uns an einem neutralen Platz und wollten Erika im Vorfeld einige Angaben über meine Kleidung und mein Aussehen machen, damit sie mich leichter erkennen könnte. Doch ihre Antwort war: »Ich brauche das alles nicht zu wissen, denn ich werde sie erkennen, sobald ich sie sehe.« Sie hat mich tatsächlich als Erste entdeckt und mich buchstäblich in ihren Armen fast erdrückt. Sie nannte mich niemals Claudine. Für sie war ich immer Margarete. Dieses erste Wiedersehen war liebevoll und sehr ergreifend.

Die paar Stunden, die wir zusammen verbrachten, nutzten wir, um uns unsere jeweilige Lebensgeschichte zu erzählen. Sie wollte alles über meine Eltern und mein Leben in Frankreich wissen. Zwei Fragen lagen ihr besonders am Herzen: Wurde ich geliebt und hatte es mir auch an nichts gefehlt? Ich konnte sie diesbezüglich beruhigen.

Bei dieser Gelegenheit sagte sie mir, dass sie ihrer jetzigen Familie meine Existenz verschwiegen hat. Ihr Mann und ihre Tochter wussten nichts über mich. Ich muss gestehen, dass ich über diese Aussage enttäuscht war, und ich fand es auch frustrierend, im Schatten bleiben zu müssen. Sehr gern hätte ich ihre Angehörigen kennengelernt. Wieder einmal musste ich hintanstehen.

Erika sprach über die Umstände, die sie dazu bewogen hatten, mich zu verlassen, über die sehr schwierigen familiären Verhältnisse und die Lage, die sich daraus ergab. Aus Taktgefühl oder Scham wagte ich es nicht, sie nach Einzelheiten zu fragen, aber ich wusste ja, dass ihre Mutter das Verzichtsverfahren initiiert hat. Sie sprach auch über die Trennung von mir, unter der sie sehr gelitten habe. Ich glaubte ihr – schließlich hatte sie mich eineinhalb Jahre bei sich behalten. Sie wusste damals, dass ihr Baby nach Frankreich gebracht worden war, und erzählte mir auch, dass sie anfangs immer wieder über die Grenze nach Straßburg gefahren war, um sich über jeden Kinderwagen zu beugen, in der Hoffnung, mich wiederzufinden. Ich glaube nicht, dass sie sich große Gedanken machte wegen ihrer Beziehung zu einem Soldaten der Besatzungsarmee. Darüber hat sie nicht gesprochen.

Wir sahen uns zweimal und wir hatten regelmäßigen Briefkontakt. Seit unserem Wiedersehen vergaß sie nie meinen Geburtstag und einige Jahre bekam ich regelmäßig Neuigkeiten von ihr berichtet. Sie schickte mir kleine Geschenke, strickte Socken für meinen Mann und Handschuhe für meine Kinder. Und eines Tages kam plötzlich nichts mehr. Im ersten Moment glaubte ich, sie wollte nichts mehr mit mir zu tun haben, aber sehr bald hatte ich eine Ahnung, dass etwas Schlimmes passiert sein könnte. Ich konnte mir nicht vorstellen, dass die Zuneigung, die sie mir entgegengebracht hatte, nur vorgetäuscht gewesen war.

Mit meinen Adoptiveltern konnte ich meine Freude über das Wiedersehen nicht teilen, denn Mama war schon krank und geschwächt und ich hatte Angst, dass das alles zu starke Emotionen bei ihr auslösen könnte. Es war zu spät. So habe ich es auch meinem Vater verschwiegen, damit ihm nicht etwas »herausrutscht«. Dennoch weiß ich, dass sie sehr stolz auf meine Schritte gewesen wäre. Voller Stolz und Liebe betrachtete sie das Band, mit dem wir verbunden waren.

Kurz vor seinem Tod, als Mama schon zwei Jahre verstorben war, sagte mir mein Vater eindringlich und sehr gerührt: »Du musst unter allen Umständen deine Familie finden. Mama ging von uns und ich werde dich auch verlassen, also finde sie, es muss sein.« Ich habe darauf nichts gesagt.

Durch Cœurs sans Frontières / Herzen ohne Grenzen (CSF) habe ich von Erikas Tod im September 2004 erfahren. Seitdem konnte ich öfter zum Friedhof in Offenburg gehen, wo sie beigesetzt wurde, und dort ihrer gedenken.

Lange habe ich versucht, durch CSF mit meiner Halbschwester in Kontakt zu kommen, die Tochter, die Erika mit ihren Mann hatte. Ich habe viel Verständnis dafür, dass der Brief, den ich ihr schrieb, einen heftigen Schock bei ihr ausgelöst hat. Da sich das alles zehn Jahre vor ihrer eigenen Geburt ereignet hat, stehe ich mit meinem Dasein für das große Lebensgeheimnis ihrer Mutter und ich kann mir gut vorstellen, dass ich in ihren Augen als nicht dazugehörig gelte. Sie hat mir nicht geantwortet.

Besser wäre es gewesen, Erika hätte ihr meine Geschichte selbst erzählt. Aber dies war nun nicht der Fall und man kann das Rad der Zeit nicht zurückdrehen. Aber ich wollte mich mit der Familie, die auch die meine ist, verbinden – und mit dem Land, das auch das meine ist.

Jahrelang zweifelte ich nicht daran, dass die Zeit und meine Beweggründe es ermöglichen würden. Wieder und wieder habe ich versucht, den Kontakt mit meiner Halbschwester aufzunehmen. Kürzlich hat eine in Offenburg lebende Mitarbeiterin von CSF noch einmal mit meiner Halbschwester telefoniert. Sie hat es kategorisch abgelehnt, mich zu treffen.

Griechenland

Griechenland im Zweiten Weltkrieg und das Schicksal der griechischen Wehrmachtskinder

Kerstin Muth

Adolf Hitler präsentierte sich der deutschen Öffentlichkeit lange als ein Verehrer Griechenlands. Sein »Philhellenismus« fand seinen Niederschlag darin, dass er 1941, kurz nach der Besetzung Griechenlands, die Ausgrabungen in Olympia wieder aufnehmen ließ. Die Kosten zahlte er aus seiner Privatschatulle – er verwendete dafür einen Teil der Tantiemen des »Bestsellers« »Mein Kampf«. Aufgrund dieser Tradition »idealistischer Verbundenheit« gab Hitler vor, dass es für ihn »schwer und bitter« sei, Griechenland zu besetzen.

Dieses positive Griechenlandbild änderte sich jedoch schnell. Schon 1941 nahm Hitler aufgrund der »geänderten Realitäten« eine ganz andere Position den Griechen gegenüber ein: Er gab den Befehl, in Griechenland für ein deutsches Opfer 50 bis 100 Kommunisten zu erschießen.[1] 1943 sprach er von den Griechen dann als von »Geschmeiß« und »Gesindel«.[2] Wie kam es zu diesem Sinneswandel?

Die Besetzung Griechenlands

Während der nationalsozialistische Krieg gegen die Westmächte und gegen Russland von langer Hand geplant worden war, ging es im nordeuropäischen und südosteuropäischen Raum in erster Linie um eine Reaktion auf sich ergebende neue militärische Konstellationen. Das galt auch für Griechenland. Die Expansionsgelüste des italienischen Diktators Mussolini in Bezug auf Griechenland reichten bis ins Jahr 1923 zurück, als sich der »Duce« Korfu einverleiben wollte. Mussolinis langfristiges Ziel war ein Imperium mit Zugang zum Atlantischen oder Indischen Ozean. Schon im April 1939 hatte er Griechenlands Nachbarn Albanien überfallen und besetzen lassen und war im Rahmen seiner südöstlichen Expansion auch an der Eroberung Griechenlands interessiert.

Hitler wurde von der italienischen Invasion in Griechenland am 28. Oktober 1940 völlig überrascht. Er war außer sich vor Wut. Während des sechs Monate dauernden Italienisch-Griechischen Krieges verhielt sich Deutschland neutral.

Bereits am 14. November 1940 gerieten die Italiener jedoch in Albanien in die Defensive, dabei hatten sie – nach dem Vorbild der Deutschen – einen »Blitzkrieg« führen wollen. Die Griechen schlugen ganze Divisionen in die Flucht. Als sich abzeichnete, dass es den Griechen sogar gelingen würde, den Feind in Albanien zurückzudrängen, sah sich Hitler gezwungen, seinem Achsenpartner zu Hilfe zu eilen, um Mussolini eine empfindliche Niederlage zu ersparen, die auch dessen faschistisches System und damit die »Achse« destabilisiert hätte. Unter dem Codewort »Unternehmen Marita« überschritt die 12. Armee der Wehrmacht am 6. April 1941 unter Feldmarschall Wilhelm List die bulgarisch-griechische Grenze.

Die griechische Armee leistete erbitterten Widerstand, die Wehrmacht erlitt hohe Verluste. Bereits drei Tage später, am 9. April, konnte jedoch Saloniki von den Deutschen eingenommen werden. Um 14:30 Uhr dieses Tages wurde die Kapitulation der ostmakedonischen Armee vollzogen. Die Haltung der Zivilbevölkerung in Makedonien war zu diesem Zeitpunkt gegenüber den Eroberern ambivalent. Besonders die besitzende Klasse, zum Beispiel viele Tabakhändler, sympathisierten teilweise offen mit den Deutschen. In Thessaloniki wurden die Wehrmachtssoldaten beim Einmarsch sogar mit Blumensträußen empfangen.

Am 27. April 1941 besetzte die Wehrmacht Athen. Auf der Akropolis wurde die Hakenkreuzflagge gehisst. Hier war die Parole ausgegeben worden, die Deutschen kämen als Freunde, um den Frieden zu bringen und die Griechen vor den Engländern zu schützen. Am 30. April stand die Wehrmacht an der Südspitze der Peloponnes. Festland und Ägäisinseln waren jetzt in der Hand der Achsenmächte. Schon am 20. April 1941 hatten Sepp Dietrich, SS-Leibstandartenoberführer, und General Georgios Tsolakoglou das Waffenstillstandsprotokoll unterzeichnet. Der König Georg II. floh nach Kreta und später nach Ägypten.

Die Nazis glaubten deshalb, mit der »Operation Merkur« bei der Besetzung der Insel Kreta ein leichtes Spiel zu haben. Sie täuschten sich sehr. Die deutschen Fallschirmspringer, die schon fast ein Jahr nicht mehr eingesetzt worden waren, boten am Invasionstag, dem 20. Mai 1941, ein leichtes Ziel, sie konnten teilweise schon im Flug abgeschossen werden. Andere Soldaten ertranken aufgrund der falsch berechneten oder wechselnden Windverhältnisse im Meer. Völlig ahnungslos gerieten Soldaten, denen die Landung gelang, in die Falle, als selbst alte kretische Männer, Frauen und Kinder mit allen Waffen, die ihnen zur Verfügung standen, Widerstand leisteten: mit Stacheldraht, Messern, Äxten und Sensen, sogar mit Stöcken und Steinen, um ihre Heimat und ihre Freiheit zu verteidigen. So wurden z.B. Fallschirmjäger, die sich in den Bäumen verfangen hatten, verstümmelt, getötet und ausgeraubt – eine archaische kretische Tradition, die schon gegenüber den Osmanen angewendet worden war.

Die Rache der Deutschen – auch an der Zivilbevölkerung – war von äußerster Brutalität, der Dorfplatz diente im Allgemeinen als Exekutionsort für die »Aufständischen«. Der Befehlshaber der deutschen Truppen bei der Landung, General Kurt Student, hatte seine Truppe angewiesen, »unter Beiseitelassung aller Formalien und unter bewusster Ausschaltung von besonderen Gerichten mit äußerster Härte vorzugehen«.[3] Der Ort Kandanos z.B. wurde dem Erdboden gleichgemacht.

Die Eroberung der Insel verklärte Student propagandistisch zum »Mut der Kühnsten«.

Bei den Kapitulationsverhandlungen auf dem Festland nahm Griechenland eine gewisse Sonderrolle ein: Die Wehrmacht ließ den gefangengenommenen griechischen Offizieren noch den Degen – ein Symbol des Respekts. Nach dem Abschluss der Verhandlungen wurde die griechische Delegation sogar feierlich zum Essen eingeladen. Auch gab es die Weisung, gefangene griechische Soldaten gut zu behandeln und sie nach Abschluss der Kampfhandlungen und nach Entwaffnung freizulassen.

Nach einer Protestnote Mussolinis an Hitler, er wäre auch »allein mit den Griechen fertig geworden«, musste Generalfeldmarschall Wilhelm List auf Befehl Hitlers das Kapitulationsprotokoll so verändern, dass die Italiener auch als Sieger galten. Den Zwang zur Unterschrift unter dieses Kapitulationsprotokoll empfand man auf griechischer Seite als entehrend, da man die italienischen Truppen ja im Kampf besiegt hatte. Trotzdem nahmen auf die ausdrückliche Weisung Hitlers auch die Italiener an der Siegesparade am 3. Mai 1941 in Athen teil.

Die griechische Bevölkerung fühlte sich spätestens zu diesem Zeitpunkt in ihrem Selbstbild zutiefst gedemütigt. Diese »Schande« vergaßen die Griechen den Deutschen nie. Der nationale Widerstand war vorprogrammiert.

Die drei Achsenmächte vereinbarten die Besetzung von 70 Prozent des Landes durch Italien, Bulgarien bekam Thrakien und Ostmakedonien. Die Deutschen behielten nur einen kleinen Teil: Thessaloniki mit seinem Hinterland, Stützpunkte auf den Inseln und auf dem Festland, einen Teil Attikas mit Piräus, den Westteil Kretas (hier waren die Deutschen auch Vormacht) und einen Streifen an der türkischen Grenze.

Viele Athener zeigten zu Beginn der Besatzungszeit Verständnis für die Deutschen, die geglaubt hatten, dem scheiternden Bündnispartner Italien zu Hilfe eilen zu müssen. Der anfängliche Respekt gegenüber der Wehrmacht schlug jedoch bald in Enttäuschung um, als die Deutschen rücksichtslos die Märkte leer kauften, hemmungslos Wasser verschwendeten und vor den Augen der hungernden und verarmten Bevölkerung in den Restaurants provokativ üppig tafelten. Kein anderes besetztes Land trug so hohe Besatzungskosten wie Griechenland. Hermann Görings Kommentar zu den Hungersnöten der Griechen war voller Zynismus: »Wir können uns nicht übertrieben um die hungernden Griechen kümmern.«[4] In der Stadt Athen starben im Kriegswinter 1941/42, dem »Schwarzen Winter«, jeden Tag Tausende an den Folgen von Unterernährung. 80 Prozent der Säuglinge starben vor dem ersten Geburtstag. Schätzungen gehen für den Großraum Athen von bis zu 100 000 Hungertoten aus.

Durch die rapide sich verschlechternde wirtschaftliche Lage wurde der Widerstand gegen die Deutschen patriotische Pflicht. Die beiden Studenten, die in der Nacht vom 30. zum 31. Mai 1941 die Hakenkreuzfahne von der Akropolis geholt hatten, wurden trotz Strafandrohung nie gefunden. Ende 1942 kollabierte die griechische Wirtschaft.

Fotos aus jener Zeit jedoch zeigen auch andere Szenen: Picknicks am Strand, griechische Mädchen in Badeanzügen neben Soldaten in Uniform. Beziehungen zwischen Wehrmachtssoldaten und griechischen Mädchen fingen nicht selten damit an, dass Brot gegen Sex »getauscht« wurde. Bis heute ist es einigen der so entstandenen »Kinder« kaum möglich, dieser Tatsache Glauben zu schenken.

Die komplizierte griechisch-deutsche Situation in dieser Zeit ist auch ein Grund dafür, dass bis heute die Aufarbeitung des Themas »Wehrmachtskinder« in Griechenland so schwierig ist.

Beziehungen zwischen Wehrmachtssoldaten und griechischen Frauen

Im alltäglichen Leben gab es viele Möglichkeiten des Kontakts zwischen den Deutschen und der Zivilbevölkerung durch Einquartierungen und Dienstleistung: Viele Wehrmachtssoldaten waren im besetzten Griechenland nicht kaserniert, sondern in Privathäusern untergebracht. Unter einem gemeinsamen Dach waren Begegnungen nicht zu vermeiden. Dienstleistungen wie private Kleiderwäsche oder gemeinsame Freizeitgestaltung intensivierten die persönlichen Beziehungen.

Außerdem verhielten sich die Soldaten oft großzügig mit Entlohnungen, besonders mit Lebensmitteln. Und diese sicherten vielen griechischen Familien das Überleben. Wegen der großen Not der Zivilbevölkerung wurden Aufmerksamkeiten wie Zigaretten oder Streichhölzer für Waschen und Bügeln ab Mai 1942 wieder erlaubt.

Wie in allen besetzten Ländern wurden weibliche Arbeitskräfte als Putzfrauen, in den Wäschereien und als Küchenhilfen für die Wehrmacht gesucht. Und griechische Mädchen waren im Allgemeinen gezwungen, diese Jobs anzunehmen. Wie z. B. Gerrits Mutter Olga, die sich als Küchenmädchen in Eleusis verpflichtete.

Im Rückblick wurden die deutschen Soldaten von vielen dieser Frauen als jung, gut trainiert, in imponierenden Uniformen und meist sehr höflich und galant verklärt. Das machte sie auch im Vergleich mit vielen griechischen Männern anziehend, in einer Zeit, in der in diesem Land noch arrangierte »Zweckehen« üblich waren. Die Wehrmachtsleitung warnte jedoch in Merkblättern vor Eheschließungen mit Griechinnen, die in der Nazi-Ideologie als »nicht umvolkbar«[5] galten.

Der Partisanenkrieg und die Verbrechen der Deutschen

Ab Frühjahr 1943 wurden von der Wehrmacht auch alle Zivilisten als potenzielle Feinde angesehen und jeder Kontakt der deutschen Soldaten zur Zivilbevölkerung verboten. Eine der Ursachen hierfür war, dass schon im September 1941 auf Betreiben der Kommunistischen Partei die »Nationale Befreiungsfront« EAM gegründet worden war. Die EAM bildete den organisatorischen Verbund von linkem und liberalem Widerstand. Im April 1942 entstand die Partisanenarmee ELAS als bewaffneter Arm der EAM. Die Andarten[6] der ELAS waren meist junge Männer zwischen 18 und 25 Jahren, gekämpft wurde für die Befreiung des Landes und auch für soziale Reformen. Ab 1943 gab es auch bewaffnete Konflikte mit der anderen Partisanengruppierung EDES, die ebenfalls 1941 gegründet worden war, sich auf die Konservativen stützte und sogar in einigen Fällen mit den deutschen Besatzern kollaborierte. Unterstützt wurde die EDES auch von den Engländern. Die Aktionen beider Widerstandsbewegungen bestanden vor allem in Sabotageakten und in Überfällen auf die deutschen Stützpunkte.

1941 / 42 wechselten sich Phasen harter Repression durch die Besatzungsmacht mit gemäßigterem Vorgehen ab. Nach der italienischen Kapitulation und der Niederlage von Stalingrad verloren die »Vergeltungsmaßnahmen« der Wehrmacht jedes Maß. Im August 1943 ermordeten die Soldaten in Kommeno von 600 Dorfbewohnern 317, darunter auch 74 Kinder. In Kalavryta wurden im Dezember 1943 alle männlichen Einwohner zusammengetrieben und nahe dem Friedhof erschossen. Und in Distomo im Juni 1944 verbrannten die Einwohner zum Teil lebendig in ihren Häusern, Frauen wurden vor der Erschießung vergewaltigt.[7] 30 000 Griechen sollen durch die »Sühnemaßnahmen« ihr Leben verloren haben.

Die Deutschen erreichten jedoch ihr Ziel nicht, den Widerstand zu brechen. Im Gegenteil, immer mehr Griechen sympathisierten mit der ELAS. Im November 1944 war fast ganz Griechenland in der Hand der Partisanen. Rumänien und Bulgarien erklärten Deutschland am 25. August bzw. 9. September 1944 den Krieg. Am 3. Oktober beschloss die Wehrmachtsleitung deshalb die vollständige Räumung Griechenlands.

Als am 12. Oktober 1944 die letzten deutschen Soldaten Athen verließen, übergaben sie groteskerweise in einer feierlichen Zeremonie den Stadtschlüssel und legten am Mahnmal des Unbekannten Soldaten einen Kranz nieder – so psychologisch blind zeigten sich die Deutschen gegenüber der Realität. Kaum verwunderlich, dass die aufgebrachte Athener Bevölkerung den niedergelegten Kranz zertrampelte.

Die schwierige Suche nach den griechischen Wehrmachtskindern

Von allen Seiten – von Historikern und »Laien« – hatte ich gehört, dass in Griechenland kein »Wehrmachtskind« zu finden sei.

Der Zufall kam mir zu Hilfe. Bei einem Empfang in einer süddeutschen Stadt traf ich einen Historiker, der mir die erste Adresse vermittelte. Es war Anna, die ihre Kindheit in drei Waisenhäusern verbringen und später zu ihrer Mutter Tante sagen musste.

Und dieser Einstieg erwies sich als Glücksfall, denn die griechischen Medien wurden aufmerksam. Durch drei Artikel in unterschiedlichen, renommierten griechischen Zeitungen fand ich zwei weitere »Kinder«. Eines davon, Marisa, musste ohne Papiere aufwachsen, weil der Pope sich geweigert hatte, den deutschen Namen des Vaters ins Kirchenbuch einzutragen. Das andere, Günther, lebt seit seiner Flucht aus der DDR in meinem Wohnort München. Sein Halbbruder hatte einen der Berichte in einer Athener Zeitung gelesen. Auch ein anderes »Kind«, Gerrit, war in Deutschland aufgewachsen. Seine griechische Mutter kam als »Braut eines deutschen Soldaten« nach Hamburg.

Auf den ersten Blick könnte man vermuten, dass es den Kindern, deren griechische Mütter nach Deutschland übersiedelten, psychisch besser ging, da ihre Familienstruktur nicht durch einen abwesenden Vater belastet war. Dem war aber nicht so.

Ein weiteres »Kind« wurde mir von der Deutschen Dienststelle vermittelt. Ein Mann, Panagiotis aus Kavala, hatte um Hilfe gebeten, seinen Vater zu finden, nach dem er seit Jahren sucht und von dem er nur den Vornamen Karl kennt. Durch ihn fand ich ein anderes Kind, Theodore, der über seinen Vater fast keinerlei Informationen hat.

Die Geschichten von Marisa, Anna, Hermann, Jorgos und Theodore sind nachzulesen in meinem Buch »Wehrmachtskinder in Griechenland«. Gerrit habe ich in seinem Atelier in der Nähe von Hamburg getroffen. Er erzählt nachfolgend seine Geschichte.

Warum habe ich jedoch trotz großer Medienaufmerksamkeit nur so wenige »Kinder« gefunden?

Neben der Tatsache, dass die Wehrmacht nur einen kleinen Teil Griechenlands besetzt hielt, die griechischen Mädchen sehr behütet aufwuchsen, die Freund-Feind-Konstellation sehr kompliziert war und das Thema bis heute sehr stark tabuisiert wird, brachten zudem die von den deutschen Soldaten Schwangeren wahrscheinlich nur einen kleinen Teil der gezeugten Kinder auf die Welt. Besser war es, den Makel der deutschen Vaterschaft für die Familie zu »beseitigen« und für die Augen der Nachbarn unsichtbar zu machen. Meine Gesprächspartner bestätigten mir immer wieder, es sei in Griechenland bis heute die Regel, dass möglichst »alles in der Familie bleibt«, nach »draußen« solle möglichst wenig dringen. Abtreibungen waren von der Wehrmacht erwünscht und in Griechenland keine schwierige Sache. Nach Aussage von Zeitzeugen hat auch die griechisch-orthodoxe Kirche in dieser Zeit Abtreibungen nicht verhindert, sondern – wie in der griechischen Gesellschaft häufig gang und gäbe – eher die Methode des Wegschauens praktiziert.

Dass die Nachbarn sich in der Kriegs- und Nachkriegszeit häufig opportunistisch verhielten und die Einstellung gegenüber den »Soldatenbräuten« sich nach der Besatzung krass änderte und von wohlwollender Tolerierung ins Gegenteil umschlug, war für die Frauen – und auch die Kinder – ein tiefer Schmerz.

Zusammenfassend kann man sagen, dass fast alle von mir interviewten Kinder über ihre Wahrnehmung der Leere klagten, über die Einsamkeit, die eingeschränkte Liebesfähigkeit, auch das Bedürfnis, die Lücke, die der meist abwesende Vater hinterlassen hatte, zu füllen.

Häufig flossen während der Interviews Tränen, und das zeigt, dass selbst über 70 Jahre nach Kriegsende das »Wehrmachtskinder-Thema« heute noch hoch emotionalisiert ist. Und es zeigt, wie wichtig es ist, in einem breiten Forum darüber zu sprechen.

Anmerkungen

1 Manfred Messerschmidt: Partisanenkrieg auf dem Balkan. Ziele, Methoden, »Rechtfertigung«, in: Loukia Droulia, Hagen Fleischer (Hg.): Von Lidice bis Kalavryta. Widerstand und Besatzungsterror. Studien zur Repressalienpraxis im Zweiten Weltkrieg, Berlin 1999, S. 65 – 92, S. 67.

2 Helmut Heiber (Hg.): Lagebesprechung im Führerhauptquartier. Protokollfragmente aus Hitlers militärischen Konferenzen 1942 – 1945, München 1963, S. 177; Hagen Fleischer: Deutsche »Ordnung« in Griechenland 1941 – 1944, in: Droulia / Fleischer (Hg.): Von Lidice bis Kalavryta, S. 151 – 224, S. 177.

3 Fleischer: Deutsche »Ordnung«, S. 154 f.

4 Hagen Fleischer: Im Kreuzschatten der Mächte. Griechenland 1941 – 1944. Okkupation – Kollaboration – Ressistance, Frankfurt a. M. 1986, S. 116.

5 Eberhard Rondholz: »Schärfste Maßnahme gegen die Banden sind notwendig ...«. Partisanenbekämpfung und Kriegsverbrechen in Griechenland, in: Ahlrich Meyer (Hg.): Repression und Kriegsverbrechen. Die Bekämpfung von Widerstands- und Partisanenbewegungen gegen die deutsche Besatzung in West- und Südeuropa, Berlin / Göttingen 1997, S. 93 – 129.

6 Ebd.

7 Katarina Králová: Das Vermächtnis der Besatzung. Deutsch-griechische Beziehungen seit 1940, Köln 2016, S. 53 ff.

»Ich habe mich immer als Europäer gefühlt.«

Gerrit

Eine Sache, die mich sehr berührt hat:

Ich traf einen Fischer, der damals noch ein junger Mann war und der meinen Vater noch gekannt hatte. Der Fischer sagte, dass er ihn sehr gemocht habe, weil er ihm Mehl und Nahrungsmittel gegeben habe. Vater hatte sie für die Erzeugnisse des Meeres getauscht.

Aber er gab mir nicht die Hand, weil mein Vater meine Mutter, »die Blume von Attika«, entführt hatte.

Meine Mutter Olga war eine sehr auffällige Person.

Ich war früher sehr viel unterwegs, und in Afrika erinnerte ich mich an ihre Hände. Sie waren sehr lang und schmal. Sie hatte so eine Grazie, wie ich sie sonst nur bei Afrikanerinnen gesehen habe. Bei Äthiopierinnen. Mir fielen die Hände als Kind schon auf. Wie graziös sie z. B. eine Tasse nahm und dann hinstellte.

Als ich meine Mutter in einem Kloster im Golf von Korinth besuchte, musste ich mich als ihr Neffe ausgeben, ihr Bruder nahm mich an Sohnes statt mit. Wir hatten uns drei bis vier Jahre nicht gesehen, ich hatte inzwischen auch ein Jahr in New York gelebt.

Es war also viel Zeit vergangen, und da kam sie über den Berg, und sagte zu mir, dass sie immer an mich gedacht habe, bis auf die letzten zwei Jahre. Sie hatte sich in Gott und Christus vertieft. Da hatte sie vergessen, dass sie ein Kind hatte.

Aber dann sagte sie, dass ich ihr gefalle, dass der Trenchcoat mir sehr gut stehe. Mir hat gefallen, dass ihr der Trenchcoat gefiel, denn sie war Schneiderin. Und sie hatte einen außergewöhnlichen Geschmack, wie Stoffe aussehen sollten.

Als wir eine Zeitlang zusammensaßen, freute ich mich, dass sie etwas gefunden hatte, dass sie nicht mehr an mich und nicht mehr an die Welt denken musste.

Sie war noch sehr jung, als sie nach Deutschland kam. Ich glaube, sie ist 1924 geboren. Als sie kam, war sie 18, wenn man bedenkt, wie 18-Jährige sind, das sind ja Kinder! Sie kam aus Attika und sie kam nach Hamburg.

Sie kam in der Nazi-Zeit, ich glaube, es war im Frühjahr 1943. Es war für sie ganz klar, dass sie das Land verachtete und die Menschen.

Es war furchtbar für sie.

Mein Vater musste dann nach Nordafrika gehen, er war bei der Luftwaffe. Er hat den Afrika-Feldzug mitgemacht, dann war er auf Sizilien. Es gibt noch Briefe, in denen steht, dass meine Mutter als Braut eines deutschen Soldaten galt.

Sie hatte nur die Chance, schwanger nach Deutschland zu kommen. Eine Frau, die für die Gestapo arbeitete, beschwor meinen Vater, mich abzutreiben. Meine Mutter mit nach Deutschland zu nehmen, war für meinen Vater auch eine Heldentat.

Sie liebten sich sehr.

Er hatte, als er sie sah, zu einem Freund gesagt, da war sie 16 oder 17 und arbeitete in der Küche, »ein Sommerkleid und ein Stück Seife würden Wunder wirken«. Sie war ja noch ein Kind. Und sie hatte das unschuldige Gesicht derjenigen, die nicht mit Literatur und klassischer Musik geschunden waren.

Sie war so, wie die Leute damals in Attika waren, und das war ja etwas völlig anderes als das, was sie dann in Deutschland erfahren hat. Sie hat mich einmal gefragt, warum das alles so geworden sei, warum ihr Leben so verlaufen sei. Und da sagte ich zu ihr, ich war damals 16 oder 17 Jahre alt:

»Das ist ganz einfach. Die schlimmsten Leute, die es damals in Europa gab, überfallen Griechenland und bringen Unheil über dein Land. Und du, die du nicht den Sohn von dem oder dem heiraten wolltest, da er Fischer war, hast gedacht, so wie du aussiehst, steht dir ein anderes Leben zu.«

Später, als sie im Kloster war, tat mir das wahnsinnig leid, aus welchem Grund habe ich ihr nicht gesagt.

Mein Vater hatte sicher etwas Hochstaplerisches. Ich sehe ihn auf den Fotos in weißer Uniform, er war auch 1,87 groß, ein blonder Kerl mit einem gewaltigen Lachen und schönen Zähnen, und wie heißt es in der »Bluthochzeit« von Lorca? »Ein Mann auf einem Pferd weiß viel.«

Damals meinten viele deutsche Soldaten, dass es leicht sei, ein Mädchen, das in der Wüste lebt, zu betören. Das weiß ich noch, dass ich das damals auch sagte.

Meine Mutter hat die Größe gehabt, sich dem Feind hinzugeben. Ich bin ein Kind der Liebe.

Sie war völlig furchtlos als junge Frau, völlig furchtlos. Ich weiß noch, sie hatte so eine große Schneiderschere, die sie mir ins Gesicht werfen wollte, sie konnte unheimlich wütend sein. Und die Schere fiel neben meinen Kopf. Sie war entsetzt, dass sie so sein konnte. Aber sie wurde von Wut gequält, von Deutschland in der Nazi-Zeit. Sie durfte damals nicht mit in den Bunker und ihr wurde mit dem Konzentrationslager gedroht. Es war im Grunde schrecklich für sie.

Mein Vater dagegen war – was ich auch an ihm mochte – die Vorstellung von berechenbarer Gerechtigkeit. Er sagte immer zu meiner Mutter, dass sie mich nur für das bestrafen könne, was ich tat.

Nun war es im Grunde so, dass ich als Kind meiner Familie gegenüber eigenartig brav war, verursacht dadurch, dass ich gezwungen war, zwischen den Stühlen zu sitzen, dass ich zwischen den Erwachsenen ausgleichen musste.

Meine Großmutter war in Hamburg ausgebombt und lebte in einer relativ kleinen Wohnung. Das war für mich wunderbar, weil das alles dort ein bisschen aufgelöst war.

Ich kann mich sowieso gut erinnern an die Zeit, ein bisschen auch an den Krieg, da war ich ja erst eineinhalb. Ich habe sehr frühe Erinnerungen und konnte sehr früh sprechen. Ich habe die Bilder noch vor mir, ich weiß noch genau, was meine Tante anhatte, so weiß ich

Gerrit mit seinen Eltern, circa 1953

auch noch, was mein Vater trug, als er das und das sagte. Ich erinnere mich noch, dass meine Großmutter mich aus dem Kinderwagen riss. Das seltsame Geräusch der Sirene ist mir sehr vertraut und dann das Gesicht meiner Großmutter, und ich erinnere mich die ganze Zeit, wie sie mich getragen hat. Ich erinnere mich an die Gerüche, ich weiß, dass sie einen Pfeffer-und-Salz-Mantel trug und Holzknöpfe dazu. Und dass in Hamburg noch die Trümmer lagen und dass sie mich wegen einer Mittelohrentzündung zu einem jüdischen Ohrenarzt brachte, vor dem ich mich sehr ängstigte.

Meine Eltern haben erst nach dem Krieg geheiratet. Als ich zur Schule kam, hat mein Vater meine Mutter geheiratet. Es war kurz vor der Einschulung. Ich sollte nicht durch den fremden Namen auffallen.

Ich bin also gebürtiger Grieche, aber in Hamburg geboren.

Sie waren wirklich sehr verliebt ineinander und meine Mutter war eine sehr kluge und integre Frau.

Aber sie verachtete Deutschland sehr. Und ich war die schwierige Brücke zwischen den Kulturen. Dadurch, dass sie stumm war, war meine Rolle, ihre Position zu übersetzen und zu vermitteln. Diese Art der Stummheit und des Zorns ließ meiner Mutter keine Möglichkeit, wirklich leben zu können.

Aber auch ich war dadurch zur Aufmerksamkeit gezwungen, weil ich immer für sie gedacht habe. In Wirklichkeit war ich ihr Übersetzer, ich habe ihr viele Bücher vorgelesen, alles, was es gab. Sie sprach einigermaßen Deutsch, hatte aber im Grunde wenig Vertrauen in die Sprache, weil sie die Gesichter der Sprechenden dazu sah. Ich weiß noch, nach dem Kriege war es so, dass sie bei bestimmten Leuten so tat, als wären sie nicht da, als wären sie Luft. Zum Beispiel war es bei dem Mann der Fall, der Blockwart gewesen war.

Das hat mich als Kind sehr berührt.

Ich habe auch einige Gedichte geschrieben über diese Zeit. Das heißt, immer, wenn meine Mutter auf die Straße trat, ob es früh war oder spät, bewegten sich die Vorhänge an den Nachbarwohnungen. Und Lichter wurden gelöscht, um sie besser erkennen zu können.

Ich liebte sie sehr.

Auch in meinem deutschen Freundeskreis war meine Mutter sehr beliebt. Alle mochten sie, weil sie so lebensklug war.

Dadurch, dass ich das Defizit der Mutter ausgleichen musste, bin ich im Grunde sehr kommunikativ und gesellig gewesen. Ich habe auch leicht Zugang zu Menschen, das hat nichts mit Begabung zu tun, sondern mit den Jahren erkennt man, dass es wichtig ist, mit sich selbst wahr zu sein, auch in der Liebe.

Und wenn das Reden nicht reicht, male ich auch noch Bilder.

Mein Vater war im Grunde närrisch. Er hatte große Ideen und war auch ein sehr begabter Mensch, ich habe ihn jedenfalls immer so gesehen. Dann lernte er eine Frau kennen, die einen verschuldeten Landgasthof hatte und hat da sein Geld reingesteckt und sein Wissen und hat meine Mutter dafür verraten.

Ich glaube, es war 1954. Ich war zwölf, als er ging.

Es brach ihr das Herz, das war es, es brach ihr das Herz, sich so geirrt zu haben, daran erinnere ich mich noch. Und meine Mutter sagte zu mir, sie hatte so ein riesiges Vertrauen zu mir:

»Du, tue mir den Gefallen, mach nichts, dass die Leute sagen, die Griechen können ihre Kinder nicht erziehen.«

Ihre Angst vor der Bewertung durch die anderen, die habe ich nie gehabt.

Und als mein Vater später merkte, dass ich nicht Admiral oder Sauerbruch würde, war er ziemlich unglücklich. Er hat mich im Grunde nie richtig verstanden. Obwohl er mich sehr mochte. Auch er war im Grunde künstlerisch begabt, aber bei ihm war es eben so, dass man beruflich etwas Vernünftiges machen musste.

Außerdem war mein Vater immer sehr erschreckt, dass ich so sehr griechisch war. Dies war damals noch nicht in Mode, es war, bevor die Gastarbeiter kamen. Es gab Altphilologen, die mich sehr mochten, die mich fragten, ob ich griechische Verwandte habe, die sich für mich als Mensch interessierten. Und dann gab es auch Leute, die mich als Ausländer oder als eigenartig ausländisch ansahen. Auch in der Schule war das der Fall, obwohl ich helle Haare hatte. Es war doch so, dass bei mir etwas aus Attika mitschwang.

Als ich dann später auf die Schauspielschule ging, war es für meinen Vater in seiner Vorstellung das Schrecklichste. Er sagte über mich:

»Der da hinten mit dem Hut, der Kleine ganz rechts, der den Stock so bewegt, das ist mein Sohn.«

Oder ich stritt mit ihm über Ballett. Als ich ihm sagte, dass ich ein Stück schreiben, Regie führen, die Hauptrolle spielen und das Bühnenbild machen würde, sagte er, ich sei verrückt.

Ich fühlte mich damals schon als Europäer, also als Person zwischen Griechenland und Deutschland.

Der Ururgroßvater meiner Mutter lebte auf Andros. Er hatte im Duell einen Mann getötet und nahm daraufhin den Namen seiner norditalienischen Frau an. Die Familie floh nach Attika, um der Blutrache zu entgehen.

Mein Großvater war ein gebildeter Mann, der auch in Paris studiert hatte, die Familie war sehr reich in Attika. Er besaß ein Fuhrunternehmen, hatte drei Taxen aus Amerika neu gekauft und war ein großer Spieler, Frauenheld und Säufer.

Er hat alles, was da war, verspielt.

Dann kam für mich die Fahrt nach Griechenland, wo ich diese komische Familie kennenlernte. Ich habe das nie richtig ernst genommen oder ernst nehmen können, weil ich mich eben sehr mit anderen Sachen beschäftigte.

Die Sehnsucht meiner Mutter, nach Griechenland zu kommen, band sich im Grunde auch an die jüngste Schwester, die war sechs Jahre älter als ich.

Eine andere Schwester hieß Sophia, das war die Närrischste von allen. Eine Dritte hieß Aphrodite, die war mit Abstand die Hässlichste.

Es war für mich sehr eindrucksvoll, dass die alten Fischer, die damals noch lebten, Leute waren, die als Person so sichtbar waren, also ganz kluge Leute, das hat mich sehr ergriffen. Es hat mir Spaß gemacht, so neben einem Alten zu sitzen. Er sagte im Allgemeinen ganz wenig. Es war die Vorstellung, die man von Alexis Sorbas hat. Mein Großvater war auch ein bisschen so.

Er hatte sich und die Familie im Grunde um Kopf und Kragen gesoffen. Er war ein Frauenheld und Angeber – und dann war er Wasserverkäufer. Und weil er sehr gebildet war, war er höchst originell. Alles war metaphorisch, was er sagte. Alles fiel ins Gleichnis. Das gab mir das Gefühl, dass mit solchen Menschen eine Unterhaltung gar nicht möglich ist. Was meiner Ansicht nach auch mit der Landschaft, aber auch mit dem alten Geist zu tun hat.

Meine Großmutter dagegen war an sich so eine Art Landprinzessin, ihrer Familie gehörte damals wahnsinnig viel Land.

Mein Großvater tötete dann auch irgendwann jemanden im Duell und bekam deshalb ein Jahr Festungshaft. Meine Mutter hatte in dieser Zeit unheimliche Angst um ihn.

Sie hasste deshalb das Kartenspiel, das Spiel überhaupt. Weil die Sucht ihre Familie in die Katastrophe geführt hatte, hasste sie auch Leute, die tranken.

Später schenkte mir der Bruder meiner Mutter in Griechenland ein Messer. Er war auch närrisch vor Wut auf die Welt und auf das Leben und auf Gott. Ich habe das Messer immer dabeigehabt und habe immer damit gespielt.

Und meine Mutter bat mich, damit aufzuhören. Sie befürchtete, dass ich irgendwann jemanden damit töten könne.

Ich hatte in Griechenland auch eine ganz besondere Tante. Sie war die Schwester der Schwägerin meiner Mutter. Sie war Schauspielerin. Und auch Schönheitskönigin. Ich sollte bei ihr wohnen. Meine Mutter war schon nach Deutschland zurückgekehrt, und ich sollte weiter in Athen leben.

Ja, ich liebte diese Tante sehr, ich liebte sie sehr!

Sie sagte: »Er ist schon so groß und er gefällt mir, es ist im Grunde schwierig.«

Meiner Tante gefiel es z. B., dass ich die Hacken zusammenschlug, einen »Diener« machte. So begrüßte ich sie auch, ihr gefiel das, sie sagte es auch.

Es war wahrscheinlich komisch, weil ich so griechisch aussah, vielleicht wirkte es wie eine Persiflage.

Ich erinnere mich noch, dass sie damals über die Deutschen erzählten, sie seien so dumm, dass, wenn der Offizier sagt »Marsch«, sie alle ins Wasser marschierten.

In Griechenland wäre mir wahrscheinlich eine Sänger-Karriere beschieden gewesen. Ein Costa Cordalis auf der griechischen Seite.

Weil ich sehr griechisch aussah, haben mich die Leute schnell entdeckt. Als ich sagte, ich sei Deutscher, haben sie alle sehr gelacht. Als hätte ich gesagt, ich sei ein Eskimo. Weil ich damals eben griechischer aussah als die Griechen selbst.

Meine Mutter kehrte dann deshalb nach Deutschland zurück, weil sie ihrer Familie nicht sagen konnte, dass sie geschieden war. Das war ihnen im Grunde in den 50ern nicht zu vermitteln.

Und dann ich bin zum zweiten Mal nach Griechenland mitgegangen, weil ich die jüngste Schwester meiner Mutter wiedertreffen wollte. Es war in den Jahren 1957 bis 1959. Diese Tante war später auf der Schauspielschule und hat sich das Leben genommen, es war alles schrecklich verlaufen. Jedenfalls nahm sie sich das Leben.

Die Lebensverhältnisse in Griechenland waren damals so, dass viele Leute in kleinen Häusern lebten. Der Acker gab nichts her, die Sprache ist alt, und die Leute waren eigenartig klug. Denn, wenn man sich nicht umbringen will, wenn man zu zehnt in kleinen Räumen lebt, muss man etwas finden, dass man es miteinander aushält. Das hatte ja auch damit zu tun, dass die Leute früher anfingen zu arbeiten, dass sie so eigenartig patent sein mussten, um zu überleben. Viele Leute hatten jedoch nicht einmal eine Arbeit.

Deshalb hatte ich auch bei meinem ersten Besuch in Griechenland gleich vor Schrecken eine Gelbsucht bekommen. Ich hatte ständig Angst, dass meine Freundin in Hamburg sehen würde, dass ich in so einer Art Stall wohnte, dass so etwas existierte. Meine Verwandten hatten zwar ein eigenes Haus, im Haus gab es jedoch kein fließendes Wasser.

Mein Großvater war ja Wasserverkäufer, trotzdem war da nur so ein kleiner Behälter mit Wasser im Haus. Das war für mich alles unvorstellbar. Auch, wie die Dorfleute auf mich zugingen, wie sie mich küssten, weil ich der Sohn von Olga war, es war so etwas von unfassbar.

Es gab auch in dieser Zeit wenig Autos, dafür Esel und Karren, und es war ein völlig anderes Leben.

Ich erinnere mich noch, dass ich bei einem späteren Besuch den Katalog meiner selbstgemalten Bilder mitbrachte und dass meine Familie fragte, was ich mache, und ich sagte: »Ich bin Maler.« »Streichst du Häuser?«, fragten sie zurück. Ich sagte: »Ich male Bilder.« »Was für Bilder? Die Akropolis?« Ich sagte: »Nicht so direkt.«

Dann gab ich ihnen den Katalog. Mein Cousin schaute ihn an und sagte: »Was ist das, was du da machst? Was machst du mit den Bildern?«

»Ich verkaufe sie!« »Du verkaufst sie, und was kriegst du dafür?«

Ich sagte: »4000 Mark für so ein Bild.«

»Hör mal, er ist der Klügste von uns allen und der Wildeste und der Gerissenste, er verkauft praktisch Dreck für dieses Geld!«

Mir fiel dann auf, dass der Katalog eingeknickt war, dass jedes Bild geknickt war, und dann auch, dass einer aus der Familie die letzte Seite herausgerissen hatte, weil da sowieso nichts drauf war.

Was mich in Griechenland damals auch noch störte, war der große Gegensatz zwischen Mann und Frau. Es war mir im Grunde widerlich, dass die Männer ihre Frauen schlugen, das war für mich außerhalb meiner Vorstellungskraft. Ich erinnere noch eine Situation mit einer meiner Tanten. Ich kam zu ihr und meine Tante weinte. Und ich fragte sie: »Was hast du?«

Ich war damals 14 Jahre und schon so groß, dass ich mich auch nicht vor dem Onkel fürchten musste. Und meine Tante erzählte, dass sie von ihm geschlagen worden war, weil sie geraucht hatte, und sie sagte, es würde schon eine andere Zeit kommen.

Ich wollte mit ihrem Mann reden, aber sie sagte:

»Es wird die Zeit kommen, und er wird sagen, dass ich nicht rauchen soll, und ich werde ihm dann den Rauch ins Gesicht blasen. Denn er wird sich nicht bewegen können.« Und viele Jahre später, 40 Jahre später, besuchte ich sie, und da lag der Onkel in seinem Bett und hatte ein offenes Bein. Es war heiß, die Klimaanlage machte Lärm, und da sagt er zu meiner Tante:

»Tu mir die Freude, rauch nicht!«

Und da kam sie und blies ihm den Rauch ins Gesicht.

Und sie sah mich an und uns fiel ein, dass sie mir das als Kind gesagt hatte.

Bei meinem zweiten Aufenthalt in Griechenland, da war ich etwa 13, schickte mir mein Vater den *Spiegel.* Dort las ich etwas über Erzbischof Makarios, der war damals sehr im Gespräch. Ich wurde von meinen Verwandten gefragt, was ich von den Leuten auf Zypern halte.

Ich sagte: »Meine Informationen habe ich nicht von einem Besuch auf Zypern, sondern mein Wissen habe ich nur aus den Zeitungen.«

Darauf sagten sie: »Das Kind belehrt uns, es redet, wie die Weisen reden.«

Und so kam es, dass ich innerhalb kürzester Zeit als einer der Profiliertesten und Klügsten galt. Nun war ich auch der Größte von allen, die Leute in Griechenland waren damals so klein! Ich war so circa 1,80 Meter groß – als Kind!

Die Griechen hatten ganz andere Figuren, sie hatten kurze, dicke Beine, waren relativ gedrungen, andere ganz dünn und gradknochig, also für mich sehr eigenartig.

In Athen ging ich in die Deutsche Schule, dann kam ich wieder zurück nach Hamburg; 1959 kamen wir zurück, meine Mutter und ich. Ich wollte wieder nach Griechenland gehen. Doch in Deutschland verliebte ich mich und ging nicht wieder nach Griechenland zurück.

Ja, ich war verheiratet. 1966 habe ich geheiratet. Mit 22. Meine Tochter ist 1966 geboren. Wir waren sieben Jahre zusammen. Aber wir waren nur dreieinhalb Jahre richtig verheiratet.

Meine Mutter ist dann in ein Kloster gegangen, weit weg von meinem närrischen Vater. Außerdem hing der Eintritt auch mit meiner griechischen Großmutter zusammen. Die war sehr ungerecht. Dazu war meine Mutter geknechtet durch meinen Großvater, der im Grunde auf nichts Rücksicht nahm.

Und es war so, dass sie sehr fromm war. Sie hatte Sehnsucht nach allem Spirituellen. Sie hielt sich an den alten Kalender, an den Julianischen, und immer kamen schon früher Mönche ins Haus, die ich als eklig empfand.

Durch die Nähe zu Gott oder das Erleben der totalen Hinwendung hat sie wohl versucht, glücklich zu sein. Und es hat ihr wohl gefallen, dass der Alltag unterbrochen war durch Gebete, durch Atmen, durch Gesang.

Bei ihrem ersten Klostereintritt bat sie, ein oder zwei Jahre bleiben zu können. Sie wolle nicht fernsehen, auch gefiele ihr Griechenland nicht, besonders die Männer dort. Die Leute waren doch noch ziemlich rückständig.

An Neujahr liefen die Priester herum und vertrieben die bösen Geister. Da wurden die Häuser von bösen Geistern befreit, das habe ich als Kind erlebt. Mit fleckigem Gewand und Weihrauch. Und da hielten sie die behaarten, dicken Hände mit dem Ring hin, die musste man küssen. Obwohl ich noch jung war, empfand ich das als ziemlich blödsinnig. Vielleicht, weil ich mich damals mit anderen Gedanken beschäftigte und andere Bücher las.

Trotz ihrer Religiosität war es für meine Mutter im Kloster wahnsinnig schwierig. Es gibt nichts Schlimmeres für einen Mönch oder eine Nonne, als den Gehorsam zu verweigern. Meine Mutter jedoch liebte Mozart, die klassische Musik hat ihr wahnsinnig viel bedeutet. Und im Kloster wurde ihr gesagt, dass Bach, Mozart oder Brahms die reinste Höllenmusik sei. Und sie sagte: »Bousouki? Ist das keine Höllenmusik?«

Und dann hatte sie so eine Wut, dass sie geflüchtet ist. Das hat sie immer wieder gemacht, sie hat die Klöster andauernd gewechselt.

Einmal war sie wieder zu Hause und hatte sich wieder einmal mit ihrem Bruder gestritten. Sie hat sich daraufhin so weit zurückgezogen, dass sie selbst mit ihrer Familie nicht sprach.

Da sagen die Leute zu meinem Onkel: »Da ist eine Nonne in den Bergen, und es gibt so einen Sexualverbrecher, der macht sich die ganze Zeit an sie ran, wie kann dies angehen, sie lebt da in einem Erdloch?«

Da sauste der Bruder zu ihr und sagte: »Olga, tu mir den Gefallen, die Leute in Athen reden darüber, dass ich meine Schwester in die Berge gejagt habe, dass sie unter einem Felsen lebt, sich mit Blättern bedeckt, tu mir den Gefallen, komm runter ins Haus.«

Zuerst sagte sie, er solle ihr aus den Augen gehen, doch dann packte sie zusammen.

Nach zwei Monaten stritten sie sich wieder, dann ging sie woanders hin, sie hat immer Aufnahme gefunden. Denn ihre große Not hat sie den Leuten im Grunde aufrichtig geschildert. Das hat die Leute gerührt. So ist sie praktisch immer wieder untergeschlüpft.

Wieder einmal wusste niemand, wo meine Mutter war. Dabei hätte sie eigentlich wissen müssen, wie unangenehm es für mich war, wenn mich die Leute fragten, ob sie noch lebe und ob ich ihren Aufenthaltsort nicht wissen wolle. Vielleicht machte ihr meine Ungewissheit sogar Spaß.

Ihr Leben zu verlieren, das hat ihr nichts bedeutet. Insofern war sie furchtfreier als ich.

Mir gefiel diese ganze Geschichte nicht. Ich verstehe, dass die Not in den Wahnsinn treibt, zu Selbstmord, und auch die geistige Verstrickung in Klöster treibt, nur, warum soll mir das gefallen? Es würde mir auch nicht gefallen, wenn meine Tochter sagen würde, sie wäre Buddhistin. Mir gefällt dieses Zuflucht-Suchen nicht. Diese Art der Sicherheit habe ich nie gekannt.

Ja, meine Mutter hätte immer hier in Deutschland bleiben können. Ich hätte ihr gerne vieles abgenommen. Sie hätte hier immer leben können. Ich hätte immer für sie gesorgt, ich habe mich mein Leben lang um diesen Menschen gesorgt.

Und einmal haben wir uns gestritten, und da sagte sie, sie sei nie geliebt worden. Vielleicht von einer Geliebten von mir, die Einzige, die auch orthodox war, eine sehr beherrschte und kühne Frau, der es aber einen unglaublichen Spaß gemacht hat, meiner Mutter zu dienen.

Da war ich im Grunde zornig. Denn nach der Geschichte mit meinem Vater war mit ihrem Herzen etwas nicht in Ordnung, sodass sie Erstickungsanfälle bekam. Ich war so oft an ihrem Totenbett, so wahnsinnig oft, und dann sagte sie, es hätte sie keiner gemocht!

Ich habe damals meinen ersten Gedichtband gemacht. Mir wurde von dem Germanistikstudenten Conradi gesagt, dass es wichtige Gedichte seien. Ich wollte jedoch nicht, dass irgendwelche Leute über die Gedichte lachten. Und dann waren es zwei Gedichte, die veröffentlicht wurden, das eine über den Vogel, der aus dem Nest stürzt und dem die Flügel für immer brachen.

Ich mag keine Gedichte, die sich groß erklären müssen, oder in denen die letzten beiden Zeilen originell sind. Leider sind sie deshalb oft sehr sinnbeladen.

Das Glück, jemanden zu treffen, mit dem man leben möchte, ist wahnsinnig selten. Ich bin manchmal 10 000 Kilometer geflogen, weil ich darüber schreiben wollte.

Mir ist in den letzten Jahren dieses Glück begegnet. Da war es eben so, dass ich eine Frau traf.

Sie war für mich interessant, die Voraussetzungen des gegenseitigen Verstehens waren viel günstiger als in der Zeit vorher, obwohl ich viel unterwegs war und viele Menschen getroffen habe in meinem Leben und viele Freundschaften und Beziehungen eingegangen bin. Aber es war so, dass es so sehr passte, obwohl die Frau verheiratet war.

Aber sie war mir eben auch zu jung, nur ein Jahr älter als meine Tochter. Ich fragte mich deshalb, wer ich denn sei, dass ich praktisch als Großvater einen Anlauf nehmen würde. Und wenn man noch in meinem »zarten« Alter ein Kind bekommt, das finde ich im Grunde widerlich. Das wollte ich nicht. Da sitzt dann so ein Alter mit einem Zweijährigen auf dem Schoß.

Und auch, dass ich es als schrecklich empfand, dass einer, der 20 Jahre älter ist als der Ehemann, ihm seine Frau wegnimmt. Dass so ein wilder Typ vorbeikommt und sie beiläufig kassiert. So möchte ich nicht sein!

Und ich spürte das bis in die Nächte hinein, dass es nicht ging.

Auch sie war hochgradig beunruhigt. Ihr Mann hat sie gefragt:

»Du bist so komisch! Ist ein Mann in dein Leben getreten?«

Sie hat es ihrem Mann gleich erzählt. »Ein Mann, ja, Gerrit, ja.«

Ich habe sie auch nicht zurückgehalten, ich dachte, sie muss es auch erzählen, dass sie nicht sagen muss: »Ich lüge für unsere Liebe.«

Die Erschütterung bestand für mich darin, dass es sich so überbordend anfühlte. Es war die Vorstellung, dass es eben so passt, dass man außer sich ist. Sie hat mich aufgehoben zu sich – zu der Sicht, die sie hatte, das war im Grunde das Berührende.

Und es war für mich interessant, dass ich so große Lust zur Güte hatte und zur Größe. Es fiel mir da so leicht, gerade auch so über mich zu reden.

Sie rief in mir die besten Eigenschaften hervor.

Ich hatte vergessen, dass es früher, als ich verliebt war, auch so gewesen war.

Ich habe den Fehler gemacht, dass ich, als sie meine Hand gefasst hat, zu ihr sagte: »Ich habe andere Pläne.« Und trotzdem habe ich zugelassen, dass ich sie umarmt habe.

So hätte ich mich im Grunde nicht verhalten dürfen, und ich wusste das auch. Aber diese Art von Gegenwart hat mich überfahren.

Ich kenne ein paar Beziehungen, wo der Altersunterschied im Grunde ging, aber es ist doch ziemlich aussichtslos, wenn er 15 oder 30 Jahre älter ist als sie. Ich habe in der Tiefe ganz andere Vorstellungen. Und auch völlig andere Erlebnisse. Und eben auch eine andere Werteskala.

Nun ist man selbst schon so müde geworden.

Ich habe im Grunde aufgehört mit der Vorstellung, glücklich sein zu müssen, dies gehört nicht zu meinen Zielen. Es wäre mir fast auch peinlich, glücklich zu sein.

Aber verstanden zu werden, das war für mich immer so ein Oberbegriff. Mein Vater sagte immer: »Das kann man nicht sagen. Das ist unsagbar.«

»Unsagbar« – dafür haben wir doch Gefühle –, meine ich.

Das war auch so, als mein Vater in meinen Armen gestorben ist. Im Jahre 1978. Die Leute werden in einer solchen Situation wieder brav, werden wieder Freunde. Die Brüderlichkeit in solchen Augenblicken oder das Wesenhafte erkennt sich selbst.

Kurz bevor er starb, sagte ich zu ihm: »Kannst du mir nicht sagen, was man macht, wenn man älter wird, du hast dich immer um den Kopf bemüht?«

Und er sagte: »Mich musst du nicht fragen, ich bin immer nur böser geworden durch das Alter. Das Einzige, was man sagen kann, ist, ob im Alter die Mundwinkel nach oben oder nach unten gehen.«

Das war das Einzige, was er erwägen konnte.

Nachtrag von Kerstin Muth

Als ich Gerrit frage, ob er glaube, dass seine Mutter ihn wieder anrufen würde, antwortete er: »Ich glaube nicht, nein. Sie ist ja hier gemeldet mit dem ersten Wohnsitz, weil ich ihre Vollmacht habe. Und ich werde, wenn sie nicht mehr lebt, es irgendwie erfahren.«

Vor kurzem sagte mir Gerrit am Telefon, dass seine Mutter verstorben sei.

Italien

Leerstelle Italien

Gisela Heidenreich

Beim jährlichen »Kriegskindertreffen«, das der Verein Fantom e. V., ein Netzwerk für Kunst und Geschichte, in Kooperation mit der Wehrmachtauskunftstelle WASt in den Räumen der Deutschen Dienststelle in Berlin organisiert, hat seit 2005 die Zahl der Teilnehmer von Jahr zu Jahr zugenommen. Verbände und interessierte Einzelpersonen aus verschiedenen europäischen Ländern tauschen Erfahrungen aus, Referenten berichten über Tagungen und Neuerscheinungen, Filme und Dokumentationen werden gezeigt. Nicht zuletzt nach der Installation der Website des Europäischen Netzwerks BOW i. n. kam es zu neuen, auch internationalen Kontakten.

In einem der europäischen Länder, in denen es mit Sicherheit auch »Wehrmachtskinder« geben muss, herrschte und herrscht in Bezug auf die Aktivitäten von BOW i. n. Funkstille: Mehrfache Versuche, Italien »ins Boot zu holen«, waren vergeblich, auch die Kontakte von Ludwig Norz und Wolfgang Remmers von der WASt zum Deutschen Historischen Institut in Rom brachten keine Verbindung zu einer eventuellen Gruppierung oder Einzelpersonen zustande, die bereit gewesen wären, sich mit ihrem Schicksal an uns zu wenden. Wir haben im vergangenen Jahrzehnt immer wieder die Erfahrung gemacht, wie der Austausch ähnlicher Schicksale und die Erkenntnis, traumatische Erlebnisse mit Hunderttausenden in Europa zu teilen, sich befreiend auf die Seele auswirkt – auch wenn diese Befreiung spät genug erfolgt.

Meine »Lebensborn«-Biografie wurde 2004 ins Italienische übersetzt[1] und im Goethe-Institut in Rom 2005 mit großer Resonanz dem italienischen Publikum vorgestellt. Bei der lebhaften Podiumsdiskussion mit Journalisten und Historikern war wohl vom »Armadio della vergogna«[2] die Rede, dessen später Fund immer noch die Gemüter erhitzte, aber die Frage nach Kindern aus italienisch-deutschen Beziehungen stieß sowohl auf dem Podium als auch beim Publikum auf Unverständnis und Abwehr. Die gleiche Erfahrung machte ich in den folgenden Jahren bei etlichen anderen, immer von Historikern begleiteten Lesungen in ganz Italien: So vehement man sich in Diskussionen über »Lebensborn«-Praktiken und den Umgang mit »Wehrmachtskindern« in Norwegen ereiferte – von italienischen Kindern deutscher Väter in den Jahren 1940–45 wollte niemand je etwas gehört haben. Ich konnte mir diese Reaktionen nur als kollektiven nationalen Verdrängungsprozess erklären.

Wohin sind die sicher existierenden Kinder verschwunden?

Wurden sie mehr noch als in den anderen betroffenen europäischen Ländern verleugnet und verschwiegen?

Kann auch der Katholizismus eine Rolle gespielt haben? Zu Scham und Schande kam auch noch die Sünde des unehelichen Geschlechtsverkehrs, gar des Ehebruchs?

Wie viele Kinder fielen der noch größeren Sünde, der Abtreibung, zum Opfer, die manche Frau als einzigen Ausweg sah in Abwägung zur gesellschaftlichen Ächtung? Wie viele Kinder wurden einem italienischen »Vater« untergeschoben und wuchsen so als legitime Nachkommen auf?

Bei diversen Zeitungs- und Fernsehinterviews habe ich nie versäumt, gegenüber aufgeschlossenen Journalistinnen das Thema anzusprechen in der Hoffnung, damit Interesse zu Recherchen und Berichten zu wecken. Meines Wissens hat keine von ihnen es gewagt, das Tabu zu hinterfragen.

Die auffällige Hartnäckigkeit, mit der eine Aufarbeitung dieser Historie noch immer vermieden wird, mag in der besonders problematischen deutsch-italienischen Geschichte begründet sein, wie nachfolgend der langjährige Italienkorrespondent Roman Arens argumentiert.

Umso verdienstvoller ist es, dass es der Historikerin Michaela Ponzani dank ihrer Aktenforschungen gelungen ist, »Feindeskinder« ausfindig zu machen und über sie zu schreiben.[3] Wir hätten uns gewünscht, Hinweise auf Schicksale aus diesem Band übersetzen und zitieren zu können; die Versuche, Frau Ponzanis Zustimmung zu erreichen, blieben erfolglos.

Anmerkungen

1 Gisela Heidenreich: In nome della razza ariana – Il viaggio di una donna alla ricerca della propria identità, Milano 2004.

2 Vgl. Erläuterung im Beitrag von Roman Arens.

3 Michaela Ponzani: Figli del nemico – Le relazioni d'amore in tempo die guerra 1943 – 1948, Rom / Bari 2015.

»Feindeskinder« in Italien und der »Schrank der Schande«

Roman Arens

»Schau. Ich weine seit 70 Jahren, und immer im Verborgenen.« Olga – den Namen haben sich italienische Medien ausgedacht – hatte keine Tränen, als ihre Tochter Margot B. sie im August 2015 zum ersten Mal in den Arm nehmen konnte. Nach siebzig Jahren. Die inzwischen über neunzigjährige Mutter hatte ihren einstigen deutschen Partner sowie ihre am 25. Oktober 1944 in Heidelberg geborene Tochter tot geglaubt. Margot B. dagegen hatte sich erst nach dem Tod ihres strengen Vaters auf die Suche gemacht und dem starken Drang nachgegeben, ihre Herkunft und Identität zu klären. Mit Hilfe des Internationalen Suchdienstes ITS in Arolsen hatte die Tochter ihre Mutter in der Kleinstadt Novellara in der italienischen Region Emilia Romagna ausfindig gemacht. »In meinem ganzen Leben habe ich meine Familie nach dir gefragt«, erklärte Margot bei ihrem ersten Besuch in Novellara, »aber ohne eine Antwort zu erhalten.«

Die junge Olga, die ihrem Geliebten, einem deutschen Soldaten, nach Deutschland gefolgt war, war dort wie Hunderttausende ihrer Landsleute in den letzten Kriegsjahren zur Zwangsarbeiterin in einer Fabrik geworden. Kurz nach der Geburt ihrer Tochter wurde diese ihr weggenommen, vorläufig in ein Heim gesteckt und schließlich in die Familie ihres schon verheirateten Vaters integriert.

Olga ging nach dem Krieg zurück in ein Italien, in dem die Freundinnen und Partnerinnen von Angehörigen der geschlagenen und vertriebenen deutschen Wehrmacht abgrundtief verachtet und diskriminiert wurden. Sie galten als Verräterinnen, als das dunkle Gegenstück zu den Heroinen, die oft als Botengängerinnen oder Kundschafterinnen für die in den Wäldern versteckte Widerstandsbewegung aktiv gewesen waren. Frauen, die sich mit Deutschen eingelassen hatten, wurden von entfesselten, auf Rache an den Faschisten sinnenden Angehörigen der Residenza oft – auch in Novellara – die Haare abgeschnitten und die Köpfe kahl geschoren. Noch siebzig Jahre später wollte Olga ihre Anonymität gewahrt wissen, wollte ihre Freude über die wiedergefundene Tochter wie auch die lange Verzweiflung im Verborgenen lassen. Das, was gewesen war, sollte nicht wieder hochkommen, wenigstens der Öffentlichkeit unbekannt bleiben

Solche späten Treffen wie das von Novellara kann es natürlich kaum noch geben. Aber solche anrührenden, nachdenklich machenden Geschichten von Scham und Schande, von Enttäuschung und Verdrängung, von Verzweiflung und verpassten Gelegenheiten gibt es viele in vielen menschlichen Varianten. Sie wurden lange und werden in Italien auch noch heute von ganz persönlichen, gesellschaftlichen, historischen und politischen Tabus unter dem Deckel gehalten. Und das, obwohl eine offene Auseinandersetzung vielen Betroffenen helfen könnte, mit der eigenen Geschichte ins Reine zu kommen.

Nach dem Zweiten Weltkrieg musste sich Italien neu erfinden, um nach der umfassenden Katastrophe, auch der moralischen, wieder eine tragbare Zukunft gestalten zu können. Das unselige Bündnis zwischen dem faschistischen Regime und Nazideutschland war in Nordafrika militärisch in arge Bedrängnis geraten, Benito Mussolini wurde gestürzt, und sein Nachfolger Pietro Badoglio bereitete den Seitenwechsel vor. Am 8. September wurde Italien an der Seite der Alliierten zum Kriegsgegner, die deutsche Wehrmacht wurde auf der Apenninhalbinsel vom Waffenbruder zur brutal wütenden Besatzungstruppe, die sich zahllose Kriegsverbrechen zuschulden kommen ließ. In diesen schweren Zeiten entstanden Mythen und wurden Klischees verstärkt. Auf italienischer Seite wurde das Bild der heldenhaften Widerstandskämpfer immer strahlender gezeichnet und standen die Deutschen als dumpfe Barbaren da, während die Italiener nördlich der Alpen im kollektiven Bewusstsein als feige Kriegsverweigerer und Verräter angesehen wurden.

Diese schwierigen generellen Bedingungen und die Entfremdung verhinderten natürlich nicht, dass sich etliche unter den Hunderttausenden Wehrmachtssoldaten von italienischen Frauen und umgekehrt etliche von den Hunderttausenden Militärinternierten in Deutschland von dortigen Frauen angezogen fühlten. Es haben sich in ihrer großen Mehrzahl flüchtige Beziehungen ergeben, die auf elementaren Bedürfnissen in unsicheren Zeiten fern von zu Hause beruhten, und auch solche, die auf Erwartungen von Protektion und Vorteilen fußten.

Aber bei einer nicht geringen, nicht genau zu überblickenden Zahl von Paaren entstanden und wuchsen auch Liebesbeziehungen, die auf lange Dauer nach dem Krieg angelegt waren und in denen schon während des Krieges Kinder geboren wurden. Allerdings ist anzunehmen, dass nur ein Bruchteil dieses Ziel einer stabilen Familie erreicht hat und es sich nach der Rückkehr der Väter in ihre Heimat als Illusion herausgestellt hat. Das Nachkriegsleben war sehr hart für Frauen, die sich und ein Kind durchzubringen hatten und mit den Anfeindungen von außen sowie mit Scham, Schuldgefühlen und Verzweiflung konfrontiert waren. Manche Mutter legte ihr von einem feindlichen Soldaten empfangenes Kinder in der Baby-Klappe eines Klosters ab, milderte mit dieser Weggabe des Kindes zwar ihr soziales Problem, aber vermutlich nicht ihr inneres Leiden – und mit großer Wahrscheinlichkeit auch nicht das des so anonymisierten Waisenkindes.

Der Umgang mit den deutschen Kriegsverbrechen und die Aufarbeitung der eigenen faschistischen Vergangenheit war seltsam und lange zögerlich.[1] In den Jahren nach dem Krieg und noch in den fünfziger Jahren versandeten trotz befriedigender Aktenlage manche Prozesse in auffälliger Weise. Es schien, als sei Italien stark auf den konkreten generellen Wiederaufbau konzentriert und nur sehr wenig an Vergangenheitsbewältigung interessiert. Außerdem hieß es manchmal, man wolle die junge Demokratie der Bundesrepublik Deutschland nicht mit spektakulären Gerichtsverfahren belasten. Wer zu den Kriegsverbrechen recherchiert und an späteren Prozessen teilgenommen hat, konnte den Eindruck gewinnen: Es gibt auch eine Scham der Opfer und ihrer Angehörigen, eine Scham, sich grausiges Geschehen noch einmal zu vergegenwärtigen und offen darüber zu reden. Manche Zeugen in den Prozessen hatten das Erlebte für Jahrzehnte tief in sich vergraben und öffneten ihren Mund vor Gericht nur widerstrebend.

Bei der Militärstaatsanwaltschaft in Rom wurde 1994 ein Schrank entdeckt, der mit seinen Türen zur Wand gelehnt, also nicht zu öffnen gewesen war. Dieser Schrank, der Unterlagen über 695 Kriegsverbrechen enthielt, löste eine Erschütterung im öffentlichen Bewusstsein aus, machte er doch klar, dass vielen Verbrechensopfern jede Bemühung um Gerechtigkeit lange vorenthalten worden war.[2] Das Möbelstück von hoher Symbolkraft wurde »Schrank der Schande« (»Armadio della vergogna«) genannt und ist unter diesem Namen inzwischen weithin bekannt. Die jahrzehntelange Nichtbeachtung des Mordes an Zigtausenden Landsleuten wird als Schande empfunden, die auch Scham erzeugt hat. Bemerkenswert, dass das Italienische für die äußere Schande und die innere Scham ein Wort, nämlich »vergogna«, kennt. Hatte das Wegsperren der Verbrechensakten nur praktische und vielleicht auch politische Gründe, oder hatten das Unfassbare und die Scham die kolossalen Untaten tabuisiert?

Die Vergangenheit, die weggeschlossen wird, ist nicht vergangen. Das betrifft auch die Italienerinnen, die Umgang oder Liebesbeziehungen mit Wehrmachtsangehörigen bzw. – ab dem 8. September 1943 – Besatzungssoldaten pflegten, vielleicht auch gemeinsame Kinder hatten und dafür gnadenlos gesellschaftlich ausgegrenzt wurden. Die geschorenen Haare konnten nachwachsen, doch die Stigmatisierung blieb. Über die meist jungen Frauen und ihre – nach vagen UN-Schätzungen 700 – Kriegskinder sagte die Historikerin Michaela Ponzani in einer RAI-Fernsehsendung: »Das Thema ist tabu und aus dem nationalen Gedächtnis gestrichen.«

Kurz bevor Margot B. zu ihrer Mutter Olga fuhr und dies einige öffentliche Aufmerksamkeit hervorrief, publizierte Michela Ponzani ein Buch »Figli del nemico« (Kinder des Feindes) mit dem Untertitel

»Le relazioni d'amore in tempo di guerra 1943 – 1948« (Die Liebesbeziehungen in Zeiten des Krieges 1943 – 1948). Es wäre hilfreich nicht nur für die immer weniger Überlebenden dieser Liebesgeschichten und für ihre inzwischen schon über siebzigjährigen Kinder, würde dieses Buch ins Deutsche übersetzt. Die einschlägig erfahrene Autorin hatte Zugang zu überraschend reichen Quellen etwa beim vatikanischen Informationsbüro für Kriegsgefangene »Inter arma caritas«, an das sich viele Frauen wandten, um etwas über den Verbleib ihrer gefangenen Partner zu erfahren. Ponzani berichtet von zahllosen Einzelschicksalen z. B. der Frauen, die sich bei den Autoritäten um die Erlaubnis zu Heirat und Familiengründung bemühten. Das Buch beleuchtet ein übersehenes historisches Kapitel und macht verständlich, welche Last der Scham und der Schande oder auch der Wut und der Enttäuschung viele Frauen und ihre »Feindeskinder« mit sich schleppen – manchmal lebenslang.

Anmerkungen

1 Der Historiker Lutz Klinkhammer vom Deutschen Historischen Institut (DHI) in Rom: »Die faschistische Vergangenheit wurde einerseits aufgearbeitet und andererseits verdrängt, weil die antifaschistische Nachkriegselite sich nicht verantwortlich fühlte für die Verbrechen des Faschismus und deshalb nach 1944 alles getan hat, um zu zeigen, dass Italien auf der anderen Seite stand, auf der Seite der Alliierten, um das Bündnis mit Deutschland vergessen zu machen.« Deutschlandfunk, Die braune Geschichte Italiens, 21. Januar 2012.

2 Generalstaatsanwalt Santacroce ließ die Schriftsätze ins Erdgeschoß des Palazzos tragen, wo Geheimakten gelagert wurden. Alle Verzeichnisse wurden gesäubert, in der Procura Generale Militare fand sich bald kein »Hinweis auf die Kriegsverbrecherakten« mehr. Vgl. Georg Bönisch, Carsten Holm, Hans-Jürgen Schlamp: »Schrank der Schande«, in: Der Spiegel 17 / 2001.

Osteuropa

Leerstelle Osteuropa

Gisela Heidenreich

Bei der Konzeption dieses Buches ging es zunächst darum, aus den in der Einleitung genannten Gründen Beiträge von Kriegskindern aus den Ländern Europas, deren Organisationen sich im Netzwerk BOW i.n. zusammengeschlossen haben, zu veröffentlichen. Da wir keine direkte Verbindung zum geografischen Ostmitteleuropa und Osteuropa hatten und haben, sollte dieser zweifellos genau so wichtige Teil im Wesentlichen anderen Publikationen überlassen bleiben.

Ganz sicher gibt es zahllose »Wehrmachtskinder« in den Balkanstaaten, in Tschechien oder der Slowakei, Polen und in Russland, deren Existenz mindestens ebenso verleugnet wurde wie in den westlichen Ländern und deren Schicksale nicht minder dramatisch sein dürften. Das soll zum Ende dieses Buches nicht unerwähnt bleiben.

Auch in Osteuropa waren Millionen deutscher Soldaten und zivile Besatzer im Einsatz und haben mit Sicherheit Kinder gezeugt – aus Liebe oder mit Gewalt. Auch wenn der intime Umgang mit »rassisch minderwertigen« Frauen des »Ostens« unerwünscht, ja sogar verboten war. Heinrich Himmler hatte bereits Monate vor dem Überfall auf Polen im September 1939, am 19. März 1939, nach der Annexion der Tschechoslowakei, in einem Sammelerlass seinen Männern der SS und der Polizei jeden Geschlechtsverkehr mit Frauen andersrassiger Bevölkerungen im »Osteinsatz« verboten. Auch Zivilbesatzern und Wehrmachtsangehörigen auf polnischem Territorium wurden dann gesellschaftliche und intime Kontakte untersagt, weil »Untermenschen« als Sexualpartner für »arische Deutsche« nicht in Frage kamen. Bordelle wurden eingerichtet, Liebesbeziehungen jedoch bestraft.[1]

In Himmlers Rassenwahn wurde dieses Verbot auch damit begründet, dass »insbesondere die ostische Rasse in ihren Charaktereigenschaften der nordischen geradezu widerspricht und weil durch die Mischung ›nordisch-ostische‹ Menschen entstehen, die innerlich zerrissen und unausgeglichen sind«.[2]

Verbote aufgrund rassepolitischer Ideologie hielten die Soldaten nicht davon ab, im Osten wie im Westen jede Gelegenheit wahrzunehmen, dem Grauen des Krieges für Stunden zu entfliehen und sich dabei wenig Gedanken über mögliche Folgen auch für die Frauen zu machen. Das belegt die Augsburger Historikerin Maren Röger mit einem literarischen Zitat von Heinrich Böll aus seinem Roman »Der Zug war pünktlich« (1947). Böll, selbst Kriegsheimkehrer, lässt einen Landser sagen:

»Da ist man durch Europa gezogen, hat da bei einer Französin gepennt und mit einer Rumänin gehurt und ist in Kiew hinter den Russinnen hergerannt; und wenn man in Urlaub fuhr und hatte Aufenthalt, da irgendwo in Warschau oder auch in Krakau, da konntest du auch den schönen Polinnen nicht widerstehen.«[3]

Es gab nicht nur viele solcher flüchtigen Beziehungen. Bei Ebba D. Drolshagen findet sich folgendes Zitat: »In den besetzten Gebieten des Ostens lebten viele SS-Männer in einer sogenannten Ostehe«, so dass sich »vielfach fast die Einrichtung eines ›Kebsweibes‹ [Nebenfrau, Mätresse] herausgebildet hat.«[4]

Maren Röger schätzt aufgrund ihrer Forschungsarbeiten die von den deutschen Besatzern in Polen gezeugten Kinder auf 15000, die auf unterschiedliche Art entstanden sind, aus »kommerziellen«, »konsensualen« oder »erzwungenen« Kontakten, wie die Autorin die »Kriegsbeziehungen« in ihrem Buch einteilt.

Die Geschichte dieser polnischen Kinder ist eng verknüpft mit der gnadenlosen Politik der »Germanisierung« Polens durch Himmler, der als Reichskommissar auch dem »SS-Stabshauptamt zur Festigung des deutschen Volkstums« vorstand und für die Denkschrift »Die Frage der Behandlung der Bevölkerung der ehemaligen polnischen Gebiete« verantwortlich zeichnete. Zigtausende von »eindeutschungsfähigen« Kindern wurden geraubt,[5] auch aus polnischen Waisenhäusern – nicht auszuschließen, dass darunter auch von polnischen Müttern abgegebene Kinder waren, die aus einer wie immer gearteten Beziehung zu einem Deutschen stammten.

Stellvertretend für die noch junge Forschung über Wehrmachtskinder in Osteuropa, hat die Zeithistorikerin und Autorin Barbara Stelzl-Marx, stellvertretende Leiterin des Ludwig-Boltzmann-Instituts für Kriegsfolgen-Forschung Graz-Wien, einen Beitrag über Wehrmachtskinder in der Sowjetunion verfasst, der auch anschaulich macht, wie viel Forschungs- und Erinnerungsarbeit in vielen Regionen Europas noch zu leisten ist.

Anmerkungen

1 Maren Röger: Kriegsbeziehungen. Intimität, Gewalt und Prostitution im besetzten Polen 1939 – 1945, Frankfurt a. M. 2015, S. 9.
2 Gisela Heidenreich: Das endlose Jahr. Die langsame Entdeckung der eigenen Biographie. Ein Lebensborn-Schicksal, Bern / München / Wien 2002, S. 28.
3 Ebd., S. 10.
4 Ebba D. Drolshagen: Nicht ungeschoren davongekommen. Die Geliebten der Wehrmacht im besetzten Europa, München 2000, S. 210.
5 Siehe auch Beitrag »Lebensborn«, S. 115 ff.

Wehrmachtskinder in der Sowjetunion. Die vergessenen Sekundäropfer des Zweiten Weltkrieges

Barbara Stelzl-Marx

Am 24. April 1945 schrieb der stellvertretende Volkskommissar für Auswärtige Angelegenheiten der Sowjetunion, Ivan Majskij, an Iosif Stalin, eine der vielen Kriegsfolgen bedürfe besonderer Aufmerksamkeit: Nämlich »die Frage der sogenannten ›nemčata‹,[1] d.h. der Kinder, die auf dem vorübergehend von Deutschland besetzten Gebiet als Folge eines freiwilligen oder nichtfreiwilligen Zusammenlebens von sowjetischen Frauen mit Deutschen geboren wurden«. Ihre genaue Zahl, so führte Majskij weiter aus, sei nur schwer zu eruieren, aber, ausgehend von den vorliegenden Daten, dürfe es sich »auf dem betreffenden Gebiet um etliche tausend« handeln.[2]

Was solle man mit diesen Kindern tun, fragte er weiter: »Kinder sind natürlich nicht für die Sünden ihrer Eltern verantwortlich«, aber man könne davon ausgehen, dass ihr Dasein furchtbar sein werde, sollten die »nemčata« weiter in jenen Familien und unter jenen Umständen aufwachsen, unter denen sie geboren wurden. Konkret führte der stellvertretende Volkskommissar mehrere Formen von Diskriminierung an, die vielfach generell für das Schicksal von Kriegskindern bezeichnend sind: »Auf ihnen wird der Fluch der Stigmatisierung haften, und man wird sie in der Schule und im Leben schlecht behandeln.« Seine Sorge galt den möglichen Resultaten derartiger Erfahrungen. Viele würden sich in »gefährliche Mitglieder der Gesellschaft, sogar in Verbrecher« verwandeln.

Um derartige Konsequenzen zu vermeiden, schlug Majskij vor, »all diese ›nemčata‹ jenen Familien wegzunehmen, bei denen sie sich gerade befinden, sie ihrer Persönlichkeit zu berauben, sie mit neuen Namen zu versehen und sie als Waisen unbekannter Eltern zur Erziehung in unterschiedliche Kinderheime zu verschicken«.

Selbst die Heimleitungen sollten nichts über die wahre Herkunft, d.h. die deutschen Väter, erfahren. Dies wäre auch eine »gerechte Vergeltung für das unwürdige Verhalten ihrer Mütter und zugleich ein Schutz für die Kinder dieser Kategorie vor Folgen angesichts ihrer Herkunft. Im Falle einer Zustimmung müsse man die Maßnahme sofort umsetzen, solange sich die Kinder noch in einem Alter befinden, in dem »keinerlei Erinnerungen an die Umstände ihrer Herkunft« zurückblieben.[3]

Wenig später erhielt das Präsidium des Obersten Sowjets der UdSSR einen von 14 Deputierten unterzeichneten Vorschlag, die Regierung möge die Frage der »Kinder deutscher Abstammung« behandeln. Darin forderten sie auf der Basis von Majskijs Plan, die Kinder ihren Müttern wegzunehmen und auf Kinderheime in der Sowjetunion zu verteilen: »Beim Eintreffen im Kinderheim ist dem Kind ein neuer Vor-, Vaters- und Familienname zu geben.«[4] Ihre wahre Abstammung väterlicherseits sollte somit ausradiert werden. Auf Fragen der Identität, ein Recht zu wissen, woher man kommt, oder etwa auf Gefühle der Mütter oder der Kinder selbst nahm die sowjetische Führung dabei keinerlei Rücksicht. Wenige Tage vor dem absehbaren Ende des Zweiten Weltkrieges war man bestrebt, die Nachkommen des deutschen Feindes in der Sowjetunion unsichtbar zu machen. Für mehrere Jahrzehnte sollte dies auch weitestgehend gelingen.

Deutsche Väter – sowjetische Mütter: die Rahmenbedingungen

Am 22. Juni 1941 überfiel Deutschland die Sowjetunion. Von Anfang an zielte Hitler auf einen beispiellosen Vernichtungskrieg und kalkulierten Mord von Millionen Menschen in den zu erobernden Gebieten ab. Im Vergleich zur deutschen Besatzungspolitik in insgesamt 17 Ländern ragt die Besatzungsherrschaft in der Sowjetunion deutlich heraus: Die dortigen Einwohner mussten den höchsten Blutzoll zahlen. Der brutalen Mord-, Repressions- und Hungerpolitik fielen Millionen Zivilisten zum Opfer. Mehr als die Hälfte der rund 5,7 Millionen sowjetischen Kriegsgefangenen verloren ihr Leben. Millionen von Menschen mussten vor Ort Zwangsarbeit leisten oder wurden als »Ostarbeiter« ins Deutsche Reich verschleppt. Die jüdische Bevölkerung, Roma und zivile Funktionäre aus dem Partei- und Staatsapparat wurden gezielt ermordet. Hitlers Krieg im Osten war der blutigste Krieg der Weltgeschichte.[5] Er bedeutete den Zusammenprall zweier totalitärer, menschenverachtender politischer Systeme mit ungeheuren Opfern unter der Zivilbevölkerung und den Streitkräften auf beiden Seiten.[6] Sollte es in einem solchen Krieg, der zu einer »Barbarisierung der Soldaten an der Ostfront«[7] geführt hatte, auch »Liebe« gegeben haben, fragt Rolf-Dieter Müller.[8]

Beinahe fünf Millionen deutsche Soldaten, überwiegend im Alter zwischen 18 und 28 Jahren, befanden sich vier Jahre lang auf dem Boden der Sowjetunion. Sie waren nicht nur an der Front eines erbarmungslosen Krieges eingesetzt, sondern befanden sich auch im Hinterland, in den Ruhestellungen, im unmittelbaren Zusammenleben mit rund 60 Millionen zivilen Sowjetbürgern bzw. in erster Linie mit -bürgerinnen. Denn im besetzten Gebiet fanden die Deutschen eine nahezu männerlose Gesellschaft vor, bestehend aus Frauen, Kindern und Greisen.[9] »Das Dorf meiner Kindheit war nach dem Krieg weiblich. Eine Weiberwelt. An Männerstimmen kann ich mich nicht erinnern«, schreibt etwa die Nobelpreisträgerin Swetlana Alexijewitsch in ihrem Buch »Der Krieg hat kein weibliches Gesicht«.[10]

Als sich der Krieg zum Stellungskrieg entwickelte, ergaben sich sowohl im Dienst als auch in der Freizeit zahlreiche Anknüpfungspunkte zu sowjetischen Frauen. So wurden etwa im März 1942 die rund 20 000 meist älteren Soldaten in den Wirtschaftskommandos – wohl aus gegebenem Anlass – ausdrücklich zur »strengsten Zurückhaltung« aufgefordert: »Gemeinsame Trinkereien, intime Annäherung an einheimische Frauen und Mädchen, das Tanzen mit ihnen sowie die Gewährung von Gefälligkeitsfahrten in dienstlichen Fahrzeugen sind unter allen Umständen verboten.«[11] Harte Strafen wirkten kaum oder wurden erst gar nicht verhängt.[12] Trotz aller Verbote –

von beiden Seiten – waren Liebesbeziehungen, kurze Affären, Prostitution und Vergewaltigungen an der Tagesordnung.

Die deutsche Führung versuchte, Kontakte zu den Frauen im Feindesland so weit als möglich zu unterbinden. Für die Einsatzgebiete im Osten galt dies aus rassisch-ideologischer Begründung noch weitaus mehr als für Länder wie Frankreich oder Norwegen.[13] Die Verbindung von Sexual- und Bevölkerungspolitik, einer zur Ideologie erhobenen Hierarchie des Blutes, ist als Spezifikum des NS-Regimes zu sehen. Im »Dritten Reich« wurde die Sexualfrage auf allerhöchster Ebene diktatorisch verhandelt, berührte sie doch die Fundamente des Systems. »Rassenschande« bzw. »verbotener Umgang« zogen vielfach drakonische Strafen nach sich.[14] »Alle Soldaten müssen sich darüber klar sein, dass die Zivilbevölkerung in dem Raum, in dem wir Krieg führen, einer uns rassefremden, feindlich gesinnten Art angehört«, rief etwa Generaloberst Georg von Küchler, der Oberbefehlshaber der 18. Armee, die ab September 1941 Leningrad belagerte, in Erinnerung.[15]

Neben ideologischen und politischen Begründungen sowie der Warnung vor Geschlechtskrankheiten porträtierte man die Frauen als gefährliche Werkzeuge des Kremls, die »undercover« wichtige Informationen ausspionieren sollten. Der Feind, trichterten die entsprechenden Befehle ein, setze bevorzugt »Frauen mit gutem Aussehen, vor allem junge Mädchen und Burschen und sogar Kinder« als Agenten ein. Dabei handle es sich »in fast allen Fällen um Judenweiber«, denen man ihre jüdische Abstammung nicht ansehe. Außerdem wies man darauf hin, dass »der Umgang mit der weiblichen Zivilbevölkerung nicht nur eines deutschen Soldaten unwürdig ist, sondern die Gefahr in sich birgt, als Spion mißbraucht und ausgehört zu werden, in die Hand einer Partisanin zu geraten und gräßlich verstümmelt zu werden«.[16] Die Division »Großdeutschland« drohte, Frauen, die man in Gesellschaft deutscher Soldaten antreffe, aus »Sicherheitsgründen« der Polizei zu übergeben und ihre Partner wegen Kollaboration mit dem feindlichen Nachrichtendienst gerichtlich zu belangen.[17]

Bemerkenswerterweise unterschieden sich die entsprechenden deutschen Befehle während des Zweiten Weltkrieges von vergleichbaren sowjetischen oder amerikanischen ab 1945 »lediglich durch ihre ungeschminkte rassistische Argumentation«.[18] Neben Disziplinverlust, Truppenerosion und der Verbreitung von Geschlechtskrankheiten befürchtete man offensichtlich, ausländische Frauen würden Armeeangehörige umgarnen und sie nach dem Vorbild der berühmten Spionin des Ersten Weltkrieges, Mata Hari,[19] in die »Venusfalle« tappen lassen.[20] So kritisierte die sowjetische Führung nach Kriegsende Verhältnisse von Rotarmisten mit Ausländerinnen als »politisch folgenschwer«, die betroffenen Männer als »moralisch instabil«. Moskau schätzte dabei etwa Österreicherinnen als hohen Risikofaktor ein, da sie den »verzauberten« Rotarmisten über ihre »intimen Verhältnisse« Militär- und Staatsgeheimnisse entlocken wollten.[21] Doch die Warnungen und Verbote verhallten – wie auch bei den Wehrmachtssoldaten – in vielen Fällen ungehört.[22]

Wie Regina Mühlhäuser aufzeigt, hält sich das Bild einer »konsequent gelebten und durchgesetzten NS-Rassenideologie – derzufolge sexuelle Kontakte von Menschen, die als ›arisch‹ galten, mit solchen, die man als slawisch und damit ›fremdvölkisch‹ bzw. jüdisch und damit ›artfremd‹ erachtete, undenkbar gewesen seien« – fälschlicherweise bis heute. Vollkommen zu Unrecht sei immer noch der Mythos weit verbreitet, die Gesetze gegen »unerwünschten« bzw. »verbotenen Geschlechtsverkehr« wären konsequent befolgt worden, Wehrmachtssoldaten wie SS-Männer seien in der Sowjetunion von »Rassebewusstsein« und »Manneszucht« geleitet gewesen.[23]

In ihrem Buch »Eroberungen« zeigt die Historikerin alle Facetten der Sexualität in der Folge des deutschen Überfalls auf die Sowjetunion auf: von direkter sexueller Gewalt, wie sie im Rahmen der Eroberungen von Dörfern und Städten, aber auch im Vorfeld von Massenerschießungen vorkommt, über sexuelle Tauschgeschäfte, die Gelegenheitshandel, gewerbliche Prostitution und den Besuch von Wehrmachtsbordellen einschließen, bis hin zu einvernehmlichen

Verhältnissen, die natürlich immer eine gewisse Hierarchie in der Beziehung von Besatzern und Besetzten einschließen.[24] In Charkov etwa seien »viele junge Mädchen gezwungen worden, in den Wehrmachtsbordellen zu arbeiten. Die Deutschen hätten die gutaussehenden Frauen einfach aus den Schlangen herausgepickt, die sich vor den Arbeitsämtern anstellten. Natürlich gab es viele Geschlechtskranke in der Stadt …«,[25] lautet eine der Schilderungen in diesem Kontext. Auch der ukrainische Historiker Vladimir Ginda geht in seinem aktuellen Werk auf die große Bandbreite deutsch-sowjetischer sexueller Beziehungen im Zweiten Weltkrieg ein.[26] Selbst Ehen wurden geschlossen, in Estland, Lettland und Litauen beantragten deutsche Wehrmachtssoldaten und SS-Männer bereits ab Ende 1941 die Hochzeitserlaubnis.[27]

Die Häufigkeit der sexuellen Kontakte kommt unter anderem durch die Einrichtung sogenannter Sanierstuben zum Ausdruck, die Soldaten nach vollzogenem Geschlechtsverkehr zur Behandlung potenzieller Geschlechtskrankheiten aufsuchen sollten.[28] »Bekanntermaßen«, so die Warnung der Division »Großdeutschland«, seien »fast alle Russinnen infiziert«.[29] Auch die Sanitätsdienste waren stark mit der Eindämmung von Infektionskrankheiten beschäftigt, um die Wehrfähigkeit der Soldaten zu erhalten. Einige protzten sogar mit der Häufigkeit ihrer Infektionen, belegen die von Sönke Neitzel und Harald Welzer bearbeiteten Abhörprotokolle deutscher Kriegsgefangener. Außer im Fall der strafbewehrten »Rassenschande«, also des sexuellen Verkehrs mit Jüdinnen, stellte der Geschlechtsverkehr mit sowjetischen Frauen offensichtlich kein großes Tabuthema unter den Männern dar.[30] Vor diesem Hintergrund sind zudem kontrollierte Wehrmachtsbordelle zu sehen, die das Anwachsen der Geschlechtskrankheiten sowie »der sich ergebenden Möglichkeiten gegnerischer Agententätigkeit im täglichen Zusammenleben deutscher Menschen mit russischen Menschen und das damit bedingte Zunichtemachen des erforderlichen Abstands zu den Menschen des russischen Raumes« unterbinden sollten.[31]

Mit »russischem Raum« war wohl das schier unendlich erscheinende Territorium der Sowjetunion gemeint, deren Bevölkerung den Soldaten oft ununterscheidbar vorkam.[32] Tatsächlich machte es einen großen Unterschied, wann und wo man stationiert war, ob im russischen Hinterland der relativ stabilen Nordfront oder im Bewegungsgebiet Richtung Kaukasus und Wolga, wo kollaborationswillige Kosaken und Kalmyken den deutschen Truppen folgten. Oder im Baltikum, dessen Bevölkerung aus politischen und rassischen Gründen in der Hierarchie weitaus höher stand. In der Logik der NS-Rassenhygiene galten Lettinnen, Estinnen und Litauerinnen tendenziell als »nordisch«, »rassisch erwünscht« und »eindeutschbar«. Als die deutschen Soldaten im Juni 1941 in die baltischen Staaten, die Ukraine und in Weißrussland einfielen, begrüßte sie ein Großteil der Bevölkerung zu ihrer großen Überraschung als »Befreier vom Stalinismus«. Generell gestaltete sich das Zusammenleben auf dem Lande freier als in den Städten, in der Landwirtschaft persönlicher als in Industriebetrieben, beim Straßenbau und in Bergwerken.[33] Selbst in der Kriegsgefangenschaft ergaben sich mitunter Verbindungen zu einheimischen Frauen, weswegen einige ehemalige Gefangene es vorzogen, nicht heimzukehren, sondern in der Sowjetunion zu verbleiben.[34]

Je länger der Krieg dauerte, desto negativer schätzte die deutsche Führung einvernehmliche Verhältnisse ein. Während die sexuelle Aktivität der Soldaten in der Phase der erfolgreichen militärischen Eroberungen für Virilität und Kampfkraft gestanden hatte, mutierte die sexuelle Aktivität der Soldaten nun zu einem Symbol für die Erosion der Truppe. Der Mangel an »Rassebewusstsein« und die Fixierung auf die »fremdstämmigen« Frauen galten mitunter als Beweis, dass die bevorstehende militärische Niederlage auch mit einem Versagen als Mann einherging. So wurden ab Anfang 1944 kaum noch Anträge auf Ehegenehmigung gestellt bzw. genehmigt.[35] Auch die betroffenen Frauen etwa in Lettland verabschiedeten sich zunehmend von ihrem anfänglichen Enthusiasmus gegenüber deutschen Wehrmachtssoldaten und nahmen immer mehr Rücksicht auf vorhandene Ressentiments innerhalb der Gesellschaft.[36]

Eines der dunkelsten Kapitel in diesem Kontext ist das Schicksal der betroffenen Frauen, als die Rote Armee die Gebiete zurückeroberte. Während in Westeuropa die »Deutschenmädchen« wegen ihrer »horizontalen Kollaboration« vielfach diskriminiert und öffentlich gedemütigt wurden,[37] hatten die als »Verräterinnen« gebrandmarkten Frauen in der Sowjetunion mit Verfolgung durch das Volkskommissariat für Innere Angelegenheiten, NKWD, zu rechnen. Laut einem deutschen Geheimdienstbericht sollen im Frühjahr 1943 in Charkov 4000 Einwohner wegen Verrats vom NKWD erschossen worden sein, »darunter auch Mädchen, die sich mit deutschen Soldaten eingelassen hatten, besonders dann, wenn sie schwanger waren. Es genügten drei Zeugen, um diese Mädchen zu liquidieren«.[38] Eindeutige Belege, die ein derartiges Massaker belegen, fehlen bisher. Vor dem Hintergrund von Stalins Strafjustiz und der generellen Verfolgung von Sowjetbürgern, die mit dem deutschen Feind kollaboriert hatten, lässt sich jedoch auf vehemente Repressionen gegenüber den betroffenen Frauen – und ihren »deutschen« Kindern – schließen. Dazu zählten die »bewährten« Mittel des Kremls: Verhaftung und Deportation nach Sibirien – sowie die Wegnahme der Kinder.[39]

Die Kinder: eine unsichtbare Generation

»Ich komme hier gleich zu einer Frage, die Sie in der Zukunft sehr beschäftigen wird. Der Führer hat sich, aufmerksam gemacht durch einige Berichte, mit der Frage befasst, dass in Russland 1 bis 1 1/2 Millionen Kinder von deutschen Soldaten gezeugt worden sind. Vielleicht sind es etwas weniger, aber viele 100 000 oder fast 1 Million werden es sicher sein.«[40] Heinrich Himmlers zahlenmäßige Einschätzung entbehrte zwar jeglicher statistischer Grundlage, doch verdeutlicht sie das gesteigerte Interesse des Reichsführers SS an den Wehrmachtskindern im Osten: die Eröffnung eines neuen volkstumpolitischen Feldes. Die sowjetische Gesellschaft solle nicht durch die Kinder deutscher Männer gravierend gestärkt werden.[41]

Nur wenige Tage zuvor, am 8. September 1942, hatte der Kommandeur der 2. Panzerarmee, Generaloberst Rudolf Schmidt,[42] Hitler eine Tischvorlage präsentiert, in der er darauf verwies, »die Hälfte aller deutschen Männer an der Front und in den besetzten Gebieten in Polen und der Sowjetunion hätte sexuelle Begegnungen mit einheimischen Frauen«. In wiederum der Hälfte dieser Fälle blieben diese Begegnungen »nicht ohne Folgen«. Auch diese Zahlen, die weder Schwangerschaftsabbrüche noch Verhütung berücksichtigten und zudem mit der »Omnipotenz der Krieger« kokettieren, waren haltlos. Sie zeigen jedoch die Überlegung der deutschen Führung, »wertvollen Ersatz für die kriegsbedingt ausfallenden Geburten« im Reichsgebiet zu finden.[43]

Die deutsche Besatzungsmacht hatte ein ambivalentes Verhältnis zu den Wehrmachtskindern in der Sowjetunion, die sie teilweise als überhöhte Gefahr, ebenso aber auch als überhöhte Chance betrachtete. Trotz ihres Status als »Mischling« sollten sie im Zuge des Deportations- und Eindeutschungsvorhabens »rassisch erwünschter« Kriegskinder letztlich für Deutschland gewonnen werden. Realisiert wurde dieser Plan anscheinend jedoch nur in einzelnen Fällen. Bis Kriegsende prallten die ideologischen, ökonomischen, machtpolitischen und pragmatischen Interessen der einzelnen NS-Organisationen sowie Weltanschauungen aufeinander.[44] Um die Kinder und Jugendlichen in den besetzten Gebieten herrschte ein regelrechter Wettstreit.[45]

Im Gegensatz zur Sicht der deutschen Führung stellt das weitere Schicksal der Wehrmachtskinder – und ihrer Mütter – in der (ehemaligen) Sowjetunion weitestgehend eine Leerstelle dar. Sie gehören zu den »vergessenen Sekundäropfern einer veränderten Kiegslandschaft im 20. Jahrhundert«, wie Sabine Lee Kinder des Krieges definiert.[46] Während die Situation von Wehrmachtskindern in Ländern wie Frankreich,[47] Norwegen,[48] den Niederlanden,[49] Belgien,[50] Polen[51] oder etwa Griechenland[52] sowie von sowjetischen Besatzungskindern in Deutschland und Österreich[53] verhältnismäßig genau erforscht ist, fehlen bisher vergleichbare Arbeiten zu den »nemčata«. So steht eine detaillierte Aufarbeitung, wie der Kreml mit den »Kindern des Feindes« nach dem Abzug der Besatzer bzw. nach dem Ende des Zweiten Weltkrieges verfuhr, noch aus. Wir wissen beispielsweise nicht, ob oder welche Reaktion auf den einleitend zitierten Brief Majskijs an Stalin erfolgte.[54] Geschweige denn gibt es Analysen zu den biografischen Verläufen der Nachkommen deutscher Soldaten und ihrer Kinder in der UdSSR. Erste Ergebnisse sind durch die im Rahmen des EU-Projektes »Children Born of War«[55] durchgeführten Dissertationen von Oskar Gruzinš und Christian Pipal zu erwarten.[56]

Doch nicht nur in der wissenschaftlichen Aufarbeitung, auch im gesellschaftlichen Diskurs der (ehemaligen) Sowjetunion wurde diese »Kriegsfolge« jahrzehntelang beinahe völlig ausgeblendet. Die »vergessenen Kinder des Ostens« sind größtenteils auch heute noch ein »unbewältigtes Thema«.[57] Dies ist zugleich in einem engen Kontext mit der sowjetischen Geschichtsschreibung zu sehen, die den Mythos vom »angeblich einheitlichen Volkswiderstand gegen die faschistischen Aggressoren« pflegte.[58] Sogenannte horizontale Kollaboration und die vom Feind gezeugten Kinder hatten in der heroisierenden Darstellung des Großen Vaterländischen Krieges jahrzehntelang keinen Platz.

Vaterlos: Aufwachsen mit einer schweren Hypothek

»Im Geburtsschein ist die Stelle ›Vater‹ leer. Die Stelle ›VATER‹ ist leer. Und mit diesem Makel wuchs ich auf«, berichtet ein Wehrmachtskind namens Elena.[59] Kinder deutscher Soldaten oder SS-Angehöriger und sowjetischer Frauen wuchsen beinahe ausnahmslos ohne ihren leiblichen Vater auf. Zum Zeitpunkt ihrer Geburt oder spätestens geraume Zeit danach waren viele der Väter bereits nicht mehr am Stationierungsort, befanden sich in Kriegsgefangenschaft oder hatten ihr Leben verloren. Ein Teil der Männer wusste auch gar nicht, dass sie ein Kind gezeugt hatten.

Manche Kinder erfuhren erst spät oder nie, von wem sie tatsächlich abstammten. Sie waren von einer Mauer des Schweigens, von

Halbwahrheiten oder Lügen umgeben.[60] Die innerfamiliäre Tabuisierung sollte sie – und ihre Mütter – vor Diskriminierung und Stigmatisierung, besonders aber auch vor Verfolgung durch den NKWD schützen. Ein Beispiel dafür ist der Bericht eines Wehrmachtskindes, dessen gefälschtes Geburtsdatum seine Herkunft verschleiern sollte: »Ich bin am 19. Februar 1945 geboren. Das ist mein tatsächliches Geburtsdatum. Aber in der Geburtsurkunde ist der 15. Mai eingetragen. Das wurde deshalb so arrangiert, um zu verheimlichen, wer mein wirklicher Vater ist, damit wir nicht nach Sibirien gehen mussten. Denn wenn ich erst im Mai geboren wurde, hieß das, dass ich bereits nach dem Abmarsch der Deutschen gezeugt wurde, also kein Sohn eines Deutschen sein kann.«[61]

In anderen Fällen ließen die Mütter ihre »deutschen Kinder« als Kriegswaisen deklarieren, deren Väter etwa Partisanen oder andere einheimische Männer sein konnten. Dadurch versuchten sie einerseits, sich und ihre Kinder vor einer Verfolgung durch den NKWD zu bewahren. Andererseits ließ sich dadurch eventuell leichter eine plausiblere Erklärung für die Existenz des illegitimen Kindes gegenüber einem bereits vorhandenen oder auch späteren sowjetischen Ehemann finden.[62] Hier stellt sich etwa die Frage, wann und unter welchen Umständen – wenn überhaupt – die Kinder von ihren leiblichen Vätern erfuhren. Wie gestaltete sich die Beziehung zu einem etwaigen Stiefvater? Wie identifizierten sie sich mit dem unbekannten »deutschen« Vater?

Kindheit unterm »roten Stern«

Wenig ist bisher darüber bekannt, in welchem Umfeld Wehrmachtskinder in der Sowjetunion aufwuchsen, welche primären Bezugspersonen zur Verfügung standen, wie sich die Kindheit und Adoleszenz gegebenenfalls in einem Heim gestalteten. Mit Alimentationszahlungen von den ehemaligen Wehrmachtssoldaten dürfte wohl nicht zu rechnen gewesen sein.[63] Wirkte sich eine Berufstätigkeit der Mutter eventuell dahin aus, dass diese Kinder aus wirtschaftlichen Gründen – zumindest vorübergehend – bei Großeltern, anderen Verwandten, Pflege- oder auch Adoptiveltern oder in Heimen aufwuchsen? Wie gestaltete sich die Beziehung zur leiblichen Mutter, so diese bekannt war?

Ein plakatives Beispiel ist etwa die Erzählung der Tochter eines Wehrmachtssoldaten namens Tanja, die 1984 – nach 40-jähriger Geheimhaltung – von ihrer »Schwester« Galja erfuhr, dass diese ihre leibliche Mutter sei: »Du bist die Frucht unserer Liebe, meiner und Fechners Liebe ... Ich inszenierte es so: Wir haben Dich unter den Birnbaum gelegt. Du bist da gelegen, bis Dich unsere Nachbarn bemerkt haben. Dann haben wir Dich zu uns genommen. Die Wahrheit musste verborgen bleiben. Deshalb zog Dich Deine Großmutter auf. Du nanntest sie ›Mama‹. Aber Deine Mutter – das bin ich, von der Du denkst, ich sei Deine Schwester. Aber ich bin Deine Mutter.«[64]

Von besonderem Interesse ist dabei die für Wehrmachtskinder in der Sowjetunion spezifische Situation einer möglichen Verfolgung durch den NKWD. Wie gestaltete sich die Kindheit in einem Kinderheim oder in der Verbannung?[65] Daran schließt direkt die Frage nach Formen von Stigmatisierung und Diskriminierung in der (ehemaligen) Sowjetunion an.

»Menschen zweiter Klasse«: Stigmatisierung, Diskriminierung, Verfolgung

»Ich wusste, dass ich keinen Vater habe. Man hat mich ins Kinderheim abgegeben. Ich weiß nicht, wer mich dorthin brachte. Ich war dreieinhalb Jahre alt. Wir wurden wie Hunde behandelt. Mutter weinte die ganze Zeit, wenn sie mit mir zusammen war. Ich weiß nicht, wie wir das überlebten, als ›Leute zweiter Klasse‹«, betont das bereits zitierte Wehrmachtskind Elena.[66] Manche berichten, »als Deutschenbalg, als Bastard« verspottet und in der Schule diskriminiert worden zu sein.[67] Gemeinsam mit ihren Müttern waren Kriegskinder generell häufig diversen Formen von Stigmatisierung und Diskriminierung ausgesetzt. Versteckte Anspielungen auf ihr Aussehen oder ihr »Anderssein« gehörten ebenso dazu wie Hänseleien in der Schule, offene Ablehnung seitens der Familie und Nachbarschaft bis hin zu Prügeleien und Beschimpfungen. Viele litten darunter, nur wenig bis nichts über ihren Vater zu wissen. Auch offizielle Stellen betrachteten die meist un- oder außerehelich geborenen Kinder häufig als »Problem«.[68]

In der Sowjetunion wurde – im Gegensatz zu anderen während des Krieges von Hitler besetzten Staaten – die Problematik der Wehrmachtskinder seitens der Politik hinter der Legende vom »einheitlichen Volkswiderstand gegen die Faschisten« stark verdrängt.[69] Doch gibt es – trotz aller Tabuisierung – Hinweise, wie der Kreml nach 1945 mit den Wehrmachtskindern als sichtbares Resultat von Kollaboration umging? Wie äußerten sich Verfolgung und Repressionen seitens offizieller Stellen, der Gesellschaft, Nachbarschaft und Familie? Welche Unterschiede gibt es hier etwa zwischen dem Baltikum, wo die Stigmatisierung geringer gewesen sein dürfte,[70] oder etwa Russland und der Ukraine? Dabei stellt sich insbesondere auch die Frage, ob die betroffenen Kinder – und ihre Mütter bzw. auch die »Wehrmachtsenkelkinder« – im sowjetischen Alltag umso schwerer unter Stigmatisierung und Diskriminierung zu leiden hatten. In welcher Form äußerten sich Beleidigungen? Und welche Reaktionen konnten diese hervorrufen?

Die Suche: ein Akt von »Empowerment«

Die Suche nach dem Vater ist für viele Kriegskinder – und auch deren Kinder – zeit ihres Lebens ein Thema. Im Vordergrund steht die Ergründung der eigenen Identität, die Frage nach den »persönlichen Wurzeln«. Auch das Bedürfnis, diese Lücke in der eigenen Vita zu schließen, unabhängig davon, ob die Betroffenen eine »glückliche« Kindheit verbrachten, ob sie in einer liebevollen Familie oder in einem Heim aufwuchsen, Diskriminierung ausgesetzt waren, früh oder spät, direkt oder indirekt, zufällig oder durch die Erziehenden gelenkt von ihren Vätern erfuhren. Selbst Kinder, die als Folge einer

Vergewaltigung auf die Welt kamen, widmen sich dieser Lebensfrage.[71] Die biologische, bei den Besatzungskindern speziell väterliche, Herkunft stellt gemeinsam mit der Wahrnehmung und Bewertung dieser Wurzeln durch das soziale Umfeld wichtige Größen bei der Herausbildung der eigenen Identität dar. Wenn die Kinder wenig bis gar nichts über ihre Väter wussten, entwickelte sich häufig das vage Gefühl, ein entscheidendes Identitätsfragment von ihnen fehle.[72] Der Versuch, diese offene Lebensfrage nach vielen Jahrzehnten zu klären, ist ein Akt von »Empowerment«, ein Wunsch, etwas gegen das Gefühl der Ohnmacht zu unternehmen.[73]

Nur eine äußerst überschaubare Zahl von Wehrmachtskindern in der Sowjetunion dürfte ihren Vater nach der Geburt kennengelernt haben. Gerade in diesem Zusammenhang spielte die spezifische politische Situation der Sowjetunion eine entscheidende Rolle, galten doch Kontakte mit dem westlichen Ausland als politisch bedenklich. Häufig wurden gerade im engsten Umfeld Praktiken des Vergessens und Verdrängens eingesetzt, die für die betroffenen Kinder eine zusätzliche Belastung darstellten. In diesem Kontext stellt sich die Frage, wie Wehrmachtskinder in der (ehemaligen) Sowjetunion mit dieser Lebensfrage umgingen bzw. heute umgehen. Welche Versuche – wenn überhaupt – wurden unternommen, die Familie väterlicherseits ausfindig zu machen? Wie gestaltete sich eine Beziehung, so die Suche von Erfolg gekrönt war?

In den letzten Jahren bildeten sich in einigen Ländern Netzwerke von Wehrmachts- und Besatzungskindern heraus, wobei teilweise die wissenschaftliche Forschung eine Initialzündung zur persönlichen Vernetzung geben konnte. Das Wissen, dass es andere Menschen mit ähnlichen biografischen Hintergründen und der gleichen Leerstelle in der Herkunft gibt, wird vielfach als erleichternd empfunden. Diese spezifische Erweiterung im außerfamiliären sozialen Umfeld kann als Schutzfaktor gesehen werden.[74] Es scheint bezeichnend für die größtenteils immer noch vorherrschende Tabuisierung von Wehrmachtskindern in der ehemaligen Sowjetunion zu sein, dass derartige Netzwerke fehlen oder zumindest nicht bekannt sind.

Diskurs: filmische Aufarbeitung

Trotz der Mauer des Schweigens, die Wehrmachtskinder in den Nachfolgestaaten der Sowjetunion größtenteils bis heute umgibt, thematisierten in den vergangenen Jahren mehrere Spielfilme einvernehmliche Verhältnisse zwischen einheimischen Frauen und deutschen Militärangehörigen sowie zum Teil auch die daraus resultierenden Kinder. So widmet sich der Spielfim »Val's dlinoju v žizn« (»Lebenslanger Walzer«) aus dem Jahr 1990 einer Lettin, die im Zweiten Weltkrieg ihre Heimat aus Liebe zu einem Wehrmachtssoldaten verlässt und diesem folgt. Dramatisch beleuchtet der Film die Gewissensbisse der jungen Frau wegen ihres ersten Kindes, das sie bei ihrer Schwester zurückließ. Schließlich besucht sie Lettland, wo sie auf ihren Jugendfreund und die fremdgewordene Tochter trifft.[75]

Auch die elfteilige Fernsehserie »Štrafbat« (»Strafbataillon«), die 2004 in Russland ausgestrahlt wurde, zeigt in einer Episode die Romanze zwischen einer russischen Frau und einem deutschen Offizier. Bemerkenswert erscheint, dass in diesem Fall die Überlegung der Frau, durch die Beziehung eine wirtschaftliche Absicherung für sich und ihre Tochter zu sichern, im Vordergrund steht. Der Deutsche wird ungleich unsympathischer porträtiert, indem er – grundlos eifersüchtig – seine Geliebte schlägt.[76] Dadurch beleuchtet der Film die Asymmetrie, die in vielen dieser Beziehungen vorherrschte, und rehabilitiert gewissermaßen die Russin.

Im 2011 ebenfalls in Lettland produzierten Film »Dancis pa trim« (»Drei zum Tanzen«) steht eine Dreiecksgeschichte zwischen einer Lettin, ihrem einheimischen Geliebten und einem deutschen Soldaten im Vordergrund. Als vier lettische Soldaten wegen Desertion aus der Wehrmacht zum Tode verurteilt werden, begibt sich die junge Frau ins Hauptquartier der deutschen Truppen, wo sie auf einen deutschen Offizier stößt. In den wenigen Stunden, die bis zur Hinrichtung bleiben, entwickelt sich eine dramatische Liebesgeschichte.[77]

Das Schicksal von Wehrmachtskindern in der Sowjetunion beleuchtet hingegen der Film »Odna vojna« (»Ein Krieg«) der Schauspielerin und Regisseurin Vera Glagoleva.[78] Wie brisant das Thema in Russland war, zeigt folgender Umstand: Kurz nachdem der Film im April 2009 in den Kinos angelaufen war, wurde er – vorübergehend – aus dem Verleih genommen. Glagoleva betonte in einem Interview mit der Zeitung *Argumenty i fakty,* wie schwer es ihr gefallen sei, die Hintergründe zu diesem Thema zu recherchieren. »Sie [die Wehrmachtskinder] möchten nicht laut darüber sprechen. Ich sammelte stückchenweise Erzählungen. Niemand ist zur Premiere des Filmes gekommen. Sie haben Angst.«[79]

»Odna vojna« beruht laut der Beschreibung des Films auf »wahren Tatsachen, die eine unbekannte Seite des Zweiten Weltkrieges eröffnen«. Die Handlung findet am 8. und 9. Mai 1945 auf einer kleinen Insel im Norden der Sowjetunion statt, wo fünf Frauen und fünf Kinder im Alter von ein bis drei Jahren ihre Strafe verbüßen. Dabei zeigt sich, dass sie vom deutsch besetzten Gebiet auf die Insel transportiert wurden und dass die Kinder von Deutschen abstammen. Als das Ende des Krieges verlautbart wird, hoffen die Protagonistinnen auf Vergebung. Doch genau zu diesem Zeitpunkt trifft ein Major des NKWD – Maksim Prochorov – ein. Er hat den Befehl, die Frauen innerhalb kürzester Zeit in Lager und ihre Kinder in Heime zu verschicken. Es entwickelt sich ein dramatischer, emotional aufgeladener Wettlauf gegen die Zeit.[80]

Der Film spricht damit ein lange Zeit tabuisiertes Thema an, das für die Wehrmachtskinder in der Sowjetunion spezifisch ist. Auch hier kommt der Aspekt einer »Bratkartoffelbeziehung« zur Sprache, wie in Deutschland die aus einer prekären wirtschaftlichen Situation eingegangenen Liaisons mit Besatzungssoldaten bezeichnet wurden. Als der NKWD-Major eine der Frauen damit konfrontiert, dass sie »mit dem Feind geschlafen« hätte, kontert diese, es wäre ihr nichts anderes übriggeblieben, da ihre Kinder vor Hunger aufgedunsene Bäuche gehabt hätten. Porträtiert werden u. a. der Versuch, den Kindern ihre tatsächliche Abstammung zu verheimlichen, und die Angst vor Stigmatisierung nach der erhofften Heimkehr.

Resümee

Trotz ihrer großen Zahl stellen Wehrmachtskinder in der ehemaligen Sowjetunion bis heute eine unsichtbare Generation dar, die weitestgehend von einer Mauer des Schweigens umgeben ist. Parallel dazu bilden sie eine Leerstelle in den Herkunftsländern ihrer Väter. Während die sexuellen Beziehungen von SS- und Wehrmachtsangehörigen mit sowjetischen Frauen auf der Basis deutscher Quellen bereits gut aufgearbeitet sind, fehlen Analysen des Schicksals der als Folge entstandenen Nachkommen weitgehend. Die »nemčata« sind größtenteils immer noch »vergessene Sekundäropfer« des Zweiten Weltkrieges.

Anmerkungen

1 Der Begriff »nemčata« leitet sich vom russischen Wort für »Deutscher« – »nemec« – ab. Bei der Endung -ta handelt es sich um die konsonantischen (und archaischen) nt-Stämme, gemäß denen im Altkirchenslawischen das Wort für Kleinkind – »otročę«, Plural »otročęta« – und eine kleine Anzahl von Jungtieren im Neutrum dekliniert wurden, wobei das -ta immer den Plural bildet. Ich danke Herrn Dr. Arno Wonisch, Graz, für diesen Hinweis.

2 GARF, F. P-7523, op. 65, d. 60, S. 1 – 2, hier: S. 1, Brief von Ivan Majskij an Iosif Stalin, 24. 4. 1945. Abgedruckt in: Tamara Vronska (Hg.): Zaručniki totalitarnogo režimu: represii proti »vorogiv narodu« v Ukraini (1917 – 1953 gg.), Kiew 2009, S. 305. Ich danke Herrn Dr. Vladimir Ginda, Kiew, für diesen Hinweis.

3 F. Garf, P-7523, op. 65, d. 60, S. 1 – 2, hier: S. 2, Brief von Ivan Majskij an Iosif Stalin, 24. 4. 1945.

4 F. Garf, P-7523, op. 65, d. 60, S. 4, Vorschlag der Gruppe der Abgeordneten des Obersten Sowjets der UdSSR an das Präsidium des Obersten Sowjets der UdSSR über die Einweisung von Kindern deutscher Abstammung in Kinderheime [o. D., nach dem 24. 4. 1945].

5 Dieter Pohl: Die Herrschaft der Wehrmacht. Deutsche Militärbesatzung und einheimische Bevölkerung in der Sowjetunion 1941 – 1944, München 2008, S. 1; Babette Quinkert: Einleitung, in: Babette Quinkert, Jörg Morré (Hg.): Deutsche Besatzung in der Sowjetunion 1941 – 1944. Vernichtungskrieg – Reaktionen – Erinnerung, Paderborn 2014, S. 11 – 26, hier: S. 11; Timothy Snyder: Bloodlands. Europa zwischen Hitler und Stalin, München, 2011.

6 Wolfgang Etschmann: Der Krieg gegen die Sowjetunion 1941 – 1945, in: Stefan Karner, Gerald Schöpfer (Hg.): Der Krieg gegen die Sowjetunion 1941 1945. Die Beiträge des Symposions auf der Universität Graz 1997, Graz 1998, S. 15 – 38, hier: S. 15.

7 Ulrich Hermann: »Wir wurden zu Soldaten ›verarbeitet‹« – oder: Wie man Soldaten für Hitlers Krieg machte, in: Ulrich Herman, Rolf-Dieter Müller (Hg.): Junge Soldaten im Zweiten Weltkrieg. Kriegserfahrungen als Lebenserfahrungen, München 2010, S. 41 – 62, hier: S. 54 f.

8 Rolf-Dieter Müller: Liebe im Vernichtungskrieg. Geschlechtergeschichtliche Aspekte des Einsatzes deutscher Soldaten im Russlandkrieg 1941 – 1944, in: Frank Becker, Thomas Großbölting, Armin Owzar, Rudolf Schlögl (Hg.): Politische Gewalt in der Moderne. Festschrift für Hans-Ulrich Thamer, Münster 2003, S. 239 – 267, hier: S. 240.

9 Ebd., S. 241; Quinkert: Einleitung, S. 11.

10 Swetlana Alexijewitsch: Der Krieg hat kein weibliches Gesicht. Aus dem Russischen von Ganna-Maria Braungardt, München 2015, S. 12.

11 BA-MA, RW 31/141, Wirtschaftsstab Ost, Besondere Anordnung Nr. 61, 5.3.1942. Zitiert nach: Müller: Liebe im Vernichtungskrieg, S. 246.

12 David Raub Snyder: Sex crimes under the Wehrmacht, Lincoln / London 2007.

13 Siehe dazu etwa die entsprechenden Beiträge in diesem Band.

14 Karl Fallend: Zwangsarbeit – Sklavenarbeit in den Reichswerken Hermann Göring am Standort Linz. (Auto-)Biographische Einsichten, in: Oliver Rathkolb (Hg.): NS-Zwangsarbeit: Der Standort Linz der Reichswerke Hermann Göring AG Berlin, 1938 – 1945. Bd. 2., Wien, Köln, Weimar 2001, S. 105.

15 Johannes Hürter: Hitlers Heerführer. Die deutschen Oberbefehlshaber im Krieg gegen die Sowjetunion 1941 / 42, München 2006, S. 477.

16 Befehl der 18. Panzerdivision, zitiert nach: Omer Bartov: Hitlers Wehrmacht. Reinbeck 1995, S. 145 f.; Vgl. Müller: Liebe im Vernichtungskrieg, S. 247.

17 Bartov: Hitlers Wehrmacht, S. 146.

18 Müller: Liebe im Vernichtungskrieg, S. 247.

19 Erik Neveu: L'Espionne, in: Fabrice Virgili, Daniéle Voldman (Hg.): Amours, guerres et sexualité 1914 – 1945, Paris 2007, S. 86 f.

20 Diese beinahe »klassische« Form der Spionage findet offensichtlich auch heute noch Anwendung. Vgl. Burkhard Bischof: Frau Won, die koreanische Mata Hari. Spionage. Eine attraktive Nordkoreanerin ließ südkoreanische Offiziere in die »Venusfalle« tappen, in: Die Presse, 5.9.2008, S. 8.

21 RGVA, F. 32902, op. 1, d. 11, S. 158 f.; Direktive Nr. 00811 des Leiters der Politischen Abteilung der NKWD-Truppen zum Schutz des Hinterlandes der 3. Ukrainischen Front über eine Verbesserung der erzieherischen Arbeit innerhalb des Mannschaftsstandes, 4.7.1945. Abgedruckt in Stefan Karner, Barbara Stelzl-Marx, Alexander Tschubarjan (Hg.): Die Rote Armee in Öster-

reich. Sowjetische Besatzung 1945–1955. Dokumente. Krasnaja Armija v Avstrii. Sovetskaja okkupacija 1945–1955. Dokumenty, Graz, Wien, München 2005, Dok. Nr. 64.

22 Barbara Stelzl-Marx: Stalins Soldaten in Österreich. Die Innensicht der sowjetischen Besatzung 1945–1955. Wien, München, 2012, S. 487–492.

23 Regina Mühlhäuser: Verleugnung und Geschichtsschreibung. Sexuelle Gewalt gegen jüdische Frauen während des Vernichtungskrieges 1941–1945, in: Babette Quinkert, Jörg Morré (Hg.): Deutsche Besatzung in der Sowjetunion 1941–1944. Vernichtungskrieg – Reaktionen – Erinnerung. Paderborn 2014, S. 133–154, hier: S. 133 f.; vgl. dazu auch Isabel Heinemann: Rasse, Siedlung, deutsches Blut. Das Rasse- und Siedlungshauptamt der SS und die rassenpolitische Neuordnung Europas, Göttingen 2003.

24 Regina Mühlhäuser: Eroberungen. Sexuelle Gewalttaten und intime Beziehungen deutscher Soldaten in der Sowjetunion 1941–1945, Hamburg 2010; Vgl. dazu auch Regina Mühlhäuser: Handlungsräume. Sexuelle Gewalt durch Wehrmacht und SS in den besetzten Gebieten der Sowjetunion 1941–1945, in: Insa Eschebach, Regina Mühlhäuser (Hg.): Krieg und Geschlecht. Sexuelle Gewalt im Krieg und Sex-Zwangsarbeit in NS-Konzentrationslagern, Berlin 2008, S. 167–186; Dagmar Herzog: Sexuality in Europe. A Twentieth-Century History, Cambridge 2011.

25 Alexander Werth: Rußland im Krieg 1941–1945, Gütersloh 1967, S. 415.

26 Vladimir Ginda: Seks i nimecko-radjans'ka vijna 1941–1945 pp. (in Vorbereitung).

27 Mühlhäuser: Eroberungen, S. 275–284, 371. Zu Lettland und Litauen vgl. die laufenden Dissertationen von Oskars Gruzinš: Experiences of Children Born of Third Reich and Soviet Soldiers in Latvia. Phil. Diss., Universität Riga (in Vorbereitung); Christian Pipal: Children Born of War in Lithuania: Identity and Citizenship in Post-Conflict Research. Phil. Diss. Klaipeda Universität (in Vorbereitung).

28 Sönke Neitzel / Harald Welzer: Soldaten. Protokolle vom Kämpfen, Töten und Sterben, Frankfurt a. M. 2012, S. 220 f.

29 BA-Ma, RH26–1005/42, 22. 10. 1942. Zit. nach: Bartov: Hitlers Wehrmacht, S. 146.

30 Neitzel / Welzer: Soldaten, S. 220 f.

31 USHMM, RG-31002M, Rolle 11, 3676/4/105, Bl. 16 f., Chef der Sicherheitspolizei und SD, Kommandostab, Meldungen aus den besetzten Gebieten der UdSSR, 25. 2. 1942, zit. nach: Mühlhäuser: Eroberungen, S. 214.

32 Mühlhäuser: Eroberungen, S. 134.

33 Ebd., S. 273; Müller: Liebe im Vernichtungskrieg, S. 247 f.; Hartmut Kaminski: Liebe im Vernichtungskrieg – Exposé. Ein Dokumentarfilm von Harmut Kaminski, in: http://www.circe-film.de/produktion/liebekrieg/expose.html. Abgerufen am 6. 7. 2017.

34 Stefan Karner: Im Archipel GUPVI. Kriegsgefangenschaft und Internierung in der Sowjetunion 1941 – 1956, Wien, München 1995, S. 178.
35 Mühlhäuser: Eroberungen, S. 298 f.
36 Gruzinš: Experiences of Children.
37 Ebba D. Drolshagen: Nicht ungeschoren davonkommen. Das Schicksal der Frauen in den besetzten Ländern, die Wehrmachtssoldaten liebten, Hamburg 1998, S. 221 – 225.
38 BA-MA, RW 4/v.309a, Fremde Heere Ost, Dienststelle Braun, Stimmungsbericht über »Charkow«, 17.4.1943, zit. nach: Müller: Liebe im Vernichtungskrieg, S. 264.
39 Vladimir Ginda: Fatal'nyi zv'jazki. Pislja vijnii žinki, ščo mali stosunki z nacistami, i ichni diti zaznali priniženʼ i pnevirjanʼ, in: Korrespondent, Nr. 43, 2.11.2012.
40 BArch, NS 19/4009, B. 78–127, hier: Bl. 88, RF-SS, Himmler, Rede auf der SS- und Polizeiführer-Tagung in der Feldkommandostelle Hegewald bei Shitomir, 16.9.1942, zit. nach: Mühlhäuser: Eroberungen, S. 313 f.
41 Mühlhäuser: Eroberungen, S. 315.
42 Vgl. Friedrich-Christian Stahl: Generaloberst Rudolf Schmidt, in: Gerd R. Ueberschär (Hg.): Hitlers militärische Elite. Bd. 2. Vom Kriegsbeginn bis zum Weltkriegsende, Darmstadt 1998, S. 218 – 225.
43 Mühlhäuser: Eroberungen, S. 313 – 315.
44 Ebd., S. 309 – 365, 373; Kaminski: Liebe im Vernichtungskrieg, S. 2.
45 Ol'ga Kučerenko: Zwischen Hammer und Amboß: Der Kampf um die junge Generation in den okkupierten Gebieten der Sowjetunion, in: Bernd Bonwetsch (Hg.): Kinder des Krieges – Deti vojny. Bulletin des Deutschen Historischen Instituts Moskau. Nr. 3, Moskau 2009, S. 80 – 89, hier: S. 80.
46 Sabine Lee: Kinder des Krieges: Vergessene Sekundäropfer einer veränderten Kriegslandschaft im 20. Jahrhundert?, in: Trauma & Gewalt. Hg. 6, H. 2, 2012, S. 94 – 107.
47 Vgl. etwa Fabrice Virgili, Danièle Voldman (Hg.): Amours, guerres et sexualité 1914 – 1945, Paris 2007.
48 Vgl. etwa Andrea Meckel, Ingvill C. Mochmann, Martin Miertsch: Soziales Vertrauen bei norwegischen Wehrmachtskindern, in: Elke Kleinau, Ingvill C. Mochmann (Hg.): Kinder des Zweiten Weltkrieges. Stigmatisierung, Ausgrenzung, Bewältigungsstrategien, Frankfurt a. M., New York 2016, S. 139 – 156.
49 Monika Diederichs: Kinderen van Duitse militairen in Nederland. En verborgen leven, Soesterberg 2012.
50 Vgl. etwa Gerlinda Swillen: Verwekt door de Tweede Wereldoorlog. Oorlogskindern op de as Brussel, Berlinj. Voorspel – Geboorte – Onthaal. Phil. Diss. Freie Universität Brüssel 2016.
51 Vgl. etwa Maren Roeger: Kriegsbeziehungen. Intimität, Gewalt und Prostitution im besetzten Polen 1939 bis 1945, Frankfurt a. M. 2015.

52 Vgl. etwa Kerstin Muth: Die Wehrmacht in Griechenland – und ihre Kinder, Leipzig 2008.

53 Vgl. etwa Silke Satjukow, Rainer Gries: »Bankerte«. Besatzungskinder in Deutschland nach 1945, Frankfurt a. M., New York 2015; Barbara Stelzl-Marx: Kinder sowjetischer Besatzungssoldaten in Österreich. Stigmatisierung, Tabuisierung, Identitätssuche, in: Barbara Stelzl-Marx, Silke Satjukow (Hg.): Besatzungskinder. Die Nachkommen alliierter Soldaten in Österreich und Deutschland, Wien, Köln, Weimar 2015, S. 93 – 135.

54 Ginda: Fatal'nyi zvjazki.

55 Das von der EU geförderte Horizon 2020 Marie Skłodowska-Curie Actions Innovative Training Network »Children Born of War – Past Present Future«, kurz CHIBOW, ermöglicht einer jungen Forschergeneration, die Erfahrungen von »Kindern des Krieges« in verschiedenen Konflikt- und Postkonfliktsituationen des 20. Jahrhunderts zu erforschen. Innerhalb der Projektlaufzeit von vier Jahren (2015 – 2019) entwickeln die 15 Dissertanten – über die jeweiligen Fachgrenzen hinweg – gemeinsam neue Perspektiven auf dieses Thema. Die Koordination des CHIBOW-Netzwerkes liegt bei Sabine Lee, Universität Birmingham (Großbritannien). Barbara Stelzl-Marx ist »Director of Research«, Heide Glaesmer von der Universität Leipzig »Director of Training«. Vgl. www.chibow.org.

56 Oskars Gruzinš: Experiences of Children; Pipal: Children Born of War in Lithuania.

57 Kaminski: Liebe im Vernichtungskrieg, S. 3.

58 Müller: Liebe im Vernichtungskrieg, S. 264.

59 Ebd., S. 265.

60 Zur vergleichbaren Situation sowjetischer Besatzungskinder vgl. Silke Satjukow: »Russenkinder«. Die Nachkommen von deutschen Frauen und Rotarmisten, in: Barbara Stelzl-Marx, Silke Satjukow (Hg.): Besatzungskinder. Die Nachkommen alliierter Soldaten in Österreich und Deutschland, Wien, Köln, Weimar 2015, S. 136 – 165, hier: S. 152 f.; Stelzl-Marx: Kinder sowjetischer Besatzungssoldaten, S. 122 – 125.

61 Müller: Liebe im Vernichtungskrieg, S. 264 f.

62 Ebd., S. 265.

63 Simone Tibelius: »An die Kindesmutter kann ich mich beim besten Willen nicht erinnern.« Vaterschaftsanerkennung und Unterhaltszahlung als Ressource für Wehrmachts- und Besatzungskinder?, in: Elke Kleinau, Ingvill C. Mochmann (Hg.): Kinder des Zweiten Weltkrieges. Stigmatisierung, Ausgrenzung, Bewältigungsstrategien, Frankfurt a. M., New York 2016, S. 93 – 114. Zur Rolle von Alimenten vgl. etwa Karin M. Schmidlechner: Kinder und Enkelkinder britischer Besatzungssoldaten in Österreich, in: Barbara Stelzl-Marx, Silke Satjukow (Hg.): Besatzungskinder. Die Nachkommen alliierter Soldaten in Österreich und Deutschland, Wien, Köln, Weimar 2015, S. 93 – 135, S. 238 – 258, hier: S. 249 f.

64 Müller: Liebe im Vernichtungskrieg, S. 265.

65 Zum Aufwachsen im Kinderheim vgl. etwa Hans Schafranek: Kinderheim Nr. 6. Österreichische und deutsche Kinder im sowjetischen Exil. Unter Mitarbeit von Natalja Mussijenko, Wien 1998.

66 Müller: Liebe im Vernichtungskrieg, S. 265 f.

67 Liebe im Vernichtungskrieg. Die Frau im Osten und die deutschen Besatzungssoldaten. Ein Film von Hartmut Kaminski. 1999 / 2000.

68 Stelzl-Marx: Stalins Soldaten, S. 529 f.

69 Müller: Liebe im Vernichtungskrieg, S. 265

70 Gruziņš: Experiences of Children.

71 Stelzl-Marx: Kinder sowjetischer Besatzungssoldaten in Österreich, S. 126 – 134.

72 Heide Glaesmer et al.: Die Kinder des Zweiten Weltkrieges in Deutschland – Ein Rahmenmodell für die psychosoziale Forschung, in: Trauma & Gewalt. Jg. 6, H. 4, 2012, S. 318 – 328, hier: S. 324.

73 Ingrid Bauer: »Ich bin stolz, ein Besatzungskind zu sein.« Zeitgeschichtliche Forschungen als Impulse für Empowerment? Befunde mit Blick auf die einstige US-Zone in Österreich, in: Barbara Stelzl-Marx, Silke Satjukow (Hg.): Besatzungskinder. Die Nachkommen alliierter Soldaten in Österreich und Deutschland, Wien, Köln, Weimar 2015, S. 183 – 206.

74 Stelzl-Marx: »Ich bin stolz, ein Besatzungskind zu sein«. Resilienzfaktoren von Nachkommen sowjetischer Soldaten in Österreich, in: Elke Kleinau, Ingvill C. Mochmann (Hg.): Kinder des Zweiten Weltkrieges. Stigmatisierung, Ausgrenzung, Bewältigungsstrategien, Frankfurt a. M. , New York 2016, S. 73 – 92, hier: S. 87 – 90.

75 Valsis mūža garumā, UdSSR 1990, Regie: Dzidra Ritenberga, Darsteller: Baiba Broka, Astrida Kajriša, Ajvars Bogdanovič. Der Film lief auf Russisch unter dem Titel: »Val's dlinoju v žizn'«. Ich danke Frau Prof. Vita Zelce, Riga, für ihren Hinweis auf die beiden lettischen Filme.

76 Štrafbat, Fernsehserie, Russland 2004. Vgl. Mühlhäuser: Eroberungen, S. 242.

77 Dancis pa trim, Lettland 2011. Regie: Arvids Krievs, Darsteller: Kristine Nevarauska, Martins Freimanis, Janis Vingris.

78 Odna vojna, Russland 2009, Regie: Vera Glagoleva, Darsteller: Aleksandr Baluev, Michail Chmurov, Natal'ja Surkova. Ich danke Sergej Parchomovskij, Arnfels – Moskau, für den Hinweis auf diesen Film.

79 Georgij Zotov: Naši »nemčiki«. Tak nazyvali detej, rodivščichsja v SSSR ot fašistov«, in: Argumenty i fakty, 20. 7. 2011.

80 Odna vojna.

in den klammern eines kriege(r)s

Julia de Boor

bürokraten klammer(te)n alles ein
was die (nationale) ehre so braucht(e)
im eifer des (staats)gefechts

bürokraten klammer(te)n alles aus
was ihnen der (nationale) stolz (ver)bietet/bot
im eifer des (staats)gefechts

bürokraten klammer(te)n sich daran
dass mein vater ein er(he)blicher feind war
im ([inter]nationalen) eifer des (staats)gefechts

bürokraten klammer(te)n mich sodann
an mein akten-/offenkundiges geburtsrecht
im ([inter]nationalen eifer des (staats)gefechts

ich nun
ich klammere mich
ich nun ich klammere mich einzig

ich nun ich klammere mich einzig an
ich nun ich klammere mich einzig an meine
ich nun ich klammere mich einzig an

ich nun ich klammere mich einzig an meine unverwüstliche
ich nun ich klammere mich einzig
an meine unverwüstliche

freiheit

(Aus: Nahaufnahme – mit Blick auf die Herkunft. Das Schicksal der Lebensbornkinder von deutschen Soldaten und norwegischen Frauen 1940–1945, Berlin 2014, S. 29)

Anhang

Ausgewählte Literatur

Baur-Timmerbrink, Ute: Wir Besatzungskinder. Töchter und Söhne alliierter Soldaten erzählen, Berlin 2015.

Benndorf, Monika: Von der Geschichte befreit. Von einem Krieg der endete, aber nicht verging. Befrijduit uit de geschiedenes. Over een oorlog die eindigde maar niet vorbij ging, Goch 2014.

Bode, Sabine: Die vergessene Generation – Die Kriegskinder brechen ihr Schweigen, Stuttgart 2004.

dies.: Nachkriegskinder, Stuttgart 2015.

dies.: Nachkriegsenkel, Stuttgart 2017.

Drolshagen Ebba D.: Nicht ungeschoren davon gekommen – Die Geliebten der Wehrmachtssoldaten im besetzten Europa, Hamburg 1998.

dies.: Wehrmachtskinder – auf der Suche nach dem nie gekannten Vater, München 2005.

dies.: Der freundliche Feind – Wehrmachtssoldaten im besetzten Europa, München 2009.

Crott, Randi/Crott Berthung Lillian: Erzähle es niemandem – Die Liebesgeschichte meiner Eltern, Köln 2012.

Eggers, Astrid/Sauer, Elke (Hg.): Verschwiegene Opfer der SS. Lebensborn-Kinder erzählen ihr Leben, Leipzig 2015.

Heidenreich, Gisela: Das endlose Jahr. Die langsame Entdeckung der eigenen Biographie – Ein Lebensbornschicksal, München 2002 (TB Frankfurt a.M. 2005).

Hoem, Edgar: Die Geschichte von Vater und Mutter, Frankfurt a.M. 2007

Kleinau, Elke/Mochmann, Ingvill (Hg.): Kinder des Zweiten Weltkrieges. Stigmatisierung, Ausgrenzung, Bewältigungsstrategien, Frankfurt a.M. 2016.

Lilienthal, Georg: »Lebensborn e.V.«. Ein Instrument nationalsozialistischer Rassenpolitik, New York/Stuttgart 1985 (NA Frankfurt a. M. 1985, TB 1993).
Matessis, Pavlos: Die Tochter der Hündin, München/Wien 2001.
Muth, Kerstin: Versteckte Kinder – Trauma und Überleben der »Hidden Children« im Nationalsozialismus, Gießen 2004.
dies.: Die Wehrmacht in Griechenland – und ihre Kinder, Leipzig 2008.
Olsen, Kåre: Schicksal Lebensborn. Die Kinder der Schande und ihre Mütter, München 2004.
Picaper Jean-Paul/Norz, Ludwig: Die Kinder der Schande, München 2005.
Radebold, Hartmut/Reulecke, Jürgen/Schulz, Hermann: Söhne ohne Väter. Erfahrungen der Kriegsgeneration, Berlin 2004.
Radebold, Hartmut u.a. (Hg.): Kindheiten im Zweiten Weltkrieg – Kindheiten und deren Folgen in psychohistorischer Perspektive, Weinheim 2006.
ders. (Hg.): Transgenerationale Weitergabe kriegsbelasteter Kindheiten, Weinheim 2007.
Radebold, Hartmut: Spurensuche eines Kriegskindes, Stuttgart 2015.
Remmers, Wolfgang/Norz, Ludwig (Hg.): Né maudit – Verwünscht geboren – Kriegskinder, Berlin 2008.
dies. (Hg.): Kriegskinder – enfants de guerre – children born of war; Berlin 2012.
Roeger, Maren: Kriegsbeziehungen. Intimität, Gewalt und Prostitution im besetzten Polen, Frankfurt a. M. 2015.
Schmitz-Köster, Dorothee: Kind L 364. Eine Lebensborn-Familiengeschichte, Berlin 2007.
dies.: Der Krieg meines Vaters. Als Soldat in Norwegen, Berlin 2004.
Stelzl-Marx, Barbara/Satjukow Silke (Hg.): Besatzungskinder. Die Nachkommen alliierter Soldaten in Österreich und Deutschland, Wien/Köln/Weimar 2015.
Wendisch, Irja: Meine Zeit wird kommen. Dr. Conzelmanns Kriegsjahre in Lappland, Grevenbroich 2005.

Abbildungsverzeichnis

Foto S. 124: www.lebensspuren-deutschland.eu
Foto S. 278: Anonym/Imagno/picturedesk.com
Alle anderen Abbildungen: privat

Dank

Allen Mitstreitern, die dazu beigetragen haben, dass dieses Buch entstanden ist, gilt mein herzlicher Dank. Ganz besonders den Autorinnen und Autoren, die sich der Herausforderung gestellt haben, ihre Lebensgeschichte zur Veröffentlichung aufzuschreiben und denen, die mit ihren informativen Beiträgen zu den verschiedenen Ländern die historischen Zusammenhänge verständlich machen.

Ohne die Initiative von Ludwig Norz wäre das Europäische Netzwerk BOW i. n. nicht entstanden. Die Deutsche Dienststelle WASt in Berlin wurde »Geburtsstätte« und jährlicher Treffpunkt, seit der Verein Fantom e. V. das dortige jährliche »Historikertreffen« 2002 unter das Motto »Kinder des Krieges« stellte und 2005 das »Forum der Kriegskinder« ins Leben rief.

Ein großer Dank an Ludwig Norz, seinen Kooperationspartner an der WASt, Wolfgang Remmers und an den derzeitigen Amtsleiter Hans-Hermann Söchting stellvertretend für alle Dienststellenleiter und engagierten Mitarbeiter und Mitarbeiterinnen, die seit Jahrzehnten geholfen haben, vermisste Väter zu suchen und die unser Netzwerk unterstützen.

Gisela Heidenreich

Zu den Autorinnen und Autoren

Anmerkung: Nicht alle Beiträgerinnen und Beiträger wollten hier vorgestellt werden.

Arens, Roman, Dr., geb. 1944, Germanist und Journalist, langjähriger Italien-Korrespondent der *Frankfurter Rundschau* sowie der *Basler Zeitung* und *Salzburger Nachrichten,* lebt in Rom und in der Toskana.

Bangsund, Einar, geb. 1942 in Lundenes, Norwegen, Fotograf; seit 2002 zahlreiche Ausstellungen mit seinen Porträts; Publikation: »Nahaufnahme – mit Blick auf die Herkunft. Das Schicksal der Lebensbornkinder von deutschen Soldaten und norwegischen Frauen 1940 – 1945«, Berlin 2014.

Benndorf, Monika, geb. 1944 in Amsterdam, Studium an der Universität für Humanistik, Utrecht; Lehrerin an Sonderschulen.

Blanc, Michel, Präsident von Cœurs sans Frontières / Herzen ohne Grenzen.

Leteure, Stéphane, Historiker, Mitglied von CSF / HOG.

Muth, Kerstin, Dr., Studium der Geschichtswissenschaften, Literatur und Psychologie in Würzburg und LMU München; 2003 Promotion; freie Autorin; Publikationen u. a.: Versteckte Kinder – Trauma und Überleben der »Hidden Children« im Nationalsozialismus, Gießen 2004.

Øland, Arne, geb. 1945 in Kopenhagen; Studium der Philosophie und Lehramt an der Universität Kopenhagen, 40 Jahre Lehrer in Dänemark und Grönland; Gründer und 20 Jahre Vorsitzender des Dänischen Kriegskinderverbandes (Danske Krigsbørn Forening); Hg. der

Vierteljahreszeitschrift *Rødder;* zahlreiche Artikel, u. a.: Silences Public and Private, in: Ericsson, Kjersti / Simonsen, Eva (Hg.): »Children of World War II: the hidden enemy legacy«, Oxford / New York, 2005, S. 53 – 70.

Rambeck, Brigitta, Dr., Literaturwissenschaftlerin, Malerin und Autorin: u. a. »Meisterschule Hinterglasmalerei« (1993); Deutsche Adaptation von »Mein visuelles Tagebuch« (Xiao Hui Wang, 2006); Herausgeberin von Anthologien, Erzählungen, Gedichten; Fachartikel im Bereich Literatur und Bildende Kunst; 2005 Schwabinger Kunstpreis, 2017 Bayerischer Verdienstorden.

Rehberg, Sarah, geb. 1984, M. A., Historikerin; 2013 Magisterarbeit über die Rezeption der norwegischen »Lebensborn«-Kinder und ihrer Mütter durch die norwegische Nachkriegsgesellschaft; u. a. historisch-politische Bildnerin und Gedenkstättenpädagogin.

Stelzl-Marx, Barbara, Dr., geb. 1971, Dozentin, Zeithistorikerin, stellvertretende Leiterin des Ludwig-Boltzmann-Instituts für Kriegsfolgen-Forschung, Graz-Wien-Raabs; Vizepräsidentin der Österreichischen UNESCO-Kommission; Publikationen u. a.: Kinder sowjetischer Besatzungssoldaten in Österreich. Stigmatisierung, Tabuisierung, Identitätssuche, in: Dies. / Silke Satjukow (Hg.), »Besatzungskinder. Die Nachkommen alliierter Soldaten in Österreich und Deutschland«, Wien / Köln / Weimar 2015, S. 93 – 135.

Vestergaard Granum, Henny, geb. 1942 in Kopenhagen, in Hornbæk, Nordseeland aufgewachsen; Lehrerin; ehemalige zweite Vorsitzende des Vereins Dänischer Kriegskinder; z. Zt. Sprecherin von BOW i. n. – BORN OF WAR international network.

Wendisch, Irja, geb. 1955 und aufgewachsen am finnischen Polarkreis, Journalistin und Autorin; seit 1976 lebt sie in Berlin, Studium der Publizistik und Politik an der Freien Universität Berlin; Publikationen u. a.: »Meine Zeit wird kommen – Dr. Conzelmanns Kriegsjahre in Finnland« (2004); auf Finnisch u. a. das Buch »Salatut lapset« (»Verheimlichte Kinder«), 2006, das als Grundlage für die in diesem Buch erzählten Geschichten diente.

Zur Herausgeberin

Gisela Heidenreich, geb. 1943 in Oslo; Studium Sonderpädagogik und Psychologie an der LMU München, Lehrerin, Paar- und Familientherapeutin, Mediatorin; Dozentin und Supervisorin an der Bayerischen Akademie für Gesundheit, Seeshaupt. Publikationen u. a.: »Das endlose Jahr – Die langsame Entdeckung der eigenen Biographie – ein ›Lebensborn‹-Schicksal«, Bern / München / Wien 2002; Frankfurt a. M. 2005; »In nome della razza ariana – un viaggio di una donna alla ricerca della propria identità«, Mailand 2004; »Sieben Jahre Ewigkeit – Eine deutsche Liebe«, München 2007; als Taschenbuch: »Sieben Jahre Ewigkeit – Das geheime Leben meiner Mutter«, München 2009; »Geliebter Täter – Ein Diplomat im Dienst der ›Endlösung‹«, München 2011; »Ukochany nazista. Dyplomata w służbie ›Ostatecznego rozwiązania‹«, Warschau 2014.